〔宋〕黄士毅 /编

徐时仪 杨立军 /整理

朱子语类

三

上海古籍出版社

朱子语类卷第三十六

论语十八

子罕篇上

子罕言利章

○ 问"子罕言利"。先生曰:"利最难言。利不是不好,但圣人才要言,恐人一向去趋利;才不言,不应是教人去就害,故但罕言之耳。盖'利者义之和',义之和处便是利。老苏尝以为义刚而不和,惟有利在其中故和。此不成议论,盖义之和即是利,却不是因义之不和而遂用些小利以和之。后来东坡解易亦用此说,更不成议论也。"时举。

○ 问:"'子罕言利',孔子自不曾说及利,岂但罕言而已?"曰:"大易一书所言多矣。利,只是这个利。若只管说与人,未必晓得'以义为利'之意,却一向只管营贪得计较。孟子曰:'未有仁而遗其亲,未有义而后其君。'这个是说利,但人不可先计其利。惟知行吾仁,非为不遗其亲而行仁;惟知行吾义,非为不后其君而行义。"贺孙。

○ "或问龟山:'"子罕言利"是如何利?'曰:'都一般。如"利用出入"之"利"皆是。'此说似可疑。"曰:"易所言'利'字,谓当

859

做底。若'放于利而行'之'利',夫子诚罕言。二'利'字岂可做一般!"<u>砺</u>。

○ "<u>必大</u>窃谓夫子罕言者,乃'放于利而行'之'利'。若'利用出入'乃义之所安处,恐不可以为一般。"曰:"'利用出入'之'利'亦不可去寻讨。寻讨着,便是'放于利'之'利'。如言'利物足以和义',只去利物,不言自利。"又曰:"只'元亨利贞'之'利'亦不可计较,计较着即害义。为义之人只知有义而已,不知利之为利。"

○ <u>文振</u>问"子罕言利,与命,与仁"一章。先生曰:"命只是一个命,有以理言者,有以气言者。天之所以赋与人者,是理也;人之所以寿夭穷达者,是气也。理精微而难言气数,子又不可尽委之而至于废人事,故圣人罕言之也。仁之理至大,数言之,不惟使人躐等,亦使人有玩之之心。盖举口便说仁,人便自不把当事了。"<u>时举</u>。

○ 问:"论语说仁亦多,所以罕言者,其所说止如此否?"曰:"也不容易说与人,只说与几个向上底。"<u>寓</u>。<u>淳</u>录同。

○ 命有二,"天命"之"命"固难说,只贵贱得丧委之于命亦不可。仁在学者力行。利亦不是不好底物事,才专说利便废仁。<u>泳</u>。

○ 又曰:"'命'只是穷通之'命',如'不知命无以为君子'之'命'。故曰'计利则害义,言命则废事'也。"<u>必大</u>。

○ "子罕言利,与命,与仁。"非不言,罕言之尔。利,谁不要?才专说,便一向向利上去。命,不可专恃。若专恃命,则一向胡做去。仁,学者所求,非不说,但不可常常把来口里说。<u>泳</u>。

○ 问"子罕言利，与命，与仁"。曰："这'利'字是个监平声。界尘槽底物事。若说全不要利，又不成特地去利而就害。若才说着利，少间便使人生计较，又不成模样。所以孔子于易，只说'利者义之和'，又曰'利物足以和义'，只说到这里住。"又曰："只认义和处便是利，不去利上求利了。孟子只说个仁义，'未有仁而遗其亲，未有义而后其君'。只说到个'义'字时，早是掉了那'利'字不说了。缘它是个里外牵连底物事，才牵着这一边，便动那一边，所以这字难说。'命'字亦是如此，也是个监界物事。孔子亦非不说，如云'不知命'之类。只是都不说着，便又使人都不知个限量；若只管说着时，便又使人百事都放倒了不去做。只管说仁之弊，于近世胡氏父子见之。踢着脚指头便是仁，少间都使人不去穷其理是如何，只是口里说个'仁'字，便有此等病出来。"愭。

○ 行夫问"子罕言利，与命，与仁"。曰："罕言者，不是不言，又不可多言，特罕言之耳。罕言利者，盖凡做事只循这道理做去，利自在其中矣。如'利涉大川'、'利用行师'，圣人岂不言利？但所以罕言者，正恐人求之，则害义矣。罕言命者，凡吉凶祸福皆是命。若尽言命，正恐人皆委之于命而人事废矣，所以罕言。罕言仁者，正恐人轻易看了，不知切己上做工夫。然圣人若不言，则人又理会不得如何是利，如何是命，如何是仁，故不可不言。但虽不言利而所言者无非利，虽不言命而所言者无非命，虽不言仁而所言者无非仁。"僩。

达巷党人章

○ "吾执御"，只是谦词。德明。

麻冕礼也章

○ 麻冕，缁布冠也，以三十升布为之。升八十缕，则其经二千四百缕矣。八十缕，四十矫也。<u>泳</u>。

○ "纯，俭"，丝也。不如用丝之省约。<u>泳</u>。

子绝四章

○ 这"意"字正是计较底私意。<u>恪</u>。

○ 问："'意'如何毋得？"曰："凡事顺理则意自正。'毋意'者，主理而言。不顺理则只是自家私意。"<u>可学</u>。

○ "必"，在事先；"固"，在事后。"固"只是滞不化。<u>德明</u>。

○ 先生又说"子绝四"一章，云："必，在事先；固，在事后。如做一件事不是了，即管固道'是做在'。"〔<u>植</u>。〕

○ "意"，私意之发；"必"，在事先；"固"，在事后；"我"，私意成就。四者相因如循环。<u>闳祖</u>。

○ 余国秀问"毋意"、"必"、"固"、"我"。曰："'意'，是发意要如此；'必'，是先事而期必；'固'，是事过而执滞；到'我'，但知有我，不知有人。'必'之时浅，'固'之时长。譬如士人赴试，须要

'必'得，到揭榜后便已'必'不得了。但得了则喜，喜不能得化；不得则愠，愠亦不能得化，以此知'固'时久也。'意'是始，'我'是终，'必'、'固'在中间，亦似一节重似一节也。"又云："'言必信，行必果。'言自合着信，行自合着果，何待安排。才有心去'必'它，便是不活，便不能久矣。"又云："'意'是丝毫，'我'是成一山岳也。"时举。

○　意、必、固、我，亦自有先后。凡起意作一事，便有必期之望。所期之事或未至，或已过，又执滞而留于心，故有有我之患。意是为恶先锋，我是为恶成就。正如四德，贞是好底成就处，我是恶底成就处。人杰。

○　问："意是有所为而为否？"曰："意，是我要去主张那事要恁地。圣人只看理当做便做，不曾道我要做，我不要做。容一个'我'，便是意了。"问："必、固之私轻，意、我之私重？"曰："意、必、固、我，只一套去。意，初创有此私意，便到那必处；必，便到固滞不通处；固，便到有我之私处。意，是我之发端；我，是意之成就。"又问："我，是有人己之私否？"曰："不必说人己。人自是人，己自是己，不必把人对说。我，只是任己私去做，便于我者便做，不便于我者便不做。只管就己上计较利害，与人何相关。人多要将人、我合一，如何合一？吕与叔说：'立己与物，私为町畦。'它门都将人、己合说。克己，自克去私欲，如何便说到人己为一处？物与我自有等差。只是仁者做得在这里了，要得人也恁地，便去及人，所以'亲亲而仁民，仁民而爱物'。人、我只一理，分自不同。"寓。陈淳录同。

○　意者，有我之端；我，则意之效。先立是意，要如此而为之，然后有必、有固，而一向要每事皆己出也。圣人作事初无私意，或为或不为，不在己意，而惟理之是从，又何固、必、有我哉！力行。

○ 问：“'毋意，毋必，毋固，毋我。'意，私意也。我，私己也。'看得来私己是个病根，有我则有意。”曰：“意（在）〔是〕初发底意思，（己）〔我〕则结撰成个物事矣。有我则又起意（思），展转不已。此四事一似那'元亨利贞'，但'元亨利贞'是好事，此是不好事。”广。

○ 吴仁父问意、必、固、我。先生曰：“须知四者之相生：凡人做事，必先起意，不问理之是非，必期欲事成而已。事既成，是非得失已定，又复执滞不化，是之谓固。三者只成就得一个我。及至我之根源愈大，少间三者又从这里生出。我生意，意又生必，必又生固，又归宿于我。正如'元亨利贞'，元了亨，亨了又利，利了又贞，循环不已。”僩。

○ 吴伯英问意、必、固、我四者之异。先生曰：“四者始于我，而终于我。人惟有我，故任私意；既任私意，百病俱生。做事未至而有期必之心，事既过则有固滞之患。凡若此者，又只是成就一个我耳。”处谦。

○ 时举问：“'子绝四'一章。横渠谓：'四者有一焉，则与天地不相似。'略有可疑。”先生曰：“人之为事，亦有其初未必出于私意而后来不能化去者。若曰绝私意则四者皆无，则曰'子绝一'便得，何用更言'绝四'？以此知四者又各是一病也。”时举。

○ “必，在事先；固，在事后。有意、必、固三者，乃成一个我，如道是我恁地做。盖固滞而不化，便成一个我。”又曰：“横渠先生曰：'四者有一焉，则与天地不相似。'”〔植。〕

○ 螢问：“意、必、固、我，有无次第?”曰：“'意'，是私意始萌，既起此意。'必'，是期要必行。'固'，是既行之后，滞而不化。
'我'，是缘此后便只知有我。此四者似有终始次序。'必'者，迎之于
前；'固'者，滞之于后。此四字正与元、亨、利、贞四者相类。'元
者，善之长'，'贞'是个善成就处。'意'是造化始萌，'我'是个无状
底成就处。"又问："'敬则无己可克。'若学之始，则须从绝四去，如
何？"曰："敬是已成之敬，可知无己可克。此四者，虽是始学亦须便要
绝去之。"又问"复于喜怒哀乐未发之前"。曰："此语尹子已辩之，疑
记录有差处。"又问："'意、必、固、我既亡之后，学者所宜尽心'，如
何？"曰："此谓'学者所宜尽心'，于此事而学之，非谓意、必、固、
我既亡之后，始尽心耳。"又问横渠云"四者既亡，则'以直养而无
害'"。曰："此'直'字说得重了。观孟子所说处，说得觕。〔直，只
是'自反而缩'。〕后人求之太深，说得来忒夹细了。"焘。

○　问："'君子之学，在于意、必、固、我既亡之后，而复于喜、
怒、哀、乐未发之前'，如何？"曰："不然。尹和靖一段好。意、必、
固、我是要得无。未发之前，众人俱有，却是要发而中节，与此不相
类。"又问："若自学者而言，欲绝意、必、固、我。圣人地位，无此四
者，则复于未发之前。复于未发之前，盖全其天理耳。"曰："固是如
此，但发时岂不要全？"因命敬之取和靖语录来检看。又云："他意亦
好，却说不好。"可学。

○　问："'意、必、固、我既亡之后，必有事焉'，所谓'有事'
者如何？"曰："横渠亦有此说。若既无此，天理流出亦须省（看）
〔着〕。"可学。

○　问："意、必、固、我，伊川以'发而当者，理也；发而不当
者，私意也'。此语是否？"曰："不是如此。所谓'毋意'者，是不任

己意，只看道理如何。见得道理是合当如此做，便顺理做将去，自家更无些子私心，所以谓之'毋意'。若才有些安排布置底心，便是任私意。〔若元不见得道理，只是任自家意思做将去，便是私意。〕纵使发而偶然当理，也只是私意，未说到当理在。伊川之语想是被门人错记了。不可知。"㑡。

○ 仲尼"绝四"，横渠之意以"绝"为禁止之词，是言圣人将这四者使学者禁绝而勿为。"毋"字亦是禁止之意，故曰"自始学至成德，竭两端之教也。"必，是事之未来处；固，是事之已过处。道夫。

○ 守约问横渠说"子绝四"曰："绝四之外，心可存处必有事焉。圣不可知也。"曰："这句难理会。旧见横渠理窟，见他里面说有这样（文）〔大〕意，说：无是四者了，便当自有个所向。所谓'圣不可知'，只是道这意思难说。横渠尽会做文章，如西铭及应用之文，如百椀灯诗，甚敏。到说话，却如此难晓，怕是关西人语言自是如此。"贺孙。

○ 问："以张子下数条语考之，似以'必有事焉'为理义之精微处。其意大抵谓善不可以有心为，虽夷清惠和，犹为偏倚，未得谓之精义。故谓'绝四'之外，下头有一不犯手势、自然底道理方真是义。孟子之言盖谓下头必有此道理，乃'圣而不可知'处。此说于孟子本意殊不合，然未审张子之说是如此否？"曰："横渠此说又拽退孟子数重，自说得深。古圣贤无此等议论。若如此说，将使读者终身理会不得，其流必有弊。"必大。

○ 伯丰问张子曰："毋意、必、固、我，然后能范围天地之化。"曰："固是如此。四者未除，如何能范围天地！但如此说话，终是稍宽耳。"蓥。

子畏于匡章

○ "文不在兹乎",言"在兹",便是"天未丧斯文"。<u>淳</u>。

○ "后死者"只是夫子自言,天既使我与斯文,是"天未丧斯文也,匡人其如予何"。<u>德明</u>。

○ "后死者不得与于斯文。""后死者",夫子自谓也。"死"字对"没"字。"<u>文王既没</u>。"<u>泳</u>。

○ 问:"'天之将丧斯文','未丧斯文',文即是道否?"曰:"既是道,安得有丧、未丧?文亦先王之礼文,圣人于此极是留意。盖古之圣人既竭心思焉,将行之万世而无弊者也,故常恐其丧失而不可考。"<u>大雅</u>。

○ "'后死者不得与于斯文。''后死者'是对上文'<u>文王</u>'言之,如曰'未亡人'之类,此孔子自谓也,与'天生德于予'意思一般。斯文既在<u>孔子</u>,<u>孔子</u>便做着天在。<u>孔子</u>此语,亦是被<u>匡</u>人围得紧后方说出来。"又问:"<u>孔子</u>万一不能免匡人之难时,如何?"曰:"<u>孔子</u>自见得了。"<u>螢</u>。

○ <u>敬之</u>问:"<u>明道</u>云:'"舍我其谁",是有所受命之辞。"(康)〔<u>匡</u>〕人其如予何",是圣人自做着天里。<u>孟子</u>是论世之盛衰,己之去就,故听之于天。<u>孔子</u>言道之兴丧,自应以己任之。'未审此说如何?"曰:"不消如此看。<u>明道</u>这说话固是说未尽。如<u>孔子</u>云'天之将丧斯文','天之未丧斯文',看此语也只看天如何。只是要紧不在此处,要紧是看圣贤所以出处大节。"<u>贺孙</u>。

○ 问："<u>明道</u>云'夫子免于<u>康</u>人之围，亦苟免也'，此言何谓？"曰："谓当时或为<u>康</u>人所杀，亦无十成。"某云："夫子自言'<u>康</u>人其如予何'，<u>程子</u>谓'知其必不能违天害己'，何故却复有此说？"曰："理固如是，事则不可知。"<u>必大</u>。

夫子圣者与章

○ <u>植</u>问："'太宰问于<u>子贡</u>夫子圣者欤'一章。太宰初以多能为夫子之圣。<u>子贡</u>所答方正，说得圣人体段。夫子闻之数语，却是谦辞，及有多能非所以率人之意。"曰："固是<u>子贡</u>说得圣人本分底。圣人所说乃谦辞云云。"<u>植</u>。

○ 问："夫子多材艺，何故能尔？"曰："圣人本领大，故虽材艺，他做得自别。只且如礼，则圣人动容周旋，俯仰升降，自是与它人不同。如射亦然。天生圣人，气禀清明，自是与它人不同。<u>列子</u>尝言圣人力能拓关，虽未可信，然要之圣人本领大后事事做得出来自别。"<u>铢</u>。

○ "将圣"，殆也。殆，庶几也，如而今说"将次"。"将"字训"大"处多。诗中"亦孔之将"之类，多训"大"。诗里多叶韵，所以要如此等字使。若论语中只是平说。<u>泳</u>。

○ <u>寓</u>问："'天纵之将圣'，'纵，犹肆也，言不为限量'，如何？"曰："天放纵圣人做得恁地，不去限量它。"问："如此，愚不肖是天限量之乎？"曰："看气象，亦似天限量它一般。如这道理，圣人知得尽

得，愚不肖要增进一分不得，硬拘定在这里。"_{寓。淳录同。}

○ 问"吾不试，故艺"。曰："想见圣人事事会，但不见用，所以人只见它小小技艺。若使其得用，便做出大功业来，不复有小小技艺之可见矣。"问："此亦是圣人贤于尧舜处否?"曰："也不须如此说。圣人贤于尧舜处，却在于收拾累代圣人之典章、礼乐、制度、义理，以垂于世，不在此等小小处。此等处非所以论圣人之优劣也。横渠便是如此说，以为孔子穷而在下，故做得许多事。如舜三十便征庸了，想见舜于小事也煞有不会处。虽是如此，也如此说不得。舜少年耕稼陶渔，也事事去做来。所以人无缘及得圣人。圣人事事都从手头更历过来，所以都晓得。而今人事事都不会。最急者是礼乐，乐固不识了，只是日用常行吉凶之礼，也都不曾讲得。"_{侗。}

○ 先生曰："太宰云：'夫子圣者欤! 何其多能也?'是以多能为圣也。子贡对以夫子'固天纵之将圣，又多能也'，是以多能为圣人余事也。子曰：'吾少也贱，故多能鄙事。君子多乎哉? 不多也。'是以圣为不在于多能也。三者之说不同，诸君且道谁说得圣人地位着?"诸生多主夫子之言。先生曰："太宰以多能为圣，固不是。若要形容圣人地位，则子贡之言为尽。盖圣主于德，固不在于多能，然圣人未有不多能者。夫子以多能不可以律人，故言君子不多，尚德而不尚艺之意，其实圣人未尝不多能也。"_{栖。}

子曰吾有知乎哉章

○ 问："'吾有知乎哉'与'吾无隐乎尔'意一般否?"曰："那个说得阔，这个主答问而言。"或曰："那个兼动静语嘿说了。"曰："然。"_{焘。}

○ <u>林恭甫</u>问此章。曰:"这'空空'是指鄙夫言。圣人不以其无所有而略之,故下句更用'我'字唤起。"<u>义刚</u>。

○ "两端"犹言"两头",言始终本末,上下精粗,无所不尽。<u>泳</u>。

○ <u>寓</u>问:"竭两端处,疑与'不愤不启'一段相反。'不愤不启',圣人待人自理会方启发他。空空鄙夫,必着竭两端告之,如何?"曰:"两端,就一事而言。说这浅近道理,那个深远道理也便在这里。如举一隅以四角言,这卓子举起一角便有三角在。两端,以两头言之。凡言语便有两端。文字不可类看,这处与那处说又别,须是看他语脉。论这主意,在'吾有知乎哉?无知也'。此圣人谦辞,言我无所知,空空鄙夫来问,我又尽情说与他。凡圣人谦辞,未有无因而发者,这上面必有说话,门人想记不全,须求这意始得。如达巷党人称誉圣人'博学而无所成名',圣人乃曰'吾执御矣',皆是因人誉己,圣人方承之以谦。此处想必是人称道圣人无所不知,诲人不倦,有这般意思,圣人方道我是无知识,亦不是诲人不倦,但鄙夫来,我则尽情向他说。若不如此,圣人何故自恁地谦?自今观之,人无故说谦话,便似要人知模样。"<u>寓</u>。

○ 问:"<u>伊川</u>谓:'圣人之言必降而自卑,不如此则人不亲;贤人之言必引而自高,不如此则道不尊。'此是形容圣贤气象不同邪?抑据其地位合当如此?"曰:"圣人极其高大,人自难企及,若更不俯就,则人愈畏惮而不敢进。贤人有未熟处,人未甚信服,若不引而自高,则人也必以为浅近不足为。<u>孟子</u>,人皆以为迂阔,把做无用。使<u>孟子</u>亦道我底诚迂阔无用,则何以起人慕心?所以与他争辨,不是要人尊己,直使人知斯道之大,庶几竦动,着力去做。<u>孔子</u>尝言:'如有用我者,期月而已可也。'又言:'吾其为东周乎!'只作平常闲说。<u>孟子</u>言:'如欲平治天下,当今之世,舍我其谁!'便说得广,是势不得不如此。"又问:

"如程〔子〕说话，亦引而自高否？"曰："不必如此又生枝节。且就此本文上看，看一段须反覆看来看去，要烂熟，方见意味快乐，令人都不欲看别段，始得。"淳。寓同而少异，今附于下。云："'程子曰："圣人之言必降而自卑，不如此则人不亲；贤人之言必引而自尊，不如此则道不高。"不审这处形容圣、贤气象不同，或据其地位合着如此耶？'曰：'地位当如此。圣人极其高大，人皆疑之，以为非我之所能及；若更不惬地俯就，则人愈畏惮而不敢进。孟子于（是）〔道〕虽已见到至处，然做处毕竟不似圣人熟，人不能不疑其所未至，若不引而自高，则人必以为浅近而不足为。孟子，人皆以为迂阔，把他无用了。若孟子也道是我底诚迂阔无用，如何使得？所以与人辨，与人争，亦不是要人尊己，只要人知得斯道之大，庶几使人竦动警觉。夫子常言：'如有用我者，期月而已可也。'又言：'吾其为东周乎！'只平常如此说。孟子便道：'如欲平治天下，当今之世，舍我其谁也！'便说得恁地奢遮，其势不得不如此。这话从来无人会如此说，非他程先生见得透，如何敢凿空恁地说出来！"

○ 问孔子"空空"、颜子"屡空"与中庸"无声无臭"之理。曰："以某观论语之意，自是孔子叩鄙夫，鄙夫空空，非是孔子空空。颜子箪瓢屡空自对子贡货殖而言。始自文选中说颜子屡空，空心受道，故疏论语者亦有此说。要之，亦不至如今日学者直是悬空说人玄妙处去也。中庸'无声无臭'本是说天道。彼其所引诗，诗中自说须是'仪刑文王'，然后'万邦作孚'，诗人意初不在'无声无臭'上也。中庸引之以结中庸之义。尝细推之，盖其意自言谨独以修德，至诗曰'不显惟德，百辟其刑之'，乃'笃恭而天下平'也。后面节节赞叹其德如此，故至'予怀明德'以至'"德轴如毛"，毛犹有伦，"上天之载，无声无臭"，至矣'，盖言天德之至而微妙之极，难为形容如此。今为学之始，未知所有而（遂）〔遽〕欲一蹴至此，吾见其倒置而终身迷乱耳。"大雅。

○ 正淳问："'执两端'与'竭两端'，如何？"曰："两端也只一般，犹言头尾也。执两端方识得一个中，竭两端言彻头彻尾都尽也。"

问:"只此是一言而尽这道理,如何?"曰:"有一言而尽者,有数言而尽者。如樊迟问仁,曰:'爱人。'问知,曰:'知人。'此虽一言而尽,推而远之亦无不尽。如子路正名之论,直说到'无所措手足'。如子路问政、哀公问政,皆累言而尽。但只圣人之言,上下本末,始终小大,无不兼举。"端蒙。

子曰凤鸟不至章

○ "凤鸟不至。"圣人寻常多有谦词,有时亦自讳不得。泳。

子见齐衰者章

○ (唐)〔康〕叔临问:"'子见齐衰者、冕衣裳者与瞽者,见之,虽少必作;过之,必趋。'作与趋者,敬之貌也,何为施之于齐衰者与瞽者?"先生曰:"作与趋固是敬,然敬心之所由发则不同:见冕衣裳者,敬心生焉而因用其敬;见齐衰者、瞽者,则哀矜之心动于中而自加敬也。吕刑所谓'哀敬折狱',正此意也。"盖卿。

○ 问:"作与趋,如何见得圣人哀矜之心?"曰:"只见之、过之而变容动色,便是哀矜之,岂直涕泣而后谓之哀矜也!"〔焘。〕

颜渊喟然叹章

○ 学者说"颜子喟然叹曰"一章。曰:"公只消理会颜子因何见得到这里，是见个甚么物事。"众无应者。先生遂曰："要紧只在'夫子循循然善诱人，博我以文，约我以礼'三句上。须看夫子'循循然善诱'底意思是如何。圣人教人，要紧只在'格物致知'、'克己复礼'。这个穷理是开天聪明，是甚次第！"贺孙。

○ "致知格物"，博文也；"克己复礼"，约礼也。道夫。

○ 夫子教颜子，只是博文、约礼两事。自尧舜以来便自如此说。"惟精"便是博文，"惟一"便是约礼。寓。

○ "博我以文，约我以礼"，圣门教人，只此两事，须是互相发明。约礼底工夫深，则博文底工夫愈明；博文底工夫至，则约礼底工夫愈密。广。

○ 博文工夫虽头项多，然于其中寻将去自有个约处。圣人教人有序，未有不先于博者，子贡得闻一贯，亦是待它多学之功到了，方可以言此耳。必大。

○ 〔问"瞻之在前"四句。曰："此段有两重关。此处颜子非是都不曾见得。颜子已是到这里了，比他人都不曾到。"〕问："圣人教人先博文而后约礼，横渠先以礼教人，何也？"曰："学礼中也有博文，如讲明制度、文为，这都是文。到那行处方是约礼。"夔孙。

○ "博我以文，约我以礼"，圣人教人只此两事。博文工夫固多，约礼则只是这些子。如此是天理，如此是人欲，不入人欲则是天理。"礼者，天理之节文。"节谓等差，文谓文采。等差不同，必有文以行之。乡党一篇，乃圣人动容周旋皆中礼处。与上大夫言，自然訚訚；与下大夫言，自然侃侃。若与上大夫言却侃侃，与下大夫言却訚訚，便不是。圣人在这地位，知这则揩，莫不中节。今人应事，此心不熟，便解忘了。又云："圣贤于节文处描出这个样子，令人依本子去学。譬如小儿学书，其始如何便写得好？须是一笔一画都依他底，久久自然好去。"又云："天理、人欲，只要认得分明。便吃一盏茶时，亦要知其孰为天理，孰为人欲。"人杰。

○ 植举"仁者，爱之理，心之德"，绁绎说过。曰："大概是如此，而今只做仁工夫。"植因问："颜子'博文约礼'是循环工夫否？"曰："不必说循环。如左脚行得一步子，右脚方行得一步；右脚既行得一步，左脚又行得一步。此头得力，那头又长；那头既得力，此头又长。所以欲罢而不能者，是它先见得透彻，所以复乎天理，欲罢不能。如颜子，教他复天理他便不能自已，教他徇人欲便没举止了。盖惟是见得通透方无间断，不然安得不间断？"植。

○ 陈安卿问："博文是求之于外，约礼是求之于内否？"曰："博文也是自内里做出来。我本来有此道理，只是要去求。知须是致，物须是格。虽是说博，然求来求去，终归于一理，乃所以约礼也。易所谓：'尺蠖之屈，以求伸也；龙蛇之蛰，以存身也；精义入神，以致用也；利用安身，以崇德也。'而今尺蠖虫子屈得一寸，便能伸得一寸来许。他之屈乃所以为伸。龙蛇于冬若不蛰，则冻杀了。其蛰也，乃所以存身也。'精义入神'乃所以致用也，'利用安身'乃所以崇德也。'欲罢不能'，如人行步，左脚起了，不由得右脚不起。所谓'过此以往，未之或知也'。若是到那'穷神知化'，则须是'德之盛也'方能。颜子其初见得圣人之道尚未甚定，所以说'弥高，弥坚，在前，在后'。及博文、约礼工夫既到，则见得'如有所立，卓尔'。但到此却用力不得了，只待他熟后自到那田地。"义刚。

○ 又曰："至于'如有所立卓尔'处，只欠个熟。所谓'过此以往，未之或知也。穷神知化，德之盛也'。"人杰。

○ 因论"博我以文"，曰："固是要就书册上理会，然书册上所载者是许多，书册载不尽底又是多少，都要理会。"僩。

○ 傅问表里之说。曰："所说'博我以文，约我以礼'便是。'博我以文'是要四方八面都见得周匝无遗，是之谓表。至于'约我以礼'，又要逼向身己上来无一毫之不尽，是之谓里。"子升云："自古学问亦不过此二端。"曰："是，但须见得通透。"木之。

○ 余国秀问："所以博文、约礼，格物、致知，是教颜子就事物上理会。'克己复礼'，却是颜子有诸己。"曰："格那物，致吾之知也，便是会有诸己。"贺孙。

○ 颜渊喟然叹处是颜子见得未定，只见得一个大物事后奈不何。芑。

○ 颜子"瞻之在前，忽然在后"〔是犹见〕得未定。及"所立卓尔"，则已见得定了，但未到耳。从周。寿仁录同。

○ "仰高钻坚，瞻前忽后"，此犹是见得未亲切在。"如有所立，卓尔"，方始亲切。"虽欲从之，末由也已"，只是脚步未到，盖不能得似圣人从容中道也。闳祖。

○ 或问"瞻前忽后"章。曰："此是颜子当初寻讨不着时节，瞻之却似在前，及到着力赶上，又却在后。及钻得一重了又却有一重，及仰之又却煞高，及至上得一层了又有一层。到夫子教人者，又却'循循善诱'，既博之以文又约之以礼。博之以文，是事事物物皆穷究；约之以礼，是使之复礼。却只如此教我循循然去下工夫，久而后见道体卓尔立在这里，此已见得亲切处。然'虽欲从之'，却又'末由也已'，此是颜子未达一间时。此是颜子说己当初捉摸不着时事。"祖道问："颜子此说亦是立一个则例与学者求道用力处，故程子以为学者须学颜子，有可依据，孟子才大难学者也。"先生曰："然。"祖道。

○ 或问颜子钻仰。先生曰："颜子钻仰前后，只是摸索不着意思。及至尽力以求之，则有所谓卓然矣。见圣人气象大概如此，然到此时工夫细密，从前笃学力行底工夫全无所用。盖当此时只有些子未安乐在，但须涵养将去，自到圣人地位也。"力行。

○ 周元兴问："颜子当钻仰瞻忽时，果何所见？"先生曰："颜子初见圣人之道广大如此，欲向前求之，转觉无下手处；退而求之，则见圣人所以循循然善诱人者不过博文约礼，于是就此处竭力求之，而所见始亲切的当，'如有所立卓尔'在前，而叹其峻绝、着力不得也。"又问："颜子合下何不便做博文、约礼工夫？"曰："颜子气禀高明，合下见得圣人道大如此，未肯便向下学中求。及其用力之久，而后知其真不外此，故只于此处着力尔。"铢。潘录同。

○ 问："颜子瞻忽事，为其见得如此，所以'欲罢不能'？"先生曰："只为夫子博之以文，约之以礼，所以'欲罢不能'。"问："瞻忽前后，是初见时事；仰高钻坚，乃其所用力处。"曰："只是初见得些小，未能无碍，奈何他不得。夫子又告以博文、约礼，颜子便服膺拳拳弗失。紧要是博文、约礼。"问："颜子后来用力，见得'如有所立卓尔'，何故又曰'虽欲从之，末由也已'？"曰："到此亦无所用力，只是博文、约礼，积久自然见得。"<u>德明</u>。

○ 问："<u>颜子</u>喟然叹处，莫正是未达一间之意？夫<u>颜子</u>无形显之过，夫子称其'三月不违仁'，莫是有纤毫私欲发见否？"曰："<u>易传</u>中说得好，云'既未能"不勉而中"，"所欲不逾矩"，是有过也。'瞻前忽后，是<u>颜子</u>见圣人不可及，无捉摸处。'如有所立卓尔'，却是真个见得分明。"又曰："<u>颜子</u>才有不顺意处，有要着力处，便是过。"<u>人杰</u>。

○ <u>孔门</u>惟<u>颜子</u>、<u>曾子</u>、<u>漆雕开</u>、<u>曾点</u>见得这个道理分明。<u>颜子</u>固是天资高，初间"仰之弥高，钻之弥坚"亦自讨头不着，从博文约礼做来，"欲罢不能，既竭吾才"，方见得"如有所立卓尔"，向来仿佛底到此都合聚了。<u>曾子</u>初间亦无讨头处，只管从下面崖来崖去，崖到十分处方悟得一贯。<u>漆雕开</u>曰"吾斯之未能信"，斯是何物？便是见得这个物事。<u>曾点</u>不知是如何，合下便被他睁见这个物事。"<u>曾点</u>、<u>漆雕开</u>已见大意"，方是<u>程先生</u>恁地说。<u>漆雕开</u>较静，<u>曾点</u>较明爽，亦未见得他无下学工夫，亦未见得他合杀是如何，只被<u>孟子</u>唤做狂。及<u>檀弓</u>所载，则下梢只如此而已。<u>淳</u>。

○ 夫子之教<u>颜子</u>，只是博文、约礼二事。至于"欲罢不能，既竭吾才，如有所立卓尔"处，只欠个熟，所谓"过此以往，未之或知也。穷神知化，德之盛也"。<u>人杰</u>。

○ 问"<u>颜渊</u>喟然叹"一条。曰："'仰'、'钻'、'瞻'、'忽'四句是一个关，'如有所立卓尔'处又是一个关。不是夫子循循善诱，博文、约礼，便虽见得高坚前后亦无下手处。惟其如此，所以过得这一关。'欲罢不能'，非止是约礼一节，博文一节处亦是'欲罢不能'。博了又

877

约礼，得约了又博文。恁地做去，所以'欲罢不能'。至于'如有所立'去处见得大段亲切了，那'末由也已'一节却自着力不得。〔着力得〕处<u>颜子</u>自着力了，博文、约礼是着力得处也。"又曰："<u>颜子</u>为是先见得这个物事，自高坚前后做得那卓尔处，一节亲切如一节了。如今学者元不曾识那个高坚前后底是甚物事，更怎望他卓尔底！"<u>植</u>。

○ 问："'如有所立卓尔'，只是说夫子之道高明如此，或是似有一物卓然可见之意否？"曰："亦须有个模样。"问："此是圣人不思不勉、从容自中之地。<u>颜子</u>钻仰瞻忽，既竭其才，叹不能到。"曰："<u>颜子</u>钻仰瞻忽，初是捉摸不着。夫子不就此启发<u>颜子</u>，只（将）〔博〕之以文，约之以礼，令有用功处。<u>颜子</u>做这工夫渐见得分晓，至于'欲罢不能'，已是住不得了。及夫'既竭吾才'，如此精专，方见得夫子动容周旋无不中处，皆是天理之流行，卓然如此分晓。到这里，只有个生熟了。<u>颜子</u>生些小未能浑化如夫子，故曰'虽欲从之，末由也已'。"<u>德明</u>。

○ 问："'如有所立卓尔'，是圣人不思不勉、从容自中处。<u>颜子</u>必思而后得，勉而后中，所以未至其地。"曰："<u>颜子</u>竭才，便过之。"问："如何过？"曰："才是思勉便过，不思勉又不及。<u>颜子</u>勉而后中，便有<u>些</u>不肯底意。心知其不可，故勉强摆回。此等意义，悬空逆料不得，须是亲到那地位方自知。"问："<u>集</u>〔注〕解'瞻之在前，忽焉在后'，作'无方体'。"曰："大概亦是如此。"<u>德明</u>。

○ <u>恭父</u>问："<u>颜子</u>平日深潜纯粹，到此似觉有苦心极力之象。只缘他工夫到后，视圣人地位卓然只在目前。只这一步峻绝直是难进，故其一时勇猛奋发，不得不如此。观<u>扬子</u>云言'<u>颜苦孔</u>之卓'，似乎下得个'苦'字亦甚亲切，但<u>颜子</u>只这一时勇猛如此，却不见迫切。到'末

由也已’，亦只得放下。"曰："看他别自有一个道理，然兹苦也，兹其
所以为乐也。"恪。

○　恭父问："颜子平日深潜沉粹，触处从容，只于喟然之叹见得
他煞苦切处。扬子云‘颜苦孔之卓’，恐也是如此。到这里见得圣人直
是峻极，要进这一步不得，便觉有恳切处。"曰："颜子到这里，也不是
大段着力。只他自觉得要着力，自无所容其力。"贺孙。

○　问："集注引程子说‘到此地位，直是峻绝，又大段着力不
得’，如何？"曰："到这里直待他自熟。且如熟，还可着力否？"淦。

○　寅又问。答曰："到这处自是用力不得。孔子‘六十而耳顺，
七十而从心所欲，不逾矩’。如这耳顺处如何用力？这里熟了，只自然
恁地去。在熟之而已。"因举横渠"大可为也，化不可为也"，又曰：
"过此以往，未之或知。穷神知化，德之盛也。"㝢。

○　问："李先生谓颜子‘圣人体段已具’。‘体段’二字莫是言个
模样否？"曰："然。"又问："惟其具圣人模样了，故能闻圣人之言，默
识心融否？"曰："颜子去圣人不争多，止隔一膜，所谓‘于吾言无所不
说’。其所以不及圣人者，只是须待圣人之言触其机，乃能通晓耳。"又
问："所以如此者，莫只是查滓化未尽否？"曰："圣人所至处颜子都见
得，只是未到。‘仰弥高，钻弥坚，瞻在前，忽在后’，这便是颜子不及
圣人处，这便见它未达一间处。且如于道理上才着紧又蹉过，才放缓又
不及。又如圣人平日只是理会一个大经大法，〔又却有时而应变达权；
才去应变达权处看他，又却不曾离了大经大法。〕可仕而仕，学他仕时
又却有时而止；可止而止，学他止时又却有时而仕。‘无可无不可’，学
他不可又却有时而可，学他可又却有时而不可。终不似圣人事事做到自

然恰好处。"又问:"程子说'孟子,虽未敢便道他是圣人,然学已到圣
处',莫便是指此意而言否?"曰:"颜子去圣人尤近。"或云:"某于
'克己复礼'、'动容貌'两章却理会得。若是仰高钻坚、瞻前忽后,终
是未透。"曰:"此两章止说得一边,是约礼底事,到颜子便说出两脚
来。圣人之教、学者之学,不越博文、约礼两事耳。博文是'道问学'
之事,于天下事物之理皆欲知之;约礼是'尊德性'底事,于吾心固有
之理无一息之不存。今见于论语者虽只有'问仁'、'问为邦'两章,然
观夫子之言有曰'吾与回言终日',想见凡天下之事无不讲究来。自视
听言动之际,人伦日用当然之理,以至夏之时、商之辂、周之冕、舜之
乐、历代之典章文物,一一都理会得了。故于此举其大纲以语之,而颜
子便能领略得去。若元不曾讲究,则于此必有疑问矣。盖圣人循循善诱
人,才趱到那有滋味处自然住不得,故曰'欲罢不能,既竭吾才,如有
所立卓尔'。〔卓尔〕是圣人之大本立于此,以酬酢万变处。颜子亦见得
此甚分明,只是未能得到此耳。又却趱逼他不得,他亦大段用力不得。
易曰'精义入神以致用也,利用安身以崇德也。过此以往,未之或知
也。穷神知化,德之盛也'。只是这一个德,非于崇德之外别有个德之
盛也。做来做去,做到彻处便是。"广。

○ 问"坚高前后"。曰:"坚高,只是说难学;前后,只是摸索不
着。皆是譬喻如此,其初恁地,虽到'循循善诱'方略有个近傍处,
'既竭吾才'便已见个定体规模了。"曰:"所谓'卓尔'亦在日用之间,
何以见?"曰:"只是真见得恁地定。"曰:"程子谓'到此着力不得',
而胡氏又曰'不怠所从',何也?"曰:"'末由',也已不是到此便休了,
不用力,但工夫用得细,不似初间用许多粗气力。如博学、审问、谨
思、明辨、笃行之类,只是循循地养将去。颜子与圣人大抵只是争些
子,不多。如何大段着力得恁地?养熟了,便忽然落在那窠窟里。明道
谓'贤看颢如此,颢煞用工夫',见明道是从容,明道却自有着力处,

但细腻了，人见不得。"淳。

○ 寓问："'颜渊喟然叹'一段，高坚前后可形容否？"曰："只是说难学，要学圣人之道都摸索不着。要如此学不得，要如彼学又不得，方取他前，又见在后。这处皆是譬喻如此。其初恁地难，到'循循善诱'，方略有个近傍处。"吴氏以为卓尔亦不出乎日用行事之间。问："如何见得？"曰："是他见得恁地定，见得圣人定体规摹。此处除是颜子方见得。"问："程子言'到此大段着力不得'，胡氏又曰'不怠所从，必欲至乎卓立之地'，何也？"曰："'末由也已'，不是到此便休了，不用力。但工夫用得细，不似初间用许多粗气力。如博学、审问、谨思、明辩、笃行之类，这处也只是循循地养将去。颜子与圣人大抵争些子，只有些子不自在。圣人便'不勉而中，不思而得'，这处如何大段着力得！才着力，又成思勉去也。只恁地养熟了，忽然落在那窠窟里。明道谓：'贤毋谓我不用力，我更着力！'人见明道是从容，然明道却自有着力处，但细腻了，人见不得。"

○ 蕫卿问："博约之说，程子或以为知要，或以为约束，如何？"曰："'博我以文，约我以礼'与'博之以文，约之以礼'一般，但'博之以文，约之以礼'，孔子是泛言人能博文而又能约礼，可以弗畔天道，而颜子则更深于此。侯氏谓博文是致知、格物，约礼是'克己复礼'，极分晓，而程子却作两样说，便是某有时晓他老先生说话不得。孟子曰'博学而详说之，将以反说约也'，这却是知要。盖天下之理都理会透，到无可理会处便约。盖博而详，所以方能说到要约处。约与要同。"道夫曰："汉书'要束'字读如'约束'。"曰："然。"顷之，复曰："'知崇礼卑'，圣人这四个字，如何说到那地位？"道夫曰："知崇便是博，礼卑便是约否？"曰："博然后崇，卑然后约。物理穷尽，卓然于事物之表，眼前都拦自家不住，如此则所谓崇。戒谨恐惧，一动一举、一言一行，无不着力，如此则是卑。"问："卑法地。"曰："只是极其卑尔。"
又问："知崇如天，礼卑如地，而后人之理行乎？"曰："知礼成性，而
天理行乎其间矣。"道夫。

○　或问："伊川曰'圣人与理为一，无过不及，中而已'，敢问颜
子择乎中庸未见其止，叹夫子瞻前忽后，则过不及虽不见于言行，而亦
尝动于心矣。此亦是失否？"曰："此一段说得好，圣人只是一个中底道
理。"人杰。

○　问："横渠说颜子三段，却似说颜子未到中处。"曰："可知是
未到从容中道。如'瞻之在前，忽焉在后'，便是横渠指此做未能及中。
盖到这里，又着力不得，才紧着便过了，稍自放慢便远了。到此不争分
毫间，只是做得到了，却只涵养。'既竭吾才，如有所立卓尔'，便是未
到'不思而得'处；'虽欲从之，末由也已'，便是未到'不勉而中'
处。"螢。

○　问横渠说颜子发叹处。曰："'高明不可穷'是说'仰之弥高'，
'博厚不可极'是说'钻之弥坚'，'中道不可识'则'瞻之在前，忽焉
在后'。至其'欲罢不能，既竭吾才'，则方见'如有所立卓尔'。谓之
'如'，则是于圣人中道所争不多。才着力些便过，才放慢些便不及，直
是不容着力。"人杰。

○　或问"仰之弥高，钻之弥坚，瞻之在前，忽然在后"。先生举
横渠语云："高明不可穷，博厚不可极，则中道不可识，盖颜子之叹
也。"盖卿。

○　"所谓'瞻之在前，忽然在后'，这只是个'中庸不可能'。盖

圣人之道是个恰好底道理，所以不可及。自家才着意要去做，不知不觉
又蹉过了。且如'恭而安'，这固是圣人不可及处。到得自家才着意去
学时，便恭而不安了，此其所以不可能。只是难得到那恰好处，不着意
又失了，才着意又过了，所以难。横渠曰：'高明不可穷，博厚不可极，
则中道不可识，盖颜渊之叹也。'虽说得拘，然亦自说得好。"或曰：
"伊川过、不及之说亦是此意否？"曰："然。盖方见圣人之道在前，自
家要去赶着他，不知不觉地蹉过了，那圣人之道又却在自家后了。所谓
'忽焉在后'，也只是个'中庸不可能'。'夫子循循然善诱人'，非特以
博文、约礼分先后次序，博文中亦自有次序，约礼中亦自有次序，有个
先后浅深。'欲罢不能'，便只是就这博文、约礼中做工夫。合下做时便
是下这十分工夫去做，到得这叹时，便是'欲罢不能'之效。众人与此
异者，只是争这个'欲罢不能'，做来做去，不知不觉地又住了。颜子
则虽欲罢而自有所不能，不是勉强如此，此其所以异于人也。"又曰：
"颜子工夫到此已是七八分了。到得此，是滔滔地做将去，所以'欲罢
不能'。如人过得个关了，便平地行将去。"㑡。

○　吕氏说颜子云："随其所至，尽其所得，据而守之则拳拳服
膺而不敢失，勉而进之则既竭吾才而不敢缓。此所以恍惚前后而不可
为像，求见圣人之止，欲罢而不能也。"此处甚缜密〔，无些渗
漏〕。淳。

○　正淳问："吕氏云'颜子求见圣人之止'，或问以为文义不安。"
曰："此语亦无大利害，但横渠错认'未见其止'为圣人极至之地位耳。
作'中道'亦得，只作'极'字佳。"㑡。

○　人杰问："吕氏称颜子曰'求见圣人之止，欲罢而不能'，中庸
或问以'求见圣人之止'一句文义未安。人杰窃谓圣人乾健而不息，未

尝有所止，况欲求以见之乎？若曰'求得圣人之中道，欲罢而不能'，如何？"曰："作'中道'亦得，或只作'极'字亦佳。"<u>人杰</u>。

子路使门人为臣章

○ 问："'久矣哉，<u>由</u>之行诈也，久矣哉'，则是不特指那一事言也。"曰："是指从来而言。"问："人苟知未至，意未诚，则此等意虑时复发露而不自觉？"曰："<u>然</u>。"<u>广</u>。

○ <u>蓥</u>问："'<u>由</u>之行诈'，如何？"曰："是<u>子路</u>要尊圣人，耻于无臣而为之，一时不能循道理，<u>子路</u>本心亦不知其为诈。然而<u>子路</u>寻常亦是有不明处，如死<u>孔悝</u>之难，是至死有见不到。只有一毫不诚，便是诈也。"〔<u>饶</u>本作"<u>子路</u>平日强其所不知以为知，故不以出公为非"。〕<u>蓥</u>。

有美玉于斯章

○ <u>子贡</u>只是如此设问，若曰"此物色是只藏之，惟复将出用之"耳，亦未可议其言之是非也。<u>必大</u>。

子欲居九夷章

○ 问："子欲居九夷，使圣人居之，真有可变之理否？"曰："然。"或问："九夷，前辈或以<u>箕子</u>为证，谓<u>朝鲜</u>之类，是否？"曰："此亦见未得。古者中国亦有夷、狄，如<u>鲁</u>有淮夷，<u>周</u>有<u>伊雒</u>之戎是也。"又问:"此章与'乘桴浮海'莫是戏言否?"曰:"只是见道不行,偶然却发此叹,非戏言也。"因言:"后世只管说当时人君不能用圣人,不知亦用不得。每国有世臣把住了,如何容外人来做!如鲁有三桓、齐有田氏,晋有六卿,比比皆然,如何容圣人插手!"雉。

子曰吾自卫反鲁章_无

子曰出则事公卿章

○ 〔郑〕问"何有于我哉"。先生曰:"此语难说。圣人自谦之语,言我不能有此数者。圣人之心常有慊然不足之意。众人虽见它是仁之至精、义之至熟,它只管见它有欠阙处。"卓。

○ 问"不为酒困,何有于我哉"。曰:"语有两处如此说,皆不可晓。寻常有三般说话:一以为上数事我皆无有,一说谓此数事外我皆复何有,一说云于我何有。然皆未安,某今阙之。"祖道。谟录同。〔集注今有定说。〕

○ 此章之义看来似说得极低,然其实则说得极重。虽非有甚高之行,然工夫却愈精密,道理却愈无穷,故曰"知崇"、"礼卑"。范氏云"不为酒困者,燕而不乱也",其意似以"不为酒困"为不足道,故以燕饮不乱当之,过于深矣。必大。

○ 又曰:"此等处圣人必有为而言,须有上一截话。恐是或有人说夫子如何,故夫子因有此言也。今却只是记录夫子之语耳。"〔必大。〕

子在川上章

○ 问："'逝者如斯夫。''逝'只训往，'斯'字方指川流。"曰："是。"〔植。〕

○ 问："子在川上之叹，注云：'此道体之本然也。'后又曰：'皆与道为体。'向见先生说：'道无形体，却是这物事盛，载那道出来，故可见。"与道为体"，言与之为体也。（这）〔体〕字较粗。'如此，则与本然之体微不同。"曰："也便在里面。只是前面'体'字说得来较阔，连本末精粗都包在里面。后面'与道为体'之'体'，又说出那道之亲切底骨子。恐人说物自物，道自道，所以指物以见道。其实这许多物事凑合来，便都是道之体。道体便在这许多物事上，只是水上较亲切易见。"僩。

○ 问："'子在川上。'伊川曰：'此道体也。天运而不已，日往则月来，寒往则暑来，水流而不息，物生而不穷，皆与道为体。'""此四者，非道之体也，但因此则可以见道之体耳。那'无声无臭'便是道，但寻从那'无声无臭'处去，如何见得道？因有此四者，方见得那'无声无臭'底，所以说'与道为体'。"刘用之曰："如炭与火相似。"曰："也略是如此。"义刚。

○ 徐问："程子曰'日往则月来，寒往则暑来，物生而不穷，水流而不息，皆与道为体'，何谓也？"曰："日月寒暑等不是道，然无这道便也无这个了。惟有这道方始有这个，既有这个，则就上面便可见得道。这个是与道做骨子。"问："张思叔说：'此便是无穷。'伊川曰：'一个"无穷"，如何便了得！'何也？"曰："固是无穷，然须看因甚恁地无穷。须见得所以无穷处始得。若说天只是高，地只是厚，便也无说了。须看所以如此者是如何。"<u>淳</u>。寓录同。

○ 问："'逝者如斯夫'，如何是'与道为体'？"曰："与那道为形体。这'体'字却粗，只是形体。"问："犹云'性者道之形体'否？"曰："然。"<u>个</u>。

○ <u>李公晦</u>问："'子在川上'下注'体'字是'体用'之'体'否？"曰："只是这个'体道'之'体'，只是道之骨子。"<u>苋</u>。

○ 或问："'逝者如斯夫，不舍昼夜'，<u>集注</u>云：'天地之化，往者过，来者续，此道体之本然也。'如何？"曰："<u>程子</u>言之矣。'天运而不已，日往则月来<u>云云</u>，皆与道为体。''与道为体'，此句极好。某尝记得旧作观澜记两句云：'<u>观湍流之不息，悟有本之无穷。</u>'"<u>人杰</u>。

○ <u>周元兴</u>问："'与道为体'，此'体'字如何？"曰："是体质。道之本然之体不可见，观此则可见，如阴阳五行为太极之体。"又问："太极是体，二五是用？"曰："此是无体之体。"<u>董叔重</u>曰："如'其体则谓之易'否？"曰："然。"又问<u>明道</u>云"有天德便可语王道"。曰："有天德则便是天理，便做得王道。无天德则做王道不成。"又曰："无天德则是私意，是计较。后人多无天德，所以做王道不成。"<u>苋</u>。

○ 又曰："天理流行之妙，若有私欲以间之，便如水被些障塞，不得恁滔滔地去。"问："<u>程子</u>曰：'自汉以来，儒者皆不识此义。'"先生曰："是不曾识得。佛氏却略曾窥得上面些个影子。"<u>元秉</u>。

○ 或问"子在川上"。曰："此是形容道体。<u>伊川</u>所谓'与道为

体’，此一句最妙。某尝为人作观澜词，其中有两句云：‘观川流之不息
兮，悟有本之无穷。’”又问：“明道曰：‘其要只在谨独。’如何？”曰：
“能谨独，则无间断而其理不穷。若不谨独，便有欲来参入里面，便间
断了也，如何却会如川流底意！”又问：“明道云：‘自汉以来，诸儒皆
不识此。’如何？”曰：“是他不识，如何却要道他识！此事除了孔孟，
却犹是佛老见得些形象。譬如画人一般，佛老画得些模样。后来（传）
〔儒〕者于此全无相着，如何教他两个不做大！”祖道曰：“只为佛老从
心上起工夫，其学虽不是，然却有本。儒者只从言语文字上做，有知此
事是合理会者，亦只做一场说话过了，所以输与他。”先生曰：“彼所谓
心上工夫本不是，然却胜似儒者多。公此说却是。”祖道。

○　或问“子在川上曰：‘逝者如斯夫，不舍昼夜’”。曰：“古说
是见川流因叹。大抵过去底物不息，犹天运流〔行〕不息如此，亦警学
者要当如此不息。盖圣人之心‘纯亦不已’，所以能见之。”祖道。谟
录同。

○　杨至之问：“‘逝者如斯夫，不舍昼夜’便是‘纯亦不已’意思
否？”曰：“固是。然此句在吾辈作如何使？”杨曰：“学者当体之以自强
不息。”先生曰：“只是要得莫间断。程子谓：‘此天德也。有天德便可
语王道，其要只在谨独。’谨独与这里何相关？只少有不谨便断了。”
〔寓。〕

○　问：“‘子在川上曰：逝者如斯夫，不舍昼夜。’先生解曰：‘天
地之化，往者过，来者续，无一息之停，乃道体之本然也。其可指而易
见者，莫如川流，故于此发以示人。’某反而求之身，心固生生而不息，
气亦流通而不息。此二者皆得之于天，与天地为一体者也。然人之不能
不息者有二：一是不知后行不得，二是役于欲后行不得。见得人须是下

穷理工夫，使无一理之不明；下克己工夫，使无一私之或作。然此两段工夫皆归在敬上，故明道云：‘其要只在谨独。’”曰：“固是。若不谨独，便去隐微处间断了，能谨独，然后无间断。若或作或辍，如何得与天地相似！”广。〔士毅录云：“此只要常常相续，不间断了。”〕

○　因说此章，问曰："今不知吾之心与天地之化是两个物事，是一个物事？公且思量。"良久，乃曰："今诸公读书只是去理会得文义，更不去理会得意。圣人言语只是发明这个道理。这个道理，吾身也在里面，万物亦在里面，天地亦在里面。通同只是一个物事，无障蔽，无遮碍。吾之心即天地之心。圣人即川之流，便见得也是此理，无往而非极致。但天命至正，人心便邪；天命至公，人心便私；天命至大，人心便小，所以与天地不相似。而今讲学便要去得与天地不相似处，要与天地相似。"又曰："虚空中都是这个道理，圣人便随事物上切出来。"又曰："如今识得个大原了，便见得事事物物都从本根上发出来。如一个大树，有个根株，便有许多芽蘖枝叶，牵一个则千百个皆动。"夔孙。

○　"子在川上"一段注："此道体之本然也。欲学者时时省察，而无毫发之间断。"才不省察便间断，此所以"其要只在谨独"，人多于独处间断。泳。

子曰吾未见好德如好色章

○　杨至之问："此即大学‘如好好色’之意，要得诚如此。然集注载卫灵公事与此意不相应，何也？"曰："书不是恁地读。除了灵公事，便有何发明？存灵公事在那上，便有何相碍？此皆没紧要。圣人当初只是恁地叹未见好德如那好色者。自家当虚心去看，又要反求思量，自己如何便是好德，如何便是好色，方有益。若只管去校量他，与圣人意思愈见差错。圣人言语，自家当如奴仆，只去随他，教住便住，教去便去。今却如与做师友一般，只去与他校，如何得！<u>大学</u>之说自是<u>大学</u>之意，<u>论语</u>之说自是<u>论语</u>之意。<u>论语</u>只是说过去，尾重则首轻，这一头低，那一头便昂。<u>大学</u>是将两句平头说去，说得尤力。如何要合两处意来做一说得！"_淳。

○ <u>董叔重</u>问："何谓招摇？"曰："如翱翔。"_节。

譬如为山章_无

子曰语之而不惰章

○ 读"语之而不惰"，曰："惟于行上见得它不惰。"_{时举}。

○ <u>陈仲亨</u>问："'语之而不惰'，于甚处见得？"曰："如'得一善，则拳拳服膺，而不失之矣'，'欲罢不能'，皆是其不惰处。"_{义刚}。

○ 又曰："看来'不惰'，只是不说没紧要底话，盖是那时也没心性说得没紧要底话了。"_焘。

○ 问："'语之而不惰者，其回也与。'如何是不惰处？"先生曰："<u>颜子</u>听得夫子说话，自然住不得。若他人听过了，半疑半信，若存若亡，安得不惰！"_雄。

子曰惜乎吾见其进章_无

子曰苗而不秀者章

○ 徐问："'苗而不秀，秀而不实'，何所喻?"曰："皆是勉人进学如此。这个道理难当，只管恁地勉强去。'苗而不秀，秀而不实'，大概只说物有生而不到长养处，有长养而不到成就处。"<u>淳</u>。

子曰后生可畏章

○ 问："'后生可畏'是方进者也，'四十五十而无闻'是中道而止者也。"曰："然。"<u>焘</u>。

朱子语类卷第三十七
论语十九

子罕篇下

法语之言章

○ 植说："此章集注云：'法语，人所敬惮，故必从。然不改则面从而已。'如汉武帝见汲黯之直，深所敬惮，至帐中可其奏，可谓从矣。然黯论武帝'内多欲而外施仁义'，岂非面从！集注云：'巽言无所乖忤，故必悦。然不〔怿〕〔绎〕，又不足以知其微意之所在。'如孟子论太王好色、好货，齐王岂不悦？若不知绎，则徒知古人所谓好色，不知其能使'内无怨女，外无旷夫'；徒知古人所谓好货，不知其能使'居者有积仓，行者有裹粮'。"先生因曰："集注中举杨氏说亦好。"

○ 〔"法语之言"，"巽与之言"，巽，〕谓巽顺。与它说都是教它做好事，如"有言逊于汝志"者，而其重处恰在"不改"、"不绎"。圣人谓如此等人与它说得也不济事，故曰"吾末如之何也已"。端蒙。

主（中）〔忠〕信章_{学而篇互见}

三军可夺帅章

○ 志若可夺，则如三军之帅被人夺了。做官夺人志。志执得定，故不可夺；执不牢，也被物欲夺去。志真个是不可夺！<u>泳</u>。

衣敝缊袍章

○ "衣敝缊袍"，是里面夹衣，有绵作胎底。<u>义刚</u>。

○ "衣敝缊袍"，也有一等人资质自不爱者。然如此人亦难得。<u>泳</u>。

○ 问："'"不忮不求，何用不臧"，<u>子路</u>终身诵之'，此<u>子路</u>所以不及<u>颜渊</u>处。盖此便是'愿车马，衣轻裘，与朋友共，敝之而无憾'底意思。然他将来自诵，便是无那底'无伐善'、'施劳'底意思。"曰："所谓'终身诵之'，亦不是他矜伐。只是将这个做好底事，'终身诵之'，要常如此，便别无长进矣。"又问<u>吕氏</u>"贫与富交，强者必忮，弱者必求"之话。曰："世间人见富贵底，不是心里妒嫉它，便羡慕它，只是这般见识尔。"<u>㝢</u>。

○ 先生又曰："<u>李</u>（相）〔闳〕祖云：'忮，是疾人之有；求，是耻己之无。'<u>吕氏</u>之说亦近此意，然此说又分晓。"〔<u>僴</u>。〕

○〔问〕"子路终身诵之"。曰:"是他把来诵来。然自有一般人,着破衣服在好衣服中亦不管者。子路自是不把这般当事。"螢问:"子路却是能克己,如'愿车马,衣轻裘,与朋友共,敝之而无憾'。"曰:"子路自是恁地人,有好物事犹要与众人共用了。上蔡论语中说管仲小器一段极好。"螢。

○ 谢教问:"'子路终身诵之',夫子何以见得终其身也?""只是以大势恁地。这处好,只不合自担当了,便止于此,便是自画。大凡好底事,才自担便也坏了,所谓'有其善,丧厥善'。"淳。

○ 又曰:"道怕担了。〔何足以臧。〕"可学。

○ "何足以臧",圣人恐子路止于是,故激而进之。泳。

○ 问:"子路资质刚毅,固是个负荷容受得底人,如何却有那'闻之喜'及'终身诵之'之事?"曰:"也只缘他好勇,故凡事粗率,不能深求细绎那道理,故有此事。"广。

岁寒然后知松柏之后雕也章_无

知者不惑章

○ "知者不惑。"真见得分晓,故不惑。泳。

○ 问"仁者何故不忧",或曰:"仁者无私心,故乐天而不忧。"

先生曰:"此亦只是貌说,复合致思。"皆未晓。曰:"仁者,理即是心,心即是理,有一事来便有一理以应之,所以无忧。"方子。

○ 又问"仁者不忧"。曰:"仁者心与理一。心纯是这道理,看甚么事来,自有这道理在处置它,自不烦恼。今人有这事却无这理,便处置不去,所以忧。"恪。

○ "仁者不忧。"人之所以有忧,只是处未得。仁者,心即是理,有一事来便以一理去处之,所以无忧。文卿。

○ 道夫问"仁者不忧"。先生曰:"仁者通体是理,无一点私心。事之来者虽无穷,而此之应者各得其度。所谓'建诸天地而不悖,质诸鬼神而无疑,百世以俟圣人而不惑',何忧之有!"道夫。

○ "仁者不忧。"仁者,天下之公。私欲不萌而天下之公在我,何忧之有!泳。

○ 陈仲亨说"仁者不忧",云:"此非仁体,只是说夫子之事。"先生曰:"如何又生出这一项情节!恁地,则那两句也须恁地添一说始得。这只是统说。仁者便是不忧。"义刚。

○ "勇者不惧。"气足以助道义,故不惧。故孟子说:"配义与道,无是,馁也。"今有见得道理分晓而反慑怯者,气不足也。泳。

○ 或举程子"明理可以治惧"之说。曰:"明理固是能勇,然便接那'不惧'未得,盖争一节在,所以圣人曰:'勇者不惧。'"焘。

○ 李兄闳祖曰："论语所说'勇者不惧'处，作'有主则不惧'。恐'有主'字明'勇'字不出。"曰："也觉见是如此。多是一时间下字未稳，又且恁地备员去。"因云："前辈言解经命字为难。近人解经亦间有好处，但是下语亲切，说得分晓。若前辈所说，或有不大故分晓处，亦不好。如近来耿氏说易'女子贞，不字'。伊川说作'字育'之'字'。耿氏说作'许嫁，〔笄〕而字'之'字'，言'女子贞，不字'者，谓其未许嫁也，却与昏媾之义相（达）〔通〕，亦说得有理。"又云："伊川易亦有不分晓处甚多。如'益之，用凶事'，作凶荒之'凶'，直指刺史、郡守而言。在当时未见有刺史、郡守，岂可以此说！某谓'益之，用凶事'者，言人臣之益君，是责难于君之时，必以危言鲠论恐勉其君（布）〔而〕益之。虽以中而行，然必用圭以通其信。若不用圭而通，又非忠以益于君也。"卓。

○ 行夫说"仁者不忧"一章。答曰："'勇者不惧'，勇是一个果勇必行之意，说'不惧'也易见。'智者不惑'，智是一个分辨不乱之意，说'不惑'也易见。惟是仁如何会不忧？这须思之。"行夫云："仁者顺理，故不忧。若只顺这道理做去，自是无忧。"曰："意思也是如此，更须细思之。"久之，行夫复云云。答曰："毕竟也说得粗。仁者所以无忧者，止缘仁者之心便是一个道理。看是甚么事来，不问大小，改头换面来，自家此心各各是一个道理应副去，不待事来方始安排。心便是理了，不是方见得道理合如此做，（不是）方去恁地做。"贺孙。

○ 方毅父问："'知者不惑'，明理便能无私否？"曰："也有人明理而不能去私欲者，然去私欲必先明理。无私欲则不屈于物，故勇。惟圣人自诚而明，可以先言仁，后言智。至于教人，当以智为先。"时举。

○　先生说"知者不惑"章："惟不惑不忧，便生得这勇来。"〔植。〕

○　有仁、智而后有勇，然而仁、智又少勇不得。盖虽曰"仁能守之"，只有这勇方能守得到头，方能接得去。若无这勇，则虽有仁、智，少间亦恐会放倒了。所以中庸说仁、智、勇三者。勇本是个没紧要底物事，然仁、智不是勇则做不到头，半涂而废。焘。

○　问："与后一章次序不同?"曰："成德以仁为先，进学以知为先。此诚而明，明而诚也。""中庸言三德之序如何?"曰："亦为学者言也。"问："何以勇皆序在后?"曰："末后做工夫不退转，此方是勇。"〔铢。〕

○　或问："'人之所以忧、惑、惧者，只是穷理不尽，故如此。若穷尽天下之理，则何忧何惧之有?''因其无所忧，故名之曰仁；因其无所惑，故名之曰智；因其无所惧，故名之曰勇。'不知二说孰是?"先生曰："仁者随所寓而安，自是不忧；知者所见明，自是不惑；勇者所守定，自是不惧。自有次第。"或曰："勇于义，是义理之勇。如孟施舍、北宫黝，皆血气之勇。"曰："三者也须穷理克复方得。只如此说，不济事。"祖道。谟录同。

○　寓问："集注'知以知之，仁以守之，勇以终之'，看此三句，恐知是致知、格物，仁是存养，勇是克治之功。"先生首肯，曰："是。勇是持守坚固。"问："中庸'力行近乎仁'，又似'勇者不惧'意思。"曰："交互说，都是。如'或生而知之，或学而知之，或困而知之'，三个知都是知；'或安而行之，或利而行之，或勉强而行之'，三个行都是仁；'好学近乎知，力行近乎仁，知耻近乎勇'，三个近都是勇。"寓。淳录同。

可与共学章

○ "习矣不察，行矣不著"，如今人又不如此，不曾去习便要察，不曾去行便要说著。"可与共学，未可与适道"，今人未曾理会"可与学"便要"适道"。贺孙。

○ "可与共学"，有志于此；"可与适道"，已看见路脉；"可与立"，能有所立；"可与权"，遭变事而知其宜。此只是大纲如此说。可学。

○ 问"可与适道"章。曰："这个只说世人可与共学底，未必便可与适道；可与适道底，未必便可与立；可与立底，未必便可与权。学时，须便教可适道；适道，便更教立去；立，便教权去。"〔植。〕

○ "可与立，未可与权"，亦是甚不得已方说此话。然须是圣人方可与权，若以颜子之贤，恐也不敢议此。"磨而不磷，涅而不缁。"而今人才磨便磷，才涅便缁，如何更说权变？所谓"未学行，先学走"也。㤗。

○ 问："权，地位如何?"曰："大贤已上。"可学。

○ 权是称星，教子细看。闳祖。

○ 问："权便是义否?"曰："权是用那义底。"问："中便是时措之宜否?"曰："以义权之，而后得中。义似秤，权是将这秤去称量，中是物得其平处。"㤗。

○ 先生因说：" '可与立，未可与权'，权处是道理上面更有一重道理。如君子小人，君子固当用，小人固当去。然方当小人进用时，猝乍要用君子也未得。当其深根固蒂时便要去他，适为所害。这里须斟酌时宜，便知个缓急深浅，始得。"或言："本朝人才过于汉唐而治效不及者，缘汉唐不去攻小人，本朝专要去小人，所以如此。"曰："如此说，所谓'内君子，外小人'，古人且胡乱恁地说，不知何等议论！永嘉学问专去利害上计较，恐出此。"又曰：" '正其义不谋其利，明其道不计其功。'正其义则利自在，明其道则功自在。专去计较利害定未必有利，未必有功。"〔寓。〕

○ 经自经，权自权，但经有不可行处而至于用权，此权所以合经也。如汤、武事，伊、周事，嫂溺则援事。常如风和日暖，固好。变如迅雷烈风，若无迅雷烈风则都旱了，不可以为常。泳。

○ 叔重问："程子云：'权者，言秤锤之义也。何物以为权？义是也。然也只是说到义。义以上更难说，在人自看如何。'此意如何看？"先生曰："此如有人犯一罪，性之刚者以为可诛，性之宽者以为可恕，概之以义，皆未是合宜。此则全在权量之精审，然后亲切不差。欲其权量精审，是他平日涵养厚，此心虚明纯一，自然权量精审。伊川尝云：'敬以直内，则义以方外；义以为质，则礼以行之。'"时举。

○ 苏宜久问"可与权"。先生云："权与经，不可谓是一件物事。毕竟权自是权，经自是经。但非汉儒所谓权变、权术之说。圣人之权虽异于经，其权亦是事体（合）〔到〕那时合恁地做方好。"宜久。时举略同。

○ 问："经、权不同，而程子云'经即权也'。"先生曰："固是不同：经是万世常行之道，权是不得已而用之，大概不可用时多。"又曰：

"权是时中，不中则无以为权矣。"赐。

○ 用之问："'权也者，反经而合于道'，此语亦好。"曰："若浅说亦不妨。伊川以为权便是经。某以为反经而合于道乃所以为经。如征伐视揖逊、放废视臣事，岂得是常事？但终是正也。"贺孙。

○ 吴伯英问："伊川言'权即是经'，何谓也？"曰："某常谓不必如此说。孟子分明说：'男女授受不亲，礼也；嫂溺援之以手者，权也。'权与经岂容无辨！但是伊川见汉儒只管言反经是权，恐后世无忌惮者皆得借权以自饰，因有此论耳。然经毕竟是常，权毕竟是变。"又问："某欲以'义'字言权，如何？"曰："义者，宜也。权固是宜，经独不宜乎？"处谦。

○ 或有书来问经、权。先生曰："程子固曰'权即经也'，而人须着子细看。此项大段要子细。经是万世常行之道，权是不得已而用之，须是合义也。如汤放桀、武王伐纣、伊尹放太甲，此是权也。若日日时时用之，则成甚世界了！"或云："权莫是中否？"曰："是此一时之中，不中则无以为权矣。然舜禹之后六七百年方有汤，汤之后又六七百年方有个武王。权也是难说，故夫子曰'可与立，未可与权'。到得可与权时节，也是地位太煞高了也。"祖道。

○ 或问经与权之义。先生曰："公羊以'反经合道'为权，伊川以为非。若平看，反经亦未为不是。且如君臣、兄弟是天地之常经，不可易者。汤武之诛桀纣，却是以臣弑君；周公之诛管蔡，却是以弟杀兄，岂不是反经？但时节到这里，道理当恁地做，虽然反经，却自合道理。但反经而不合道理则不可，若合道理，亦何害于经乎！"又曰："合于权，便是经在其中。"余正甫谓："'权、义举而皇极立'，权、义只相似。"先生曰："义可以总括得经、权，不可将来对权。义当守经则守经，当用权则用权，所以谓义可以总括得经、权。若可权、义并言，如以两字对一字，当云'经、权举'乃可。伊川曰'惟义无对'。伊川所谓'权便是经'，亦少分别。须是分别经、权自是两物，到得合于权便自与经无异，如此说乃可。"僴。

○ 问："'可与立，未可与权'，如何是立？"曰："立，是见得那正当底道理分明了，不为事物所迁惑。"又问："程子谓'权只是经'，先生谓'以孟子援嫂之事例之，则权与经亦当有辨'，莫是经是一定之理，权则是随事以取中，既是中则与经不异否？"曰："经是常行道理，权则是那常理行不得处，不得已而有所通变底道理。权得其中固是与经不异，毕竟权则可暂而不可常。如尧、舜揖逊，汤、武征诛，此是权也，岂可常行乎！观圣人此意，毕竟是未许人用权，故学者须当先理会那正底道理。且如朝廷之上，辨别君子小人，君子则进之，小人则去之，此便是正当底道理。今人却不去理会此，却说小人亦不可尽去，须放他一路，不尔，反能害人。自古固有以此而济事者，但终非可常行之理。若是君子小人常常并进，则岂可也？"广。

○ 亚夫问"可与立，未可与权"。曰："汉儒谓'反经合道'为权，伊川谓'权是经所不及者'。权与经固是两义，然论权而全离乎经则不是。盖权是不常用底物事。如人之病，热病者当服凉药，冷病者当服热药，此是常理。然有时有热病却用热药去发他病者，亦有冷病却用冷药去发他病者，此皆是不可常用者。然须是下得〔是〕方可，若有毫厘之差，便至于杀人，不是（作）〔则〕剧。然若用得是，便是少他不得，便是合用这个物事。既是合用，兹权也，所以为经也。大抵汉儒说权是离了个经说，伊川说权便道权只在经里面。且如周公诛管蔡，与唐太宗杀建成、元吉，其推刃于同气者虽同，而所以杀之者则异。盖管

蔡与商之遗民谋危王室，此是得罪于天下，得罪于宗庙，盖不得不诛之
也。若太宗，则分明是争天下也。故周公可以谓之权，而太宗不可谓之
权。孟子曰：‘有伊尹之志则可，无伊尹之志则篡也。’故在伊尹可以谓
之权，而在他人则不可也。权是最难用底物事，故圣人亦罕言之。自非
大贤以上，自见得这道理合是恁地，了不得也。”时举。

　　○　因论“经”、“权”二字。先生曰：“汉儒谓‘权者，反经合
道’，却是权与经全然相反。伊川非之，是矣。然却又曰‘其实未尝反
经’，权与经又却是一个，略无分别，恐如此又不得。权固不离于经，
看‘可与立，未可与权’，及孟子‘嫂溺援之以手’事，毫厘之间，亦
当有辨。”文蔚曰：“经是常行之理，权是适变处。”曰：“大纲说固是如
此。要就程子说中分别一个异同，须更精微。”文蔚曰：“权只是经之
用。且如秤衡有许多星，两一定而不可易。权往来秤物，使轻重恰好，
此便是经之用。”曰：“亦不相似。大纲都是，只争些子。伊川又云：
‘权是经所不及者。’此说方尽。经只是一个大纲，权是那精微曲折处。
且如君仁臣忠，父慈子孝，此是经常之道，如何动得！其间有该不尽
处，须是用权。权即细密，非见理大段精审，不能识此。‘可与立’，便
是与经，却‘未可与权’，此见经权毫厘之间分别处。庄子曰：‘小变而
不失其大常。’”或曰：“庄子意思又别。”曰：“他大概亦是如此，但未
知他将甚做大常。”文蔚。

　　○　问经、权。先生曰：“权者，乃是到这田地头道理合当恁地做，
故虽异于经而实亦经也。且如冬月便合着绵向火，此是经。忽然一日
暖，则亦须使扇，当风坐，此便是权。伊川谓‘权只是经’，意亦如此，
但说‘经’字太重，若偏了。汉儒‘反经合道’之说却说得‘经’、
‘权’两字分晓，（则）〔但〕他说权遂谓反了经，一向入于变诈，则非
矣。”夔孙。义刚录同。

○ 经与权之分，诸人说皆不合。先生曰："若说权自权，经自经，不相干涉，固不可。若说事须用权，经须权而行，权只是经，则权与经又全无分别。观孔子曰'可与立，未可与权'；孟子曰'嫂溺援之以手'，则权与经须有异处。虽有异，而权实不离乎经也。这里所争只毫厘。只是诸公心粗，看不子细。伊川说'权只是经'，恐也未尽。尝记龟山云：'权者，经之所不及。'这说却好，盖经者只是存得个大法、正当底道理而已，盖精微曲折处固非经之所能尽也。所谓权者，于精微曲折处曲尽其宜，以济经之所不及耳，所以说'中之为贵者权之'者，即是经之要妙处也。如汉儒说'反经合道'，此语亦未甚病。盖事也有那反经底时节，只是不可说事事要反经，又不可说全不反经。如君令臣从，父慈子孝，此经也。若君臣父子皆如此，固好。然事又有到必不得已处，经所行不得处，也只得反经。只是反经依旧不离乎经耳，所以贵乎权也。孔子曰：'可与立，未可与权。'立便是经。'可与立'，则能守个经，有所执立矣，却说'未可与权'。以此观之，权乃经之要妙微密处。非见道理之精密、透彻、纯熟者，不足以语权也。"又曰："庄子曰'小变而不失其大常'，便是经权之别。"或曰："恐庄子意思又别。"先生曰："他大概亦是如此，只不知他把甚么做大常。"又云："事有缓急，理有小大，这样处皆须以权称之。"偲问："'子莫执中'，程子之解经便是权，则'权'字又似海说。如云'时措之宜'，事事皆有自然之中，则似事事皆用权。以孟子'嫂溺援之以手'言之，则'权'字须有别。"先生曰："'执中无权'，这'权'字稍轻，可以如此说。'嫂溺援之以手'之权，这'权'字却又重，亦有深浅也。"偲。

○ 问经、权。先生曰："经是已定之权，权是未定之经。"又问："伊川谓'权只是经'，如何？"先生曰："程子说得却不活络，如汉儒之说权却自晓然。晓得程子说底，知得权也是常理；晓不得他说底，经、权却鹘突了。某之说，非是异程子之说，只是须与他分别，经是经，权是权。且如'冬日则饮汤，夏日则饮水'，此是经也。有时天之气变，则冬日须着饮水，夏日须着饮汤，此是权也。权是碍着经行不得处方始用得，然却依前是常理，只是不可数数用。如'舜不告而娶'，岂不是怪差事？以孟子观之，那时合如此处。然使人人不告而娶，岂不乱大伦？所以不可常用。"赐。

○ 问："'可与立，未可与权'，看来'权'字亦有两样。伊川先生曰以权只是经，盖每日事事物物上称量个轻重处置，此权也，权而不离乎经也。若论尧舜禅逊〔汤武放伐，此又是大底权，是所谓'反经合道'者也。"曰："只一般，但有小大之异耳。如尧舜之禅逊〕是逊，与人逊一盆水也是逊；汤武放伐是争，争一个弹丸也是争。康节诗所谓'唐虞玉帛烟光紫，汤武干戈草色萋'，大小不同而已矣。'尧夫非是爱吟诗'，正此意也。伊川说'经'、'权'字，将经做个大（抵）〔底〕物事，经却包得那个权，此说本好。只是据圣人说'可与立，未可与权'，须是还他是两个字，经自是经，权自是权。若如伊川说，便用废了那'权'字始得。只是虽是权，依旧不离那经，权只是经之变。如冬日须向火，忽然一日大热，须着使扇始得，这便是反经。今须是晓得孔子说，又晓伊川之说，方得。若相把做一说，如两脚相并，便行不得。须还他是两只脚，虽是两只，依旧是脚。"又曰："若不是大圣贤用权，少间出入，便易得走作。"佾。

○ 恭父问"可与立，未可与权"。先生云："'可与立'者，能处置得常事；'可与权'者，即能处置得变事。虽是处变事，而所谓处置常事，意思只在'井以辨义，巽以行权'。此说义与权自不同。汉儒有反经之说，只缘将论语下文'偏其反而'误作一章解，故其说相承曼衍。且看集义中诸儒之说，莫不连下文。独是范纯夫不如此说，苏氏亦不如此说，自以'唐棣之华'为下截。程子所（以）说汉儒之误，固是如此。要之，'反经合道'一句，细思之亦通。缘'权'字与'经'字对说。才说权，便是变却那个，须谓之反，可也。然虽是反那经，却不悖于道；虽与经不同，而其道一也。因知道伊川之说，断然经自是经，权亦是经，汉儒反经之说不是，此说不可不知。然细与推考，其言亦无害，此说亦不可不知。'义'字大，自包得经与权〔，自在经与权〕过接处。如事合当如此区处，是常法如此，固是经；若合当如此，亦是义当守其常。事合当如此区处，却变了常法恁地区处，固是权；若合当恁地，亦是义当通其变。文中子云：'权、义举而皇极立。'若云经、权举，则无害。今云权、义举，则'义'字下不得。何故？却是将义来当权。不知经自是义，权亦是义，'义'字兼经、权而用之。若以义对经，恰似将一个包两物之物，对着包一物之物。"行夫云："经便是权。"先生曰："不是说经便是权。经自是经，权自是权。但是虽反经，而能合道，却无背于经。如人两脚相似，左脚自是左脚，右脚自是右脚，行时须一脚先，一脚后，相待而行，方始行得。不可将左脚便唤做右脚，右脚便唤做左脚。系辞既说'井以辨义'，又说'井居其所而迁'。井是不可动底物事，水却可随所汲而往。如道之正体却一定于此，而随事制宜自莫不当。所以说'井以辨义'，又云'井居其所而迁'。"贺孙。

唐棣之华章

○　或问"未之思也，夫何远之有"一章。时举因云："人心放之甚易，然反之亦甚易。"曰："反之固易，但恐不能得他久存尔。"时举。

○　问"唐棣之华，偏其反而"。曰："此自是一篇诗，与今常棣之诗别。常，音裳。尔雅：'棣，栘，似白杨，江东呼夫栘。常棣，棣，子如樱桃，可食。'自是两般物。此逸诗，不知当时诗人思个甚底。东坡谓'思贤而不得之诗'，看来未必是思贤。但夫子大概止是取下面两句云'人但不思，思则何远之有'，初不与上面说权处是一段。'唐棣之华'而下，自是一段。缘汉儒合上文为一章，故误认'偏其反而'为'反经合道'，所以错了。晋书于一处引'偏'字作'翩'，'反'作平声，言其花有翩反飞动之意。今无此诗，不可考据，故不可立为定说。"
祖道。周谟录同。

朱子语类卷第三十八
论语二十

乡党篇

总论

○ 乡党记圣人动容周旋无不中礼。<u>泳</u>。

○ 问<u>贺孙</u>:"读<u>乡党</u>已终,觉得意思如何?"<u>贺孙</u>对曰:"见得段段都是道理合着如此,不如此定不得。才有些子不如此,心下便不安。"先生曰:"然。圣贤一句是一个道理,要得教人识着,都是要人收拾已放之心。所谓'学问之道无它,求其放心而已',非是学问只在求放心,非把求放心为学问工夫,乃是学问皆所以求放心。如'诗三百篇,一言以蔽之,曰"思无邪"',大要皆欲使人'思无邪'而已。"<u>贺孙</u>。

○ <u>贺孙</u>问:"看论语,及<u>乡党</u>之半。"曰:"觉公看得浅,未甚切己。终了<u>乡党</u>篇,更须从头温一过。许多说话尽在集注中。"<u>贺孙</u>。

○ <u>乡党</u>一篇,自"天命之谓性"至"道不可须臾离也"皆在里

面。许多道理皆自圣人身上迸出来。惟圣人做得甚分晓，故门人见之
熟，是以纪之详也。<u>焘</u>。

第一节 乡党、宗庙、朝廷言貌不同。

○ <u>贺孙</u>问："'孔子于乡党，恂恂如也，似不能言者。'或有大是
非利害，似不可不说。所谓'似不能言者'，恐但当以卑逊为主，所以
说'似不能言'。"曰："不是全不说，但较之宗庙、朝廷为不敢多说
耳。"<u>贺孙</u>问："'其在宗庙、朝廷'，<u>集注</u>云'宗庙，礼法之所在'，在
宗庙则'每事问'，固是礼法之所在，不知圣人还已知之而犹问，还以
其名物制度之非古而因订之？"曰："便是这处，某尝道是<u>孔子</u>初仕时如
此。若初来问一番了，后番番来，番番问，恐不如此。'孰谓<u>鄹人</u>之子
知礼乎'，呼曰'<u>鄹人</u>之子'，是与<u>孔子</u>父相识者有此语，多应是<u>孔子</u>初
年。"<u>贺孙</u>。

○ "看乡党篇，须以心体之。'孔子于乡党，恂恂如也，似不能言
者。'如何是'恂恂'？如何是'似不能言'？'其在宗庙、朝廷，便便
言，惟谨。''朝，与下大夫言，侃侃如也；与上大夫言，訚訚如也。'
如何是'侃侃'？如何是'訚訚'？"问："先生解'侃侃'、'訚訚'四
字，不与古注同。古注以侃侃为乐，訚訚为中正。"曰："'衎'字乃训
和乐，与此'侃'字不同。说文以侃为刚直，后汉书中亦云'侃然正
色'。訚訚是'和说而诤'，此意思甚好。和说则不失事上之恭，诤则又
不失自家义理之正。"<u>广</u>。

○ 或问乡党如"恂恂"、"侃侃"之类。先生曰："如此类，解说
则甚易。须是以心体之，真自见个气象始得。"<u>士毅</u>。

第二节 _{在朝廷事上、接下不同。}

○ 亚夫问"朝，与下大夫言，侃侃如也；与上大夫言，訚訚如也"。先生曰："侃侃，是刚直貌。以其位不甚尊，故吾之言可得而直遂。至于上大夫之前，则虽有所诤，必须有含蓄不尽底意思，不如侃侃之发露得尽也。'闵子侍侧'一章，义亦如此。" _{时举。}

○ 贺孙问："'与下大夫言侃侃如也'章，集注云：'侃侃，刚直。訚訚，和悦而诤。'不知诤意思如何？"曰："说道和悦，终不成一向放倒了，到合辨别处也须辨别始得。内不失其事上之礼，而外不至于曲从。如古人用这般字，不是只说字义，须是想象这意思是如此。如'恂恂'，皆是有此意思方下此字。如史记云：'鲁道之衰，洙泗之间断断如也。'"断"、"訚"字同。这正见得'和悦而诤'底意思。当道化盛时，斑白者不提挈、不负戴于道路，少壮者代其事。到周衰，少壮者尚欲执其任，而老者自不肯安，争欲自提挈、自负戴，此正是'和悦而诤'。" _{贺孙。}

第三节 _{为君摈相。}

○ 贺孙问："'君召使摈'，摈如其命数之半。如上公九命，则摈者五人，以次传命。"曰："古者摈介之仪甚烦。如九命摈五人，介则如命数，是九人。宾主相见，自摈以下列两行，行末相近。如主人说一句，主人之摈传许多摈者讫，又交过末介传中介，直至宾之上介，方闻之宾。" _{贺孙。}

○ 植侍坐，举乡党"君召使摈"至"朝服而立于阶"说"左右手"注云："'揖左人则左其手，揖右人则右其手。'揖右人，传命出也；

摈左人，传命入也。"曰："然。"植。

○ 问"宾不顾矣"。曰："古者宾退，主人送出门外，设两拜，宾更不顾而去。国君于列国之卿大夫亦如此。"焘。

第四节 在朝之容。

○ "立不中门，行不履阈。"注云"枨阈之间，由阈右，不践阈"，只是自外入。右边门（边）〔中〕乃君出入之所。阈，如一木挂门，如今人多用石墩当两门中。臣傍阈右边出入。此"右"字，自内出而言。贺孙。

○ 枨，如今衮头相似。阈，当中碍门者，今城门有之。古人常掩左扉。人君多出在门外见人，所以当枨阈之间为君位。泳。

○ 萧问："'过位，色勃如也。''位，谓门屏之间，人君宁立之处。'"先生曰："古今之制不同，今之朝仪用秦制也。古者朝会，君臣皆立，故史记谓'秦王一旦捐宾客，而不立朝'。君立于门屏之间。屏者，乃门间萧墙也，今殿门亦设之。三公九卿以下，设位于廷中，故谓之'三槐'、'九棘'者，廷中有树处，公卿位当其下也。"雉。

○ 今官员〔执〕笏最无道理。笏者，只是君前记事恐事多，须以纸粘笏上记其头绪。或在君前不可以手指人物，须用笏指之。此笏常只插在腰间，不执在手中。夫子"摄齐升堂"，何曾手中有笏？摄齐者是畏谨，恐上阶时踏着裳，有颠仆之患。执圭者，圭自是贽见之物，只是捧至君前，〔不是〕如执笏。所以执圭时便"足缩缩，如有循"。缘手中有圭不得摄齐，亦防颠仆。明作。

○ 问"复其位，踧踖如也"。曰："此是到末梢又结算则个。若众人，到末梢便撒了。圣人则始乎敬，终乎敬，故到末梢又整顿则个。"_焘。

第五节_{为君聘于邻国之礼}。

○ "执圭，上如揖，下如授。"前辈多作上阶之"上"，下阶之"下"。其实既下则已不用笏，往往授介者。只是高不过于揖，〔故如揖。〕下不低于授，故如授。<u>贺孙</u>。

○ "'飨礼有容色'，仪礼谓'发气满容'，何故如此？"曰："聘是初见时，故其意极于恭肃。既聘而享则用圭璧以通信，有廷实以将（意）其意，比聘时渐（谨）〔纾〕也。"<u>广</u>。聘礼篇云："及享，发气满容"。

第六节_{衣服之制}。

○ 绀，只是而今深底（雅）〔鸦〕青样色。<u>义刚</u>。

○ 问："'缘以饰练服'，缘是绛色，练服是小祥后丧服，如何用绛色以为饰？"曰："便是不可晓。此个制度差异。绛是浅红色；绀是青赤色，如今之闪青也。"<u>广</u>。

○ 问："红紫'且近于妇人女子之服'。不知古之妇人女子亦多以红紫为服否？"曰："此亦不可知，但据先儒如此说耳。"<u>广</u>。

○ "君子不以绀缘饰，红紫不以为亵服。"今反以红紫为朝服。<u>贺孙</u>。

○ "当暑袗绤绤，必表而出之"与"蒙彼绉绤"，有两说。泳。

○ 襞积杀缝。泳。

○ "裘，乃纯用兽皮而加里衣，如今之貂裘。"或问狐白裘。曰："是集众狐为之。"植。

第七节 谨斋事。

○ "'明衣'即是个布衫。'长一身有半'，欲蔽足尔。"植。又曰："即浴衣也。"贺孙。

○ 问："'变食'谓不饮酒、不茹荤'，(有)〔而〕今之致斋者有酒，何也?"曰："饮酒非也，但礼中亦有'饮不至醉'之说。"广。

○ 伯丰问"斋必变食"。曰："荤是不食五辛。"錹。

第八节 饮食之节。

○ 一言一语，一动一作，一坐一立，一饮一食，都有是非。是底便是天理，非底便是人欲。如孔子"失饪不食，不时不食，割不正不食，不多食"，无非天理。如口腹之人，不时也食，不正也食，失饪也食，便却是人欲，便都是逆天理。如只吃得许多物事，如不当吃，才去贪吃不住，都是逆天理。看道理只管进，只管子细便好。只管见上面，只管有一重方好。如一物相似，剥一重又剥一重，又有一重又剥一重，剥到四五重，剥得许多皮壳都尽，方见真实底。今人不是不理会道理，只是不肯子细，只守着自底便了，是是非非一向都没分别。如诐淫邪遁之辞，也不消得辨，便说道是他自陷、自蔽、自如此，且恁地和同过也不妨。贺孙。

○ 问："'割不正不食'与'席不正不坐'，此是圣人之心纯正，故日用间才有不正处，便与心不相合，心亦不安。"曰："圣人之心无毫厘之差，谓如事当恁地做时便硬要〔恁地〕做。且如'不得其酱不食'，这一物合用酱而不得其酱，圣人宁可不吃，盖皆欲得其当然之则故也。"又问注云"精，凿也"。曰："是揷教那米白着。"焘。

○ "不得其酱不食"，"其"字正紧要。"其酱"如"鱼脍芥酱"之类。闳祖。

○ "肉虽多，不使胜食气。"非特肉也，凡蔬果之类皆不可使胜食气。泳。

第十节居乡。

○ 贺孙问："'乡人傩，朝服而立于阼阶'，集注云'庶其依己而安'。或云存室神，盖五祀之属。子孙之精神即祖考之精神，故祖考之精神依于己。若门、行、户、灶之属，吾身朝夕之所出处，则鬼神亦必依己而存。"先生曰："然。一家之主则一家之鬼神属焉，诸侯守一国则一国鬼神属焉，天子有天下则天下鬼神属焉。看来为天子者，这一个神明是多少大，如何有些子差忒得！若纵欲无度，天上许多星辰，地下许多山川，如何不变怪！"蔡云："子陵足加帝腹，便见客星侵帝座。"先生曰："'殷之未丧师，克配上帝。'纣未做不好时便与天相配，是甚细事！"贺孙。

第十一节 与人交之诚意。

○ 苏实问"问人于他邦，再拜而送之"一节。先生曰："古人重此礼，遣使者问人于他邦，则主人拜而送之，从背脊后拜。"潘子善因言："浙中若纳妇嫁娶盛礼时，遣人入传语婚姻之家，亦拜送之。传，拜，至反命则不拜也。"植。

○ 贺孙问："'康子馈药，拜而受之。'看此一事，见圣人应接之间义理发见极其周密。"先生曰："这般所在却是龟山先生看得子细，云：'大夫有赐，拜而受之，礼也；未达不敢尝，所以慎疾；必告之，直也。直而有礼，故其直不绞。'龟山为人粘泥，故说得较密。"贺孙。

第十二节 事君之礼。

○ "君祭先饭。"寻常则主人延客祭，如世俗出生之类。今侍食于君，君祭则臣先自吃饭，若为君尝食然，不敢当客礼也。膳人取那饮食来，请君祭。泳。

○ 贺孙问："'疾，君视之，东首，加朝服，拖绅。'君视之方东首，常时首当在那边？礼记自云寝常当东首矣。平时亦欲受生气，恐不独于疾时为然。"先生曰："常时多东首，亦有随意卧时节。如记云'请席何向，请衽何趾'，这见得有随意向时节。然多是东首，故玉藻云'居常当户，寝常东首'也。常寝于北牖下，君问疾，则移南牖下。"贺孙。

第十三节 交朋友之义。

○ 贺孙问："'朋友死，无所归，曰："于我殡。"朋友之馈，非祭肉不拜’，朋友之义固当如此。后世同志者少，而泛然交处者多，只得随其浅深厚薄，度吾力量为之，宁可过厚，不可过薄。”曰：“朋友交游固有浅深。若泛然之交，一一要周旋也不可，于自家情分稍厚自着如此。须是情文相称，若泛泛施之，却是曲意徇物。古人于这般所在自分明。如‘交友称其信也，执友称其仁也’，自有许多样。又如，于‘师，吾哭诸寝；朋友，哭诸寝门之外；所知，哭于野’，恩义自有许多节。”<u>贺孙</u>。

第十四节 容貌之变。

○ <u>贺孙</u>问：“‘迅雷风烈必变’，记云‘若有疾风、迅雷、甚雨，虽夜必兴，衣服冠而坐’。看来不如此定是不安，但有终日之雷、终夜之雨，如何得常如此？”曰：“固当常如此，但亦主于疾风、迅雷、甚雨，若平平底雷风雨，也不消如此。”问：“当应接之际无相妨否？”曰：“有事也只得应。”<u>贺孙</u>。

第十五节 升车之容。

○ <u>立之</u>说“车中不内顾”一章。先生曰：“‘立视五巂，式视马尾。’盖巂是车轮一转之地，车轮高六尺，围三径一则阔丈八，五转则正为九丈矣。立视虽远，亦不过此。”<u>时举</u>。植录同。

○ 问“山梁雌雉”一段，答云：“此难理会，故阙之。”<u>蘷</u>。

○ 问“山梁雌雉”。曰：“此有数说，不甚紧要，故阙之。”<u>祖道</u>。

朱子语类卷第三十九
论语二十一

先进篇

先进于礼乐章

○ "先进于礼乐，野人也；后进于礼乐，君子也"，此两句是当时之语如此。义刚。

○ 立之问："先进、后进，于礼乐文质何以不同？"先生曰："礼，只是一个礼，用得自不同。如升降揖逊，古人只是诚实依许多威仪行将去，后人便自做得一般样忒好看了。古人只是正容谨节，后人便近于巧言令色。乐，亦只是一个乐，亦是用处自不同。古乐不可得而见矣。只如今人弹琴，亦自可见。如诚实底人弹，便雍容平淡，自是好听。若弄手弄脚，撰出无限不好底声音，只见繁碎耳。"因论乐："黄钟之律最长，应钟之律最短，长者声浊，短者声清。十二律旋相为宫，宫为君，商为臣。乐中最忌臣陵君，故有四清声。如今响板子有十六个，十二个是正律，四个是四清声。清声是减一律之半。如应钟为宫，其声最短而清。或蕤宾为商，则是商声高似宫声，是为臣陵君，不可用；遂乃用蕤宾律减半为清声以应之。虽然减半，然只是此律，故亦自能相（违）

〔应〕也。此是通典载此一项。徽宗朝作大晟乐，其声是一声低似一声，故其音缓散。太祖英明不可及，当王朴造乐时，闻其声太急，便令减下一律，其声遂平。"时举。

○ 贺孙问："'先进于礼乐'，还说宗庙、朝廷以至州、闾、乡、党之礼?"曰："也不止是这般礼乐，凡日用之间一礼一乐皆是礼乐。只管文胜去，如何合杀! 须有个变转道理。如今日事都恁地侈靡。如某在南康时，通上位书启，只把纸封，后来做书盝，如今尽用紫罗背盝，盖内用真红。事事都如此，如何合杀!"贺孙问："孔子又云'吾从周'，只是指周之前辈而言?"曰："然。圣人穷而在下，所用礼乐固是从周之前辈。若圣人达而在上，所用礼乐须更有损益，不止从周之前辈。如答颜子为邦之问，则告以四代之礼乐。"贺孙问："如孔子所言：'礼，与其奢也，宁俭；丧，与其易也，宁戚。'又云：'礼云礼云，玉帛云乎哉! 乐云乐云，钟鼓云乎哉!'此皆欲损过就中之意。"先生曰："固是。此等语最多。"又云："观圣人意思，因见得事事都如此，非独礼乐。如孟子后面说许多乡原直是不好，宁可是狂底、狷底。如今人恁地文理细密，倒未必好，宁可是白直粗疏底人。"贺孙。

○ "既欲从周，又欲从先进"，伊川云"周末文弊，故以前人为野"，当从此说。人杰。

○ "孔子'既欲从周，又欲从先进'，明道云'孔子患时之文弊，而欲救之以质也'。果如所言，则合便当救之以质，不应有'吾从周'之语。既从周又从先进，何脑中扰扰而无一定之见邪? 窃意圣人必不如此。伊川乃曰'周末文弊，故以前人为野'，不知此说然乎?"先生曰："当从伊川说。"谟。

从我于陈蔡章

○　贺孙问："'从我于陈蔡'一章，后列四科之目，如德行，不知可兼言语、文学、政事否？"先生曰："不消如此看，自就逐项上看。如颜子之德行固可以备，若他人固有德行而短于才者。"因云："冉伯牛、闵子之德行亦不多见，子夏、子游两人成就自不同。胡五峰说不知集注中载否？他说子夏是循规守矩细密底人，子游却高朗，又欠细密工夫。荀子曰：'第作其冠，神襌其辞，禹行而舜趋，是子张氏之贱儒也；正其衣冠，齐其颜色，嘛然而终日不言，是子夏氏之贱儒也；偷儒惮事，无廉耻而嗜饮食，必曰"君子固不用力"，是子游氏之贱儒也。'如学子游之弊，只学得许多放荡疏阔意思。"贺孙因举："如'丧至乎哀而止'，'事君数，斯辱；朋友数，斯疏'，皆是子游之言。如'小子当洒扫应对进退'等语，皆是子夏之言。又如子游能养而不能敬，子夏能敬而少温润之色，皆见二子气象不同处。"先生曰："然。"贺孙。

○　"'从我于陈、蔡者，皆不及门也。'尝谓圣人之门室堂奥，喻学者所造之浅深，皆不及门，则颜子而下，莫非升堂入室者矣。龟山先生曰：'说者谓从于陈、蔡者皆不及门，无升堂者，失其旨矣。'若以不及门为无升堂者固不可也，未审以为皆非及门之士则尽为升堂入室之人，可乎？"先生曰："此说当从明道。谓此时适皆不在孔子之门，思其相从于患难而言其不在此耳。门人记之，因历数〔颜子〕而下十人，并目其所长云耳。"谟。

回也非助我者也章

○　旧曾问李先生云"颜子非助我者，无所不说"处。李先生云：

"<u>颜子</u>于圣人根本有默契处，不假枝叶之助也。如<u>子夏</u>，乃枝叶之助。"
<u>祖道</u>。

孝哉闵子骞章 _无

南容三复白圭章

○ "<u>南容</u>三复<u>白圭</u>"，<u>家语</u>云"一日而三复<u>白圭</u>之诗"，这不是一
番读。<u>贺孙</u>。

○ 先生令接续早上"<u>南容</u>三复<u>白圭</u>"。云："不是一旦读此，乃是
日日读之，玩味此诗，而欲谨于言行也。此事见<u>家语</u>，自分明。"<u>时举</u>。

○ 问："集注云'以其谨于言行'，如三复白圭固见其谨于言矣；
谨于行处虽未见，然言行实相表里，能谨于言，必能谨于行矣。"曰：
"然。"<u>焘</u>。

季康子问弟子孰为好学章 _无

颜路请子之车章

○ <u>节</u>问："'<u>颜路</u>请子之车'，注以下为命车，何以验之?"曰：
"<u>礼记</u>言大夫赐命车。"<u>芝</u>。

○　郑问："颜渊死，孔子既不与之车，若有钱还亦与之否？"曰："有钱亦须与之，无害。"淳。

子哭之恸章无

门人厚葬章

○　"门人厚葬"，是颜子之门人。"不得视犹子"，以有二三子故也，叹不得如葬鲤之得宜。此古注说得甚好，又简径。明作。

季路问事鬼神章

○　或问"季路问鬼神"一章。先生曰："事君亲尽诚敬之心，即移此心以事鬼神，则'祭如在，祭神如神在'。人受天所赋许多道理，自然完具无欠阙。须（是）〔尽〕得这道理无欠阙，到那死时乃是生理已尽，亦安于死而无愧。"时举。植录同。

○　"事人、事鬼"，以心言；"知生、知死"，以理言。泳。

○　或问："'季路问事鬼神。子曰："未能事人，焉能事鬼？"问死，曰："未知生，焉知死？"'夫二气五行，聚则生，散则死。聚则不能不散，如昼之不能不夜，故知所以生则知所以死。苟于事人之道未能尽，焉能事鬼哉？"先生曰："不须论鬼，（须）鬼为已死之物，但事人须是诚敬，鬼亦要如此。事人，如'出则事公卿，入则事父兄'，事其所当事者。事鬼亦然，苟非其鬼而事之，则谄矣。"<u>祖道</u>。<u>谟</u>及<u>人杰</u>录同。

○　问："'未能事人，焉能事鬼。未知生，焉知死。'人鬼一理。人能诚敬则与理为一，自然能尽事人、事鬼之道。有是理则有是气。人，气聚则生，气散则死，是人如此否？"先生曰："人且从分明处理会去。如诚敬不至，以之事人，则必不能尽其道，况事神乎！不能晓其所以生，则又焉晓其所以死乎！"<u>广</u>。

○　<u>亚夫</u>问"未知生，焉知死"。先生曰："若曰气聚则生，气散则死，才说破则人便都理会得。然须知道人生有多少道理，自禀五常之性以来，所以'父子有亲，君臣有义'者，须要一一尽得这生底道理，则死底道理皆可知矣。张子所谓'存吾顺事，没吾宁也'是也。"<u>时举</u>。

○　<u>贺孙</u>问："'季路事鬼神。'伊川先生所谓'死生人鬼，一而二，二而一'，此是兼气与理言之否？"曰："有是理则有是气，有是气则有是理。气则二，理则一。"<u>贺孙</u>。

○　〔徐〕问："集注云'鬼神不外乎人事'，在人事中何以见？"曰："鬼神只是二气屈伸往来。在人事，如福善祸淫，亦可见鬼神道理。论语少说此般话。"曰："动静语默亦是此理否？"曰："亦是。然圣人全不曾说这般话与人，以其无形无影，固亦难说。所谓'敬鬼神而远之'，只如此说而已。"<u>淳</u>。〔今集注无。〕

闵子侍侧訚訚如也

○　"'訚訚'，说文云'和悦而诤'。'诤'，看得字义是一难底字，缘有争义。与史记'洙泗之间龂龂',义一同两齿相龃。"泳。一本"史记"字作"汉志"。

○ 汉诸尚书争一件事,"阎阎侃侃。缄默邪心,非社稷之福"。泳。二本"事"字下"缄"字上云:"其中有云:'阎阎侃侃,得礼之容。'"

○ 贺孙问:"'冉有、子贡侃侃如也。'这个'侃侃'字也只作刚直说,如何?"曰:"也只是刚直。闵子骞气象便自深厚,冉有、子贡便都发见在外。"贺孙。

○ 问闵子阎阎,冉有、子贡侃侃,二者气象。先生曰:"闵子纯粹,冉有、子贡便较粗了。侃侃,便有尽发见在外底气象。闵子则较近里些子。"雄。

○ "阎阎"是深沉底,"侃侃"是发露圭角底,"行行"是发露得粗底。赐。

○ 问:"'阎阎'、'行行'、'侃侃'皆是刚正之意。如冉求平日自是个退逊之人,如何也解有此意思?"先生曰:"三子皆意思大同小异:求、赐则微见其意,子路则全体发在外面,闵子则又不在外见,然此意思亦自在。三子者,皆有疑必问,有怀必吐,无有遮覆含糊之意。"曰:"岂非以卑承尊,易得入于柔佞卑谄去,三子各露其情实如此,故夫子乐之?"先生曰:"都无那委曲回互底意思。"〔广。〕

○ 问"闵子侍侧,阎阎如也;子路行行如也;冉有、子贡侃侃如也"。曰:"闵子于和悦中,却有刚正意思,仲由一于刚正。闵子深厚,仲由较表露。"问"子路不得其死然"。曰:"'然'者,未定之辞。圣人虽谓其'不得其死'，使子路能变其气习，亦必有以处死。"贺孙。

○　吴伯英讲"由也不得其死"处，问曰："由之死，疑其甚不明于大义。岂有子而拒父，如是之逆而可以仕之乎？"先生曰："然。仲由之死也有些没紧要。然误处不在致死之时，乃在于委质之始。但不知夫子既教之以正名，而不深切言其不可仕于卫，何欤？若冉有、子贡，则能问夫子为卫君与否，盖不若子路之粗率。"处谦。

○　或问"子路之死于卫"。曰："子路只见下一截，不见上一截。孔悝之事，他知是食，焉不避其难？这合当如此，而不知食出公之食为不当也。东坡尝论及此矣。"问："是初仕卫时便不是了否？"曰："然。"道夫。

○　或问："子路死于孔悝之难，死得是否？"曰："非是，自是死得呆。出公辄何如主？岂可仕也！"又问："若仕于孔悝，则其死为是否？"曰："未问死孔悝是不是，只合下仕于卫自不是了。况孔悝亦自是个不好底人，何足仕也。子路只见得可仕于大夫，而不知辄之国非可仕之国也。"问："孔门弟子多仕于列国之大夫者，何故？"曰："它别无科阙，仕进者只有此一门，舍此则无从可仕，所以颜、闵宁不仕耳。"僴。

○　子路死孔悝之难，未为不是。只是他当初事孔悝时错了，到此不得其死。〔饶本作"到此只得死"。〕卫君不正，冉有、子贡便能疑而问之，有思量，便不去事他。若子路粗率，全不信圣人说话。"必也正名"，亦是教子路不要仕卫，他更说夫子之迂。"若由也，不得其死"，圣人已见得它错了；鸣鼓攻之，责得求来深。虽有不得其死及正名之说，然终不分晓痛说与他，使之知不要事孔悝。此事不可晓，不知圣人何故不痛责之。明作。

鲁人为长府章_无

由之瑟章_无

师与商也孰贤章

○　贺孙问："'师也过，商也不及。'看过与不及处，莫只是二子知见上欠工夫，如何？"先生曰："也不独知见上欠，只二子合下资质是这模样。子张便常要将大话盖将去，子夏便规规谨守。看论语中所载子张说话，及夫子告子张处，如'多闻阙疑，多见阙殆'之类。如子张自说：'我之大贤欤，于人何所不容？我之不贤欤，人将拒我，如之何其拒人也！'此说话固是好，只是他地位未说得这般话。这是大贤以上圣人之事，他便把来盖人，其疏旷多如此。孔子告子夏，如云'无为小人儒'，又云'无欲速，无见小利'，如子夏自言'可者与之，其不可者拒之'、'小子当洒扫应对进退'之类，可见。"又问："'参也，竟以鲁得之。'鲁，却似有不及之意。然曾参所以虽鲁，而规模志向自大，所以终能传夫子之道。子夏合下浅狭，而不能穷究道体之大全，所以终于不及。"曰："鲁，自与不及不相似。鲁是质朴浑厚意思，只是钝。不及底恰似一个物事欠了些子。"贺孙。

○　问："伊川谓师商过、不及，其弊为杨墨，过则渐至于兼爱，不及则便至于为我。其源同出于儒者，其末遂至于杨墨。失之毫厘，谬以千里。"曰："不似杨墨。墨氏之学萌蘖已久，晏子时已有之，兼师商之过、不及与兼爱、为我不关事。"必大。

季氏富于周公章

○ 贺孙问"季氏富于周公，求也为之聚敛"一章。先生令举范氏之说，叹美久之。云："人最怕资质弱。若过于刚，如子路虽不得其死，百世之下，其勇气英风尚足以起顽立懦。若冉有之徒都自扶不起。如云'可使足民'，他岂不知爱民而反为季氏聚敛。如范氏云：'其心术不明。'惟是心术不明，到这般所在都不自知。"又云："'以仕为急。'他只缘以仕为急，故从季氏。见他所为如此，又拔不出，〔一〕向从其恶。"贺孙因云："若闵子'善为我辞'之意，便见得煞高。"曰："然。"因云："谢氏说闵子骞处最好。"因令贺孙举读全文。曰："冉求路头错处只在急于仕。人亦有多样，有一等人合下只是要求进；又有一等人心性自不要如此，见此事（似）〔自〕匹似闲；又有一等人虽要求进，度其不可，亦有退步之意。"贺孙。谢氏云："学者能少知内外之分，皆可以乐道而忘人之势。况闵子得圣人为之依归，彼其视季氏不义之富贵，不啻犬彘。从而臣之，岂其心哉！居乱邦见恶人，在圣人则可。自圣人以下，刚则必取祸，柔则必取辱。闵子岂不能早见而豫待之乎！如由也不得其死，求也为季氏附益，夫岂其本心哉？盖既无先见之知，又无克乱之才故也。"

○ 问："冉求，圣门高弟，亲炙圣人，不可谓无所见。一旦仕于季氏，'为之聚敛而附益之'。盖缘他工夫间断，故不知不觉做到这里，岂可不时时自点检！"先生曰："固是。只缘个公私义利界分不明，所以如此。若是常在界分内做，自然不到如此；才出界分去，则无所不至矣。"广。

○ 问："以季氏之富，'而求也为之聚敛'。"曰："不问季氏贫富，若季氏虽富而取于民有制，亦何害？此必有非所当取而取之者，故夫子如此说。"<u>义刚</u>。

柴也愚章

○ "<u>柴</u>也愚。"他是个谨厚底人,不曾见得道理,故曰愚。<u>明作</u>。

○ <u>吴伯英</u>问"<u>柴</u>也愚",因说:"<u>柴</u>尝避难于<u>卫</u>,不径不窦。使当时非有室可入,则<u>柴</u>必不免,此还合义否?"先生曰:"此圣人所以言其愚也。若夫子畏于<u>匡</u>,微服过<u>宋</u>,料须不如此。"<u>处谦</u>。

○ <u>用之</u>问高子羔不窦不径事。曰:"怕圣人须不如此。如不径不窦,只说安平无事时节。若当有寇贼患难,如何专守此以残其躯?此<u>柴</u>之所以为愚。圣人'微服而过<u>宋</u>',微服,是着那下贱人衣服。观这意如此,只守不径不窦之说不得。如途中万一遇大盗贼,也须走避,那时如何要不由小径去得!然<u>子羔</u>也是守得定,若更学到变通处,尽好,止缘他学有未尽处。"问:"学到时,便如曾子之易箦?"曰:"易箦也只是平常时节。"又曰:"'<u>子路</u>使<u>子羔</u>为(其)〔费〕宰。子曰:"贼夫人之子!"'不可为政者,正缘他未能应变,他底却自正。"问:"<u>子路</u>之死,与<u>子羔</u>事如何?"曰:"<u>子路</u>事更难说。"又曰:"如圣节,祝寿处拜四拜。<u>张忠甫</u>不出仕,尝曰:'只怕国忌、圣节,去拜佛不得。'这也如不窦不径相似。"因说:"国家循袭这般礼数都晓不得。往往拜佛之事,始于<u>梁武帝</u>,以私忌设斋,始思量圣节要寓臣子之意,又未有个所在奉安。"又曰:"尊号始于<u>唐德宗</u>,后来只管循袭。若不是人主自理会得,如何说。当<u>神宗</u>时,群臣上尊号,<u>司马温公</u>密撰不允诏书,劝上不受,<u>神宗</u>便不受。<u>自后并不用此</u>。这只是<u>神宗</u>自见得,若不自见得,虽<u>温公</u>也要如此不得。且如三年丧,其废如此长远,<u>寿皇</u>(按)〔要行便〕行了,也不见有甚不可行处。"<u>贺孙</u>。

○ "参也，竟以鲁得之。"鲁钝则无造作。<u>贺孙</u>。

○ "参也，竟以鲁得之。"不说须要鲁。鲁却正是他一般病，但这却尚是个好底病。就他说，则他却是得这个鲁底力。<u>义刚</u>。

○ "参也鲁。"鲁是鲁钝。<u>曾子</u>只缘鲁钝，被他不肯放过，所以做得透。若是放过，只是鲁而已。<u>恪</u>。

○ "参也鲁"，"竟以鲁得之"。<u>曾子</u>鲁钝难晓，只是他不肯放过，直是揆得到透彻了方住。不似别人，只略绰见得些小了便休。今一样敏底见得容易，又不能坚守；钝底揆得到略晓得处，便说道理<u>止此</u>，更不深求。惟<u>曾子</u>不肯放舍，若这事看未透，直是揆得到尽处，所以竟得之。<u>佃</u>。

○ 读"参也鲁"一段，云："只曾子资质自得便宜了。盖他以迟钝之故，见得未透，只得且去理会，终要洞达而后已。若理会不得便放下了，如何得通透？则是终于鲁而已。"<u>时举</u>。

回也其庶乎章

○ <u>敬之</u>问："'回也，其庶乎，屡空。'大意谓<u>颜子</u>略不以贫窭动其心，故圣人于此见其于道庶几。<u>子贡</u>不知贫富之定命，而于贫富之间不能无留情，故圣人见其于平日所讲论者多出亿度而中。"先生曰："据<u>文势</u>也是如此，但<u>颜子</u>于道庶几却不在此。圣人谓其如此，<u>益见</u>其好。

子贡不受命，也在平日，圣人亦不因其货殖而言。"贺孙因问："集注云，颜回，言其乐道，又能安贫。以此意看，若颜子不处贫贱困穷之地，亦不害其为乐。"先生曰："颜子不处贫贱固自乐。到他处贫贱，只恁地更难，所以圣人于此数数拈掇出来。"贺孙。

○ "颜子屡空"，说作"空中"，不是。论语中只有"空空如也"，是说无所得，别不见说虚空处。可学。

○ 问："'回也，其庶乎，屡空'，前辈及南轩诸公皆作空无说，以为'无意、必、固、我'之'无'，但颜子屡空，未至于圣人之皆无而纯然天理也。及先生所解，却作屡空（之）〔乏〕而自乐，何也？"先生曰："经意当如此。不然，则（达）〔连〕下文子贡作二段事，不可。空无之说，盖自何晏有此解。晏，老氏清净之学也。因其有此说，后来诸公见其说说得新好，遂发明之。若颜子固是意、必、固、我之屡无，只是此经意不然。颜子不以贫乏改其乐而求其富，如此说，下文见得与子贡有优劣。"寓。

○ "'回也，其庶乎，屡空。赐不受命而货殖焉，亿则屡中。'明道先生曰：'颜子虚心受道，子贡不受天命而货殖，"亿则屡中"，役聪明亿度而知，此子贡始时事。'伊川先生曰：'屡空兼两意，惟其能虚中，所以能屡空。货殖便生计较，便不受命。'吕曰：'货殖之学，聚所闻见以度物事，可以屡中而不能悉中。'谢曰：'子贡非转贩者，要之，于货殖不能忘意尔。'杨曰：'所谓货殖，非若后世之营营，特于物未能忘耳。'四先生之说皆以货殖为财货。吕与叔以为聚闻见，而未详其说焉。常记前辈一说曰：'自太史公、班固列子贡于货殖，下与马医、夏畦同科，谓其"所至，诸侯莫不分庭抗礼"，天下后世无不指子贡为竖贾之事。嗟乎！子贡，孔门高弟，闻一而知二，可与从政，至言性与天道，则其所至盖不在诸子之后，岂有圣人之门而以贾竖为先乎！夫屡空，无我者也，其学则自内而求。货殖，自外而入，非出于己之所自得也。特其才高，凡接于见闻者莫不解悟，比之屡空者为有间矣，此其所以为"亿则屡中"。亿则以意测，而非真知者也。'然则<u>吕</u>曰聚闻见者，盖得其旨而言之未尽。不审然可从否？"先生曰："此说乃<u>观文 叶公</u>所作，审是集中之语，盖<u>吕与叔</u>之遗意也。乍看似好，而道理恐不如是。盖'屡空'者，空乏其身也。'货殖'则对'屡空'而言，不能不计较者是也。<u>范氏</u>曰：'<u>颜子</u>箪食瓢饮屡绝而不改其乐，天下之物岂有能动其心者！'此说为得之。"〔谟。〕

子张问善人之道章

○ 问"<u>子张</u>问善人之道。子曰：'不践迹，亦不入于室'"。曰："'善人之道'，只是个善人底道理。所谓善人者，是天资浑全一个好人，他资质至善而无恶，即'可欲之谓善'。他所行底事自然至善，不消得按本子，他自不至于恶。若是常人，时若不依本子，便有不能尽善流而为恶。但他既天资之善，故不必循涂守辙，行之皆善。却缘只是如此而无学，故不能入圣人阃室。<u>横渠</u>之解极好。"涂辙，犹言规矩尺度。<u>儓</u>。

○ "践迹"，迹是旧迹，前人所做过了底样子，是成法也。善人虽不曾知得前人所做样子，效他去做，但所为亦自与暗合，但未能到圣人深处。<u>恪</u>。

○ <u>施</u>问"善人不践迹"。曰："是他资质美，所为无个不是。虽不践成法，所为却暗合道理。然他也自不能晓会，只暗合而已。又却不曾学问，所以'亦不入于室'。"林问："不入室，室是神化地位否？"曰："非也。室只是深奥处。"〔寓。〕陈淳录同。

○ 问"（圣）〔善〕人不践迹"一段。先生曰："善人资质，虽不学样子，却做得是。然以其不学，是以不入室，到圣人地位不得。"泳。

○ 问："'不践迹，亦不入于室'，莫是笃行之而后可以入善之阃奥否？"曰："若如此言，却是说未为以前事。今只说善人只是一个好底资质，不必践元本子，亦未入于室。须是要学方入圣贤之域。惟横渠云：'志于仁而无恶。'此句最尽。如乐正子，自'可欲之善'入去，自可到美、大、圣、神地位。"祖道。谟、人杰录略同。

○ 问："善人莫是天资好人否？故虽不必循守途辙而自不为恶。然其不知学，故亦不能入于圣人之室。此可见美质有限，学问无穷否？"曰："然。"广。

○ 问："'不践迹，亦不入于室。'寻常解'践迹'犹踏故步，'不践迹'者亦有所进。'亦不入于室'者，所进不远也。今集注解'践迹'不循样辙之意，如何？"先生曰："善人者以其心善，故不假成法而其中自能运用，故曰'不践迹'。据此，止说善人，未有进意。"洽。

○ 问："不践迹，何以为善人？"曰："不循习前人已试之法度而亦可以为善也，如汉文帝是也。"大雅。

○ 才仲问"善人之道"一章。曰："如所谓'虽曰未学，吾必谓之学矣'之类。"又问："如太史公赞文帝为善人，意思也是？"曰："然。只为他截断，只到这里，不能做向上去。所以说道不依样子也自不为恶，只是不能入圣人之室。"又问："文帝好黄老，亦不免有惨酷处。莫是才好清净，便至于法度不立，必至惨酷而后可以服人？"曰："自清净至惨酷，中间大有曲折，却如此说不得。唯是自家好清净，便一付之法。有犯罪者，只都不消问自家，但看法如何。只依法行，自家这里更不与你思量得，此所以流而为惨酷。"伯谟曰："黄老之教本不为刑名，只要理会自己，亦不说要惨酷，但用之者过耳。"曰："缘黄老之术凡事都先退一着做，教人不防它。到得逼近利害也便不让别人，宁可我杀了你，定不容你杀了我。他术多是如此，所以文、景用之如此。文帝犹善用之，如南越反，则卑词厚礼以诱之；吴王不朝，赐以几杖等事。这退一着都是术数。到他教太子，晁错为家令。他谓太子亦好学，只欠识术数，故以晁错傅之。到后来七国之变，弄成一场纷乱。看文、景许多慈祥岂弟处，都只是术数。然景帝用得不好，如削之亦反，不削亦反。"贺孙。

子曰论笃是与章_无

子曰论笃是与章<small>无</small>

子路问闻斯行之章<small>无</small>

子畏于匡章

○　或谓"'子畏于匡，颜渊后。子曰："吾以汝为死矣。"曰："子在，回何敢死！"'伊川改'死'为'先'，是否？"曰："伊川此说，门人传之，恐误，其间前后有相背处。今只作'死'字说。其曰'吾以汝为死矣'者，孔子恐颜回遇害，故有此语。颜子答曰'子在，回何敢死'者，<u>颜子</u>谓<u>孔子</u>既得脱祸，吾可以不死矣。若使<u>孔子</u>遇害，则<u>颜子</u>只得以死救之也。"或问："<u>颜路</u>在，<u>颜子</u>许人以死，何也?"曰："事偶至此，只得死。此与不许友以死之意别。不许以死，在未处难以前乃可。如此处已遇难，却如此说不得。"<u>祖道</u>。<u>去伪</u>、<u>谟</u>录同。

朱子语类卷第四十
论语二十二

先进篇下

季子然问仲由冉求章

○ 贺孙问："'季子然问仲由、冉求可谓大臣'一章，据贺孙看来，仲由、冉求气质不同，恐冉求未必可保，仲由（于）〔终〕是不屈。"曰："不要论他气质。只这君臣大义，他岂不知。圣人也是知他必可保，然死于祸难是易事，死于不可夺之节是难事。才出门去事君，这身己便不是自家底，所谓'事君能致其身'是也。如做一郡太守、一邑之宰、一尉之任，有盗贼之虞，这不成休了？便当以死守之，亦未为难。惟卒遇君臣大变，利害之际只争些子，这诚是难。今处草茅，说这般事似未为切。看史策所载，篡易之际直是难处。篡弑之贼，你若不从他，他便杀了你；你从他，便不死。既是贪生惜死，何所不至！"贺孙。

○ 问："闵子不仕季氏，而由、求仕焉。"曰："仕于大夫家为仆。家臣不与大夫齿，那上等人自是不肯做。若论当时侯国（宗臣）〔皆用〕世臣，自是无官可做。不仕于大夫，除是终身不出，如曾、闵方得。"焘。

○ 〔问："孔门弟子如由、求皆仕于季氏，何也？"曰："只仕便是病了。尽高底便不肯仕，如闵子、曾子是也。但〕当时不仕则已，仕则必出于季氏。盖〔当时〕鲁君用舍之权皆归于季氏也。"问："子路未易屈者，亦仕于季氏，盖季氏虽不能行其道，亦稍知尊敬之。"曰："说道他尊敬不得。才不当仕时，便教他尊敬也不仕。"〔次日见先生，先生又曰："夜来说尊敬话，这处认不得，当下便做病。而今说被他敬，去仕他。若是个贼来尊敬自家，自家还从他不从他！但看义如何耳。"〕夔孙。

○ 问："张子韶解'不可则止'，'当其微有不可则随即止之，无待其事之失、过之形而后用力以止之'。"曰："子韶之说不通，与上下文义不相贯。近世学者多取此说，爱其新奇而不察其不当于理。此甚害事，不可不知也。"谟。

子路使子羔为费宰章

○ 问："'有民人焉，有社稷焉，何必读书，然后为学。'此语说得如何？"曰："子路当初使子羔为费宰，意不知是如何。本却不是如此，只大言来答，故孔子恶〔其〕佞。"问："此恐失之偏否？"曰："亦须是讲学方可如此做。左传子产说'学而后从政，未闻以政学'一段说得好。如子路却是以政学者也。"淳。事见左传襄公三十一年。

子路曾皙冉有公西华侍坐章

○ 子路品格甚高，若打叠得些子过，谓粗暴。便是曾点气象。处谦。升卿录同。

○ 伊川谓"子路之志，亚于曾点"，盖所言却是实。〔他二子却鉴他子路为夫子所哂，故退后说。〕道夫。

○ 冉求、公西、赤言皆退让，却是见子路被哂后，计较如此说。子路是真。此四人气象好看。处谦。

○ 读"曾皙言志"一章，曰："此处正要理会。如子路说：'比及三年，可使有勇。'冉有云：'可使足民。'不知如何施设得便如此。曾皙意思固是高远，须是看他如何得如此。若子细体认得这意思，令人消得无限利禄鄙吝之心。须如此看，有意味。"时举。

○ 晏因说："夜来话'浴乎沂'等数句意在言外，本为见得此数句只是见得曾点受用自在处，却不曾见得曾点见那道理处。"曰："须是当分明先从这数句上体究出曾点所以如此。"

○ 晏因问："这'礼'字恁地重看？"先生曰："只是这个道理，有说得开朗底，有说得子细密地底。'复礼'之'礼'说得较细密。'博文约礼'、'知崇礼卑'，'礼'字都说得细密。知崇是见得开朗，礼卑是要确守得底。"先生又云："早间与亚夫说得那'克己复礼'，是克己便是复礼，不是克己了方待复礼，不是做两截工夫。就这里克将去，这上面便复得来。明道先生说那'克己则私心去自能复礼，虽不学礼文而礼意已得'，这个说得不相似。"先生云："'克己复礼'是合掌说底。"植。

○ "'为国以礼'之'礼'不是繁文末节。"〔晏〕问："莫便是那'克己复礼'之'礼'？"曰："礼是那天地自然之理。理会得时繁文末节皆在其中，'礼仪三百，威仪三千'却只是这个道理，千条万绪贯通来只是一个道理。夫子所以说'吾道一以贯之'，曾子曰'忠恕而已矣'是也。盖为道理出来处只是一源，散见事物，都是一个物事做出底。一草一木与它夏葛冬裘、渴饮饥食、君臣父子、礼乐器数，都是天理流行，活泼泼地，那一件不是天理中出来！见得透彻后都是天理。理会不得则一事各自是一事，一物各自是一物，草木各自是草木，不干自己事。倒是庄、老有这般说话，庄子云'言而足则终日言而尽道，言而不足则终日言而尽物'。〔植。〕

○　问："夫子令四子言志，曰：'汝于平时则曰人不我知也，若人果我知，则以何者而用之哉？'故三子皆言用，而夫子卒不取三子，而卒取无用之曾点，何也？"先生曰："三子之志趣皆止于所能，而曾点气象又大，志趣又别，极其所用，当不止此也。"又曰："曾点虽是如此，于用工夫处亦欠细密。"卓。

○　先生问曹兄叔远云："子路、曾晳、冉有、公西华侍坐。子路、冉有之徒说许多话，说得如许大，圣人却不取他。至如曾晳说得全无意思，圣人却取他，曰'吾与点也'。看圣人这意思如何？"卓。

○　曾点之志如凤凰翔于千仞之上，故其言曰"异乎三子者之撰"。道夫。

○　曾点言志，当时夫子只是见他说几句索性话，令人快意，所以与之。其实细密工夫却多欠阙，便似庄列。如季武子死，倚其门而歌，打曾参仆地，皆有些狂怪。人杰。

○　曾点是他见得个道理大原了，只就眼前景致上说将去，如"暮春"以下是也。其行有不掩者，是他先见得大了，自然是难掩。广。

○　曾点见得事事物物上皆是天理流行。良辰美景，与几个好朋友行乐去。他看得那几个说底功名事业都不是了，他看见日用之间莫非天理，在在处处莫非可乐。他自见得"莫春，春服既成，冠者五六人，童子六七人，浴乎沂，风乎舞雩，咏而归"处，此是可乐天理。楫。

○　曾点之学，盖有以见夫天理流行，随处发见，充足弥满，无少欠阙。故其言志不过即其所居之位，与诸朋侪徜徉自适，初无舍己为人之意。而其胸次超然，直与天地万物上下同流，各得其所之妙，隐然自见于言外，非三子之所及也。故夫子叹惜而深与之。

○　敬之问："曾点言志，见得天理流行，独于其间认取这许多作自家受用。"曰："不用恁地说。曾点只是见得许多都是道理发见，触处是道理，只缘这道理本来到处都是。"〔贺孙。〕

○　敬之又问"曾点"章。曰："都不待着力说。只是他见得许多自然道理流行发见，眼前触处皆是，曾点但举其一事而言之耳。只看他'鼓瑟希，铿尔，舍瑟而作'，从容优裕悠然自得处，无不是这个道理。此一段都是这意思。今人读之，只做等闲说了。当时记者亦多少子细。曾点见子路、冉有、公西华几个所对都要着力出来做，他肚里自觉得不足为。若以次对，当于子路对后便问他。圣人见他鼓瑟，意思恁地自得，且问从别人上去，待都说了却问他。"又曰："这道理处处都是。事父母，交朋友，都是这道理；接宾客是接宾客道理；动静语默莫非道理；天地之运，春夏秋冬，莫非道理。人之一身便是天地，只缘人为人欲隔了，自看此意思不见。如曾点，却被他超然看破这意思，夫子所以喜之。日月之盈缩，昼夜之晦明，莫非此理。"贺孙。

○ 曾点于道，见其远者大者，而视其近皆不足为，故其言超然，无一毫作为之意，唯欲乐其所乐，以终身焉耳。道夫。

○ 曾点之志，夫子当时见他高于三子，故与之。要之，观夫子"不知所以裁之"之语，则夫子正欲共它理会在。道夫。

○ 曾点所见不同，方当侍坐时，见三子言志，想见有些笑他几个，作而言曰"异乎三子者之撰"，看其意思直是有凤凰翔于千仞底气象。庄子中说子反琴张云云，闻丧而鼓琴，点亦只是此辈流。渠若不得圣人为之依归，恐入庄老去！寓。琴张见庄子第六篇注。

○ 问言志。先生曰："某尝说曾晳不可学，他自是见得如此，若庄周、列御寇也。是它见得如此，若学它便会狂妄了。今日浴沂咏归，明日又浴沂咏归，少间做甚收杀！他却与曾子相反，曾子是步步踏实地做去，到得一贯处已是得了。然而它也只是准而已，也不曾恁地差异，从此后也只是稳稳帖帖地去，至死且曰'吾知免'。夫未死以前战战兢兢，未尝少息，岂曾如此狂妄颠蹶。"夔孙。

○ 恭父问："曾点说'咏而归'一段，恐是他已前实事，因举以见志。"曰："他只是说出个意思要如此。若作已前事说亦不可知。人只见说曾点狂，看夫子特与之之意，须是大段高。缘他资质明敏，洞然自见得斯道之体，看天下甚么事能动得他！他大纲如庄子。明道先生亦称庄子云：'有大底意思。'又云：'庄生形容道体，尽有好处。'邵康节晚年意思正如此，把见处亦高，只是不合将来玩弄，造物世事都做则剧看。曾点见得大意，然里面工夫却疏略。明道亦云：'庄子无礼无本。'"贺孙。

○ 或问："'如或知尔，则何以哉。'待诸子以可用对，而曾点独不答所问，夫子乃许之，何也？"曰："曾点意思见得如此，自与诸子别。看他意思，若做时，上面煞有事在。"或问："如何煞有事？"曰："曾点见得如此时，若子路、冉求、公西华之所为，曾点为之有余。"又曰："只怕曾点有庄老意思。"或问："曾点是实见得如此，还是偶然说着？"曰："这也只是偶然说得如此。他也未到得便做庄老，只怕其流入于庄老。"又问："东莱说'曾点只欠"宽以居之"'，这是如何？"曰："他是太宽了，却是工夫欠细密。"因举明道说康节云："尧夫豪杰之士，根本不贴贴地。"又曰："今人却怕做庄老，却不怕做管商。〔可笑。〕"贺孙。

○ 问："曾点浴沂气象与颜子乐底意思相近否？"曰："颜子底较恬静，无许多事。曾点是自恁地说，却也好。若不已便成释老去，所以孟子谓之狂。颜子是孔子称他乐，他不曾自说道我乐。大凡人自说乐时，便已不是乐了。"淳。

○ 晏问："曾点见得了，若能如颜子实做工夫去，如何？"先生曰："曾点与颜子见处不同：曾点只是见他精英则个，却不是见那粗底。颜子天资高，精粗本末一时见得透了，便知得道合恁地下学上达去。只是被他一时见透，所以有恁做将去。曾点但只见得这向上底道理，所以胸中自在受用处从容。"植。

○ 晏问："曾点资质莫是与颜子相反，所见处如此？"先生曰："不是与颜子相反，却与曾参相反。他父子间为学大不同。曾参是逐些子捱得去，曾点是只见得向上底了便不肯做。"植。

○ 曾子与曾点，父子之学自相反，一是从下做到，一是从上见得。子贡亦做得七八分工夫，圣人也要唤醒他，唤不去。〔圣人〕也不是不说这道理，也不是便说这道理，只是说之有时，教之有序。淳。

○ 曾点父子为学不同。点有康节底意思，将那一个物玩弄。道夫。

○ 欧阳希逊问"浴沂"章，云："本朝康节先生大略与点相似。"先生批云："人有天资高，自然见得此理真实流行运用之妙者，未必皆由学问之功。如康节、二程先生亦以'为学则元不知也'来喻，皆已得之。大抵学者当循'下学上达'之序，庶几不错。若一向先求曾点见解，未有不入于佛老者也。"传。

○ "颜子之乐平淡，曾点之乐已（捞）〔劳〕攘了。至邵康节云'真乐攻心不奈何'，乐得大段颠蹶。"或曰："颜子之乐只是人有这道理便乐否？"曰："不须如此说，且就实处做工夫。"正卿。

○ 明道诗云"旁人不识予心乐，将（为）〔谓〕偷闲学少年"，此是后生时气象眩露无含蓄。正卿。

○ 或问："曾点之言如何？"曰："公莫把曾点作面前看，纵说得是也无益。须是自家做曾点，便见得他曾点之心。"正卿。

○ 问曾点。曰："今学者全无曾点分毫气象。今整日理会一个半个字有下落，犹未分晓在，如何敢望他？他直是见得这个道理活泼泼地快活。若似而今诸公样做工夫，如何得似它在？"问："学者须是打叠得世间一副当富贵利禄底心，方可以言曾点气象，方有可用功处。"曰："这个大故是外面粗处。某常说这个不难打叠，极未有要紧，不知别人如何。正当是里面工夫极有细碎难理会处，要人打叠得。若只是外面富贵利禄，此何足道！若更这处打不透，说甚么学？正当学者里面工夫多有节病，人亦有多般样。而今自家只见得这个重，便说难打叠，它人病痛又有不在是者。若人人将这个去律它，教须打并这个了方可做那个，则其无此病者却觉得缓散无力，急这一边便缓却那一边。所以这道理极难，要无所不用其力。莫问它急缓先后，只认是处便奉行，不是处便紧闭，却教它莫要出来。所以说'是故君子无所不用其极'，'是故君子戒慎乎其所不睹，恐惧乎其所不闻。莫见乎隐，莫显乎微'。又曰'仁以为己任，不亦重乎'，四方八面尽要照管得到。若一处疏阙，那病痛便从那疏处入来。如人厮杀，凡山川途径、险阻要害无处不要防守。如姜维守蜀，他只知重兵守着正路头，以为魏师莫能来，不知邓艾却从阴平、武都而入，反出其后。他当初也说那里险阻，人必来不得，不知意之所不备处才有缝罅，便被贼人来了。做工夫都要如此，所以这事极难，只看'是故君子无所不用其极'一句便见。而今人有终身爱官职不知厌足者；又有做到中〔中〕官职便足者；又有全然不要，只恁地懒惰因循，我也不要官职，我也无力为善，平平过者；又有始间是好人，末后不好者；又有始间不好，到末后好者，如此者多矣；又有做到宰相了，犹未知厌足，更要经营久做者。极多般样。"僴。

○ 或问曾晳曰："是他见得到日用之间无非天理流行，如今便是不能得恁地。充其见，便是孔子'老者安之，朋友信之，少者怀之'意思。圣贤做出便只是这个物事，更不用安排。如今将文字看，也且说得是如此，只是做不能得恁地。"辅汉卿再恳请："前所问'必有事焉'，蒙教曰：'人须常常收敛此心，但不可执持，太过便倒塞了。然此处最难，略看差了便是禅。'此意如何？"曰："这便是难言。"正淳谓云云。先生曰："固是如此，便是难。学者固当寻向上去，只是向上去便怕易差。只吾儒与禅家说话，其深处止是毫忽之争。到得不向上寻，又只画住在浅处。须是就源头看，若理会得，只是滔滔地去。如操舟，寻得大港水脉，便一直溜去不问，三尺船也去得，五尺船也去得，一丈二丈船也去得。若不就源头寻得，只三五尺船子，便只阁在浅处，积年过代，无缘得进。"贺孙。

○　先生令叔重读江西严时亨、欧阳希逊问目，皆问"曾点言志"一段。以为学之与事初非二致，学者要须涵养到"清明在躬，志气如神"之地，则无事不可为矣。先生曰："此都说得偏了。学固着学，然事亦岂可废也！若都不就事上学，只要便如曾点样快活，将来却恐狂了人去也。学者要须常有三子之事业，又有曾点襟怀，方始不偏。盖三子是就事上理会，曾点是见得大意。曾点虽见大意，却少却事上工夫；三子虽就事上学，却又无曾点底脱洒意思也。若曾子之学，却与曾点全然相反。往往曾点这般说话，曾子初间却理会不得他。但夫子说东便去学东、说西便去学西、说南便去学南、说北便去学北，到学来学去，一旦贯通，却自得意思也。"时举。

○　萧问"曾点言志"章，程子云云。先生曰："集注内载前辈之说于句下者，是解此句文义；载前辈之说于章后者，是说一章之大旨及反覆此章之余意。今曾点说底不曾理会得，又如何理会得后面底！"雉。

○　"曾点言志"、"颜渊问仁"二章。植举曾点言志云："明道谓：'孔子与点，盖与圣人之志同。'"先生诘云："曾点与圣人志同在那里？"对云："曾点浴沂咏归，乐而得其所，与圣人安老、怀少、信朋友，使万物各遂其性处同。"先生云："也未凑尽得。"因座中诸友皆不合意，先生云："立之底只争这些子。"潘子善以为："点只是乐其性分而已。日用间见得天理流行，才要着私意去安排便不得。"先生云："他不是道我不要着私意安排，私意自着不得。这个道理是天生自然，不得安排。盖道理流行，无亏无欠，是天生自然如此，与圣人安老、怀少、信朋友底意思相似。圣人见老者合安便安之，朋友合信便信之，少者合怀便怀之。惟曾点见得到这里，圣人做得到这里。"因阅子善记："二月二十四日赵恭父问：'曾点咏而归，意思如何？'先生曰：'曾点见处极高，只是工夫疏略。他狂之病处易见，须要看他狂之好处如何。缘他日用之间见得天理流行，故他意思常惬地好。只如"莫春浴沂"数句，也只是略略地说将过。'又曰：'曾点意思与庄周相似，只是不至如此跌荡。庄子见处亦高，只是不合将来玩弄也。'"植。时举同。

○ 先生云："'孔子与点，盖与圣人之志同'者，盖都是自然底道理。安老、怀少、信朋友，自是天理流行。天理流行，触处皆是。暑往寒来，川流山峙，'父子有亲，君臣有义'之类，无非这理。如'学而时习之'，亦是穷此理；'孝弟仁之本'，亦是实此理。所以贵乎格物者，是物物上皆有此理。此圣人事，点见得到。盖事事物物莫非天理，初岂是安排得来！安排来时便凑合不着。这处更有甚私意来？自是着不得私意。圣人见得当闲事，曾点莫把作一件大事来说。他见得这天理随处发见，处处皆是天理，所以如此乐。"又云："惬是个一条物事，彻头彻尾，不是寻常字。古字作'恒'，其说象一只船，两头尾岸可见，头尾彻。"植。

○ 寓问："'吾与点'处，程子谓'便是尧舜气象'，如何？"曰："曾点却只是见得，未必能做得尧舜事。孟子所谓'狂士'，'其行不掩焉者也'。看其见到处，直是有尧舜气象。如庄子亦见得尧舜分晓。"或问天王之用心何如，便说到"'天德而出宁，日月照而四时行，若昼夜之有经，云行而雨施'。以是知他见得尧舜气象出。曾点见识尽高，见得此理洞然，只是未曾下得工夫。曾点、曾参父子正相反。以点如此高明，参却鲁钝，一向低头捱将去，直到一贯，方始透彻。是时见识方到曾点地位，然而规模气象又别"。寓。

○　问：“论语只有个<u>颜子</u>、<u>曾子</u>传圣人之学，其大概既得闻命矣。敢问<u>曾点</u>浴沂处，注云'有<u>尧舜</u>气象'，夫子固于此已予<u>点</u>矣。而<u>子路</u>'为国以礼'处，亦注云'达得时便是这气象'。如何？”曰：“<u>子路</u>所言底，他亦是无私意，但是不逊让时便不是也。<u>曾点</u>见处岂不曰'与<u>尧舜</u>同'？但是他做不得此事。如今人在外看屋一般，知得有许大高，然其中间廊庑厅馆、户牖房闼，子细曲折，却是未必看得子细也。然看到此，也是大故难。”或曰：“<u>程子</u>云'<u>曾点</u>、<u>漆雕开</u>已见得大意'，如何？”曰：“<u>曾点</u>见得较高。<u>开</u>只是朴实，其才虽不及<u>点</u>，然所见也是不苟。”或曰：“<u>曾点</u>既见得天理流行，胸中洒落矣，而行有不掩，何也？”曰：“盖为他天资高，见得这物事透彻，而做工夫却有欠阙。如一个大屋样，他只见得四面墙壁，高低大小都定，只是里面许多间架，殊不见得。如<u>漆雕开</u>，见大意则不如<u>点</u>，然却是他肯去做。<u>点</u>虽见得，却又不肯去做到尽处。且如<u>邵康节</u>，只缘他见得如此，便把来做几大作弄，更不加细密工夫。某尝谓<u>曾子</u>父子正相反。<u>曾参</u>初头都不会，只从头自一事一物上做去，及四方八面都做了，却到大处。及他见得大处时，共他小处一一都了也。<u>点</u>合下见得大处，却不肯去做小底，终不及他儿子也。”<u>祖道</u>。

○　问：“<u>孔子</u>语<u>子路</u>'为国以礼'，只是以<u>子路</u>不逊让，故发此言。<u>程先生</u>云云，如何？”曰：“到'为国以礼'分上便是理明，自然有<u>曾点</u>气象。”<u>可学</u>。

○　<u>夔</u>又问：“<u>子路</u>若达'为国以礼'道理，如何便是这气象？”先生曰：“若达时事事都见得是自然底天理。既是天理，无许多费力生受。”〔又问：“<u>子路</u>就使达得，却只是事为之末，如何比得这个？”曰：“理会得这道理，虽事为之末，亦是道理。'暮春者，春服既成'，何尝不是事为来？”又问：“三子皆事为之末，何故<u>子路</u>达得便是这气象？”

曰：“子路才气去得。他虽粗暴些，才理会这道理，便就这个‘比及三年，可使有勇且知方’上面，却是这个气象。求、赤二子虽似谨细，却只是安排来底，又更是他才气小了。子路是甚么样才气！”先生又曰：“曾点之学，无圣人为之依归，便是佛老去。如琴张、曾皙，已做出这般事来。”又曰：“其克己往往吾儒之所不及，但只他无那礼可复。”㒟再举“未能至于复礼以前，皆是己私未尽克去”。曰：“这是旋克将去。”㒟因说：“夜来说‘浴乎沂’等数句意在言外。本为见得此数句，只是见得曾点受用自在处，却不曾见得曾点见那道理处。须当分明先从这数句上，体究出曾点所以如此〕洒落，因个甚么见之？”“这数句只是见得曾点从容自在处，见得道理处却不在此。然而却当就这看出来。”先生又曰：“只为三子见得低了，曾点恁他说出来，夫子所以与之（言），〔然〕而终不似说颜子时。说是狂者，正为只见得如此，做来却不恁地。”又云：“‘为国以礼’之‘礼’却不只是繁文末节。”㮰。

○　李守约问：“‘言志’章，集注说：‘子路只为不达“为国以礼”道理，若达时，便是此气象。’意谓礼是天理，子路若识得便能为国，合得天理？”曰：“固是。只更有节奏。虽说圣人只为他‘其言不让’故发此语，如今看来，终不成才得让底道理，便与曾点气象相似。似未会如此。如今且平看，若更去说程子之说，却又是说上添说。子思言‘鸢飞鱼跃’与孟子言‘勿忘’、‘勿助长’，此两处皆是吃紧为人处，但语意各自别。后人因‘吃紧为人’一句，却只管去求他同处，遂至牵合。”木之。

○　问：“‘子路曾皙冉有公西华侍坐’章，程子曰：‘子路只缘不达“为国以礼”道理，故夫子哂之。若达，却便是这气象也。’政使子路知礼，如何便得似曾皙气象？”曰：“此亦似乎隔蓦，然亦只争个知不知、见不见耳。若达得，则便是这气象也。曾点只缘他见得个大底意思了。据他所说之分，只得如此说。能如此，则达而在上便可做得尧舜事业，随所在而得其乐矣。"又曰："公且更说曾点意思。"广云："点是已见得大意，其所言者无非天理之流行，都不为事物所累。"曰："亦不必说不为事物所累。只是缘他高明，自见得个大底意思。"曰："既见得这意思，如何却行有不掩？"曰："缘他见得了，不去下工夫，所以如此。譬如人须以目见，以足行，见得方能行得。然亦有见得了不肯行者，亦有未见得后强力以进者。如颜子，则见与行皆是也。"又曰："曾点、曾参父子学问却如此不同。曾点是未行而先见得此意思者。曾子其初却都未能见，但一味履践将去。到得后来真积力久，夫子知其将有所得，始告之以一贯之说，曾子方领略得。然缘他工夫在先，故一见便了，更无窒碍处。若是曾皙，则须是更去行处做工夫始得，若不去做工夫，则便入于释老去也。观季武子死，曾点倚其门而歌。他虽未是好人，然人死而歌是甚道理！此便有些庄老底意思了。程子曰'曾点、漆雕开已见大意'，看得来漆雕开为人却有规矩，不肯只恁地休，故曰'吾斯之未能信'。"广。

○　吴伯丰问："四子言志处，程子曰'子路只为不达"为国以礼"道理，若达却便是这气象'。然则冉有、公西华其言皆逊，便可谓是这气象耶？"先生曰："子路地位已高，若于此达得，即其进不可量。若二子，盖因仲由见哂方且如此，非真见得也，其地位去曾点甚远。虽知让之为美，此外更有多少事耶！"处谦。

○　陈仲亨说："'子路只是不达"为国以礼"道理'数句，未明。"先生曰："子路地位是高，〔品格亦大故高，〕但其病是有些子粗。缘是如此，所以便有许多粗暴疏率处。他若能消磨得这些子去，却能恁地退逊，则便是〔这〕个气象了。盖是他资质大段高，不比冉求、公西华，那二子虽如此谦退，然却如何及得子路？譬之如一个坑，跳不过时只在这边，一跳过便在那边。若达那'为国以礼'道理，便是这般气象，意正如此。'求也退，故进之'，<u>冉求</u>之病乃是<u>子路</u>底药，<u>子路</u>底病乃是<u>冉求</u>底药。"<u>义刚</u>。

○ 问："再看'浴沂'章，<u>程子</u>云：'<u>曾点</u>，狂者也，未必能为圣人之事，而能知夫子之志，故曰"浴乎<u>沂</u>，风乎<u>舞雩</u>，咏而归"，言乐而得其所也。<u>孔子</u>之志在于"老者安之，朋友信之，少者怀之"，使万物莫不遂其性。<u>曾点</u>知之，故<u>孔子</u>喟然叹曰："吾与<u>点</u>也！"'若如<u>程子</u>之说看，则事皆切实。若只从<u>曾点</u>见得个大底意思看，恐易入于虚无。"先生曰："此一段唯<u>上蔡</u>见得分晓，盖三子只就事上见得此道理，<u>曾点</u>是去自己心性上见得个本原头道理。使<u>曾点</u>做三子事，未必做得。然<u>曾子</u>见处，虽<u>尧舜</u>事业，亦不过以此为之而已。<u>程子</u>所说意思固好，但所录不尽其意。看得来上面须别有说话在，必先说<u>曾点</u>已见此道理了，然后能如此，则体、用具备。若如今恁地说，则有用无体，便觉偏了。"因说："一贯之旨，忠恕之说，<u>程先生</u>门人中亦只<u>上蔡</u>领略得他意思，余皆未晓。'浴沂'一章解向来亦曾改过，但令寻未见在。"问："先生谓（二）〔三〕子从事上见得此道理，必如此说，然后见得<u>程子</u>所谓'只缘<u>子路</u>不达"为国以礼"道理者，若达，则便是这气象'之说。三子皆是去事上见此道理，而<u>子路</u>之言不让，则便是不知不觉违了这个道理处，故夫子哂之也。"先生曰："然。二子亦因夫子之哂<u>子路</u>，故其言愈加谦让，皆非其自然，盖有所警也。"<u>广</u>。

○ <u>上蔡</u>说"鸢飞鱼跃"，因云"知'勿忘，勿助长'则知此，知此则知夫子与<u>点</u>之意"，看来此一段好，当入在集注中"舞雩"后。<u>僴</u>。

○ <u>节</u>问："前辈说'鸢飞鱼跃'与<u>曾点</u>浴沂一事同。不知<u>曾点</u>之事何缘与<u>子思</u>之说同？"曰："<u>曾点</u>见日用之间莫非天理。"<u>节</u>复问："何以见<u>曾点</u>见日用之间莫非天理?"曰:"若非见得日用之间无非天理,只恁地空乐也无意思。"又曰:"诸子有安排期必,至<u>曾点</u>,只以平日所乐处言之。<u>曾点</u>不说道欲做那事,不做那事。"又曰:"<u>曾点</u>以乐于今日者对,诸子以期于异日者对。"又曰:"某今日见得又别。"节次日问:"节取先生所注一段看,不见与昨日之说异。"答曰:"前日不曾说诸子有安排期必,至<u>曾点</u>无之。"_{节。}

○ <u>上蔡</u>说,勿忘勿助长则知<u>曾点</u>气象。此段当入在<u>集注</u>中。_{僩。}_{以下集义。}

○ "<u>集义</u>,谢曰:'鸢飞戾天,鱼跃于渊,无些私意。上下察以明道体无不在,非指鸢、鱼而言也。若指鸢、鱼为言,则上面更有天,下面更有地在。知"勿忘勿助长"则知此,知此则知夫子与<u>曾点</u>之意。<u>季路</u>、<u>冉求</u>言志之事,非大才做不得。然常怀此意在胸中,在<u>曾点</u>看着正可笑尔。学者不可着一事在胸中,才着些事,便不得其正。且道<u>曾点</u>有甚事? <u>列子</u>御风,事近之。'其说然乎?"曰:"圣贤之心所以异于佛老者,正以无意、必、固、我之累,而所谓'天地生物之心'、'对时育物之事'者,未始一息而停也。若但曰'旷然无所倚着而不察乎',此则亦何以异于虚无寂灭之学,而岂圣人之事哉?观其直以异端之妄言为比,则得失亦可见矣。"

○ <u>廖子晦</u>、<u>李唐卿</u>、<u>陈安卿</u>共论三子言志,及<u>颜子</u>喟然之叹,录其语质诸先生。答曰:"觉见诸公都说得枝蔓。此等处不通如此说,在人自活看方得。若云<u>尧舜</u>事业非<u>曾点</u>所能,又逐一称述<u>尧舜</u>来比并,都不(足)〔是〕如此。<u>曾点</u>只是个高爽底人,他意思偶然自见得,只见得了便休;<u>尧舜</u>则都见得了,又都踏着这个物事行。此其不同处耳。要人自见得,只管推说,已是枝蔓。"或问:"<u>程子</u>云:'<u>子路</u>只缘晓不得"为国以礼"底道理，若晓得，便是此气象也。'如<u>公西</u>、<u>冉求</u>二子，语言之间亦自谦逊，可谓达礼者矣，何故却无<u>曾点</u>气象？"曰："二子只是晓得那礼之皮肤，晓不得那里面微妙处。他若晓得，便须见得'天高地下，万物散殊，而礼制行矣；流而不息，合同而化，而乐兴焉'底自然道理矣。<u>曾点</u>却有时见得这个气象，只是他见得了便休。缘他见得快，所以不将当事。他（底他）〔若〕见得了，又从头去行，那里得来！<u>曾参</u>则元来未见这个大统体，先从细微曲折处行，都透了，见得个大体。<u>曾氏</u>父子二人极不同。世间自有一样人如此高洒见得底，学不得也。学者须是学<u>曾子</u>逐步做将去，方稳实。"又问："<u>子路</u>气象须较开阔如二子。"曰："然。"〔又曰："看来他们都是合下不曾从实地做工夫去，却只是要想象巴揽，说个形象如此，所以不实。某尝说，学者只是依先儒注解，逐句逐字与我理会，着实做将去，少间自见。最怕自立说笼罩，此为学者之大病。世间也只有这一个方法路径，若才不从此去，少间便落草，不济事。只依古人所说底去做，少间行出来便是我底，何必别生意见。此最是学者之大病，不可不深戒。"〕个。

○ <u>吴兄</u>问<u>曾子</u>言志一段。先生曰："何谓'视其气象，虽<u>尧舜</u>事业亦可为'？"<u>吴兄</u>无对。先生曰："<u>曾点</u>但开口说一句'异乎三子者之撰'时，便自高了，盖三子所志者虽皆是实，然未免局于一君一国之小，向上更进不得。若<u>曾点</u>所见，乃是大根大本。使推而行之，则将无所不能。虽其功用之大，如<u>尧舜</u>之治天下，亦可为矣。盖言其所志者大而不可量也。譬之于水，<u>曾点</u>之所用力者，水之源也；三子之所用力者，水之流也。用力于派分之处，则其功止于一派；用力于源，则放之四海亦犹是也。然使<u>点</u>遂行其志，则恐未能掩其言，故以为狂者也。某尝谓<u>曾点</u>父子为学，每每相反。<u>曾点</u>天资高明，用志远大，故能先见其本，往往于事为之间有不屑用力者焉；是徒见其忠之理，而不知其恕之理也。<u>曾子</u>一日三省，则随事用力，而一贯之说必待夫子告之而后知；

是先于恕上得之，而忠之理则其初盖未能会也。然而一唯之后，本末兼该，体用全备，故其传道之任不在其父，而在其子。则其虚实之分，学者其必有以察之。"<u>处谦</u>。

○ 问："<u>集注</u>谓<u>曾点</u>'气象从容'，便是鼓瑟处；词意洒落，便是下面答言志'虽<u>尧舜</u>事业亦优为之'处否？"先生曰："且道<u>尧舜</u>是甚么样事？何不说<u>尧舜</u>之心，恰限说事业？盖'富有之谓大业'，至如'平章百姓'，明目达聪，纳大麓，皆是事也。此分明说事业。缘<u>曾点</u>见得道理大，所以'<u>尧舜</u>事业优为之'，'视三子规规于事为之末'，固有间矣。是他见得圣人气象如此，虽超然事物之外，而实不离乎事〔物〕之中。是个无事无为底道理，却做有事有为底功业。天样大底事也做得，针样小底事也做得，此所谓大本、所谓忠、所谓一者是也。<u>点</u>操得柄欛、据着源头，诸子则从支流上做工夫。诸子底做得小，他底高大。<u>曾点</u>合下便见圣人〔大〕本是如此，但于细微工夫却不曾做得，所以未免为狂。缘他资禀高，见得这个大，不肯屑屑做那小底工夫。是他只缘合下一见便了，于细微节目工夫却有欠阙，与后世佛老近似，但佛老做得忒无状耳。"又云："<u>曾参</u>、<u>曾点</u>父子两人绝不类。<u>曾子</u>随事上做，细微曲折，做得极烂熟了，才得圣人指拨，一悟即了当。<u>点</u>则不然，合下便见得如此，却不曾从事上下曲折工夫，所以圣人但说'吾与<u>点</u>'而已。若传道，则还<u>曾子</u>也。学者须是如<u>曾子</u>做工夫，<u>点</u>自是一种天资，不可学也。<u>伊川</u>说'<u>曾点</u>、<u>漆雕开</u>已见大意'，<u>点</u>则行不掩，<u>开</u>见此个大意了，又却要补填满足，于'未能信'一句上见之。此与一贯，两处是大节目，当时〔时〕经心始得。"又曰："只看'异乎三子者之撰'一句，便是从容洒落了。"又曰："诸子之欲为国，也是他实做〔得〕，方如此说。"<u>明作</u>。〔集注非定本。〕

朱子语类卷第四十一
论语二十三

颜渊篇

颜渊问仁章

○ <u>颜子</u>生平只是受用"克己复礼"四个字。不迁，不贰。三月不违。不改其乐。<u>道夫</u>。

○ <u>颜子</u>克己，如红炉上一点雪。<u>道夫</u>。

○ "克己"如誓不与贼俱生。"克伐怨欲不行"，如"薄伐<u>猃狁</u>，至于<u>太原</u>"，但逐出境而已。<u>僩</u>。

○ 问"体道"。先生曰："'体'是自家身上去体那道。圣贤说话无非是道，要自家将身去体他，如克己便是体道工夫。"<u>僩</u>。

○ "克己复礼"，如火烈。火烈则莫我敢遏。<u>若海</u>。

○ "克己复礼"，如通沟渠壅塞。仁乃水流也。<u>可学</u>。

○ "克己复礼",间不容发。无私便是仁。<u>道夫</u>。

○ 节问:"'克己复礼','如见大宾'之时,指何者为仁?"答曰:"存得心之本体。"<u>芟</u>。

○ "克己复礼为仁"与"可以为仁矣"之"为",如"谓之"相似。〔与〕"孝弟为仁之本"、"为仁由己"之"为"不同。<u>芟</u>。

○ 或曰:"克己,是胜己之私之谓克否?"先生曰:"然。"曰:"如何知得是私后克将去?"曰:"随其所知者渐渐克去。"或曰:"<u>南轩张公</u>作<u>克己斋铭</u>,不取<u>子云</u>之说,如何?"曰:"不知<u>南轩</u>何故如此说。恐只是一时信笔写将去,殊欠商量。"曰:"闻学中今已开石了。"先生笑曰:"悔不及矣!"<u>祖道</u>。<u>谟</u>、<u>人杰</u>同。

○ 或问:"克己之私有三:气禀,耳目鼻口之欲,及人我是也。不知那个是夫子所指者?"先生曰:"三者皆在里。然非礼勿视听言动,则耳目口鼻之欲较多。"又问:"'克者,胜也',不如以'克'训'治'较稳。"先生曰:"'治'字缓了。且(得)〔如〕揩得一分也是治,揩得三分也是治。'胜',便是打叠杀了他。"<u>学蒙</u>。

○ 因说"克己复礼",有问云"私欲难去"。先生曰:"难。有时忘了他,有时便与人为一片了。"<u>希逊</u>。

○ 先生曰:"'克己复礼'最要子细理会,如要说'克己复礼'处便是私了,便是人欲。"<u>从周</u>。

○ <u>元翰</u>问:"'克己复礼为仁。'克去己私最是难事。如今且于日用间每事上寻个是处，只就心上验之，觉得是时此心便安。此莫是仁否?"先生曰:"此又似说义，却未见得仁。又况做事只要靠着心，但恐己私未克时，此心亦有时解错认了。不若日用间只就事上子细思量体认那个是天理，那个是人欲。着力除去了私底，不要做，一味就理上做去，次第渐渐见得道理自然纯熟，仁亦可见。且如圣贤千言万语虽不同，都只是说这道理。且将圣贤说底看，一句如此说，一句如彼说，逐句把来凑看，次第合得都是这道理。"或说:"如今一等非理事固不敢做。只在书院中时，亦自有一般私意难识。所谓'孜孜为善，孜孜为利'，于善利之中却解〔错〕认。"先生曰:"且做得一重又做一重，大概且要得界限分明。"遂以手画扇中间，云:"这一边是善，这一边是利。认得善利底界限了，又却就这一边体认纤悉不是处，克将去。圣人所以下个'克'字，譬如相杀相似，定要克胜得他! 大率克己工夫是自着力做底事，与他人殊不相干。紧紧闭门自就身上子细体认，觉得才有私意便是克去，故曰'为仁由己，而由人乎哉'，夫子说得大段分晓。<u>吕与叔</u>克己铭却有病，他说须于与物相对时克，若此则是并物亦克也。己私可克，物如何克得去? 己私是自家身上事，与物未相干在。"<u>明作</u>。

○　<u>曻</u>问"克己复礼"之事。答曰:"只有天理、人欲两途，不是天理，便是人欲，即无不属天理、又不属人欲底一节。且如'坐如尸'是天理，跛倚是人欲。克去跛倚而未能如尸，即是克得未尽，却不是未能如尸之时不系人欲也。须是立个界限，将那未能复礼时底都把做人欲断定。"先生又曰:"礼是自家本有底，所以说个'复'，不是待克了己方去复礼。克得那一分人欲去，便复得这一分天理来，克得那二分己去，便复得这二分礼来。且如箕踞非礼，自家克去箕踞，稍稍端坐，虽未能如尸，复得这些个来。"<u>植</u>。<u>时举录同而略</u>。

○　因说克己，或曰:"若是人欲则易见，但恐自说是天理处，却是人欲，所以为难。"先生曰："固是如此。且从易见底克去，又却理会难见底。如剥百合，须去了一重方始去那第二重。今且将'义利'两字分个界限，紧紧走从这边来。其间细碎工夫又一面理会。如做屋柱一般，且去了一重粗皮，又慢慢出细。今人不曾做得第一重，便做第二重工夫去。正如中庸说'戒谨乎其所不睹，恐惧乎其所不闻。莫见乎隐，莫显乎微，故君子谨其独也'。此是寻常工夫都做了，故又说出向上一层工夫，以见义理之无穷耳。不成'十目所视，十手所指'处不谨，便只是去谨独！无此理也。"雉。

○ "克己复礼"，才"克己"便是"复礼"。泳。

○ 克己则礼自复，闲邪则诚自存。非克己外别有复礼，闲邪外别有存诚。贺孙。〔此非定说。〕

○ 问"克己复礼为仁"。曰："克去己私，复此天理便是仁。只'克己复礼'如以刀割物，刀是自己刀，就此便割物，不须更借别人刀也。'天下归仁'，天下之人以仁称之也。解释经义须是实历其事，方见着实。如说'反身而诚，乐莫大焉'，所谓诚者，必须实能尽得此理。仁义礼智无一些欠阙他底，如何不乐！既无实得，乐自何而生？'天下归仁'之义亦类此，既能'克己复礼'，岂更有人以不仁见称之理？"谟。

○ 晏亚夫问"克己复礼"章。先生云："今人但说克己，更不说复礼。夫子言非礼勿视听言动，即是'克己复礼'之目也。颜子会问，夫子会答，答得来包括得尽。'己'字与'礼'字正相对说，礼便有规矩准绳，且以坐立言之：己便是箕踞，礼便是'坐如尸'；己便是跛倚，礼便是'立如齐'。但如此看便见。"又曰："克己是大做工夫，复礼是事事皆落腔窠。克己便能复礼，步步皆合规矩准绳，非是克己之外，别有复礼工夫也。<u>释氏</u>之学只是克己，更无复礼工夫，所以不中节文，便至以君臣为父子，父子为君臣，一齐乱了。吾儒克己便复礼，见得工夫精细。圣人说得来本末精粗具举。下面四个'勿'字，便是克与复工夫皆以礼为准也。'克己复礼'便是捉得病根，对证下药。<u>仲弓</u>主敬行恕是且涵养将去，是非犹未定。涵养得到，一步又进一步，方添得许多见识。'克己复礼'便刚决克除将去。"〔<u>南升</u>。〕

○　"克己须着复于礼。"<u>贺孙</u>问："非天理便是人欲，克尽人欲便是天理。如何却说克己了，又须着复于礼?"曰："固是克了己便是理，然亦有但知克己而不能复于礼，故圣人对说在这里，却不只道'克己为仁'，须着个'复礼'，庶几不失其则。下文云'非礼勿视，非礼勿听，非礼勿言，非礼勿动'，缘本来只有此礼，所以克己是要得复此礼。若如佛家，尽是有能克己者，虽谓之无己私可也，然却不曾复得礼也。吾圣人之教所以复礼为主，若但知克己，则下梢必堕于空寂，如<u>释氏</u>之为矣。"<u>亚夫</u>又问。曰："如'坐如尸，立如齐'，此是理；如箕踞跛倚，此是非理。去其箕踞跛倚，宜若便是理。然未能'如尸如齐'，尚是己私。"<u>贺孙</u>。

○　<u>曼</u>问："如磨昏镜相似，磨得一分尘埃去，复得一分明。"先生曰："便是如此，然而世间却有能克己而不能复礼者，<u>佛老</u>是也。<u>佛老</u>不可谓之有私欲，只是他元无这礼，克己私了却空荡荡地。他是见得这理元不是当，克己了无处归着。"<u>植</u>。

○　<u>亚夫</u>问："'克己复礼'，疑若克己后便已是仁，不知复礼还又是一重工夫否?"曰："己与礼对立，克去己后必复于礼然后为仁。若克去己私便无一事，则克之后须落空去了。且如坐当如尸，立当如齐，此礼也。坐而倨傲，立而跛倚，此己私也。克去己私，则不容倨傲而跛倚，然必使之如尸如齐，方合礼也。故克己者所以复此身于规矩准绳之中，乃所以为仁也。"又问："若以礼与己对看，当从礼说去。礼者，天理之节文。起居动作，莫非天理。起居动作之间，莫不浑全是礼，则是仁（者）。〔若〕皆不合节文，便都是私意，不可谓仁。"先生曰："不必皆不合节文，但才有一处不合节文，便是欠阙。若克去己私而安顿不着，便是不入他腔（料）〔科〕。且如父子自是父子之礼，君臣自是君臣之礼。若把君臣做父子，父子做君臣，便不是礼。"又问"克己复礼"与"主敬行恕"之别。曰："<u>仲弓</u>方始是养（生）在这里，中间未见得。<u>颜子</u>'克己复礼'便规模大，精粗本末，一齐该贯在这里。"又问："'克己复礼'如何分精粗？"曰："若以克去己私言之，便克己是精底工夫，到礼之节文有所欠阙，便是粗者未尽。然克己又只是克去私意，若未能有细密工夫一一入他规矩准绳之中，便未是复礼，如此则复礼却乃是精义。"<u>时举</u>因问："夜来先生谓'坐如尸，立如齐'是礼，倨傲跛倚是己。有知倨傲跛倚为非礼而克之，然乃未能'如尸如齐'者，便是虽已克己，而未能复礼也。"先生曰："跛倚倨傲亦未必尽是私意，亦有性自坦率者，但<u>伊川</u>所谓'人虽无邪心，苟不合正理，乃邪心也'。佛氏之学超出世故，无足以累其心，不可谓之有私意。然只见他空底，不见实理，所以都无规矩准绳。"曰："佛氏虽无私意，然源头是自私其身，便乃是有个大私意了。"先生曰："他初间也未便尽（去）〔是〕私意，但只见得偏了。"<u>时举</u>曰："先生向所作<u>石先生 克斋记</u>云'克己者所以复礼，非克己之外别有所谓复礼之功'，是如何？"先生曰："便是当时也说得忒快了。<u>明道先生</u>谓'克己则私心去，自能复礼'，便是实；如曰'虽不学文，而礼意已得'，如此等语也说忒高了。<u>孔子</u>说'克己复礼'，都是实。"曰："如此则'克己复礼'分明是两节工夫。"先生曰："也不用做两节看，但不会做工夫底，克己了犹未能复礼。会做工夫底，才克己便复礼也。"先生因言："学者读书须要体认。静时要体认得亲切，动时要别白得分明。如此读书，方为有益。"<u>时举</u>。

○ <u>郯伯</u>说"克己复礼"云："克去己私后却方复礼。"先生曰："'克己复礼'一如将水去救火相似。又似一件事，又似两件事。"<u>时举</u>。<u>植</u>录同。

○ <u>曼</u>再举"未能至于复礼以前，皆是己私未尽克去"。先生曰："这是旋克将去。"<u>植</u>。

○ 问："'克己复礼'即仁乎?"曰："'克己复礼'当下便是仁，非复礼之外别有仁也。此间不容发，无私便是仁。所以谓'一日克己复礼，天下归仁'，若真个一日打并得净洁，便是仁。如昨日病，今日愈，便是不病。"<u>伯羽</u>。

○ 非礼即己，克己便复礼，"克己复礼"便是仁。"天下归仁"，天下以仁归之。<u>闳祖</u>。

○ 或问"克己复礼为仁"。曰："'一日有是心，则一日有是德'，事事皆仁，故曰'天下归仁'。"<u>祖道</u>。

○ 问："'一日克己复礼，天下归仁'，如何使天下便能归仁?"曰："若真能'一日克己复礼'，则天下有归仁之理。这处亦如'在家无怨，在邦无怨'意思。'在家无怨'，一家归其仁；'在邦无怨'，一邦归其仁。就<u>仲弓</u>告，止于邦家。<u>颜子</u>体段如此，便以其极处告之。"又曰："'归'犹归重之意。"〔寓。〕<u>淳</u>录同。

○ "天下归仁。""归"犹"归重"之"归"，亦如"在家无怨，在邦无怨"之意，"在家无怨"是一家归仁，"在邦无怨"是一邦归仁。告仲弓止于邦家。颜子体段如此，便以其极处言之。<u>淳</u>。

○ 或问"一日克己复礼，天下归仁"。答曰："'一日克己复礼'，使天下于此皆称其仁。"又问："一日之间安能如此?"答曰："非是一日便能如此，只是有此理。"<u>节</u>。

○ "一日存此心，则一日有此德"，"一日克己复礼，天下归仁"，不是恁地略用工夫便一日自能如此，须是积工夫到这里。若道是"一日克己复礼"，天下便一向归其仁，也不得。若"一日克己复礼"，则天下归其仁；明日若不"克己复礼"，天下又不归其仁。<u>时举</u>。

○ 问："'颜子克己，天下归仁'，先生言一日能'克己复礼'，天下皆以仁之名归之，与前说不同，何也?"先生曰："所以'克己复礼'者，是先有为仁之实，而后人以仁之名归之也。"<u>卓</u>。

○ 一于礼之谓仁。不是仁在内，为人欲所蔽，如一重膜遮了。克去己私，复礼，乃见仁。仁、礼非是二物。<u>可学</u>。

○ 节问"节文"之〔"文"〕。曰："文是装裹得好，'得'字又疑是'全'字。如升降揖逊。"<u>节</u>。

○ 晏云："'为国以礼'莫便是那'克己复礼'之'礼'?"先生云："礼是那天地自然之理，理会得时繁文末节皆在其中。'礼仪三百，威仪三千'却只是这个道理，千条万绪贯通来只是一个道理。夫子所以说'吾道一以贯之'，曾子曰'忠恕而已矣'是也。盖为道理出来处只是一源，散见事物，都是一个物事做出底。一草一木与他夏葛冬裘、渴饮饥食、君臣父子、礼乐器数，都是天理流行，活泼泼地，那一件不是天理中出来！见得透彻后都是天理。理会不得则一事各自是一事，一物各自是一物，草木各自是草木，不干自己事。如今倒是庄、老有这般说话，庄子云'言而足则终日言而尽道，言而不足则终日言而尽物'。"又问："子路就使达得，却只是事为之末，如何比得这个？"先生曰："理会得这道理，虽事为之末，亦是道理。'暮春者，春服既成'，何尝不是事为？"蕃又问："三子皆事为之末，何故子路达得，便是这气象？"先生云："子路才气去得。他虽粗暴些，才理会这道理，便就这个'比及三年，可使有勇且知方'上面，却是这个气象。求、赤二子虽似谨细，却只是安排来底，又更是他才气小了。子路是甚么样才气！"先生云："曾点之学，无圣人为之依归便且佛老去。如琴张、曾点门已做出这般事来。"先生又云："〔其〕克己往往吾儒之所不及，但只（无）它无那礼可复。"植。

○　林安卿问："克复工夫全在'克'字上，盖都是就发动处克将去。必因有动而后天理、人欲之几始分，方知所决择而用力也。"曰："若如此则未动以前不消得用力，只消动处用力便得。如此得否？且更子细。"次早问："看得如何？"林举注中程子所言'"克己复礼'乾道，'主敬行恕'坤道"为对。曰："这个也只是微有些如此分。若论敬，则自是彻头彻尾要底。如公昨夜之说，只是发动方用克，则未发时不成只在这里打瞌睡蒙懂，等有私欲来时旋捉来克！如此得否？"又曰："若待发见而后克，不亦晚乎！发时固是用克，未发时也须致其精明，如烈火之不可犯始得。"僴。

○　蕃云："所以唤礼而不谓之理者，莫是礼便是实了，有准则，有着实处？"先生云："只说理却空去了。这个礼是那天理节文，教人有准则处。佛老只为元无礼，（出）〔克〕来克去空了。只如曾点见处，便见这意思。"植。

○ 问煇：“以私欲难克为病，奈何？”曰：“‘为仁由己，而由人乎哉。’所谓‘克己复礼为仁’者正如以刀切物，那刀子乃我本自有之器物，何用更借别人底？只认我一己为刀子而克之，则私欲去而天理见矣。"晦夫。

○ 敬之问“克己复礼”一章，谓：“上面‘克己复礼’是要克尽己私，而下面‘四勿’乃是严立限制，使之用力。"先生曰：“此一章，圣人说只是要他‘克己复礼’。‘一日克己复礼，则天下归仁’，是言‘克己复礼’之效。‘为仁由己，而由人乎哉’，是言‘克己复礼’工夫，专在我而不在人。下面‘请问其目’，则是颜子更欲圣人详言之耳。盖‘非礼勿视’便是要在视上‘克己复礼’，‘非礼勿听’是要在听上‘克己复礼’，‘非礼勿言’是要在言上‘克己复礼’，‘非礼勿动’是要在动上克己复礼。前后反复只说这四个字。若如公说，却是把做两截意思看了也。"时举。

○ 问：“颜渊问仁，孔子对以‘克己复礼’。颜渊请问其目，则对以‘非礼勿视听言动’。看得用力只在‘勿’字上。"曰：“亦须是要睹当得是礼与非礼。"文蔚。

○ 紧要言是“勿”字，不可放过。闳祖。

○ “‘非礼勿视’，说文谓‘勿’字似旗脚，此旗一麾，三军尽退，工夫只在‘勿’字上。才见非礼来，则以‘勿’字禁止之，才禁止便克去，才克去便能复礼。"又云：“颜子力量大，圣人便就他一刀截断。若仲弓，则是闭门自守，不放贼入来底。然敬恕上更好做工夫。"明作。

○ 问："颜渊问仁，子曰非礼勿视听言动。尝见南轩云：'"勿"字虽是禁止之辞，然中须要有主宰始得。不然则将见禁止于西而生于东，禁止于此而发于彼，盖有力不暇给者矣。主宰云何？敬而已矣。'"先生云："不须更添字，又是两沓了。"先生问祖道曰："公见南轩如何？"曰："初学小生，何足以窥大贤君子！"曰："试一言之。"曰："南轩大本完具，资禀粹然，却恐玩索处更欠精密。"曰："未可如此议之。某尝论'未发之谓"中"'字，以为在中之义，南轩深以为不然。及某再书论之，书未至而南轩遣书来，以为是。南轩见识纯粹，践行诚实，使人望而敬畏之，某不及也。"祖道。

○ "非礼勿视〔勿听〕"，"奸声乱色，不留聪明；淫乐（忒）〔慝〕礼，不接心术"。非是耳无所闻，目无所见。〔寓。〕

○ 元翰问："非礼勿视听言动，看来都在视上。"先生曰："不专在视上，然听亦自不好。只缘先有视听便引惹得言动，所以先说视听后说言动。佛家所谓视听甚无道理，且谓物虽现前，我元不曾视听，与我自不相干。如此却是将眼光逐流入闹可也，听亦然，天下岂有此理！"坐间举佛书亦有克己底说话。先生曰："所以不可行者，却无'复礼'一段事。既克己，若不复礼，如何得？东坡说'思无邪'有数语极好，他说'才有思便有邪，无思时又只如死灰。却要得无思时不如死灰，有思时却不邪。'此数语亦自好。"明作。

○ 子寿言："孔子答群弟子所问，各随其材答之，不使闻其不能行之说，故所成就多。如'克己复礼为仁'，唯以分付与颜子，其余弟子不得与闻也。今教学者，说着便令'克己复礼'，几乎以颜子望之矣。今释子接人犹能分上、中、下三根，云'我则随其根器接之'，吾辈却无这个。"先生曰："此说固是。如克己之说，却缘众人皆有此病，须克之乃可进。使肯相从，却不误他错行了路。今若教他释子辈来相问，吾人使之'克己复礼'，他还相从否?"子寿云："他不从矣。""然则彼所谓根器接人者，又如何见得是与不是? 解后却错了，不可知。"大雅。

○ 问："论语颜渊问仁与颜渊问为邦，必竟先是问仁，先是问为邦?"答曰："看他自是有这'克己复礼'底工夫后，方做得那四代礼乐底事业。"卓。

○ "颜子闻'克己复礼'，又问其目，直是详审。曾子一唯悟道，真是直截。"先生曰："颜子资质固高于曾子。颜子问目却是初学时。曾子一唯，年老成熟时也。"谟。

○ 先生曰："人须会问始得。〔砥录作"学须善问"。〕圣门颜子也是会问。他问仁，曰'克己复礼为仁'，圣人恁地答他。若今人到这里须问如何谓之克己，如何谓之复礼。颜子但言请问其目。到圣人答他'非礼勿视，非礼勿听，非礼勿言，非礼勿动'处，他更不再问非礼是如何，勿视是如何，勿听是如何，勿言、勿动又是如何，但言'回虽不敏，请事斯语矣'。这是个答问底样子。到司马牛问得便乖。圣人答他问仁处，他说'"其言也切"，斯谓之仁已乎'。他心都向外去，未必将来做切己工夫，所以问得如此。又谓'"不忧不惧"，斯谓之君子已乎'，恰似要与圣人相拗底说话，〔砥录云："却不向里思量，只管问出外来。正明道所谓'塔前说塔'也。"〕这处亦是个不会问样子。"〔寓。〕

○ 林正卿名学蒙。问："夫子答颜渊'克己复礼为仁'之问，说得细密。若其他弟子问，多是大纲说，如语仲弓以'己所不欲，勿施于人'之类。"先生大不然之，曰："以某观之，夫子答群弟子却是细密，答颜子者却是大纲。盖颜子纯粹，无许多病痛，所以大纲告之。至于

'请问其目'答以'四勿',亦是大纲说。使答其它弟子者如此,必无入头处。如答司马牛以'其言也讱',是随其病处使之做工夫。若能讱言,即生之'克己复礼'也。至于答樊迟、答仲弓之类,由其言以行之,皆'克己复礼'之功也。"人杰。

○ 孔子告颜子以"克己复礼",语虽切,看见不似告樊迟"居处恭,执事敬,与人忠"更详密。盖为樊迟未会见得个己是甚、礼是甚底,只分晓说教恁地做去。颜子便理会得,只未敢便领略,却问其目,待说得上下周匝了方承当去。贺孙。

○ 问:"诸子问仁,惟孔子答颜渊以'克己复礼为仁'说得仁之全体。"曰:"若真个见得,则门人孔子所答无非是全体;若见不得,虽是'克己复礼'也只没理会。"僴。

○ 国秀问:"圣人言仁处,如'克己复礼'一句,最是言得仁之全体否?"先生曰:"圣人告人,如'居处恭,执事敬,与人忠'之类,无非言仁。若见得时则何处不是全体?何尝见有半体〔底〕仁!但'克己复礼'一句,却尤亲切。"时举。

○ 曹问:"'一日克己复礼',便是仁?"先生曰:"今日'克己复礼'是今日事,明日'克己复礼'是明日事。'克己复礼'有几多工夫在!须在日日用工。圣人告颜渊如此,告仲弓如此,告樊迟又曰'居处恭,执事敬,与人忠'。各随人说出来,须着究竟。然大概则一,圣人之意千头万绪,终归一理。"辛。

○ 孔门弟子,如"仁"字"义"字之说,已各各自晓得文义。但看答问中不曾问道如何是仁,(只说道如何可以至仁)只问如何何以行仁;

夫子答之，亦不曾说如何是仁〔，只说道如何可以至仁〕。如颜子之问，孔子答以"克己复礼"；仲弓之问，孔子答以"出门如见大宾，使民如承大祭，己所不欲，勿施于人"；司马牛之问，孔子答以"仁者其言也讱"；樊迟之问，孔子答以"居处恭，执事敬，与人忠"。想是"仁"字都自解理会得，但要如何做。贺孙。

○ 问："颜渊，孔子未告以'克己复礼'，当如何用工夫？"曰："如'博我以文，约我以礼'等，可见。"又问云云。曰："只消就'克己复礼'上理会便了，只管如此说做甚！"贺孙。

○ 或问："某欲克己而患未能。"先生曰："此更无商量。人患不知耳，既已知之，便合下手做，更有甚商量？'为仁由己，而由人乎哉！'"雉。

○ 问："'一日克己复礼，天下归仁。'向来徐诚叟说，此是克己工夫积习有素，到得一日果能'克己复礼'，然后'天下归仁'。如何？"曰："不必如此说，只是一日用其力之意。"问："有人一日之中'克己复礼'，安得天下便归仁？"曰："只为不曾'克己复礼'。'一日克己复礼'即便有一日之仁。颜子'三月不违仁'，只是'拳拳服膺而弗失'。'惟圣罔念作狂，惟狂克念作圣。'今日克念即可（谓）〔作〕圣，明日罔念即为狂矣。"曰："到颜子地位，其德已成，恐不如此。"曰："颜子亦只是'有不善未尝不知，知之未尝复行'。除是夫子'七十而从心所欲，不逾矩'，方可说此。"德明。

○ 或问颜子"克己复礼"。曰："公且未要理会颜子如何'克己复礼'，且要理会自家身己如何须着'克己复礼'。这也有时须曾思量到这里，颜子如何苦死要'克己复礼'？自家如何不要'克己复礼'？如今若说时也自会说得尽通，只是不曾关自家事。也有被别人只管说，说来说去，无奈何去克己，少间又忘了。这里须思量颜子如何心肯意肯要'克己复礼'？自家因何不会心肯意肯去'克己复礼'？此处须有病根，先要理会这路头，方好理会所以克之之方。须是识得这病处，须是见得些小功名利达真个是轻，'克己复礼'事真个是重，真个是不恁地不得。"贺孙。

○ 问："颜子已是知非礼人，如何圣人更恁地向他说？"曰："也只得恁地做。横渠教人道'夜间自不合睡。只为无可应接，他人皆睡了，己不得不睡（也）'。〔他〕做正蒙时或夜间默坐彻晓，他直是恁地勇方做得。"因举曾子"任重道远"一段，曰："子思、曾子直恁地，方被他打得透。"邵武江元益问："近日门人勇者为谁？"曰："未见勇者。"𪟝。

○ 问："'一日克己复礼，天下归仁焉'，先生集注云：'归，犹与也。'谓天下皆与其仁。后面却载伊川语'天下归仁'谓'事事皆仁'，恰似两般，如何？"曰："为其'事事皆仁'，所以'天下归仁'。"文蔚。

○ 问："程先生云'克己复礼则事事皆仁，故曰天下归仁'，如何？"答曰："不若他更有一说云'一日克己复礼，则天下称其仁'为是。"大雅。

○ 问："'颜渊问仁'一条。'一日克己复礼，天下归仁'，程子曰'事事皆仁，故曰"天下归仁"'，一日之间如何得事事皆仁？"曰："'一日克己复礼'了，虽无一事，亦不害其为'事事皆仁'，虽不见一人，亦不害其为天下归仁。"植。

○ 问程子曰"事事皆仁，故曰'天下归仁'"。先生曰："'事事皆仁'，所以'天下归仁'。于这事做得恁地，于那事亦做得恁地，所以天下皆称其仁。若有一处做得不是，必被人看破了。"又曰："天下归仁者，是人称之以为仁。"希逊。

○ 问："谢氏说'克己须从性偏难克处克将去'，此性是气质之性否？"曰："然。然亦无难易，凡气质之偏处皆须从头克去。谢氏恐人只克得里面小小不好底气质而忘其难者，故云然。"僴。

○ 时举问伊川先生四箴。先生云："这个须着子细去玩味。"因言："工夫也恁地做将去，也别无个道理拘迫得他。譬如做酒相似，只是用许多曲，到时日至时便自迸个酒出来也。凡看文字只要'温故知新'，只温个故底，便新意自出。若舍了故底，别要讨个新意，便不得也。"时举。

○ "由乎中而应乎外"，这是势之自然；"制于外所以养其中"，这是自家做工夫处。道夫。

○ "'由乎中而应乎外，制于外所以养其中'，上句是说视听言动皆由中出，〔螢录作"自此心形见"。〕下句是用功处。〔螢录作"即是克己工夫"。〕"问："须是识得如何是礼，如何是非礼？"曰："固是分别得紧，然要在'勿'字上，不可放过。"闳祖。

○ 读伯丰克己复礼为仁说，曰："只克己便是复礼，'克己复礼'便似'著诚去伪'之类。盖己私既克，无非天理便是礼，大凡才有些私意便非礼。若截为两段，中间便有空阙处。〔必大录此云："'著诚去伪'，不彼即此。非克己之后中间又空一节，须用复礼也。"〕伊川曰'由乎中而应乎外'，是说'非礼勿视'四者皆由此心出。下面一句却是〔就视听言动上〕克去己私做工夫。〔必大录此云："上句言其理，下句是工夫。"〕如尹彦明书四箴却云'由乎中所以应乎外'，某向见传本，上句初无'所以'字。"鲎。

○　直卿问："伊川云'制于外所以养其中'，此是说仁之体而不及用?"曰："'制于外'便是用。"又曰："视听自外入，言动自内出，圣人言语紧密如此。圣人于颜子仲弓都是就纲领上说，其他则是就各人身上说。"道夫。

○　问："伊川先生箴序'由乎中而应乎外，制于外所以养其中'。克己工夫从内面做去，反说'制于外'。如何?"曰："制却在内。"又问："视箴何以特说心? 听箴何以特说理?"曰："互换说也得。然谚云'开眼便错'，视所以就心上说。'人有秉彝，本乎天性'，道理本自好在这里，却因杂得外面言语来诱化，听所以就理上说。"植。

○　或问："非礼勿视听言动，程子以为'制之于外，以安其内'，却是与'克伐怨欲不行'底相似。"先生曰："克己工夫，其初如何便得会自然! 也须着禁制始得。到养得熟后，便私意自渐渐消磨去矣。今人须要拣易底做，却不知若不自难处入，如何得到易处! 所谓'非礼勿'者，只要勿为耳。眼前道理，善恶是非，阿谁不知，只是自冒然去做。若于眼前底识得分明，既不肯去做，便却旋旋见得细密底道理。盖天下事有似是而实非者，亦有似非而实是者，这处要得讲究。若不从眼前明白底做将来，却这个道理又如何得会自见!"时举。

○　问："学颜子当从'不迁怒、不贰过'起。"答曰："不然。"过思之则曰："当从四句起。"答曰："程子所以云'请事斯语，所以进于圣人'。"过又曰："学曾子则自'君子所贵乎道者三'起。"过。

○ "'子曰非礼勿视'章，举伊川云'制乎外以安其内'。看颜子心斋、坐忘都无私意，似更不必制于外。"曰："颜子若便恁地，圣人又何必向他说'克己复礼'？便是他也更有些私意。莫把圣人令做一个人看，便只是这样人。'如有周公之才之美'，'使骄且吝'，便不是周公。'惟圣罔念作狂'，若使尧、舜为桀、纣之行，便狂去，便是桀、纣。"贺孙。

○ 又问四箴。先生曰："视是将这里底引出去，所以云'以安其内'；听是听得外面底来，所以云'闲邪存诚'。"又问："四者还有次第否？"先生曰："视为先，听次之。"又曰："'哲人知几，诚之于思'，此是动之于心；'志士励行，守之于为'，此是动之于身。"雉。

○ 问："听箴'人有秉彝'云云，前面亦大概说，至后两句言'闲邪存诚，非礼勿听'，不知可以改'听'字作视箴用得否？"答曰："看他视箴说又较力。视最在先，开眼便是，所以说得力。至于听处，却又较轻也。"寓。

○ 贺孙问："'知诱物化，遂忘其正'，这个知是如何？"曰："乐记云：'人生而静，天之性也；感于物而动，性之欲也。物至知知，然后好恶形焉。好恶无节于内，知诱于外，不能反躬，天理灭矣。'人莫不有知，知者，所当有也。物至则知足以知之而有好恶，这是自然如此。到得'好恶无节于内，知诱于外'，方始不好去。"贺孙。

○ 贺孙问说"颜渊问仁"章集注之意。曰："如此只就上面说，又须自家肚里实理会得始得。固是说道，若不依此说却在外面生意，不可；若只诵其文而自不实晓认得其意，亦不可。"又曰："且依许多说话常常讽咏，下梢自有得。"又曰："四箴意思都该括得尽。四个箴有说多底，有说少底，多底减不得，少底添不得。如言箴说许多，也是人口上有许多病痛。从头起至'吉凶荣辱，（为）〔惟〕其所召'，是就身上谨；'伤易则诞'至'出悖来违'，是当谨于接物间。都说得周备。'哲人知几，诚之于思；志士励行，守之于为'，这说两般人：哲人只于思量间便见得合做与不合做，志士便于做出了方见得。虽则是有两样，大抵都是顺理便安裕，从欲便危险。集注所录都说得意思尽了，此外亦无可说。只是须要自实下工夫，实见是如何。看这里意思都克去己私，无非礼之视，无非礼之听，无非礼之言，无非礼之动，这是甚么气象！这便是浑然天理，这便是仁，须识认得这意思。"贺孙问："视听之间，或明知其不当视而自接乎目，明知其不当听而自接乎耳，这将如何？"曰："视与看见不同，听与闻不同。如非礼之色若过目便过了，只自家不可有要视之心；非礼之声若入耳也过（耳），只自家不可有要听之心。然这般所在也难。古人于这处亦有以御之，如云'奸声乱色，不留聪明；淫乐慝礼，不接心术'。"<u>贺孙</u>。

　　○　问："承诲，言箴自'人心之动，因言以宣'至'吉凶荣辱，（为）〔惟〕其所召'，是谨诸己，以下是说接物许多病痛。"曰："上四句是就身上，是紧切处，须是不躁妄方始静专。才不静专，自家这心自做主不成，如何去接物！下云'矧是枢机，兴戎出好'四句，都是说谨言底道理。下四句却说四项病：'伤易则诞'，'伤烦则支'，己肆则物忤，出悖则来违。"贺孙问："如今所以难克，也是习于私欲之深。今虽知义理，而旧所好乐未免沉伏于方寸之间，所以外物才诱，里面便为之动。所以要紧只在'克'字上。克者，胜也。日用之间只要胜得他，天理才胜私欲便消，私欲才长天理便被遮了。要紧最是胜得去始得。"曰："固是如此。如权衡之设，若不低便昂，若不昂便低。凡天地阴阳之消长，日月之盈缩，莫不皆然。"又云："这'克己复礼'事体极大，非颜子之聪明刚健不足以担当，故独以告颜子。若其他所言，如'出门如见大宾，使民如承大祭'，如'仁者其言也切'，又如'居处恭，执事敬'，都是克己事，都是为仁事，但且就一事说，然做得工夫到也一般。"问"仲弓问仁"一章。曰："看圣人言只三四句便说得极谨密。说'出门如见大宾，使民如承大祭'，下面便又说'己所不欲，勿施于人'，都无些阙处。寻常人说话，多是只说得半截。"问："看此意思，则体、用兼备。"曰："是如此。自家身己上常是持守，到接物又如此，则日用之间无有间隙，私意直是何所容！可见圣人说得如此极密。"问："集注云'事斯语而有得，则固无己之可克矣'，此固分明。下云'学者审己而自择焉，可也'，未审此意如何？"曰："看自家资质如何。夫子告颜渊之言，非大段刚明者不足以当之。苟惟不然，只且就告仲弓处着力。告仲弓之言只是淳和底人皆可守。这两节一似易之乾，一似易之坤。圣人于乾说'忠信，所以进德也；修辞立其诚，所以居业也'，说得煞广阔。于坤只说'敬以直内，义以方外'。止缘乾是纯刚健之德，坤是纯和柔之德。"又云："看集义聚许多说话，除程先生外，更要拣几句在集注里，都拈不起。看诸公说，除是上蔡说得犹似，如游、杨说，直看不得。"贺孙。

○　尹叔问："伊川四箴，其动箴曰：'哲人知几，诚之于思；志士励行，守之于为'，此四句莫分优劣否？"曰："只是两项。为处动，思处亦动。思是动于内，为是动于外。盖思于内不可不诚，为于外不可不守。然专诚于思而不守于为，不可；专守于为而不诚于思，亦不可。"先生因问坐间："动箴那句是紧？"或云："恐'顺理则裕'是紧要处。"先生首肯曰："'顺理则裕，从欲则危'，此两句是生死路头。"寓。

○　尹叔问："伊川动箴云'哲人知几，诚之于思；志士励行，守之于为’，四句莫有优劣否?”曰:“思是动之微，为是动之著。这个是该动之精粗。为处动，思处亦动。是思是动于内，为是动于外，盖思于内不可不诚，为于外不可不守。然专诚于思而不守于为，不可;专守于为而不诚于思，亦不可。”又曰:“看文字须是得个骨子。诸公且道这<u>动</u><u>箴</u>那句是紧要?”<u>道夫</u>云:“‘顺理则裕’，莫是紧要否?”曰:“更连‘从欲则危’，两句都是。这是生死路头。”又曰:“四者惟视为切，所以先言视，而视为箴之说尤重于听也。”<u>道夫</u>。<u>寓</u>同。

○ “‘克己复礼’一章。尝谓克己至难能也，能克己是为仁矣。圣人不以克己为仁，而以克己复礼为仁者，岂非视、听、言、动一有非礼，则不足以尽克己之道乎?因尝求其说而谓不能复礼以得夫仁。及读<u>西铭</u>，始见仁之道若是其大，而<u>龟山</u>始有兼爱之疑。<u>伊川</u>辨之曰‘<u>西铭</u>明理一而分殊，分立而推理一，以止私胜之流，仁之方也’，于是知圣人之仁，盖未尝以仁而违其分也。及读<u>外书</u>有曰‘不能克己是为<u>杨氏</u>之为我，不能复礼是为<u>墨氏</u>之兼爱。故曰“亲亲而仁民，仁民而爱物”’，则所谓复礼为仁，其不为<u>墨氏</u>兼爱之仁乎?不知是否?”先生曰:“‘克己复礼’只是一事。<u>外书</u>所载殊觉支离，此必记录之误。向来所以别为一编而目之曰‘外书’者，盖多类此故也。<u>伊川</u>尝曰‘非礼处便是私意，既是私意，如何得仁?须是克尽己私、皆归于礼，方始是仁’，此说（是）〔最〕为的确。”<u>谟</u>。

○ 问:“‘天下归仁焉’，如何?”曰:“只是天下以仁称之。”又问:“<u>谢</u>说如何?”曰:“只是他见得如此。大抵<u>谢</u>与<u>范</u>只管就见处，却不若行上做工夫。只管扛，扛得大，下梢直是没着处。如夫子告<u>颜子</u>‘非礼勿视听言动’，只是行上做工夫。”<u>祖道</u>。

○ 圣人只说做仁，如“克己复礼为仁”，是做得这个模样便是仁。

上蔡却说"知仁"、"识仁",煞有病。_节。

○ 问:"'一日克己,天下归仁',若是圣人固无可克,其余则虽是大贤亦须是着工夫,如何一日之间便能如此?(到)〔虽〕颜子亦须从事于四勿。"先生曰:"若是果能'克己复礼'了,自然能如此,吕氏曰'一日有是心,则一日有是德'。"_广。

○ 因问"一日克己复礼",先生曰:"吕氏说得两句最好,云'一日有是心,则一日有是德',盖一日真个能克己复礼,则天下之人须道我这个是仁始得。若一日之内事事皆仁,安得天下不以仁归之!"_雉。

○ 包详道言克去胜心、忌心。先生曰:"克己有两义,物物亦是己,私欲亦是己。吕与叔作克己铭只说得一边。"_{方子}。

○ 问:"克己铭只说得公底意思?"曰:"克己铭不曾说着本意。扬子云曰'胜己之私之谓克','克'字本虚,如何专以'胜己之私'为训?'郑伯克段于鄢',岂(不)〔亦〕胜己之私耶?"_{闳祖}。

○ 问:"向见或问深论克己铭之非,敢问何谓也?"曰:"'克己'之'(克)〔己〕'未是对人物言,只是对'公'字说,犹曰私耳。吕与叔极口称扬,遂以'己既不立,物我并观,则虽天下之大,莫不皆在于吾仁之中'。说得来恁大,故人皆喜其快,才不恁说便不满意,殊不知未是如此。"道夫云:"如此,则与叔之意与下文克己之目全不干涉。此自是自修之事,未是道着外面在。"先生曰:"须是恁地思之。公且道,视听言动干人甚事!"又问"天下归仁"。先生曰:"'克己复礼'则事事皆是,天下之人闻之见之,莫不皆与其为仁也。"又曰:"有几处被前辈说得来大,今收拾不得。谓如'君子所过者化',本只言君子所居而人自化；‘所存者神’，本只言所存主处便神妙。横渠却云‘性性为能存神，物物为能过化’，至上蔡便道‘唯能“所存者神”，是以“所过者化”’。此等言语，人皆烂熟，以为必须如此说，才不如此说便不快意矣。”道夫。

○ 林正卿问“天下归仁”。曰：“‘痒疴疾痛，举切吾身。’只是存想‘天下归仁’，恁地则不须克己，只坐〔定〕存想月十日便自‘天下归仁’，欧阳录止此。岂有此理！”时举问：“程先生曰‘事事皆仁，故曰“天下归仁”’，是如何？”曰：“‘事事皆仁’，所以‘天下归仁’。于这事做得恁地，于那事亦做得恁地，所以天下皆称其仁。若有一处做得不是，必被人看破了。”时举。

朱子语类卷第四十二
论语二十四

颜渊篇下

仲弓问仁章

○ <u>文振</u>说"仲弓问仁",谓"上四句是主敬行恕,下两句是以效言。"曰:"此六句又须作一片看始得。若只以下两句作效验说,却几乎是闲了这两句。盖内外无怨是个应处,到这里方是充足饱满。如上章说'天下归仁'亦是如此。盖天下或有一人不许以仁,便是我为仁之工夫有所未至。惟如此看,方见'出门'、'使民'两句,便缀个'己所不欲,勿施于人'底两句,这两句又便缀着个'无怨'底两句,上下贯通,都无亏欠,方始见得圣人告<u>颜渊</u>、<u>仲弓</u>之问仁规模尤大。只依此做工夫,更不容别闲用心矣。"<u>时举</u>。<u>植</u>同。

○ "'己所不欲,勿施于人',紧接着那'出门'、'使民';'在邦无怨,在家无怨',紧接着那'己所不欲,勿施于人'。直到这里,道理方透彻,似一片水流注出来到这里方住,中间也间断不得。效验到这处方是做得透彻,充足饱满,极道体之全而无亏欠。外内间才有一人怨它便是未彻,便如'天下归仁'底才有一个不归仁,便是有未到处。"又云："内外无怨便是应处，如关雎之仁，则有麟趾之应；鹊巢之仁，则有驺虞之应。问仁者甚多，只答颜子、仲弓底说得来大。"又曰："颜子天资明，便能于几微之间断制得天理人欲了。"植。

○ 或问"推己及物之谓恕"。曰："'推己及物'便是'己所不欲，勿施于人'，然工夫却在前面。'出门如见大宾，使民如承大祭'，须是先立个敬，然后能行其恕。"或问："未出门、使民之前，更有工夫否？"曰："未出门、使民之时只是如此。惟是到出门、使民时易得走失，故愈着用力也。"时举。

○ 先生言："自塘石归，有一同人问：'"己所不欲，勿施于人"为恕。且如刑人杀人之事，己亦不欲，到其时为之则伤恕。'如何？"可学云："但观其事之当理，则不欲变为欲。"曰："设如人自犯罪至于死刑，到刑时其心欲否？"诸友皆无以答。曰："此当合'忠'字看。忠者，尽己之谓。若看得己实有是罪，则外虽不欲而亦知其当罪，到此则'不欲'字使不着。若不看'忠'字，只用一'恕'字，则似此等事放不过，必流而为姑息。张子韶解中庸云'以己之难克而知天下皆可恕之人'，因我不会做，皆使天下之人不做，如此则相为懈怠而已。此言最害理！"可学。

○ 问"在家无怨，在邦无怨"。曰："此以效验言。若是主敬行恕，而在家在邦皆不能无怨，则所谓'敬恕'者未是敬恕。"问："怨有是有非，如何都得他无怨？"曰："此且说怨得是底，未说到不是底。"雉。

○ 问："'在邦无怨，在家无怨'，或以为其怨在己，或以为其怨在人。"曰："若以为己自无怨，却有甚义理？此言能以敬为主而行之恕，则人自不怨也。人不我怨，此仁之效。如孔子告颜渊克己，则言

'天下归仁'；告仲弓以'己所不欲，勿施于人'，则言'在邦无怨，在家无怨'。此皆以效言，特其效有小大之异耳。"祖道。谟同。

○ 希逊问夫子答颜子、仲弓问仁之异。曰："此是各就它资质上说。然持敬行恕便自能克己，克己便自能持敬行恕，不必大段去分别也。"时举。

○ "一日克己复礼"，是刚健勇决，一上便做了。若所以告仲弓者，是教他平稳做去，慢慢地消磨了。譬如服药，克己者要一服便见效；敬恕者却渐渐服药，磨去其病也。人杰。

○ 持敬行恕，若是着力去做，然亦与"克己复礼"只一般。盖是把这个养去那私意，私意自是着不得。"出门如见大宾，使民如承大祭"，也着那私意不得；"己所不欲，勿施于人"，也着那私意不得。义刚。

○ 问："克己工夫与主敬行恕如何？"曰："'克己复礼'是截然分别个天理人欲，是则行之，非则去之。敬恕则犹是保养在这里，未能保它无人欲在。若将来保养得至，亦全是天理矣。'克己复礼'如拨乱反正，主敬行恕如持盈守成，二者自相优劣。"雉。

○ "'克己复礼'如内修政事、外攘夷狄，'出门'、'使民'如'上策莫如自治'。"问："程先生说：'学，质美者明得尽，查滓便浑化；其次惟庄敬持养。及其成功，一也。'此可以分颜子、仲弓否？"曰："不必如此说。"贺孙。

○ 问朱飞卿："读书何所疑？"答云："读论语所疑已录。"呈。先生曰："且举大疑处。"答云："论语切要处在言仁。言仁处多，某未识门路。日用至亲切处觉在告颜子一章。答仲弓又却别。集注云'仲弓未及颜子，故特告以操存之要'，不知告颜子者亦只是操存否?"曰："这须子细玩味，所告二人气象自不同。"顾问贺孙："前夜曾如何说?"贺孙举先生云："告仲弓底是防贼工夫，告颜渊底是杀贼工夫。"飞卿问："如何?"曰："且子细看，大意是如此。告颜子底意思是本领已自坚固了，未免有些私意，须一向克除教尽。告仲弓底意思是本领未甚周备，只是教他防捍疆土，为自守之计。"贺孙。

○ 李时可问："仲弓问仁，孔子告之以'出门如见大宾，使民如承大祭。己所不欲，勿施于人'。伊川只说作敬，先生便说'敬以持己，恕以及物'。看来须如此说方全。"曰："程子不是就经上说，是偶然摘此两句，所以只说做敬。"又问："伊川曰：'孔子言仁，只说"出门如见大宾，使民如承大祭"，观其气象，便须"心广体胖"，"动容周旋中礼"自然。'看来孔子方是教仲弓就敬上下工夫，若是言仁，亦未到得这处。"曰："程子也不是就经上说。公今不消得恁地看，但且就他这二句上看其气象是如何。"又问："孔子告颜子以'克己复礼为仁'，若不是敬也，如何克得己、复得礼?"曰："不必如此说。圣人说话随人浅深。克己工夫较难，出门、使民较易。然工夫到后只一般，所谓'敬则无己可克'也。"贺孙。

○ 或问伊川云："孔子言仁，只说'出门如见大宾，使民如承大祭'，观其气象，便须'心广体胖'，'动容周旋中礼'，惟谨独便是守之之法。"曰："亦须先见得个意思，方谨独以守之。"又曰："此前面说敬而不见得。此便是见得底意思，便是见得敬之气象功效恁地。若不见得，即黑淬淬地守一个敬也不济事。"贺孙。

○ 伊川答或人未出门、使民以前之说。或问："未出门、使民时如何？"曰："此'俨若思'时也。"固是好，足以明圣人之说，见得前面有一段工夫。但当初正不消恁地答他，却与他说："今且就出门、使民时做去。"若是出门、使民时果能如见大宾、承大祭，则未出门、使民时自住不得。寓。

○ 〔袁子节〕问："'克己复礼'何以谓之乾道？'主敬行恕'何以谓之坤道？"曰："乾道奋发而有为，坤道静重而持守。"〔一作"有守"。〕时举。

○ 问"'克己复礼'，乾道也；'主敬行恕'，坤道也"。先生曰："乾道奋发有力，坤道静重持守。"因举易乾卦"忠信，所以进德也；修辞立其诚，所以居业也"，坤卦"敬以直内，义以方外"。又曰："仲弓与颜子各就其资质而教之，下工夫无甚相远，不用大段分别。"希逊。

○ 问"克己，乾道；主敬，坤道"。曰："坤是个无头底，其繇辞曰'利牝马之贞，先迷后得'。乾爻皆变而之坤，其辞曰'见群龙无首，吉'。乾便从知处说起，故云'知至至之，知终终之'。坤只是从持守处说，故云'敬以直内，义以方外'。'克己复礼'也是有知底工夫在前，主敬行恕只是据见定依本分做（得）〔将〕去。或说仲弓〔胜似〕颜渊，谓'出门如见大宾，使民如承大祭'，胜如克己底费脚手。然而颜子譬如创业底，仲弓是守成底。颜子极聪明警悟，仲弓尽和粹。"夔孙。

○ 林安卿问："克己复礼工夫全在'克'字上，盖都是就发动处克将去，必因有动而后天理、人欲之机始分，方知所决择而用力也。"曰："若如此，则未动已前不消得用力，只消动处用力便得。如此得否？且更子细看。"次早问："看得如何？"林举注中程子所言"'克己复礼'乾道，'主敬行恕'坤道"为对。曰："这个也只是微有些如此分。若论敬，则自是彻头彻尾要底。如公昨夜之说，只是发动方用克，则未发时不成只在这里打瞌睡蒙懂，坐等有私欲来时旋捉来克！如此得否？"又曰："若待发见而后克，不亦晚乎！发时固是用克，未发时也须致其精明，如烈火之不可犯始得。"<u>僴</u>。

○　子升问："'"克己复礼"，乾道也'，此莫是知至已后工夫否？"曰："也不必如此说。只见得一事，且就一事上克去，便是克己，终不成说道我知未至，便未下工夫！若以<u>大学</u>之序言之，诚意固在知至之后，然亦须随事修为，终不成说道知未至便不用诚意、正心！但知至已后，自不待勉强耳。"<u>木之</u>。

○　问："先生谓'"克己复礼"，乾道也；主敬行恕，坤道也'，如何？"曰："<u>仲弓</u>资质温粹，<u>颜子</u>资质刚明。'克己复礼，天下归仁。为仁由己，而由人乎哉'，<u>颜子</u>之于仁，刚健果决，如天旋地转，雷动风行做将去；<u>仲弓</u>则敛藏严谨做将去。<u>颜子</u>如创业之君，<u>仲弓</u>如守成之君。<u>颜子</u>如<u>汉高祖</u>，<u>仲弓</u>如<u>汉文帝</u>。<u>伊川</u>曰：'质美者明得尽，查滓便浑化，却与天地同体。其次惟庄敬以持养之。'<u>颜子</u>则是明得尽者也，<u>仲弓</u>则是庄敬以持养之者也，及其成功一也。"潜夫曰："旧曾闻先生说：'<u>颜冉</u>二子之于仁，譬如捉贼：<u>颜子</u>便赤手擒那贼出；<u>仲弓</u>则先去外面关防，然后方敢下手去捉他。'"<u>广</u>。

○　"'克己复礼'，乾道也"，是一般药，打叠了病者。"'主敬行恕'，坤道也"，是渐服药，消磨了病者。<u>元秉</u>。

○　问："<u>颜子</u>问仁与<u>仲弓</u>问仁处看来，<u>仲弓</u>才贤胜似<u>颜子</u>。"曰："<u>陆子静</u>向来也道<u>仲弓</u>胜似<u>颜子</u>，然却不是。盖'克己复礼'，乾道也，是吃一服药便效。主敬行恕，坤道也，是服药调护，渐渐消磨去。公看颜子大小大力量，一‘克己复礼’便了！仲弓只是循循做将去底，如何有颜子之勇！祖道云：“虽是如此，然仲弓好做中人一个准绳。至如颜子，学者力量打不到，不如且学仲弓。”先生曰：“不可如此立志，推第一等与别人做。颜子虽是勇，然其着力下手处也可做。”因举释氏云，有一屠者放下屠刀立地成佛底事。或曰：“如‘不迁、不贰’，却是学者难做底。”曰：“重处不在怒与过，只在‘迁’与‘贰’字上看。今不必论怒与过之大小，只看‘不迁、不贰’是甚模样。”又云：“贰，不是一二之‘二’，是长贰之‘贰’。盖一个边又添一个，此谓之贰。”又问：“‘守之也，非化之也’，如何？”曰：“圣人则却无这个，颜子则泛于迁贰与不迁贰之间。”又问：“先生适说，‘克己复礼’是吃一服药便效，可以着力下手处。更望力为开发。”曰：“非礼勿视、勿听、勿言、勿动处便是克己。盖人只有天理人欲，日间行住坐卧无不有此二者，但须自当省察。譬如‘坐如尸，立如斋’，此是天理当如此。若坐欲纵肆，立欲跛倚，此是人欲了。至如一语一默、一饮一食，尽是也。其去复礼只争这些子。所以礼谓之‘天理之节文’者，盖天下皆有当然之理，今复礼便是天理，但此理无形无影，故作此礼文，画出一个天理与人看，教有规矩可以凭据，故谓之‘天理之节文’。有君臣便有事君底节文，有父子便有事父底节文，夫妇、长幼、朋友莫不皆然，其实皆天理也。天理人欲，其间甚微。于其发处子细认取那个是天理，那个是人欲。知其为天理便知其为人欲，既知其为人欲则人欲便不行。譬如路然，一条上去，一条下去，一条上下之间。知上底是路便行，下底差了便不行。此其所操岂不甚约，言之岂不甚易！却是行之甚难。学者且恁地做将去，久久自然安泰。人既不随私意，则此理是本来自有底物，但为后来添得人欲一段。如‘孩提之童无不知爱其亲，及长无不知敬其兄’，岂不是本来底？却是后来人欲肆时，孝敬之心便失了。然而岂真失了？于静处一思念道，我今日于父兄面上孝敬之心颇亏，则此本来底心便复了也。只于此处牢把定，其功积久，便不可及。”祖道。

○ 问:"孔子答颜渊、仲弓问仁处,旨同否?"曰:"二处不争多,大概也相似。只答颜子处是就心上说,工夫较深密,为难。"问:"二条在学者则当并行不悖否?"曰:"皆当如此做。当'克己'则须'克己',当'出门如见大宾'则须'出门如见大宾'。'克己复礼',不是克己了又复礼,只克去己私便是理。有是有非,只去了非便是那是。所以孔子只说非礼勿视听言动,只克去那非便是礼。"曰:"吕铭'痒痾疾痛,皆切吾身'句是否?"曰:"也说得是。只是不合将己对物说,一篇意都要大同于物。克己只是克这个,孔子当初本意只是克自己私欲。"淳。

○ 伯羽问:"持敬、克己工夫相资相成否乎?"曰:"做处则一,但孔子告颜子、仲弓,随他气质地位而告之耳。若不敬则此心散漫,何以能克己?若不克己,非礼而视、听、言、动,安能为敬?"仲思问:"'敬则无己可克',如何?"曰:"郑子上以书问此。"因示郑书,曰:"说得也好。"郑书云:"孔子惟颜子、仲弓,实告之以为仁之事,余皆因其人而进之。颜子地位高,担当得克己矣,故以此告之。仲弓未至此,姑告以操存之方、涵养之要。克己之功难为而至仁也易,敬恕之功易操而至仁也难,其成功则一,故程子云'敬则无己可克'是也。但学者为仁,如谢氏云'须于性偏处胜之',亦不可缓。特不能如颜子深于天理人欲之际便可至仁耳,非只敬恕而不克己也。"又曰:"郑言学者克己处亦好。大抵告颜子底便体用全〔似〕仲弓底,若后人看不透便只倒归里去,做仲弓底了,依旧用做颜子底。克己,乾道也;敬恕,坤道也。'忠信进德','修辞立诚',表里通彻,无一毫之不实,何更用直内?坤卦且恁地守。颜子如将百万之兵,操纵在我,拱揖指挥如意。仲弓且守本分。敬之至固无己可克;克己之至,亦不消言敬矣。所谓'敬则无己可克'者,无所不敬,故不用克己。此是大敬,如'圣敬日跻'、'於缉熙敬止'之'敬'也。"伯羽。道夫录同。

○ 螢问"仲弓问仁"。曰:"能敬能恕则仁在其中。"问:"吕氏之说却是仁在外?"曰:"说得未是。"又问:"只用敬否?"曰:"世有敬而不能恕底人,便只理会自守,却无温厚爱人之气象。若恕而无敬,则无以行其恕。"问:"‘在家无怨,在邦无怨’,诸说不同。"曰:"觉得语脉不是。"又问:"伊川谓怨在己,却是自家心中之怨?"曰:"只是处己既能敬,而接人又能恕,自然是在邦国、在家人皆无得而怨之。此是为仁之验,便如‘天下归仁’处一般。"<u>螢</u>。

○ 又曰:"如何说得做在己之怨?圣人言语只要平看。儒者缘要切己,故在外者多拽入来做内说,在身上者又拽来就心上说。"<u>必大</u>。

仁者其言也讱章

○ "仁者其言也讱",这是<u>司马牛</u>身上一病。去得此病,则方好将息充养耳。<u>道夫</u>。

○ 问:"<u>颜子</u>、仲弓、<u>司马牛</u>问仁,虽若各不同,然克己工夫也是主敬,‘其言也讱’也是主敬。"曰:"<u>司马牛</u>如何做得<u>颜子</u>、仲弓底工夫?须是逐人自理会。仁譬之屋,克己是大门,打透便入来;主敬行恕是第二门;言讱是个小门。虽皆可通,然小门更迂回得些,是它病在这里。如‘先难后获’,亦是随它病处说。"<u>铢</u>。

○ "为之难,言之得无讱乎",盖心存则自是不敢胡乱说话。人只看说话容易底便是心放了,是实未尝为之也。人到得那少说话时,也自是那心细了。<u>僩</u>。

○ 或问"仁者其言也讱"。曰:"仁者常存此心,所以难其言。不

仁者已不识痛痒，得说便说，如人梦寐中谵语，岂复知是非善恶！〔寓。〕

○ 宜久问"仁者其言也讱"。曰："仁者心常醒在。见个事来便知道须要做得合个道理，不可轻易；便是知得道'为之难'，故自不敢轻言。若不仁底人，心常如瞌睡底相似，都不见个事理，便天来大事，也敢轻轻做一两句说了。"时举。植同。

○ 仲蔚问："'仁者其言也讱'只是'讱于言'意思否？"曰："'讱于言而敏于行'，是怕人说得多后，行不逮其言也。'切'，是说持守得那心定后，说出来自是有斟酌，恰似肚里先商量了方说底模样。而今人只是信口说，方说时它心里也自不知得。"义刚。

○ 问："圣人答司马牛'其言讱'，此句通上下言否？"曰："就他身上说得又较亲切。人谨得言语不妄发即求仁之端，此心不放便存得道理在这里。"寓。淳同。

○ 仁者之人，言自然切在，学仁者则当自谨言语中以操持此心。且如而今人爱胡乱说话、轻易言语者，是他此心不在，奔驰四出，如何有仁！明作。

司马牛问君子章

○ "不忧不惧"，司马牛将谓是块然顽然，不必忧惧。不知夫子自说"内省不疚"，自然忧惧不来。〔明作。〕

○ 为学须先寻得一个路径，然后可以进步，可以观书。不然则书自书、人自人。且如孔子说"内省不疚，夫何忧何惧"，须观所以"不忧不惧"由"内省不疚"，学者又须观所以"内省不疚"如何得来。可学。

人皆有兄弟章

○　问"敬而无失"。曰："把捉不定便是失。"雄。

○　"死生有命"是合下禀得已定，而今着力不得。"富贵在天"是你着力不得。㒄。

○　"富贵在天"非我所与，如自有一人为之主宰然。升卿。

○　淳问："'四海皆兄弟'，胡氏谓'意圆语滞'，以其近于二本否？"曰："子夏当初之意，只谓在我者'敬而无失'，与人又'恭而有礼'，如此则四海之内皆亲爱之，何患乎无兄弟！要去开广司马牛之意。只不合下个'皆兄弟'字，便成无差等了。"淳。

○　或言："司马牛所忧，人当兄弟如此，也是处不得。"曰："只是如子夏说'敬而无失，与人恭而有礼'。若大段着力不得也不奈何。若未然底可谏尚可着力，做了时也不奈何得。"明作。

子张问明章

○　问："浸润、肤受之说，想得子张是个过高底资质，于此等处有不察，故夫子语之否？"曰："然。"广。

○ 或问："'肤受之愬'，'切近灾也'。若他父兄有急难，其事不可缓，来愬时便用周他。若待我审究得实，已失事了。此意如何？"曰："不然。所以说'明'又说'远'，须是眼里识个真伪始得。若不识个真伪，安得谓之明远！这里自有道理，见得过他真伪，却来瞒我不得。譬识药材，或人将那假药来卖，我识得过，任他说千言万语，我既见破伪了，看如何说也不买。此所以谓之明远，只是这些子。"<u>明作</u>。

○ 苏氏谓："潛愬之言，常行于偏暗而隘迫者，盖一有所闻而以忿心应之也。明且远者虚以察之，则不旋踵而得其情矣。"此说亦中。不明不远者之病，学者所当深戒。

子（夏）〔贡〕问政章

○ <u>文振</u>问"足食、足兵，民信之矣"。答曰："看来此只是因足食、足兵而后民信，本是两项事，子贡却做三项事认了。'信'字便是在人心不容变底事也。"<u>时举</u>。

○ 问："'民无信不立'是民自不立，是国不可立？"曰："是民自不立，民不立则国亦不能以有立矣。"问："民如何是不立？"曰："有信则相守而死。无信则相欺相诈，臣弃其君，子弃其父，各自求生路去。"<u>淳</u>。

棘子成曰君子质而已矣

○ 问："'惜乎！夫子之说君子也'，古注只作一句说，先生作两句说，如何？”曰：“若作一句说，则‘惜乎’二字无着落。”广。

○　问：“‘文犹质也，质犹文也；虎豹之鞟，犹犬羊之鞟。’如何以文观人？”曰：“无世间许多礼法，如何辨得君子小人？如老庄之徒绝灭礼法，则都打个没理会去。但子贡之言似少些差别耳，如孔子说‘礼与其奢也宁俭’、‘与其不逊也宁固’，便说得好。”雉。

○　棘子成全说质固未尽善，子贡全说文以矫子成又错。若虎皮、羊皮，虽除了毛，毕竟自别，事体不同。使一个君子与一个屠贩之人相对坐，并不以文见，毕竟两人好恶自别。大率固不可无文，亦当以质为本，如“宁俭”、“宁戚”之意。明作。

○　夫子言“文质彬彬”自然亭当恰好，不少了些子意思。若子贡“文犹质，质犹文”，便说得偏了。端蒙。

年饥用不足章

○　问“百姓足，君孰与不足”。曰：“‘未有府库，财非其财者也。’百姓既足，不成坐视其君不足？亦无此理。盖‘有人斯有土，有土斯有财’。若百姓不足，君虽厚敛，亦不济事。”（雉）〔稚〕。

○　或问有若对哀公“盍彻乎”之说。曰：“今之州郡尽是于正法之外，非（泛）〔法〕诛取。且如州郡倍契一项钱，此是何名色！然而州县无这个便做不行。当初经、总制钱本是朝廷去赖取百姓底，州郡又去瞒经、总制钱，都不成模样。然不如此，又便做不（成）〔行〕。”或曰：“今州郡有三项请受最可畏，宗室、归正、添差使臣也。”曰：“然。

归正人今却渐少。宗室则日盛，可畏。小使臣犹不见得，更有那班里换受底大使臣，这个最可畏，每人一月自用四五百千结裹它！"㑉。

子张问崇德辨惑章

○ 问"主忠信，徙义"。曰："'主忠信'者，每事须要得忠信。且如一句话不忠信，便是当得没这事了。'主'字须重看，唤做'主'是要将这个做主。'徙义'是自家一事未合义，迁徙去那义上；见得又未甚合义，须是更徙去，令都合义。'主忠信'，且先有本领了方'徙义'去，恁地便德会崇。若不先'主忠信'即空了，徙去甚处？如何会崇？'主忠信'而不'徙义'，却又固执。"植。

○ "主忠信"是剳脚处，"徙义"是进步处，渐渐进去，则德自崇矣。可学。

○ 问："易只言'忠信所以进德'，而孔子答子张崇德之问又及于'徙义'者，是使学者于所存、所行处两下都做工夫否？"曰："忠信是个基本，'徙义'又是进处。无基本，徙进不得；有基本矣，不'徙义'亦无缘得进。"广。

○ 问："子张问'崇德'、'辨惑'，孔子既答之矣，末又引'我行其野'之诗以结之。'诚不以富，亦祇以异。'伊川言：'此二句当冠之"齐景公有马千驷"之上，后之传者因齐景公问政而误之耳。'至范氏则以为人之成德不以富，亦祇以行异于野人而已。此二说如何？"曰："如范氏说则是牵合。如伊川说则是以'富'言'千驷'、'异'言夷齐也。今只得如此说。"谟。

齐景公问政章

○ 问：“‘齐景公问政’与‘待孔子’二章，想是一时说话。观此两段，见得景公是个年老志衰、苟且度日、不复有远虑底人。”曰：“景公平日自是个无能为底人，不待老也。”广。

○ 问：“齐景公问政，孔子告以‘君君，臣臣，父父，子子’。然当时陈氏厚施于国，根株盘据如此。政使孔子为政，而欲正其君臣父子，当于何处下手？”曰：“此便是难。据晏子之说，则曰‘（为）〔惟〕礼可以已其乱’，然当时举国之人皆欲得陈氏之所谋成，岂晏子之所谓礼者可得而已之！然此岂一朝一夕之故？盖其失在初，履霜而至坚冰，亦末如之何也已。如孔子相鲁，欲堕三家，至成则为孟氏所觉，遂不可堕。要之，三家孟氏最弱，季叔为强。强者堕之，而弱者反不可堕者，强者不觉而弱者觉之故也。”问：“成既不可堕，夫子如何别无处置了便休？”曰：“不久夫子亦去鲁矣。若使圣人久为之，亦须别有个道理。”广。

子路无宿诺章

○ 问“子路无宿诺”。曰：“子路许了人便与人去做这事，不似今人许了人，却掉放一壁不管。”雉。

居之无倦章

○ 亚夫问“居之无倦，行之以忠”。曰：“‘居之无倦’在心上说，

'行之以忠'在事上说。'居之无倦'者便是要此心长在做主，不可放倒，便事事都应得去。'行之以忠'者是事事要着实，故某集注下云'以忠则表里如一'，谓心里要如此者便外面也如此，事事靠实去做也。"时举。

○ 亚夫问："'居谓存诸心，无倦谓始终如一。行谓施诸事，以忠谓表里如一'，此固分明。然（不知）行固是行其所居，但不知居是居个甚物事？"答曰："常常恁地提省在这里，若有顷刻放倒便不得。"贺孙。

○ 又曰："子张是个有锐气底人。它初头乘些锐气去做，少间做到下梢，多无杀合，且又不朴实，故告之以此，欲其尽心力也。"焘。

○ 贺孙问"居之无倦，行之以忠"。曰："若是有头无尾底人，便是忠也不久，所以孔子先将个'无倦'逼截它。"贺孙。

君子博学于文章无

君子成人之美章

○ 问："'君子成人之美，不成人之恶'，'成'字如何？"曰："'成'字只是'欲'字。"壁。

季康子问政于孔子章无

季康子患盗章

○ 问："'季康子患盗，问于孔子，孔子对曰"苟子之不欲，虽赏之不窃"'，杨氏谓'欲民之不为盗，在不欲而已'，谢氏谓'反身以善俗'，此与杨相类。独横渠以谓：'欲生于不足则民盗，能使无欲则民自不为盗。假设以子不欲之物，赏子使窃，子必不窃，故为政在乎足民，使无所欲而已。'横渠之说则是孔子当面以季康子比盗矣。孔子于季康子虽不纯于为臣，要之孔子必不面斥之如此，圣人气象恐不若是。如杨氏所说，只是责季康子之贪，然气象和平，不如此之峻厉。今欲且从杨说，如何？"先生曰："然。"谟。

如杀无道以就有道章

○ 或问"子为政，焉用杀"。先生曰："尹氏谓'杀之为言，岂为人上之语哉'，此语固好。然圣人只说'焉用杀'三字，自是不用解了。盖上之人为政欲善则民皆善，自是何用杀。圣人之言混成如此。"时举。

子张问士何如斯可谓之达章

○ 问："'子张问何如斯可谓之达矣'，'达'字之义。"曰："此是闻达之'达'，非明达之'达'。但闻只是求闻于人，达却有实，实方能达。"壆。

○ 问"何如斯可谓之达"。曰："行得无窒碍谓之'达'。'在家必达，在邦必达'，事君则得乎君，治民则得乎民，事亲则孝，事长则弟，无所不达。"〔植录云："如事亲则得乎亲、事君则得乎君之类。"〕又曰："'色取仁而行违，居之不疑'，正是指<u>子张</u>病痛处。"<u>希逊</u>。<u>时举</u>、<u>植</u>录并同。

○　<u>周</u>问闻、达之别。曰："达是退一步，闻是近前一步做底。退一步底卑逊笃实，不求人知，一旦工夫至到，却自然会达。闻是近前一步做，惟恐人不知，故矜张夸大，一时若可喜，其实无足取者。"<u>雉</u>。

○　"质直而好义"，便有个触突人底意思。到得"察言观色，虑以下人"，便又和顺低细，不至触突人矣。"虑"谓思之详审，常常如此思虑，恐有所不觉知也。圣人言语都如此周遍详密。<u>僩</u>。

○　问："'察言观色'，想是<u>子张</u>躐等为大贤'于人何所不容'之事，于人不辨别邪正与贤不肖，故夫子言此以箴之。"曰："<u>子张</u>则是做大底意思包他。"又有问："'堂堂乎<u>张</u>也'，它是有个忽略底意思？"曰："他做个大底意思包了，便是忽略。"<u>希逊</u>。<u>时举</u>同。

○　又问"察言而观色"。先生曰："此是实要做工夫。盖察人之言，观人之色，乃是要验吾之言是与不是。今有人自任己意说将去，更不看人之意是信受它，还不信受它。如此则只是自高，更不能谦下于人实去做工夫也。大抵人之为学，须是自低下做将去，才自高了便不济事。"<u>时举</u>。

○　说"色取仁而行违"，"这是占外面地位阔了，里面填不足"。<u>植</u>。

○　"质"是质实，"直"又自是一字。"质"就性资上说，"直"渐就事上说。到得好义，又多在事上。"直"固是一直做去，然至于好义则事事区处要得其宜。这一项都是详细收敛工夫。如"色取仁而行违，居之不疑"，这只是粗谩将去。世上有此等人专以大意气加人。子张平日是这般人，故孔子正救其病。此章大意不出一个是名、一个是实。贺孙。

　　○　问："孔门学者，如子张全然务外，不知当初如何地学？却如此。"曰："也干它学甚事？它在圣门亦岂不晓得为学之要？只是它资质是个务外底人，所以终身只是这意思。子路是个好勇底人，终身只是说出那勇底话。而今学者闲时都会说道理当如何，只是临事时依前只是他那本来底面目出来，都不如那闲时所说者。"僩。

　　○　问："子张以闻为达，伊川以为明达之'达'，上蔡以为令闻四达之'达'，尹氏以为'充于内而发于外为达'。三说如何？"曰："此所谓达者，只是言所行要无窒碍。如事君必得乎上，治民必得乎下，而无所不行，无所不通，与子张问行大抵相似。吕氏谓'德孚于人者必达，矫行求名者必闻'，此说却是好。"谟。

　　○　杨问："'质直而好义'，质直是质性之直，或作两件说？"曰："质与直是两件。""'察言观色'，龟山说'察言故不失口于人，观色故不失色于人'，如何？"曰："自家色如何观得？只是察人言，观人色。若照管不及，未必不以辞气加人。此只做自家工夫，不要人知。既有工夫，以之事亲则得乎亲，以之事君则得乎君，以之交朋友而朋友信，'虽蛮貊之邦行矣'。此是在邦、在家必达之理。子张只去闻处着力，圣人此语正中其膏肓。'质直好义'等处专是就实，'色取仁而行违'专是从虚。"〔寓。〕

○ 骧问："'质直而好义'，尹和靖谓'立志质直'，如何?"曰："这个莫不须说立志质直，但只是无华伪。质是朴实，直是无遍曲，而所行又合宜。观人之言而察人之色，审于接物，虑以下人，只是一个谦，如此便做得去。达是做得去。"又问："仁如何以颜色取?"曰："此处与前说相反，只是颜色做仁者举止，而所行又却不如此。此恐是就子张身上说。"道夫。

樊迟问崇德辨惑章

○ 问："如何'先事后得'便可以崇德?"曰："人只有这一个心，不通着两个物事。若一心做事，又有一个求得之心，便于这上不专，如何有积累之功? 这一条心路只在一直去，更无它歧，才分成两边便不得。且如今做一事，一心在彼，一心在此做，一心又去计较功劳，这一件事定是不到头，不十分精致。若是做一事只是做一事，要做这个又要做那个，便自不得。虽二者皆出于善，也只不得，况于不善者乎!"贺孙。

○ 陈希真问"先事后得，非崇德与"。先生曰："今人做事未论此事当做不（常）〔当〕做，且先计校此事有甚功效。既有计校之心，便是专为利而做，不复知事之当为矣。德者，理之得于吾心者也。凡人若能知所当为而无为利之心，这意思便〔自高远。才为些小利害，讨些小便宜，这意思便卑下了。所谓崇者，谓德〕自此而愈高起也。"时举。

○ 又问"先事后得"。曰："但做自家合做底事，不必望他功效。今做一件好事便望它功效，则心便两歧了。非惟是功效不见，连那所做底事都坏了。而今一向做将去，不望他功效，则德何缘不崇!"时举。希逊录同。

○ 论"先事后得"。曰:"正如韩信背水阵,都忘了反顾之心,战必胜矣。不可为二心,一心在事则德自崇矣。"可学。

○ "攻其恶,无攻人之恶。"须是截断了外面它人过恶,只去自检点,方能自攻其恶。若才去检点它人,自家这里便疏,心便粗了。僩。

○ 问:"子张樊迟'崇德'、'辨惑'之问,何故答之不同?"曰:"子张是矜张不实底人,故夫子于崇德则告之以'主忠信,徙义',欲收敛着实做工夫。常人之情,好人、恶人只是好之、恶之而已,未至于必欲其生、必欲其死处。必是子张平日于喜怒之间用心过当,故又告之以此。樊迟为人虽无所考,以学稼、学圃及夫子答问观之,必是个鄙俗粗暴底人,故夫子告之以'先难后获',此又以'先事后得'告之。盖鄙俗则有近利之意,粗暴则有一朝之忿忘其身之患,皆因其失而救之也。"雉。

樊迟问仁知章

○ 樊迟问仁、问知所未达者,盖爱人且是泛爱,知人则有所择,二者相反,故疑之。夫子曰"举直错诸枉,能使枉者直","能使枉者直"便是仁。樊迟误认二句只是智,故见子夏而问之,张子曰:"既问诸师,又辨诸友,当是时,学者之务实也如是。"子夏遂言之。至于"不仁者远",然后仁、知之义皆备。德明。

○ 或问:"爱人者,仁之用;知人者,智之用。孔子何故不以仁智之体告之?乃独举其用以为说。莫是仁、知之体难言,而樊迟未足以当之,姑举其用使自思其体?"曰:"'体'与'用'虽是二字,本未尝相离，用即体之所以流行。"_{贺孙}。

○ 每常说："仁、知，一个是慈爱，一个是辨别，各自向一路。惟是'举直错诸枉，能使枉者直'，方见得仁知合一处，仁里面有知，知里面有仁。"_侗。

○ 文振说"樊迟问仁，曰'爱人'"一节。先生曰："爱人、知人是仁、知之用。圣人何故但以仁、知之用告樊迟，却不告之以仁、知之体?"文振云："圣人说用则体在其中。"先生曰："固是。盖寻这用便可以知其体，盖用即是体中流出也。"_{时举}。

○ 樊迟问仁，孔子答以"爱人"；问知，孔子答以"知人"。有甚难晓处? 樊迟因甚未达? 盖爱人则无所不爱，知人则便有分别，两个意思自相反了，故疑之。只有曾吉甫说得好："'举直错诸枉'便是知人，'能使枉者直'便是爱人也。"曾解一部论语，只晓得这一段。_辛。

○ "爱人"、"知人"自相为用。若不论直与枉，一例去爱他也不得，大抵惟先知了方能顿放得个仁也。圣人此两句自包上下，后来再与子夏所言皆不出此两句意，此所以为圣人之言也。_{时举}。

○ 又问："'不仁者远矣'，谓不仁者皆为仁，则不仁之事无矣。"先生曰："是。"_雄。

子贡问友章

○ 问"忠告而善道之"。答曰："告之之意固是忠了，须又教道得善始得。"雄。

○ 又问"忠告而善道"。曰:"'善道',以善道之。如有人虽敢忠言,未必皆合道理者,则是未善也。"时举。希逊同。

○ "'以道事君,不可则止','忠告而善道之,不可则止'。夫'以道事君,不可则止'者,谓道不合则去也;'以责善为友,不可则止'者,谓言不从则已也。如是则圣人于事君交友之间,一有不可则去之、已之而已。恐非圣人所以尽君臣、朋友之义也。尝记张子韶解此,谓:'不可则止者,当其微有不可,则随而止之,无待其事之失、过之形而后用力以正之也。此说似广大,未审是否?'"曰:"子韶之说不通,与上下文义自不相贯。近世学者多取子韶之说,爱其新奇而不审其不当于理。此甚害事,不可不知也。"谟。

君子以文会友章_无

朱子语类卷第四十三

论语二十五

子路篇

子路问政章

○ 郑文振问："'先之，劳之'，集注云'凡民之事，以身先之，则虽劳不怨'，如何是'以身先之'?"曰："凡是以劳苦之事役使人，自家须一面与它做方可率得它。如劝课农桑等事，也须是自家不惮勤劳，亲履畎亩与他勾当方得。"〔贺孙。〕

○ 或问："'子路问政'章，集解取东坡'以身劳之'之说，如何是'以身劳之'?"曰："如循行阡陌、劝课农桑之类"。广。

○ 问："'先之，劳之'一段，'劳之'恐是以言语劝勉他?"先生曰："如此说不尽得邦为政之理。若以言语劝勉它，亦不甚要紧，亦是浅近事。圣人自不用说，亦不见得无倦底意。劳是勤于事，勤于事时节，后来便有个倦底意，所以教它劳。东坡下'行'字与'事'字最好。"或问："'爱之能勿劳乎'，有两个劳（事）〔字〕?"先生曰："这个是它劳。"〔谦之。〕

997

○　寓问："'先之，劳之'，'劳'字既有两音，有两说否？"曰："劳之以身，勤之以事，亦须是自家吃些辛苦方能令得他。诗所谓'星言夙驾，说于桑田'，古人戴星而出、戴星而入，必是自耐劳苦，方能率得人。欲民之亲其亲，我必先之以孝；欲民之事其长，我必先之以弟。子路请益，圣人告之'无倦'。盖劳苦亦人之难事，故以'无倦'勉之。"寓。

○　问："'先之，劳之'，诸说孰长？"曰："横渠云'必身为之唱，且不爱其劳，而又益之以不倦'，此说好。"又问："以身为之唱者果劳乎？"曰："非是之谓也。既以身为之唱，又更不爱其劳，而终之以无倦，此是三节事。"祖道。谟同。

仲弓为季氏宰章

○　潘立之问"先有司"。曰："凡为政，随其大小各自有有司。须先责他理会，自家方可要其成。且如钱谷之事，其出入盈缩之数须是教它自逐一具来，自家方可考其虚实之成。且如今做太守，人皆以为不可使吏人批朱，某看来不批是不得。如词诉反覆，或经已断，或彼处未结绝，或见在催追，他埋头又来下状。这若不批出，自家如何与它判得？只是要防其弊。若既如此后或有人词诉，或自点检一两项，有批得不实，即须痛治，以防其弊。"贺孙。

○　问："'仲弓问政'章，程子谓'观仲弓与圣人，便见其用心之小大'，以此知'乐取诸人以为善'，所以为舜之圣。而凡事必欲出乎己者，真成小人之私矣。"曰："于此可见圣贤用心之大小。仲弓只缘见识未极其开阔，故如此。人之心量本自大，缘私故小，蔽固之极则可以丧邦矣。"广。

卫君待子为政章

○ 亚夫问"卫君待子为政"一章。先生曰:"其初只是一个'名不正',便事事都做不得。'礼乐不兴,刑罚不中',便是个大底'事不成'。"问:"'礼乐不兴',疑在'刑罚不中'之后,今何故却云礼乐不兴而后刑罚不中?"曰:"礼之所去,刑之所取。礼乐既不兴,则刑罚宜其不中矣。"又曰:"礼是有序,乐是和乐。既事不成,如何得有礼乐耶?"时举。

○ "事不成"是粗说那事做不成,"礼乐不兴"是和这理也没了。"事"只是说它做出底,"礼乐"却是那事底理。礼乐只是一件物事,安顿得齐齐整整有次序便是礼,无那乖争底意思便是乐。植。

○ 文振问:"何以谓之'事不成,则礼乐不兴'?"曰:"'事不成',以事言;'礼乐不兴',以理言。盖事不成,则事上都无道理了,说甚礼乐!"亚夫问:"此是礼乐之实,还是礼乐之文?"曰:"实与文元相离不得。譬如影便有形,要离那形说影不得。"时举。

○ 或问:"如何是事不成后礼乐便不兴?礼乐不兴后却如何便刑罚不中?"曰:"大凡事须要节之以礼,和之以乐。事若不成,则礼乐无安顿处。礼乐不兴,则(天)〔无〕序不和,如此则用刑罚者安得不颠倒错乱?诸家说各有所长,可会而观之。"祖道。谟同。

○ 卫辄,子也;蒯聩,父也。今也子以兵拒父、以父为贼,是多少不顺！其何以为国？何以临民？事既不成，则颠倒乖乱，礼乐如何而兴？刑罚如何而中？程子所谓"一事苟，则其余皆苟"，正谓此也。道夫。

　　○　杨问："注谓'言不顺，则无以考实而事不成'，此句未晓。"曰："实即事也。"又问："言与事似乎不相涉。"曰："如何是不相涉？如那一人被火，急讨水来救始得，却教它讨火来，此便是'言不顺'，如何济得事？又如人捉贼一般，走东去合当从东去捉，却教它走从西去，如何捉得获？皆言不顺做事不成。若就卫论之，辄，子也，蒯聩是父。今也以兵拒父，是以父为贼，多少不顺！其何以为国？何以临民？事既不成，则颠沛乖乱，礼乐如何会兴？刑罚如何会中？明道所谓'一事苟，其余皆苟'，正谓此也。"又问："子路之死于卫，其义如何？"曰："子路只见得下一截道理，不见上一截道理。孔悝之事，它知道是'食焉不避其难'，这合当如此，却不知食出公之食为不义。东坡尝论及此。"问："如此是它当初仕卫便不是？"曰："然。"〔寓。〕

　　○　子路为人粗，于精微处多未达。其事孔悝，盖其心不以出公为非故也。悝即出公之党。何以见得他如此？如"卫君待子为政"，夫子欲先正名，他遂以为迂，可见他不以出公为非。故其事悝，盖自以为善而为之，而不知其非义也。䕑。

　　○　伯丰问："夫子言'若为政于卫，必也正名'，胡氏以为'必具其事之本末，上告天子，下请方伯，命公子郢而立之'。若如此说则是霸旅之臣，一旦国君见用即遂谋逐之，此岂近于人情？意夫子若果仕卫，必以父子之大伦明告于出公，使之自为去就，而后立郢之事始可议也。"曰："此说得之，但圣人之权亦有非常情所可测度者。"处谦。

○ 问："胡氏说'正名章'，谓：'必将具其事之本末告诸天王，请于方伯，命公子郢而立之，则人伦正。'此只是论孔子为政正名，事理合当如此。设若卫君辄用孔子，孔子既为之臣而为政，则此说亦可通否？"曰："圣人必不肯北面无父之人。若辄有意改过迁善，则孔子须先与断约，如此方与他做。以姚崇犹先以十事与明皇约，然后为之相，而况孔子乎！若辄不能然，则孔子决不为之臣矣。"淳。

○ 问："'卫君待子为政'章，胡氏云：'夫子为政而以正名为先，必将具其事之本末告诸天王，请于方伯，命公子郢而立之。'据卫君即是出公，使孔子得政则是出公用之也，如何做得此等事？"先生曰："据事理言之，合当如此做耳。使孔子仕卫，亦必以此事告之出公，若其不听则去之耳。"广。

○ "'必也正名乎'，孔子若仕卫，必先正其君臣父子之名。如蒯聩不当立，辄亦不当立，当去辄而别立君以拒蒯聩。晋赵鞅欲立蒯聩，圣人出时必须大与他剖判一番，教它知个是与不是。"亚夫问："论道理固是去辄，使国人自拒蒯聩。以事情论之，晋人正主蒯聩，势足以压鲁，圣人如何请于天子、请于方伯？天子既自不奈何，方伯又是晋自做，如何得？"曰："道理自是合如此了。圣人出来须自能使晋不为蒯聩。"贺孙因问："如请讨陈常之事，也只是据道理，不论事情。"曰："如这一两件大事可惜圣人做不透，若做得透，使三纲五常既坏而复兴，千条万目自此而更新。圣人年七八十岁，拳拳之心，终做不成。"贺孙。

○ 吴伯英问："'卫君待子而为政'，若使夫子为卫政，不知果能使出公出从蒯聩否？"曰："圣人行事，只问义之合与不合，不问其能与不能也。若使每事只管计较其能与不能，则岂不惑于常情利害之私乎？此在学者尤宜用力，而况圣人乎！"处谦。

○　问："卫君欲召孔子为政，而孔子欲先正名。孔子既为之臣，复欲去出公，亦岂人情？"曰："惟孔子而后可。"问："灵公既逐蒯聩，公子郢辞不立，卫人立辄以拒蒯聩。论理，辄合下便不当立，不待拒蒯聩而后为不当立也。"曰："固是。辄既立，蒯聩来争必矣。"僩。

诵诗三百章

○　亚夫问："'诵诗三百'，何以见其必达于政？"曰："其中所载可见。有如小夫贱隶闾巷之间至鄙俚之事，君子平日耳目所不曾闻见者，其情状皆可因此而知之。而圣人所以修德于己、施于事业者，莫不悉备。于其间所载之美恶，读诵而讽咏之，如是而为善，如是而为恶；吾之所以自修于身者，如是是合做底事，如是是不合做底事；待得施以治人，如是而当赏，如是而当罚，莫不备见，如何于政不达？若读诗而不达于政，则是不曾读也。"又问："如何使于四方必能专对？"曰："于诗有得，必是于应对言语之间委曲和平。"贺孙。

子曰其身不正章无

卫公子荆居室章

○　问"卫公子荆善居室"。先生云："公子荆所为正合道理，致恰好处。常人为屋室，不是极其华丽，则墙崩壁倒全不理会。子荆自合而完，完而美，循循有序，而又皆曰苟而已，初不以此累其心。在圣人德盛，此等事皆能化了，不足言。在公子荆能如此，故圣人称之。"希逊。

○ 正卿谓："'公子荆善居室'一段也无甚高处，圣人称善，何也?"曰："且如今人，不治家则墙崩壁倒全不理会，又有人专去治家，则汲汲于致富。惟公子荆自合而完，完而美，循循有序，而又皆曰苟而已，则又不以此累其心，圣人所以美之。"又问："虽之夷狄，不可弃也。"曰："上三句散着，下一句方撮得紧。"_{时举}。

子适卫章

○ 宜久说"子适卫"一章。先生因言："古者教人有礼乐，动容周旋皆要合他节奏，使性急底要快也不得，性宽底要慢也不得，所以养得人情性。如今教人既无礼乐，只得把两册文字教他读。然而今未论人会学，吃紧自无人会教。所以明道先生欲得招致天下名儒，使讲明教人之方，其德行最高者留以为太学师，却以次分布天下令教学者。须是如此，然后学校方成次第也。"_{时举}。

苟有用我章

○ 立之说"苟有用我者"一章。答曰："圣人为政一年之间，想见以前不好底事都革得尽。到二年，便财足兵强、教行民服。"_{时举}。

○ "如有用我者，期月而已可也。"圣人做时，须一切将许多不好底撤换了方做自家底，所以伊川云，纪纲布置必三年方可有成也。_{贺孙}。

○ 孔子之志在乎尊周，然"苟有用我者"，亦视天命如何耳。圣人胸中自有处置，非可执定本以议之也。_{人杰}。

善人为邦百年章

○〔安卿〕问:"'善人,胜残去杀',注谓'民化于善,可以不用刑杀'。恐善人只是使风俗醇朴,未能化于善。若化于善,乃圣君之事否?"曰:"论功效大概是如此。其浅深在人,〔不必恁地粘皮着骨去说。不成说圣人便得如此,善人便不得如此,〕不必恁地分别。善人是他做百年工夫积累到此,自是亦能使人兴善,不陷于刑辟。如文景几致刑措,岂不是'胜残去杀'。又如陈太丘、卓茂、鲁恭只是县令,也能有此效。不成说不是圣人,如何做得这个!此等紧要只看那功效处,不要恁地较量道圣人之效是如此,善人之效是如彼。圣人比善人自是不同。'绥之斯来,动之斯和','杀之而不怨,利之而不庸,民日迁善远罪而不知为之'者,善人定是未能到这田地。然有这般样见识、这般样心胸,积累做将去,亦须有效。今若宽刑薄赋,民亦自能兴起而不陷于罪戾。圣人论功效,亦是大概如此。只思量他所以致此效处是如何便了,何必较他优劣!便理会得,也无甚切己处。"义刚。淳同。

○问:"'善人为邦百年',又'教民七年',又'必世后仁',与'期月可也,三年有成'之义,如何?"曰:"此须有圣人作用方得如此。今大概亦自可见,惟明道文集中一策答得甚详,与今人答策专是谩策题者甚别,试读之可见。"谟。祖道、人杰同。

子曰如有王者章

○或问:"言'如有用我者,三年有成',言'如有王者'则曰'必世而后仁',迟速不同,何也?"答曰:"伊川曰'三年,谓法度纪纲有成而化行也'，渐民以仁、磨民以义，使之浃于肌肤、沦于骨髓，天下变化，风移俗易，民归于仁而礼乐可兴，所谓仁也。此非积久何以能致?"又曰："自一身之仁而言之，这个道理浸灌透彻；自天下而言之，举一世之仁皆是这个道理浸灌透彻。"〔植。〕

子曰苟正其身矣章

○　问："范氏以先正其身，为王者以德行仁之事；不能正其身而正人，为以力假仁之事。"曰："王者、霸者只是指王、霸之道，范氏之说缓而不切。"必大。

○　尹氏云："扬雄曰'政之本，身也。身立则政立矣'，大学曰'身修而后家齐，家齐而后国治'。"问："此章与第六章'其身正，不令而行；其身不正，虽令不从'，何异而复出之?"曰："晁氏以为此专为臣而发，理或然也。"

冉子退朝章

○　问此章之说。曰："公父文伯之母谓季康子曰：'外朝，子将业君之官职焉；内朝，子将庀季氏之家政焉。'夫'君之官职'则所谓政也，'季氏之家政'则所谓事也。冉子之所得闻者，季氏内朝之事尔。政则康子必将合诸大夫而谋之，外朝非冉有之所得而与也。冉有以家事为国政，僭也，故夫子抑之。或谓此季氏与其家臣谋国政于私朝，而不使诸大夫与焉，故孔子为不知者而微词以正之。如何?"曰："此于文义得矣。然疑其颇若伤于巧者，姑存而考之可也。详见集注。"

定公问一言兴邦章_无

叶公问政章

○ 曾问："'近者悦，远者来。'夫子答<u>叶公</u>之问政者专言其效，与答<u>季康子</u>、<u>子夏</u>等不同，如何？"曰："此须有施为之次第。<u>叶公</u>老成，必能晓解也。"<u>人杰</u>。

子夏为莒父宰章_无

有直躬者章_无

樊迟问仁章

○ <u>亚夫</u>问"居处恭，执事敬"一章。先生曰："这个道理须要到处皆在，使生意无少间断方好。譬之木然，一枝一叶无非生意，才有一毫间断，便枝叶有不茂处。"<u>时举</u>云："看来此三句动静出处、待人接物无所不该，便私意自无容处。"因兼"<u>仲弓问仁</u>"一章说，先生曰："大抵学问只要得个门户子入，若入得门了，便只要理会个仁。其初入底门户，不必只说道如何，若才得个门户子入，须便要入去。若只在外面说道如何，也不济事。"<u>时举</u>。

○ 问"虽之夷狄不可弃"。曰："上三句散着，下一句方攦得紧。"希逊。

○ 亚夫问："如何'虽之夷狄不可弃'？"曰："'道不可须臾离，可离非道也'，须是无间断方得。若有间断，此心便死了。在中国是这个道理，在夷狄也只是这个道理。"潘子善云："若'居处恭，执事敬，与人忠'时，私心更无着处。"曰："若无私心，当体便是道理。"〔南升。〕

○ 孔门教人多以数语能使人自存其心，如"居处恭"，才恭则心不放也。如此之类。

○ 孔子教人只言"居处恭，执事敬，与人忠"，含蓄得意思在其中，使人自求之。到孟子便指出了性善，早不似圣人了。祖道。

○ 或问："'樊迟问仁，子曰"居处恭，执事敬，与人忠，虽之夷狄不可弃也"'一段，圣人以是告之，不知樊迟果能尽此否？"曰："此段须反求诸己，方有工夫，若去樊迟身上讨，则与我不相干矣。必当思之曰居处恭乎？执事敬乎？与人忠乎？不必求诸樊迟能尽此与否也。又须思居处恭时如何，居处不恭时如何；执事敬时如何，执事不敬时如何；与人忠时如何，与人不忠时如何。方知须用恭、敬与忠也。今人处于中国饱食暖衣，未至于夷狄，犹且与之相忘而不知其不可弃。而况之夷狄，临之以白刃而能不自弃者乎！"〔履孙。〕

○ 彻上彻下，也无精粗本末，只是一理。赐。

○ 或问："胡氏谓'樊迟问仁者三：此最先，"先难"次之，"爱

人"其最后乎',何以知其然?"曰:"虽无明证,看得来是如此。若未
尝告之以恭、敬、忠之说,则所谓'先难'者,将何从下手乎?至于
'爱人',则又以其发于外者言之矣。"<u>广</u>。

子贡问士章

○ 问:"'行己有耻,使于四方不辱君命',两句似不连缀。恐是
'行己有耻'则足以成其身,推是心以及职分,则'不辱君命',又可以
成其职分之所当为。"曰:"'行己有耻'则不辱其身,'使于四方'能尽
其职,则'不辱君命'。"<u>广</u>。

○ "宗族称孝,乡党称弟",是能守一夫之私行,而不能广其固有
之良心。<u>贺孙</u>。

○ 子贡问士都是退后说。<u>子贡</u>看见都也是不是易事,又问其次。
<u>子贡</u>是着实见得那说底也难,故所以再问其次。这便是<u>伊川</u>所谓"子贡
欲为皎皎之行,夫子告之皆笃实自得之事"底意。<u>植</u>。

○ <u>文振</u>说"<u>子贡</u>问士"一章,举<u>程先生</u>曰:"子贡欲为皎皎之行
闻于人者,夫子告之皆笃实自得之事。"谓子贡发问节次正如此去。先
生曰:"<u>子贡</u>平日虽有此意思,然这一章却是他大段平实了。盖渠见
'行己有耻,使于四方'不是些小事,故又问其次。至'宗族称孝,乡
党称弟',他亦未敢自信,故又问其次。凡此节次皆是他要放平实去做
工夫,故每问皆下。到下面问'今之从政者何如',却是问错了,圣人
便云'何足算也',乃是为他截断了也。此处更宜细看。"<u>时举</u>。

子曰不得中行而与之章

○ 问"不得中行而与之"一段。曰:"谨厚者虽是好人,无益于事,故有取于狂狷,然狂狷者又各堕于一偏。中道之人有狂者之志而所为精密,有狷者之节又不至于过激,此极难得。"<u>时举</u>。<u>希逊</u>同。

○ <u>杨</u>问:"善人何以不及狷者?"曰:"善人只循循自守据见定,更不向上去,不解勇猛精进,做不得事。循规蹈矩则有余,责之任道则不足,故无可望。狂狷者虽非中道,然此等人终是有骨肋,有节操,可以振拔而有为。得圣人裁抑而激昂之,则狂便不狂,狷便不狷,皆归于中矣。圣人本欲得中道,而与之磨来磨去,难得这般恰好底人。末年无奈何,方思得此等人,可见道之穷甚。"问:"何谓狷?"曰:"介然有守也。"<u>淳</u>。

○ <u>寓</u>问"狂狷"<u>集注</u>云:"善人胡为亦不及狷者?"曰:"善人只循循自守据见定,不会勇猛精进。循规蹈矩则有余,责之以任道则不足。狷者虽非中道,然这般人终是有筋骨。其志孤介,知善之可为〔而为之,知不善之不可为而不为,直是有节操。狂者志气激昂〕。圣人本欲得中道而与之,晚年磨来磨去难得这般恰好底人,如狂狷尚可因其有为之资,(载)〔裁〕而归之中道。且如<u>孔</u>门,只一个<u>颜子</u>如此纯粹。到<u>曾子</u>便过于刚,与<u>孟子</u>相似。世衰道微,人欲横流,若不是刚介有脚跟底人,定立不住。<u>汉</u>之<u>文帝</u>谓之善人,<u>武帝</u>却有狂底气象。<u>陆子静</u>省试策'〔世〕谓<u>文帝</u>过<u>武帝</u>,愚谓<u>武帝</u>胜<u>文帝</u>',其论虽偏,容有此理。<u>文帝</u>天资虽美,然止此而已。<u>武帝</u>多有病痛,然天资高,足以有为,便合下得个真儒辅佐它,岂不大可观!惜夫辅非其人,不能胜其多欲之私,做从那边去了。末年天下虚耗,其去亡<u>秦</u>无几。然它自追悔,亦其天资高也。如与卫青言：'若后世又如朕之所为，是袭亡秦之迹。太子厚重好静，欲求守文之主，安有贤于太子者乎！'见得它知过处。胡氏谓'武帝能以仲舒为相，汲黯为御史大夫，岂不善乎'。㝢。道夫录略。

子曰南人有言章

○　螢问"不占而已矣"。曰："如只是不读书之意。"螢。

子曰君子和而不同章

○　君子、小人只是这一个事而心有公私不同。孔子多有论君子、小人，皆然。如"君子和而不同，小人同而不和"，和便是公底同，同是私底和。淳。

○　螢问："'君子和而不同，小人同而不和'，诸说皆以'和'如'和羹'为义，如何？"曰："不必专指对人说。只君子平常自处亦自和，自然不同。大抵君子、小人只在公私之间。和是公底同，同是私底和。如'周而不比'亦然，周是公底比，比是私底周，同一事而有公私。五峰云'天理人欲，同体异用，同行异情'，说'同行异情'却得。所谓同体者，却只是言一事而各用，但既犯了'体用'字，却成同体，则是体中亦有人欲。五峰只缘错认了性无善恶，便做出无限病痛。知言中节节如此。"广。

○　立之问："'君子和而不同'，如温公与范蜀公议论不相下之类。不知'小人同而不和'，却如谁之类？"曰："一如吕吉甫及王荆公是也。

盖君子之心，是大家只理会这一个公当底道理，故常和而不可以苟同。小人是做个私意，故虽相与阿比，然两人相聚也自便分个彼己了，故有些少利害，便至纷争而不和也。"_{时举}。

子曰乡人皆好之章_无

子曰君子易事而难说章_无

子曰君子泰而不骄章

子曰刚毅木讷近仁章

○ 问："'刚毅木讷近仁'，刚与毅如何分别？"曰："刚是体质坚，如一个硬物一般，不软不屈。毅却是有奋发作兴底气象。"_寓。

子路问士章

○ 问"何如斯可谓之士"一段。曰："圣人见子路有粗暴底气象，故告之以'切切偲偲'。又恐子路一向和说去了，又告之以'朋友切切偲偲，兄弟则怡怡'。圣人之言是恁地密。"_{希逊}。

○ 问："胡氏说'切切，恳到也；偲偲，详勉也'，如何是恳到详勉意思?"曰:"古人多下联字去形容那事,亦难大段解说。想当时人必是晓得这般字,今人只是想象其声音,度其意是如此耳。'切切偲偲',说为当。'恳到'有苦切之意,然一向如此苦切而无浸灌意思,亦不可。又须着详细相勉,方有相亲之意。"<u>寓</u>。

子曰善人教民七年章

○ 问:"'善人教民七年,亦可以即戎矣',如何恰限七年?"曰:"如此等,他须有个分明界限。如古人谓'三十年制国用,则有九年之食',至<u>班固</u>则推得出那三十年果可以有九年食处。料得七年之类亦如此。"<u>广</u>。

○ 问:"<u>孔子</u>云'善人教民七年,亦可以即戎矣'。<u>晋文公</u>自始入国至<u>僖公</u>二十七年,教民以信、以义、以礼,仅得四年,遂能一战而霸。此岂<u>文公</u>加善人一等也耶?"曰:"大抵霸者尚权谲,要功利,此与圣人教民不同。若圣人教民,则须是七年。"<u>谟</u>。

子曰以不教民战章

○ 或疑:"'不教民战',善人教民也七年,固是教之以孝弟忠信,不须兼战法而教之否?"曰:"(不)然。战法自不用了。<u>孔子</u>却是为见<u>春秋</u>时忕会战,故特说用教之以孝弟忠信之意。"<u>伯羽</u>。

宪问篇

邦有道谷章

○　问："'宪问耻'一段，集注云'宪之狷介，其于"邦无道谷"之可耻固知之，至于"邦有道谷"之可耻恐未必知'，何也？"曰："邦有道之时不能有为，只小廉曲谨济得甚事！且如旧日秦丞相当国，有人壁立万仞，和宫观也不请，此莫也是世间第一等人！及秦既死，用之为台谏，则不过能论贪污而已，〔洽录云："为侍从，不过做得寻常事，此不免圣人所谓耻也。"〕于国家大计亦无所建立。且如'子贡问士'一段，'宗族称孝，乡党称弟'之人莫是至好，而圣人必先之以'行己有耻，不辱君命'为上。盖孝弟之人亦只是守得那一夫之私行，不能充其固有之良心。然须是以孝弟为本，无那孝弟也做不得人。有时方得恰好，须是充那固有之良心，到有耻、不辱君命处方是。"希逊。寓同。〔洽录云："子贡问士，必先答以'行己有耻，使于四方不辱君命'，自今观之，宗族乡党皆称孝弟，岂不是第一等人？然圣人未以为士之至行者，仅能行其身无过而无益于人之国，不足深贵也。"〕

○ 问："'邦有道谷，邦无道谷，耻也'，诸家只解下一脚尔，上一句却不曾说着。此言'邦有道谷，邦无道谷'，而继之以'耻也'者，岂非为世之知进不知退者设耶？"曰："'谷'之一字要人玩味。'谷'有食禄之义。言有道无道，只会食禄，略无建明，岂不可深耻！"谟。

克伐怨欲不行章

○ 问："'克伐'与'克复'只是一个'克'字，用各不同。切谓'克己'是以公胜私，'克伐'是有意去胜人。"曰："只是个出入意。'克己'是人来胜己，'克伐'是出去胜人。"问杨敬仲说"'克'字训能，此'己'元不是不好底，'为仁由己'何尝不好？'克己复礼'是能以此己去复礼也"。曰："艾轩亦训'克'作能，谓能自主宰。此说虽未善，然犹是着工夫。若敬仲之言，是谓无己可克也。"德明。

○ "克伐怨欲"须从根上除治。闳祖。

○ "克伐怨欲不行"，所以未得为仁者，如面前有一事相触，虽能遏其怒，毕竟胸中有怒在，所以未得为仁。盖卿。

○ (晞)〔希〕逊问："'克伐怨欲不行'，是如何？"曰："此譬如停贼在家，岂不为害？若便赶将出去，则祸根绝矣。今人非是不能克去此害，却有与它打做一片者。"人杰。

○ 贺孙问："'克伐怨欲'须要无。先生前日令只看大底道理，这许多病自无。今看来莫是见得人己一体，则求胜之心自无；见得事事皆己当为，则矜伐之心自无；见得'死生有命，富贵在天'，则忿怨贪欲之心自无。不知如此看得否？"曰："固是如此，这已是第二着了。"问："莫是见得天地同然公共底道理否？"曰："这亦是如此，亦是第二着。若见得本来道理，亦不待说与人公共不公共。见得本来道理只自家身己上是胜个甚么，是伐个甚么，是怨、欲个甚么？所以夫子告颜子，只是教他'克己复礼'，能恁地则许多病痛一齐退听。'出门如见大宾，使民如承大祭'，这是防贼工夫；'克己复礼'，这是杀贼工夫。"贺孙。

○　问："'克伐怨欲不行焉'，孔子不大段与原宪。学者用工夫且于此'不行焉'亦可。"曰："须是克己，涵养以敬，于其方萌即绝之。若但欲不行，只是遏得住，一旦决裂，大可忧。"又问："'可以为难矣。'如何？"曰："到此，遏之极难。"可学。

○　安卿说"克伐怨欲不行"。先生问曰："这个禁止不行，与那非礼勿视听言动底'勿'字也只一般。何故那个便是为仁？这个禁止却不得为仁？必有些子异处，试说看。"安卿对云："'非礼勿视听言动'底，是于天理人欲之几，既晓然判别得了，便行从天理上去。'克伐怨欲不行'底，只是禁止不行这个人欲，却不知于天理上用功。所以不同。"曰："它本文不曾有此意。公何据辄如此说？"久之，曰："有一譬喻：如一个人要打人，一人止之曰：'你不得打！才打他一拳，我便解你去官里治你。'又一人曰：'你未要打它。'此二者便是'克己'与'不行'之分。'克己'是教它不得打底，'不行'是教它未要打底。教它不得打底，便是从根源上与它说定不得打。未要打底是这里未要打，及出门去则有时而行之矣。观此，可见'克己'者是从根源上一刀两断，便斩绝了，更不复萌；'不行'底只是禁制它不要出来，它那欲为之心未尝忘也。且如怨个人，却只禁止说，莫要怨它，及至此心欲动，又如此禁止。虽禁止得住，其怨之心则未尝忘也。如自家饥，见刍豢在前，心中

要吃，却忍得不吃。虽强忍住，然其欲吃之心未尝忘。‘克己’底则和那欲吃之心也打叠杀了。”〔佐。〕

○ 李闳祖问目中有“克伐怨欲不行”及“非礼勿视听言动”一段。先生问德明云：“谓之‘勿’，则与‘不行’者亦未有异，何以得仁？”德明对云：“‘勿’者，禁止之词。颜子工夫只是积渐克将去，人欲渐少，天理渐多。久之则私意剥尽，天理复全，方是仁。”曰：“虽如是，终是‘勿’底意犹在，安得谓之仁？”再三请益。曰：“到此说不得，只合实下工夫，自然私意留不住。”德明。

○ 问〔克己与〕“克伐怨欲不行”。曰：“‘克己’是拔去病根；‘不行’是捺在这里，且教莫出，然这病根在这里。譬如捉贼，‘克己’便是开门赶出去，索性与它打杀了，便是一头事了；‘不行’是闭了门，藏在里面，教它且不得出来作过。”希逊。

○ “不行”只是遏在胸中不行耳，毕竟是有这物在里。才说无，便是合下扫去，不容它在里。譬如一株草，划去而留其根，与连其根划去，此个意思如何？今人于身己上有不好处，须是合下便连根划去。若只在人面前不行，而此个根苗常自留在里，则便不得。〔又问：“而今觉得身上病痛，闲时自谓都无之，才感物时便自发出，如何除得？”曰：“闲时如何会发？只是感物便发。当其发时便划除去，莫令发便了。”又问：“而今欲到无欲田地，莫只是划除熟后，自会如此否？”曰：“也只是划除熟。而今人于身上不好处，只是常划去之。才发便划，自到熟处。”〕夔孙。

○ “克伐怨欲”，须是从根上除治。闳祖。

○ "克伐怨欲不行"，只是遏杀得在此心，不问存亡。须是克己。<u>祖道</u>。

○ 问："'克伐怨欲'章，不知<u>原宪</u>是合下见得如此，还是他气昏力弱，没奈何如此？"曰："是他从来只把这个做好了，只要得不行便了。此所以学者须要穷理。只缘他见得道理未尽，只把这个做仁。然较之世之沉迷私欲者，他一切不行，已是多少好。惟圣道广大，只恁地不济事，须着进向上去。'克伐怨欲'须要无始得，若藏蓄在这里，只是做病。"问："宪本意也不是要藏蓄在这里。"曰："这也未见他要藏蓄在。只是据他说，便不是了。公不消如此看。只那个是是，那个是不是。圣人分明说这个不是仁，公今只看合要无，合要有了不行？若必定要无，下梢犹恐未能尽去。若合下只要不行便了，下梢道如何？"问："孔子既云'不知其仁'，<u>原宪</u>却不问仁，何也？"曰："这便是他失问。这也是他从来把自见做好了如此。<u>明道先生</u>亦说：'<u>原宪</u>承当不得，所以不复问。'他非独是这句失问，如'邦有道谷，邦无道谷，耻也'，也失问。邦无道，固不当受禄；若有道，如何也不可受禄？当时未见得意思，也须着较量。那无道而受禄固不可，有道而苟禄亦不可。"问："<u>原宪</u>也不是个气昏力弱底人，何故如此？"曰："他直是有力。看他孤洁节介，卒未易及，只是见识自如此。若<u>子路</u>见识较高了，他问时须问到底。然教<u>原宪</u>去为宰从政，未必如<u>子路</u>、<u>冉求</u>之徒。若教<u>子路</u>、<u>冉求</u>做<u>原宪</u>许多孤介处，也只是做不得。<u>孟子</u>曰：'人有不为也，而后可以有为。'<u>原宪</u>却似只要不为，却不理会有为一节。如今看道理，也恁地渐渐看将去。不可说道无所见，无所得，便放倒休了。也不可道有些小所见，有些小所得，便自喜道：'只消如此。'这道理直是无穷。"<u>贺孙</u>。

○ 问："<u>原宪</u>强制'克伐怨欲'，使之不行，是去半路上做工夫，意思与告子相似。观其辞所合得之粟，亦是此意。"曰："宪是个狷者。

传中说宪介狷处亦多。"广。

○　因举或说"宪问仁"，谓此是"原宪有所感"。曰："不必如此说。凡观书，且论此一处文义如何，不必它说。"可学。

士而怀居章无

邦有道危言危行章无

有德必有言章无

南宫适问于孔子章

○　南宫适大意是说德之可贵而力之不足恃。说得也好，然说不透，相似说尧舜贤与桀纣一般，故圣人不答，也是无可说。盖他把做不好，又说得是；把做好，又无可说，只得不答而已，亦见孔子不恁地作闹，得过便过。淳。

○　问："适是以禹稷比夫子?"曰："旧说如此。观夫子不答，恐有此意，但问得鹘突。盖适意善而言拙，儗人非其伦尔。太史公亦以盗跖与伯夷并说，伯夷传乃史迁自道之意。"必大。

○　寓问："明道谓适以禹稷比夫子，故夫子不答。上蔡以为首肯之意,非直不答也。<u>龟山</u>以为<u>禹稷</u>有天下不止躬稼,夫子未尽然其言,故不答。未知三说孰是?"曰:"<u>适</u>之言亦不为不是,问得也疏。<u>禹稷</u>是好人,<u>羿奡</u>自是不好底人,何消恁地比并说!夫子也只是不答,缘问得駮。正如<u>仲尼</u>贤于<u>盗跖</u>,这般说话岂不是駮!然它意思却好,所以出而圣人称美之曰:'君子哉若人!尚德哉若人!'如<u>孟子</u>所谓'孳孳为善者,<u>舜</u>之徒也'云云,'不以舜之所以事尧事君'云云,这般言语多少精密!适之问如何似得这般话。"举似某人诗,云:"何似<u>仲尼</u>道最良。<u>张僧范寇</u>知何物,却与<u>宣尼</u>较短长!"〔寓。〕

○ 问:"'<u>禹稷</u>躬稼而有天下,<u>羿奡</u>不得其死',必然之中或有不然者存。如<u>盗跖</u>亦得其死。学者之心惟知为善而已,它不计也。夫子不答,固有深意,非圣人不能如是也。"曰:"此意思较好。"<u>过</u>。

君子而不仁者章

○ <u>义刚</u>问:"此君子莫只是轻说,不是指那成德者而言否?"曰:"'君子而不仁者有矣夫',他只是用这般见成句。"<u>义刚</u>。

○ 君子譬如纯白底物事,虽有一点黑,是照管不到处。小人譬如纯黑底物事,虽有一两点白处,却当不得那白也。<u>焘</u>。

爱之能勿劳乎章

○ <u>至之</u>问"爱之能勿劳乎"。答曰:"爱之而弗劳,是姑息之爱也。凡人之爱,多失于姑息。如近有学者持服而来,便自合令他归去。

却念他涉千里之远，难为使他徒来而徒去，遂不欲却他。此便是某姑息处，乃非所以为爱也。"<u>时举</u>。

为命章

○ 问"为命，裨谌草创之"。曰："<u>春秋</u>之辞命，犹是说道理。及<u>战国</u>之谈说，只是说利害而已，说到利害的当处便转。"<u>希逊</u>。

○ <u>洪氏</u>曰："<u>郑</u>，小国也，能谨重辞命而信任贤者如此。为天下者辞命宜益重矣，而反轻之；讨论润色宜益众矣，而独任于一官。何哉？且古之贤者，求辞命之善尔，不有其已也。故<u>世叔</u>讨论，而<u>裨谌</u>不以为嫌；<u>子产</u>润色，而<u>子羽</u>不以为羞。后世为命者反是，此辞命所以有愧于古也。"此说亦善。<u>子产</u>为政，择能而使之，众贤各尽其用者，<u>子产</u>之功也。

或问子产章

○ <u>子产</u>心主于宽，虽说道"政尚严猛"，其实乃是要用以济宽耳，所以为惠人。<u>贺孙</u>。

○ "'问管仲，曰"人也"。'<u>范杨</u>皆以为尽人道，<u>集注</u>以为'犹云此人也'，如何？"曰："古本如此说，犹诗所谓'伊人'，如<u>庄子</u>所谓'之人也'。若作尽人道说，除<u>管仲</u>是个人，他人便都不是人！更<u>管仲</u>也未尽得人道在，'夺伯氏骈邑'，正谓夺为己有。"问："<u>集注</u>言<u>管仲</u>、<u>子产</u>之才德，使二人从事于圣人之学，则才德可以兼全否？"曰："若工夫做到极处，也会兼全。"寓。

○ 贺孙问："孔子所称管仲夺伯氏邑，'没齿无怨言'，此最难，恐不但是威力做得。"曰："固是。虽然，亦只是霸者事。"问："武侯于廖立、李平是如何？"曰："看武侯事迹，尽有驳杂去处；然武侯事虽未纯，却是王者之心。管仲连那心都不好。程先生称武侯'有王佐之才'，亦即其心而言之，事迹间有不纯也。然其要分兵攻魏，先主将一军入斜谷，关羽将荆州之众北向，则魏首尾必不相应，事必集矣。蜀人材难得，都是武侯逐旋招致许多人，不似高祖、光武时云合响应也。"贺孙。

○ 问："集注云：'管仲之德，不胜其才；子产之才，不胜其德。其于圣人之道，概乎其未有闻也。'若据二子所成之事迹，则诚未知圣人之学。然观管仲'非鬼神通之，精神之极也'之语，与子产论伯有事，其精思察理如此，恐亦未可谓全不知圣人之学。"曰："大处他不知，如此等事他自知之。且使子路为郑国，必须强似子产。观其自谓'三年为国，可使有勇，且知方也'，则必不为强国所服属矣。"广。

贫而无怨章无

孟公绰为赵魏老则优章无

子路问成人章

○ 至之问"子路问成人"一章。答曰："有知而不能不欲，则无以守其知；能不欲而不能勇，则无以决其为知。不欲且勇矣，而于艺不足，则于天下之事有不能者矣。然有是四者，而又'文之以礼乐'，兹其所以为成人也。"又问："若圣人之尽人道，则何以加此？"曰："圣人天理浑全，不待如此逐项说矣。"〔时举。〕

○ 或问"文之以礼乐"。曰："此一句最重。上面四人所长，且把做个朴素子，唯'文之以礼乐'，却始能取四子之所长而去四子之所短。然此圣人方以为'亦可以为成人'，则犹未至于践形之域也。"时举。

○ 至之问："'子路问成人'一段，〔曰'知'、曰'不欲'、曰'勇'，曰'艺'，有是四德而'文之以礼乐'，固'可以为成人'。然圣人却只举臧武仲、公绰、卞庄子、冉求，恐是就子路之所及而言。"曰："也不是拣低底说，是举这四人，要见得四项。今有人知足以致知，又无贪欲，又勇足以决，又有才能，这个亦自是甚么样人了！何况又'文之以礼乐'，岂不足为成人？"又问："〕集注云云'才全德备'至'粹然无复偏驳之弊'。虽圣人亦不过如此。后面又说'若论其至，则非圣人尽人道不足以语此'。何也？"曰："若圣人则不用件件恁地说。"〔又问："下面说'见利思义，见危授命，久要不忘平生之言'。觉见子路也尽得此三句，不知此数语是夫子说，是子路说？"曰："这一节难说。程先生说'有忠信而不及于礼乐'，也偏。"至之云："先生又存胡氏之说在后，便也怕是胡氏之说是，所以存在后。"〕楂。

○ 亚夫问"子路问成人"一章。答曰："这一章，最重在'文之以礼乐'一句上面。'曰今之成人者何必然'以下，胡氏以为是子路之言，恐此说却是，盖圣人不应只说向下去。且'见利思义'至'久要不忘平生之言'三句，自是子路已了得底事，亦不应只恁地说。盖子路以其所能而自言，故胡氏以为'有"终身诵之"之固'也。"亚夫云："若如此，夫子安得无言以继之?"曰："却又恐是他退后说，也未可知。"
时举。

○ 杨尹叔问："'今之成人者何必然'以下，是孔子言，抑子路
言?"曰："做子路说方顺。此言亦似子路模样，然子路因甚如此说？毕
竟亦未见得。"又问："公绰不欲等，可以事证否?"曰："亦不必证。此
只是集众善而为之，兼体用本末而言。"淳。

公明贾对章

○ "时然后言"者，合说底不差过它时节。植。

○ 问"子问公叔文子于公明贾曰：'信乎夫子'至'岂其然
乎'"。曰："且说这三个'不厌'字意思看。"或云："缘它'时然后
言，时然后笑，时然后取'，所以人不厌之。"曰："惟其人不厌之，所
以有'不言'、'不笑'、'不取'之称也。盖其言合节拍，所以虽言而人
不厌之，虽言而实若不言也。这'不厌'字意，正如孟子所谓'文王之
囿，方七十里，民犹以为小'相似。"倜。

○ 魏才仲问："'子问公叔文子于公明贾'一段，当时亦未必是
夸。"曰："若不是夸，便是错说了。只当时人称之已过当，及夫子问
之，而贾所言又愈甚，故夫子不信。"可学。

○ "如'不言'、'不笑'、'不取'，似乎小，却难。若真能如此，
只是一偏之行。然公明贾却说'以告者过也'。'时然后言，乐然后笑，义
然后取'，似乎易，却说得大了。盖能如此，则是'时中'之行也。"〔焘。〕

○ 问："夫子疑之何也？"曰："吴氏得之矣。文子请享灵公也，史鳅曰：'子富君贪，祸必及矣。'观此，则文子之言岂能皆当？而其取岂能皆善乎？"事见定公十三年左氏传。

臧武仲以防求为后章

○ 或以为："时人以武仲能存祀为贤，故夫子正之。"曰："味本文意，但以时人不知其据邑有请之为要君尔，初不为存先祀发也。或又谓武仲恃齐以请，亦非也。夫子但言以防求为后，不言以齐求为后也，安得舍其据邑之显罪，而逆探其挟齐之微意乎？"

齐桓公正而不谲章

○ 或问"（威）〔桓〕文之正谲"。曰："伊川之说密矣。'晋文实有勤王之心，而不知召王之为不顺，是以谲而掩其正也。齐（威）〔桓〕伐楚责包茅，虽其心未必尊天子，而其事则正，是以正而掩其谲也。'孔子言之以为戒。正者，行其事尔，非大正也，亦犹管仲之仁止以事功而言也。"

○ 问："晋文公'谲而不正'，诸家多把召王为晋文之谲。集注谓'伐卫以致楚师，而阴谋以取胜'，这说皆为通否？"曰："晋文举事多是恁地，不肯就正做去。吕伯恭博议论此一段甚好，然其说忒巧。节节看来却都是如此。晋文用兵便是战国孙吴气习。"寓。

○ 东莱博议中论桓文正谲甚详，然说亦有过处。又曰："桓公虽谲，却是直拔行将去，其谲易知。如晋文，都是藏头没尾，也是跷欹。"
道夫。

桓公杀公子纠章

○ 问："集〔解〕〔注〕说：'子路疑管仲忘君事仇，忍心害理，
不得为仁。'此忍心之'忍'是残忍之'忍'否？方天理流行，遽遏绝
之使不得行，便是忍心害理。"曰："伤其恻隐之心便是忍心。如所谓
'无求生以害仁'，害仁便是忍心也。故谢子说'三仁'云：'三子之行
同出于至诚恻怛之意。'此说甚好。"广。

○ 江问："'如其仁'，或说如召忽之仁。"曰："公且道此是许管
仲，是不许管仲？看上面如此说，如何唤做不许他？上面说得如此大
了，下面岂是轻轻说过？旧见人做时文，多做似仁说，看上文是不如
此。公且道自做数句文字，上面意如此，下面意合如何？圣人当时举他
许多功，故云谁如得他底仁。终不成便与许颜子底意相似。管仲莫说要
他'三月不违仁'，若要他三日，也不会如此。若子贡、冉求诸人，岂
不强得管仲！"叶贺孙。

○ 亚夫问："管仲之心既已不仁，何以有仁者之功？"曰："如汉
高祖、唐太宗，未可谓之仁人。然自周室之衰，更春秋战国以至暴秦，
其祸极矣。高祖一旦出来平定天下，至文景时几致刑措。自东汉以下，
更六朝乱胡以至于隋，虽曰统一，然炀帝继之，残虐尤甚，太宗一旦扫
除以致贞观之治。此二君者，岂非是仁者之功耶？若以其心言之，本自
做不得这个功业，然谓之非仁者之功可乎？管仲之功亦犹是也。"时举。

○ 才仲问:"南轩解子路、子贡问管仲,疑其'未仁'、'非仁',故举其功以告之。若二子问'管仲仁乎',则所以告之者异。此说如何?"先生良久曰:"此说却当。"可学。

管仲非仁者章

○ 淳问:"伊川言:'仲始与之同谋,遂与之同死,可也。知辅之争为不义,将自免以图后功,亦可也。'切谓天下无两可之理,一是则一非,如两可之说,恐亦失之宽否?"曰:"虽无两可,然前说亦是可,但自免以图后功,则可之大者。"淳曰:"孟子'可以死,可以无死',是始者见其可以死,后细思之,又见其可以无死,则前之可者为不可矣。"曰:"即是此意也。"淳。

○ 问:"集解云:'管仲有功而无罪,故圣人独称其功。王魏先有罪而后有功,则不以相掩可也。'其视程子说固平实矣。然人之大节已失,其余莫不足观否?"曰:"虽是大节已失,毕竟他若有功时,只得道他是有功始得。"广。

○ 问:"集注谓:'王魏先有罪而后有功,不可以相掩。'只是论其罪则不须论其功,论其功则不须论其罪否?"曰:"是也。"淳。

○ "管仲,孔子自有说他过处,自有说他功处,过不能以掩功。如唐之王魏亦然。"或问:"设有弑父弑君不可赎之罪,虽有功,亦在所不说矣。"曰:"如此,则无可言者。"文蔚。

○ 李丈问:"管仲功可掩过否?"曰:"他义不当死。"又曰:"这般处亦说得不分晓，大抵后十篇不似前十篇。如'子路问成人'处，亦说得粗。"淳问："如武仲之知、公绰之不欲、卞庄子之勇、冉求之艺，皆不是十分底事否？"曰："是。"<u>淳</u>。

公叔文子之臣大夫僎章_无

公叔文子之臣大夫僎章<small>无</small>

子言卫灵公之无道章<small>无</small>

其言之不怍章<small>无</small>

陈成子弑简公章

○ 问："'陈成子弑简公'章，云：'三子有无君之心，夫子所以警之。'"曰："须先看得圣人本意。夫子初告时，真个是欲讨成子，未有此意。后人自流泝源，知圣人之言可以警三子无君之心，非是圣人托讨成子以警三子。圣人心术不如此枉曲。"<u>雉</u>。

○ 或问："孔子当周衰时，可以有为否？"曰："圣人无有不可为之事，只恐权柄不入手。若得权柄在手，则兵随印转，将逐符行。近温左氏传，见定、哀时煞有可做底事。"问："固是圣人无不可为之事。不知圣人有不可为之时否？"曰："便是圣人无不可为之时。若时节变了，圣人又自处之不同。"又问："孔子当衰周时岂不知时君必不能用己？"曰："圣人却无此心，岂有逆料人君能用我与否？到得后来说'吾不复

梦见周公'，与'凤鸟不至，河不出图，吾已矣夫'时，圣人亦自知其
不可为矣，但不知此等话是几时说。据'陈恒弑其君，孔子沐浴而朝请
讨之'时是获麟之年，那时圣人犹欲有为也。获麟在鲁哀公十四年，十六年
孔子卒。"广。

〇　伊川言："孔子时大伦乱矣，请伐齐以讨其弑君之罪。使哀公
能从其请，孔子必有处置，须使颜回事周，子路事晋，天下大计可立而
遂，孔子临老有此一段事好做。奈何哀公不能从，可惜！"或问："当时
鲁之兵柄分属三家，哀公虽欲从孔子之言，然不告三子则兵不可出，而
孔子意乃不欲往告，何哉？"曰："哀公诚能听孔子言以讨齐乱，则亦召
三子而以大义诏之。理明义正，虽或不欲，而孰敢违之哉？今无成命，
反使孔子往告，则是可否之权决于三子而不决于公也。况鲁之三家，即
齐之陈氏，其不欲讨之必矣，是则不惟名义之不正，而事亦岂可得成
哉？孔子以君命之重，不得已而往，尚冀其万一之或从也。而三子果以
为不可，则复正言之，以明君臣大伦所系之重。虽欲不告而不敢以已，
其所以警三子者亦深矣。"

〇　问："伊川谓：'左氏载孔子言曰："陈（亘）〔恒〕弑其君，民
之不与者半。以鲁之众加齐之半，可克也。"此非孔子之言。诚若此言，
是圣人以力角胜而不以义理也。'"曰："圣人举事也不会只理会义理，
都不问利害。事也须是可行始得，但须是先得鲁之众，方可用齐之半。
盖齐之半虽未必难动，而鲁之众却未便得它从。然此事圣人亦必入思
虑，但却不专主此也。故伊川又云：'借便言行，则亦上有天子，下有
方伯，谋而后行。'然则圣人亦非不量力而浪战也。明君臣之大义以见
弑逆之大恶，天下所不容，人人得诛之。以天下之兵讨天下之贼，彼虽
众，亦奚以为哉？固不当区区较齐鲁之强弱也。左氏所记盖传闻之谬，
以众人之腹为圣人之心者尔。"

子路问事君章

○ 亚夫问"勿欺也，而犯之"。曰："犯，只是'有犯无隐'之'犯'。如'三谏不听'之类，谏便是犯也。"_{时举}

○ 徐问："'勿欺也，而犯之。'子路岂欺君者？莫只是他勇，便解恁地否？"曰："是恁地。子路性勇，凡言于人君，要他听，或至于说得太过，则近乎欺。如唐人谏敬宗游骊山，谓骊山不可行，若行必有大祸。夫骊山固是不可行，然以为有大祸，则近于欺矣。要之，其实虽不失为爱君，而其言则欺矣。"_{辛。张杕舆谏。辛。骊山事见宝历元年。}

○ 张敬夫说亦善，谓"犯颜纳忠，事君之义，然勿欺其本也"。勿欺矣，则诚信充积，一不得已，有时而犯之，则有以感动也。若忠信有所不足，则于事君之道为未尽，而徒以犯颜为事，亦鲜味矣。如"纳交要誉"之类，一毫之萌皆为欺也。以子路之刚强，惧其果于犯也，故告之以"勿欺"为主。

○ 问："如何是欺？"曰："有意瞒人便是欺。"曰："看得子路不是瞒人底人。"曰："'无臣而为有臣'，乃欺也。"_{广。}

君子上达章

○ "君子上达"，一日长进似一日；"小人下达"，一日沉沦似一日。_{贺孙。}

○ 问："注云：'君子反天理，故日进乎高明；小人徇人欲，故日究乎污下。'"究"字之义如何？"曰："究者，究竟之义，言究竟至于极也。此段本横渠、吕与叔之言，将来凑说，语意方备。小人徇人欲，只管被它坠下去，只见沉了，如人坠水相似。"因又言究竟之义："今人多是如此。初间只是差些子，少间究竟将去，越见差得多。如说道理亦是如此。初间错些子，少间只管去救，救来救去，越弄得大。无不如此。如人相讼，初间本是至没紧要底事，吃不过，胡乱去下一纸状。少间公吏追呼，出入搔扰，末梢计其所费，或数十倍于所争之多。今人做错一件事，说错一句话，不肯当下觉悟便改，却只管去救其失，少间救得过失越大。无不是如此。"僴。

○ 螢问"君子上达，小人下达"。曰："伊川'君子为善，只有上达；小人为不善，只有下达'之说为至，其次则吕氏'君子日进乎高明，小人日究乎污下'之说亦得之。达，只是透向上去。君子只管进向上，小人只管向下。横渠'上达反天理，下达徇人欲者欤'亦是。尹氏之谓达，却只是说得'君子喻于义'之意，却只是喻晓之义。杨氏之说舜跖，却是伊川之意。谢氏之说大段远了，不干事。范氏之说，初是喻于义利，次是达于上下，其末愈上愈下，却有伊川之意。大抵范氏说多如此，其人最好编类文字，观书多匆遽，不子细。如学而首章，说得乱董董地，觉得他理会这物事不下。大抵范氏为人宏博纯粹，却不会研究透彻。如唐鉴，只是大体好，不甚精密，议论之间多有说那人不尽。如孙之翰唐论虽浅，到理会一事直穷到底，（交）〔教〕他更无转侧处。"螢。

古之学者为己章

○ 立之问"古之学者为己，今之学者为人"。曰："此只是初间用心分毫之差耳。所谓'上达'、'下达'者，亦只是自此分耳。下达者只因分毫有差，便一日昏蔽似一日。如人入烂泥中行相似，只见一步深似一步，便浑身陷没，不能得出也。君子之学既无所差，则工夫日进，日见高明，便一日高似一日也。"因言秦桧："所以与张魏公有隙之由，乃因魏公不荐他作宰相，而荐赵丞相，故后面生许多怨恶，盖皆始于此耳。"时举。

○ 学者只是不为己，故日间安顿此心在义理上时少，安顿在闲事上时多。于义理却生，于闲事却熟。方子。

○ 学者须是为己。圣人教人只在大学第一句"明明德"上，以此立心则如今端〔己敛〕容亦为己也，读书穷理亦为己也，做得一件事是实亦为己也。圣贤教人持敬，只是须着从这里地说去。其实若知为己后，则自然着敬。方子。

○ 与冯德英说为己、为人。曰："若不为己，看做甚事都只是为别人，虽做得好亦不关己。自家去从师，也不是要理会身己，自家去取友，也不是（自）要理会身己。自家只是漫恁地，只是要人说道也曾如此，只〔是〕要人说道（理）好。自家又识得甚么人，自家又有几个朋友，这都是徒然。说道看道理，不曾着自家身己，如何会晓得！世上如此为学者多。只看为己底是如何，他直是苦切。事事都是自家合做底事，如此方可，不如此定是不可。今有人苦学者，他因甚恁底苦？他只为见这个物事是自家合做底事。如人吃饭，是缘自家肚饥，定是要得吃。又如人做家主，要钱使，他在外面百方做计，壹钱也要将归。这是为甚如此？这只是为自家自身上事。若如此为学，如何会无所得？"贺孙。

○ 行夫问："南轩云'为己者，无所为而然也'。这是见得凡事皆吾所当为，非求人知，不求人誉，无倚无靠之谓否？"曰："有所为者，是为人也。这须是见得天下之事实是己所当为，非吾性分之外所能有，然后为之，则无为人之弊耳。且如'哭死而哀，非为生者'也。今人吊丧，以亡者平日与我善厚，真个可悼，哭之发于中心，此固出于自然者。有一般人，欲亡者家人知我如此哭，便不是，这便是为人。又如做一善事是自家自肯去做，非待人教自家做方勉强做，此便不是为人也。"

○ 问为己。答曰："这须要自看，逐日之间小事大事，只是道我合当做，便如此行，这便是无所为。且如读书，只道自家合当如此读，合当如此理会身己。才说要人知便是有所为。如世上人才读书，便安排这个好做时文，此又为人之甚者。"贺孙。

○ "学者须是为己。譬如吃饭，宁可逐些吃令饱为是乎？宁可铺摊放门外报人道我家有许多饭为是乎？近来学者多是以自家合做底事报与人知。"又言："此间学者多好高，只是将义理略从肚里过，却糊出许多说话。旧见此间人做婚书，亦说天命人伦。男婚女嫁自是常事，盖缘有厌卑近之意，亦须将日用常行底事装荷起来。如此者只是不为己、不求益，只是好名、图好看，亦聊以自诳。如南越王黄屋左纛，聊以自娱尔。"方子。

○ 问："伊川云：'为己，欲得之于己也；为人，欲见知于人也。'后又云：'"古之学者为己"，其终至于成物；"今之学者为人"，其终至于丧己。'两说不同，何也？"曰："此两段意思自别。前段是低底为人，后段是好底为人。前为人，只是欲见知于人而已。后为人，却是真个要为人。然不曾先去自家身己上做得工夫，非唯是为那人不得，末后和己也丧了。"雉。

○ 今人都是为人而学。某所以教诸公读大学，且看古人为学是如何，是理会甚事。诸公愿为古人之学乎？愿为今人之学乎？敬仲。

蘧伯玉使人于孔子章

○ 问："庄子说'<u>蘧伯玉</u>行年五十，而知四十九年之非'，此句固好。又云'行年六十而六十化'，化是如何？"曰："谓旧事都消忘了。"又曰："此句亦说得不切实。<u>伯玉</u>却是个向里做工夫人，<u>庄子</u>之说自有过当处。"<u>广</u>。

○ <u>李公晦</u>问"行年六十而六十化"。先生云："只是消融了，无固滞。'百神享之'，如'祈晴得晴，祈雨得雨'之类。"<u>盖卿</u>。

○ 或问："<u>荷蓧</u><u>沮溺</u>之徒贤于世俗之人远矣，不知比<u>蘧伯玉</u>如何？"曰："<u>荷蓧</u>之徒高于<u>子产</u>、<u>晏平仲</u>辈，而不及<u>伯玉</u>，盖<u>伯玉</u>知为学者也。"<u>㑁</u>。

○ <u>蘧伯玉</u>使者之言极有味，学者所宜熟玩而深省焉者。<u>范氏</u>谓："君子之患在于未能寡过，能寡其过，益莫大焉。"<u>杨氏</u>谓："欲寡其过，非克己能如是乎？使者对之无溢辞，而<u>伯玉</u>之贤益彰，故夫子善之。"<u>谢氏</u>谓："世盖有欲言人之贤而未知所以言者，使者以此称<u>伯玉</u>，亦可谓知言矣。"<u>尹氏</u>谓："语谦卑而事美，善称其主者也。"<u>胡氏</u>谓："未能寡过乃<u>伯玉</u>心事，而使者知之，虽<u>伯玉</u>克己日新之符著见于外，而使者亦可谓知德而能言矣。"

不在其位章_无

君子思不出其位章_无

君子耻其言而过其行章_无

君子道者三章_无

子贡方人章

○ 圣人说："赐也贤乎哉，夫我则不暇。"学者须思量不暇个甚么，须于自己体察方可见。<u>友仁</u>。

不患人之不己知章

○ <u>侯氏</u>谓"君子修己而已，人知不知非所患也"。<u>尹氏</u>谓"反求诸己，不愿乎其外也"。此二说得其要矣。<u>张敬夫</u>之说亦善，谓："四端五典，虽圣人不自以为能尽也，而况于学者，其不能之患何有极乎？而何所愿乎外也？若有一毫患人不己知之心萌于中，则其害甚矣！"

不逆诈章

○ "虽是'不逆诈，不亿不信'，然也须要你能先觉，方是贤。盖

逆诈，亿不信，是才见那人便逆度之。先觉，却是他诈与不信底情态已
露见了，自家这里便要先觉。若是自家面前诈与不信，却都不觉时，自
家却在这里做什么，理会甚事？便是昏昧呆底相似。此章固是要人不得
先去逆度，亦是要人自着些精采看方得。"又问杨氏"诚则明矣"之说。
曰："此说大了，与本文不相干。如待诚而后明，其为觉也后矣。盖此
章人于日用间便要如此。"_焘。

○ 问："'不逆诈，〔不〕亿不信'，如何又〔以〕先觉为贤？"曰：
"聪明底人便自觉得，如目动言肆，便见得是将诱我。燕王告霍光反，
汉昭帝便知得霍光不反。燕在远，如何知得？便是它聪明见得，岂非贤
乎！若当时便将霍光杀了，安得为贤！"_铢。

○ 才仲问："南轩解'不逆诈'一段，引孔注：'先觉人情者，是
能为贤乎！'此说如何？"曰："不然。人有诈、不信，吾之明足以知之，
是之谓'先觉'。彼未必诈，而逆以诈待之；彼未必不信，而先亿度其
不信，此则不可。周子曰'明则不疑'，凡事之多疑，皆生于不明。如
以察为明，皆至暗也，唐德宗之流是也。如放齐称'胤子朱启明'，而
尧知其嚚，尧之明有以知之，是先觉也。凡'抑'字皆是挑转言语，旧
见南轩用'抑'字，多未安。"_{可学}。

微生亩谓孔子章

○ 微生亩盖晨门之徒。当时多有此般人，如棘子成亦此类。_㲄。

子曰骥不称其力章_无

子曰以德报怨章

○ 亚夫问"以德报怨"一章。先生曰:"'以德报怨'不是不好,但上面更无一件可以报德。譬如人以千金与我,我以千金酬之,便是当然。或有人盗我千金,而吾亦以千金与之,却是何理!视与我千金者更无轻重,断然是行不得也。"时举。

○ 问"以直报怨,以德报德"。先生曰:"圣人答得极好。'以德报怨',怨乃过德。以怨报德,岂是人情?'以直报怨'则于彼合为则为,是无怨也,与孟子'三反'(于)〔及〕'不校'同。礼记云:'以德报怨,宽身之仁也。'言如此亦是宽身,终不是中道。"可学问:"礼记注改'仁'作'人'。"曰:"亦不必改。"通老问:"在官遇故旧,有公事,如何?"曰:"亦权其轻重,只看此心。其事小亦可周旋,若事大,只且依公。"某问:"苏章夜与故人饮,明日按之,此莫太不是?"曰:"此是甚人?只是以故人为货!如往时秦桧当国,一日招胡明仲饮,极欢。归则章疏下,又送路费甚厚,殷勤手简。秦桧有数事,往日亲闻之胡侍郎及籍溪先生:'太上在河北为虏骑所逐,祷于崔府君庙,归而立其祠于郊坛之旁。'桧一日奏事,因奏:'北使将来,若见此祠而问,将何以对?'遽命移于湖上。"可学。

○ "'以德报德',盖它有德于我,自是着饶润它些子。所谓公法行于上,私义伸于下也。'以直报怨',当赏则赏之,当罚则罚之,当生则生之,当死则死之,怨无与焉。不说自家与它有怨,便增损于其间。"问:"如此,所以'怨有不雠,德无不报'。"曰:"然。"〔又云:"'以德报怨',是着意要饶他。如吕晦叔为贾昌朝无礼,捕其家人坐狱。后吕为相,适值朝廷治贾事,吕乃乞宽贾之罪,'恐渠以为臣与有私怨'。后贾竟以此得减其罪。此'以德报怨'也。然不济事，于大义都背了。盖赏罚出于朝廷之公，岂可以己意行乎其间。"〕问："表记云：'以德报怨，宽身之仁也；以怨报怨，刑戮之民也。'此有病否？"曰："此也似说得好。'以德报怨'，自家能饶人，则免得人只管来怨自家，故曰'宽身之仁也'。如'以怨报怨'，则日日相捶斗打，几时是了？故曰'刑戮之民也'。"焘。

○ 圣人说话无不子细，磨棱合缝，盛水不漏。且如说"以德报怨"，如说那"一言兴邦"似。其他人便只说"予无乐乎为君，惟其言而莫予违也"，便可以丧邦，只此一句便了。圣人则须是恁地子细说方〔休〕。如孟子说得便粗，如"今之乐，犹古之乐"、大王 公刘好色好货之类。故横渠说："孟子比圣人自是粗；颜子所以未到圣人，亦只是心尚粗。"义刚。

○ 问："'以德报怨'章，注谓'旨意曲折反覆，微妙无穷'，何也？"曰："'以德报怨'本老氏语。'以德报怨'，于怨者厚矣，而无物可以报德，则于德者不亦薄乎！吕申公为相，曾与贾种民有怨，却与之郡职，可谓'以德报怨'，厚于此人矣，然那里人多少被其害！贾素无行，元丰中在大理为蔡确鹰犬，申公亦被诬构。及公为相，而贾得罪，公复为请知通利军。'以直报怨'则不然，如此人旧与吾有怨，今果贤邪，则引之荐之；果不肖邪，吾则弃之绝之，是盖未尝有怨矣。老氏之言死定了。孔子之言意思活，移来移去都得。设若不肖者后能改而贤，则吾又引荐之矣。"淳。

莫我知也夫章

○ 问："孔子告子贡曰'莫我知也夫'一段，子贡又不曾问，夫子告之必有深意，莫是警子贡否？"曰："论语中自有如此等处，如告子路'知德者鲜'、告曾子'一以贯之'，皆是一类。此是大节目，要当自得。这却是个有思量底事，要在不思量处得。"文蔚。

○　问"莫我知也夫"。曰："夫子忽然说这一句做甚？必有个着落处。当时不特门人知孔子是圣人，其它亦有知之者，但其知处不及门人知得较亲切。然孔子当是时说这话，他人亦莫知着落。惟是子贡便知得这话必有意在，于是问'人皆知夫子是圣人，何为说道莫之知'。夫子所答三句，大抵都是退后底说话。'不怨天'，是于天无所逆。'不尤人'，是于人无所忤。'下学而上达'，是在这里贴贴地理会，如水无石，如木无风，人亦无缘知得。而今人所以知于人者，都是两边作得来张眉努眼，大惊小怪。'知我者其天乎'，便是人不及知，但有天知而已，以其与天相合也。此与对叶公之语略相似，都是放退一步说。大概圣人说话平易，若孟子，便早自不同。"夔孙。按：黄义刚录同而略，今附云："子曰'莫我知也夫'，当时不惟门人知夫子，别人也知道他是圣人，而今夫子却怎地说时是如何？如子贡之聪明，想见也大故知圣人，但尚有知未尽处，故如此说。子贡曰：'何为其莫知子也？'子贡说是他不为不知夫子，所以怪而问之。夫子便说那下面三句。这三句便似那叶公问孔子于子路处样，皆是退后一步说。'不怨天'是于天无所违逆，'不尤人'是于人无所违忤。'下学'，是各自恁地做；'上达'，是做后各自理会得。这个不响不唤，如水之无石，如木之无风，只贴贴地在这里，宜其人不能知。若似其撑眉努眼，恁地叫唤价做，时人却便知，但圣人却不恁地，只是就平易去做。只这平易便是人不能及处。便如'发愤忘食，乐以忘忧'样，便着似乎只是恁地平说，但是人自不可及。人既不能知，则只有天知。所以只有天知时，也是他道理与天相似了。"

○　问："何以'人莫之知而天独知之'？"曰："其不怨不尤也，则不责之人而责之己。其下学人事也，则又不求之远而求之近。此固无与于人而不骇于俗矣，人亦何自而知之耶？及其上达而与天为一焉，则又非人之所能知者，而独于天理相关耳。此所以'人莫之知而天独知之'也。"

○ "'不怨天，不尤人。'此二句体之于身，觉见'不尤人'易，'不怨天'难。何以能'不怨天'？"曰："此是就二句上生出意。看了且未论恁地，且先看孔子此段本意。理会得本意，这便自了。此段最难看。若须要解如何是'不怨天'，如何是'不尤人'，如何是'下学'，如何是'上达'，便粘滞了。天又无心无肠，如何知得孔子？须是看得脱洒始得。此段只浑沦一意。盖孔子当初叹无有知我者，子贡因问'何为莫知子'，夫子所答辞只是解'何为莫知子'此一句。大凡不得乎天则怨天，不得乎人则尤人。我不得乎天亦不怨天，不得乎人亦不尤人，与世都不相干涉。方其下学人事之卑，与众人所共，又无奇特耸动人处。及忽然上达天理之妙，人又捉摸不着，如何能知得我？知我者毕竟只是天理，与我默契耳。以此见孔子浑是天理。"久之，又曰："圣人直是如此潇洒，正如久病得汗，引箭在手，忽然破的也。"又曰："孔子当初说这般话与子贡时，必是子贡有堪语这道理模样。然孔子说了，子贡又无以承受，毕竟也未晓得，亦未可知。若他晓得，亦必有语。如'予欲无言'、'予一以贯之'，亦然。如曾子闻'一贯'语，便曰'唯'，是他晓得。"董问："子贡后来闻性与天道，如何？"曰："亦只是方闻得，毕竟也未见得透彻。'不怨天，不尤人，下学而上达'这三句，与'发愤忘食，乐以忘忧，不知老之将至'三句同。以为夫子自誉，则又似自贬；以为自贬，则又似自誉。"淳。寓、伯羽录同。〔饶录殊略。〕

○ 胡叔器问："下学只是切近处求否？"曰："也不须恁地拣，事到面前便与理会。且如读书，读第一章便与理会第一章，读第二章便与理会第二章。今日撞着事来便与理会这事，明日撞着那事来便与理会那事。万事只是一理，不是只拣那大底、要底理会，其他都不管。〔譬如海水，一湾一曲、一洲一渚无非海水，不成道大底是海水，小底不是。程先生曰：'穷理者非谓必尽穷天下之理，又非谓止穷得一理便到。但积累多后，自当脱然有悟处。'又曰：'自一身之中以至万物之理，理会得多，自当豁然有个觉处。'今人务博者却要尽穷天下之理，务约者又谓反身而诚则天下之物无不在我，此皆不是。且如一百件事，理会得五六十件了，这三四十件虽未理会，也大概可晓了。某在漳州，有讼田者，契数十本，自崇宁起来，事甚难考。其人将正契藏了，更不可理会。某但索四畔众契比验，四至昭然。及验前后所断，情伪更不能逃。"又说："尝有一官人断争田事，被其搅了案，其官人却来那穿款处考出。穷理亦只是如此。"〕

○　蔡问："有一节之上达，有全体之上达否？"曰："不是全体。只是这一件理会得透，那一件又理会得透，积累多便会贯通。不是别有一个大底上达，又不是下学中便有上达，须是下学方能上达。今之学者于下学便要求玄妙则不可。'洒扫应对，从此可到形而上，未便是形而上'，谢氏说过了。"郑曰："今之学者，多说文章中有性、天道。南轩亦如此说。"曰："他太聪敏，便说过了。"淳。

○　"下学而上达"，每学必自下学去。〔泳。〕

○　下学、上达，虽是二事，只是一理。若下学得透，上达便在这里。道夫。

○　道理都在我时是上达。譬如写字，初习字时，是下学；及写得熟，一点一画都合法度，是上达。明作。

○　下学者，事也；上达者，理也。理只在事中。若真能尽得下学之事，则上达之理便在此。道夫。

○　下学只是事，上达便是理。下学、上达，只要于事物上见理，使邪正是非各有其辨。若非子细省察，则所谓理者何从而见之？谟。

○ 问"下学而上达"。曰："学之至，即能上达，但看着力不着力。十五而志乎学，下学也。能立，则是上达矣。又自立而学能不惑，则上达矣。层层级级达将去，自然日进乎高明。"洽。

○ 须是下学方能上达。然人亦有下学而不能上达者，只缘下学得不是当。若下学得是当，未有不能上达。释氏只说上达，更不理会下学。然不理会下学，如何上达！道夫。

○ 问："'下学上达'，圣人恐不自下学中来。"曰："不要说高了圣人。〔高后，学者如何企及？〕越说得低，越有意思。"〔季札。〕

○ 问"不怨天不尤人"一段。曰："如此故不知。"可学。

○ 问："'知我者其天乎'，只是孔子自知否？"曰："固然。只是这一个道理。"广。

○ 问"莫我知也夫"一节。"此语乃是提撕子贡。'不怨天，不尤人，下学'处，圣人无异于众人。到那'上达'处不同，所以众人却莫能知得，惟是天知。"又曰："中庸'苟不固聪明圣智达天德者，其孰能知之'，古注云：'惟圣人能知圣人。'此语自好。所谓天知者，但只是理一般而已。乐天便是'不怨天'，安土便是'不尤人'。事理间便是那下学、上达底。"植。

○ 问："'莫我知也夫'与'予欲无言'二段，子贡皆不能复问，想是不晓圣人之意。"曰："非是不晓圣人语意，只是无默契合处，不曾有默地省悟触动他那意思处。他若有所默契，须发露出来，不但已也。"侗。

○ 问："'方其为学，虽上智不容于不下；及其为达，虽下愚不容于不上'，此与'上智下愚〔不移〕'不相梗否？"曰："不干那事。若恁地比并理会，将间都没理会了。且看此处（直）〔真〕意：方其学时，虽圣人亦须下学。如孔子问礼，问官名，未识须问，问了也须记。及到达处，虽下愚也会达，便不愚了。某以学者多不肯下学，故下此语。"问："何谓达？"曰："只是下学了，意思见识便透过上面去。"淳。

○ 寓问明道言"'下学而上达'，意在言表"。曰："'意在言表'，如下学只是下学，如何便会上达？自是言语形容不得。下学、上达虽是两件，理会得透彻凑合，只一件。下学是事，上达是理。理在事中，事不在理外。一物之中皆具一理，就那物中见得个理便是上达，如'大而化之之谓圣，圣而不可知之之谓神'。然亦不离乎人伦日用之中，但恐人不能尽所谓学耳。果能学，安有不能上达者！"

○ 程子曰"'下学上达'，意在言表"。因其言以知其意，便是"下学上达"。淳。

○ 问："'意在言表'是如何？"曰："此亦无可说。说那'下学上达'，便是'意在言表'了。"广。

公伯寮愬子路于季孙章

○ 问吕氏曰"道出乎天，非圣人不兴。无圣人，则废而已。故孔

子以道之废兴付之命，以文之得丧任诸己"。曰："道，只是有废兴，却
丧不得。文，如三代礼乐制度，若丧，便扫地。"_谠。

贤者辟世章

○　时举问"贤者辟世"一章。曰："凡古之隐者，非可以一律看。
有可以其时之所遇而观之者，有可以其才德之高下而观之者。若<u>长沮</u>、
<u>桀溺</u>之徒，似有长往而不返之意。然设使天下有道而出，计亦无甚施
设，也只是独善其身，如<u>老庄</u>之徒而已。大抵天下有道而见，不必待
其十分太平然后出来；天下无道而隐，亦不必待其十分大乱然后隐去。
天下有道，譬如天之将晓，虽未甚明，然自此只向明去，不可不出为之
用。天下无道，譬如天之将夜，虽未甚暗，然自此只向暗去，知其后来
必不可支持，故亦须见几而作也。"_{时举}。

○　"'贤者辟世'，浩然长往而不来，举世弃之而不顾，所谓'遁
世不见，知而不悔'者也。"问："<u>沮</u>、<u>溺</u>、<u>荷蓧</u>之徒，可以当此否？"
曰："可以当之。"或云："<u>集注</u>以<u>太公</u>、<u>伊尹</u>之徒当之，恐非<u>沮</u>、<u>溺</u>之
徒可比也。"曰："也可以当，只是<u>沮</u>、<u>溺</u>之徒偏耳，<u>伊</u>、<u>吕</u>平正。"_侗。

作者七人章_无

子路宿于石门章

○　问："'石门'章，先生谓圣人'无不可为之时'。且以人君言

之，尧之所以处丹朱而禅舜，舜之处顽父、嚚母、傲弟之间，与其所以处商均而禅禹；以人臣言之，伊尹之所以处太甲，周公之所以处管蔡，此可见圣人无不可为之时否？"曰："然。"广。

子击磬于卫章

○ "子击磬于卫。"〔先生云："如何闻击磬而知有忧天下之志？"或对曰："政如听琴而知其心在螳螂捕蝉耳。"久之，先生曰：〕"天下固当忧，圣人不应只管忧。如'乐亦在其中'，亦自有乐时。"或云："圣人忧天下，其心自然如此。如天地之造化万物，而忧不累其心。"曰："然则击磬之时，其心忧乎，乐乎？"对云："虽忧而未尝无乐。"又有云："其忧世之心，偶然见于击磬之时。"先生皆不然之，曰："此是一个大题目，须细思之。"寿仁。

○ 问："荷蒉闻磬声，如何便知夫子之心不忘天下？"曰："他那个人煞高，如古人于琴声中知有杀心者耳。"因说："泉州医僧妙智大师后来都不切脉，只见其人，便知得他有甚病。又后来虽不见其人，只教人来说，因其说便自知得。此如'他心通'相似。盖其精诚笃至，所以能知。"又问："'硁硁乎'是指磬声而言否？"曰："大约是如此。"广。东汉蔡邕至主人之门，潜听琴声而知有杀心，乃鼓琴者见螳螂捕蝉，惟恐其失之，遂形于声也。

上好礼则民易使章

○ "礼达而分定。"达，谓达于下。广。

子路问君子章

○ 陈仲卿问"修己以敬"。答曰:"敬者,非但是外面恭敬而已,须是要里面无一毫不直处,方是所谓'敬以直内'者(是)也。"时举。

○ 或问:"修己如何能安人?"曰:"且以一家言之,一人不修己,看一家人安不安!"芝。

○ 陈仲卿问"修己以敬,修己以安人,修己以安百姓"。曰:"须看'敬以直内'气象。敬时内面一齐直,彻上彻下,更无些子私曲。若不敬,则内面百般计较,做出来皆是私心。欲利甲必害乙,利乙必害丙。如何得安?"

○ 问:"'体信达顺。''体信'是体其理之实,'达顺'是行其理之宜否?"曰:"如'忠'、'恕'二字之义。"广。

○ 寓问:"'子路问君子',伊川说:'此体信达顺之道,聪明睿智皆由是出。'如何是'体信达顺'?"曰:"'体信',只尽这至诚道理,顺即自此发出,所谓'和者天下之达道'。'体信达顺'即是'主忠行恕'。"问:"'聪明睿智皆由是出',是由恭敬出否?"曰:"是心常恭敬,则常光明。"先生又赞言:"'修己以敬'一句,须是如此。这处差,便见颠倒错乱。诗称成汤'圣敬日跻',圣人所以为圣人皆由这处来。这处做得工夫,直是有功。"寓。〔道夫录略。〕

○ "体信"是忠,"达顺"是恕。"体信"是无一毫之伪,"达顺"是发而皆中节,无一物不得其所。"聪明睿智皆由是出",是自诚而明意思。"体信"是真实无妄，"达顺"是使万物各得其所。<u>贺孙</u>。

○ 问："'此体信达顺之道，聪明睿智皆由是出'，何也?"曰："只是恭敬，则人之心便开明。"_{按：}<u>陈淳</u>_{录同。}

○ <u>亚夫</u>问："<u>程</u>先生说'修己以敬'，因及'聪明睿知皆由此出'，不知如何?"曰："且看敬则如何不会聪明！敬则自是聪明。人之所以不聪不明，止缘身心惰慢，便昏塞了。敬则虚静，自然通达。"<u>贺孙</u>因问："<u>周子</u>云'静虚则明，明则通'，是此意否?"曰："意亦相似。"<u>贺孙</u>。

○ "修己以敬。"<u>杨至之</u>问："如何<u>程</u>氏说到'祀天享帝'了，方说'聪明睿智，皆由此出'?"曰："如此问，乃见公全然不用工夫。'聪明睿智'如何不由敬出！且以一国之君看之：此心才不专静，则奸声佞辞杂进而不察，何以为聪？乱色诐说之容交蔽而莫辨，何以为明？睿智皆出于心，心既无主，则应事接物之间，其何以思虑而得其宜？所以此心常要肃然虚明，然后物不能蔽。"又云："'敬'字，不可只把做一个'敬'字说过，须于日用间体认是如何。此心常卓然公正，无有私意，便是敬；有些子计较，有些子放慢意思，便是不敬。故曰'敬以直内'，要得无些子偏邪。"又与<u>文振</u>说："平日须提掇精神，莫令颓塌放倒，方可看得义理分明。看公多恁地困漫漫地，'则不敬莫大乎是'。"<u>贺孙</u>。

○ 问"修己"注中云云"龟龙麟凤"。"体信"是体这诚信，"达顺"是适行顺道。"聪明睿智，皆由是出"者，皆由敬出。"以此事天飨帝"，"此"即敬也。<u>植</u>。

○ 因说<u>程子</u>言"君子修己以安百姓，笃恭而天下平"至"以此事天享帝"，此语上下不难说。惟中间忽云"聪明睿智，皆由此出"，则非容易道得，是他曾因此出些聪明睿智来。儒用。

○ 因叹"敬"字工夫之妙，圣学之所以成始成终者皆由此，故"修己以敬"。下面"安人"、"安百姓"皆由于此。只缘子路问不置，故圣人复以此答之。要之，只是个"修己以敬"，则其事皆了。或言："自秦汉以来诸儒皆不识这'敬'字，直至程子方说得亲切，学者始知所用力。"曰："程子说得如此亲切了，近世程沙随犹非之，以为圣贤无单独说'敬'字时，只是敬亲、敬君、敬长方着个'敬'字，全不成说话。圣门曰'敬而无失'、曰'圣敬日跻'，何尝不单独说来？若言有君、有亲、有长时用敬，则无君亲、无长之时将不敬乎？都不思量，只是信口胡说。"侧。

原壤夷俟章

○ 原壤无礼法。淳于髡是个天魔外道，本非学于孔孟之门者，陆子静如何将来作学者并说得！道夫。

○ 问："原壤登木而歌，'夫子为弗闻也者而过之'，待之自好。及其夷俟则以杖叩胫，近于太过。"曰："这里说得却差。如原壤之歌，乃是大恶。若要理会，不可但已，且只得休。至于夷俟之时，不可教诲，故直责之，复叩其胫，自当如此。若如正淳之说，则是不要管他，却非朋友之道矣。"人杰，字正淳。

朱子语类卷第四十五
论语二十七

卫灵公篇

子在陈固穷章

○ 周问：“‘固穷’有二义，不知孰长？”先生曰：“固守其穷，古人多如此说，但以上文观之，则恐圣人一时答问之辞，未遽及此。盖子路方问：‘君子亦有穷乎？’圣人答之曰：‘君子固是有穷时，但不如小人穷则滥尔。’以‘固’字答上面‘有’字，文势乃相应。”雉。

子曰女以予为多学而识之章

○ 孔子告子贡曰：“女以予为多学而识之者与？予一以贯之。”盖恐子贡只以己为多学，而不知一以贯之之理。后人不会其意，遂以为孔子只是一贯，元不用多学。若不是多学，却贯个甚底！且如钱贯谓之贯，须是有钱方贯得，若无钱，却贯个甚！孔子实是多学，无一事不理会过。若不是许大精神，亦吞不得许多。只是于多学中有一以贯之耳。文蔚。

○ 时举问"夫子告子贡以予一以贯之"一章。曰:"'一以贯之',固是以心鉴照万物而不遗。然也须'多学而识之'始得,未有不学而自能一贯者也。"时举。

○ 子贡寻常自知识而入道,〔人杰录作:"自敏入道。"〕故夫子警之曰:"汝以予为多学而识之者欤?"对曰:"然。非与?"曰:"非也,予一以贯之。"盖言吾之多识不过一理尔。曾子寻常自践履入,事亲孝则真个行此孝,为人谋则真个忠,朋友交则真个信,故夫子警之曰"汝平日之所行者皆一理耳"。惟曾子领略于片言之下,故曰"忠恕而已矣",以吾夫子之道无出于此也。我之所得者忠,诚即此理,安顿在事物上则为恕。无忠则无恕,盖本末、体用也。祖道。去伪、谟同。

○ 问:"'一以贯之',谢氏谓'如天之于众形,非物刻而雕之',是如何?"曰:"天则是一气流行,万物自生自长,自形自色,岂是逐一妆点得如此!圣人只是一个大本大原里发出,视自然明,听自然聪,色自然温,貌自然恭。在父子则为仁,在君臣则为义。从大本中流出,便成许多道理。只是这个一,便贯将去。所主是忠,发出去无非是恕。"寓。淳录同。

○ 问:"谢氏解云:'圣人岂务博者哉!如天之于众形,匪物刻而雕之也。故曰:"予一以贯之。"'德辅如毛',毛犹有伦;'上天之载,无声无臭',至矣!''所以引此诗者,莫只是赞其理之密否?"曰:"固是,到此则无可得说了。然此须是去涵泳,只恁地说过,亦不济事。'多学而识之',亦不是不是,故子贡先曰'然',又曰'非与'。学者固有当'多学而识之'者,然又自有个一贯道理。但'多学而识之'则可说,到'一以贯之'则不可说矣。"广。

无为而治者章

○ <u>老子</u>所谓无为只是简忽。圣人所谓无为却是付之当然之理。如曰："无为而治者，其<u>舜</u>也与！夫何为哉？恭己正南面而已。"这是甚么样本领！岂可与<u>老氏</u>同日而语！_{贺孙。}

子张问行章

○ 问"言忠信行笃敬"处。云："笃者有重厚深沉之意，敬而不笃，则恐有拘迫之患。"_{时举。}

直哉史鱼章_无

可与言而不与之言章_无

志士仁人章

○ 或问仁。曰："仁者，只是吾心之正理。'志士仁人无求生以害仁，有杀身以成仁'，须知道求生害仁时，虽以无道得生，却是抉破了我个心中之全理；杀身成仁时，吾身虽死，却得此理完全也。"_{时举。}

○ 问："'无求生以害仁，有杀身以成仁'一章，思之，死生是大关节，要之，工夫却不全在那一节上。学者须是于日用之间不问事之大小，皆欲即于义理之安，然后临死生之际庶几不差。若平常应事，义理合如此处都放过，到临大节，未有不可夺也。"曰："然。"<u>贺孙</u>。

○ 曾见人解"杀身成仁"，言所以全性命之理。人当杀身时，何暇更思量我是全性命之理！只为死便是，生便不是，不过就一个是，故<u>伊川</u>说"生不安于死"。至于全其性命之理，乃是旁人看他说底话，非是其人杀身时有此（语）〔意〕也。<u>黄直卿</u>云："若如此，则是经德不回，所以正行也！"<u>方子</u>。

子贡问为仁章

○ <u>时举</u>又问"子贡问为仁"一章。曰："大夫必要事其贤、士必友其仁者，便是要琢磨勉厉以至于仁。如欲克己而未能克己，欲复礼而未能复礼，须要更相劝勉，乃为有益。"因云："<u>时举</u>说文字见得也定，然终是过高而伤巧。此亦不是些小病痛，须要勇猛精进，以脱此科臼始得。"又云："且放令心地宽平，不要便就文字上起议论也。"<u>时举</u>。

颜渊问为邦章

○ "行<u>夏</u>之时"，是行夏小正之事。〔<u>德明</u>。〕

○ 〔<u>周</u>〕问"三正之建"。先生云："'天开于子，地辟于丑，人生于寅。'盖至子始有天，故曰'天正'；至丑始有地，故曰'地正'；（盖）至寅始有人，故曰'人正'。<u>邵康节</u>分十二会，言到子上方始有天而未有地，到丑上方始有地而未有人，到寅上方始有人。子、丑、寅皆天、地、人之始，故三代建以为正。"明作。

○ 杨尹叔问："'天开于子，地辟于丑，人生于寅'，如何？"曰："邵康节说，一元统十二会，前面虚却子、丑两位，至寅位始纪人物，云人是寅年寅月寅时生。以意推之，必是先有天，方有地，有天地交感，方始生出物来。"淳。

○ 问："'天开于子，地辟于丑，人生于寅'，是如何？"曰："此是邵子皇极经世中说，今不可知。他只以数推得是如此。他说寅上生物，是到寅上方有人物也。有三元、十二会、三十运、十二世。十二万（六百九十）〔九千六百〕年为一元。岁月日时，元会运世，皆自十二而三十，自三十而十二。至尧时会在巳、午之间，今则（未及）〔及未〕矣。至戌上说闭物，到那里则不复有人物矣。"问："不知人物消靡尽时，天地坏也不坏？"曰："也须一场鹘突。既有形气，如何得不坏？但一个坏了又有一个。"广。

○ 问"行夏之时"。先生曰："前辈说多不同，有说三代皆是建寅，又说只是建子与寅，无建丑。刘和夫书解又说自五帝以来便自迭建三正，不止于三代，其引证甚详。据皇极经世亦起于子。他以（几个）〔几万几千〕年为一会，第一会起于子，第二会起于丑，第三会起于寅，至寅上方注一'开物'字。恐是天气肇于子，至丑上第二会处地气方凝结，至寅上第三会人物始生耳。盖十一月斗指于子，至十二月斗虽指于丑，而日月乃会于子，故商正、周正皆取此。然以人事言之，终不若夏正之善也。"雉。

○ 〔至之〕问："康节说'天开于子，地辟于丑，人生于寅'，是否?"曰:"模样也是如此。经世书以元统会,十二会为一元,一万八百年为一会。初间一万八百年而天始开,又一万八百年而地始成,又一万八百年而人始生。初间未有物,只是气塞。及天开些子后,便有一块查滓在其中,初则溶软,后渐坚实。今山形自高而下,便似涉〔义刚作"倾泻"。〕出来模样。"淳曰:"每常见山形如水漾沙之势,想初间地未成质之时只是水,后来渐渐凝结,势自如此。凡物皆然。如鸡子壳(子)之类,自气而水,水而质,尤分晓。"曰:"是也。"淳问:"天有质否?抑只是气?"曰:"只似个旋风,下面软,上面硬,道家谓之'刚风'。世说天九重,分九处为号,非也。只是旋有九重,上转较急。下面气浊,较暗;上面至高处,至清且明,与天相接。"淳问:"晋志〔论〕浑天,以为天外是水,所以浮天而载地,是否?"曰:"天外无水,地下是水载。某五六岁时,便思量天体是如何?外面是何物?"淳。〔义刚同。〕

○　才仲问"行夏之时"。曰:"夏时,人正也,此时方有人,向上人犹芒昧。子时,天正也,此时天门方开。丑时,地正也,言地方萌。夫子以正月人可施功,故从其一。此亦是后来自推度如此。如历家说,则以为子起于林钟,寅起于太簇。"又问"辂"注云"礼文有异"。曰:"其制度与车不同。以前只谓之车,今南郊五辂,见说极高大。"问:"何不作车与行事官乘? 着法服骑马亦不好看。"曰:"在中原时亦有乘车者。若旧制,亦有着法服骑马,如散骑常侍在于辂之左右是也。"因举上蔡论语举王介甫云:"'事衰世之大夫,友薄俗之士,听淫乐,视恶礼,欲其无惑于先王之道,难矣哉!'此言甚好。"杨通老问:"既如此言,后来何故却相背?"曰:"只是把做文章做,不曾反己求之。〔璘录云:"介甫此语只是做文字说去,不曾行之于身。闻其身上极不整齐,所以明道对神宗'王安石圣人'之问,引'赤舄几几'。"〕见说平日亦脱冠露顶地卧,然当初不如此。观曾子固送〔黄〕生序,以其威仪似介卿,渠旧字也,故名其序曰'喜似'。渠怪诞如此,何似之有!〔璘录云:"恐介甫后生时不如此。

恐是后来学佛了，礼法一时扫去。"〕渠少年亦不喜释老，晚年大喜。不惟错说了经书，和佛经亦错解了。'揭谛揭谛，波罗僧揭谛'，此胡语也，渠注云'揭真谛之道以示人'，大可笑。"可学。〔璘录略。〕

○　问："颜子问为邦，孔子止告之以四代之礼乐，却不及治国平天下之道。莫是此事颜子平日讲究有素，不待夫子再言否？"曰："固是如此。只是他那'克己复礼'、陋巷箪瓢，便只是这事。穷时是恁地着衣吃饭，达时亦只是恁地着衣吃饭。他日用间是理会甚事，想每日讲论甚熟。三代制度却是不甚曾说处，却是生处。如尧舜禹，却只是就事上理会，及到举大事，却提起那本领处说。"谓"精一执中"等语。又问："圣人就四代中各举一事，亦只是立一个则例，教人以意推之，都要如此否？"曰："固是。凡事皆要放此。"文蔚。

○　问"颜渊问为邦"。曰："颜子于那道理上不消说，只恐它这制度尚有欠阙，故夫子只与说这个。他这个问得大，答得大，皆是大（言）〔经〕大法。庄周说颜子'坐忘'，是他乱说。"又曰："颜子着力做将去，如'克己复礼'，勿视听言动，在它人看见是没紧要言，它做出来大大一件事。"植。

○　时举问"颜渊问为邦"一章。先生云："颜渊为政，其他如'敬事而信，节用爱人'与夫'居之无倦，行之以忠'之类，更不用说。所以斟酌礼乐而告之也。"时举。

○　亚夫问"颜渊问为邦"一节。先生曰："颜子事事了得了，只欠这些子，故圣人斟酌礼乐而告之。近有学者欲主张司马迁，谓渠作汉高祖赞'黄屋左纛，朝以十月'，是他惜高祖之不能行夏之辂；谓他见识直到这里，与孔子答颜渊之意同。某谓汉高祖若行夏之时，乘商之辂，也只做得汉高祖，却如何及得颜子！颜子平日是多少工夫！今却道汉高祖只欠这一节，是都不论其本矣。"时举。

○　恭父问："'颜渊问为邦'，此事甚大，不知使其得邦家时，与圣人如何？"曰："终胜得孟子，但不及孔子些子。"问："莫有'绥之斯来，动之斯和'底意思否？"曰："亦须渐有这意思。"又问："'文武之道，未坠于地'，此是孔子自承当处否？"曰："固是。惟是孔子便做得，它人无这本领，当不得。且如四代之礼乐，惟颜子有这本领方做得。若无这本领，礼乐安所用哉！所谓'行夏时，乘商辂，服周冕，舞韶舞'，亦且言其大略耳。"恪。

○　正卿问："颜子涵养之功多，曾子省察之功多。"曰："固不可如此说。然颜子资禀极聪明，凡是涵养得来都易。如'闻一知十'，如'于吾言无所不说'，如'亦足以发'，如'问为邦'，一时将许多大事分付与他，是他大段了得。看'问为邦'，而孔子便以四代礼乐告之，想是所谓夏时、商辂、周冕、韶舞，当'博我以文'之时都理会得了。"贺孙。

○　或问："孔子答颜渊之问，欲用四代礼乐。至论'郁郁乎文'，则曰'吾从周'。何故？"曰："此正适来说'心小则物物皆病'。贤心中只着得上一句，不着下一句。"可学。

○　或问："黄宪不得似颜子。"曰："毕竟是资禀好。"又问："若得圣人为之依归，想是煞好。"曰："又不知他志向如何。颜子不是一个衰善底人，看他是多少聪明！便敢问为邦。孔子便告以四代礼乐。"因说至"伯夷圣之清，伊尹圣之任，柳下惠圣之和"，都是个有病痛底圣人。又问："伊尹似无病痛？"曰："'五就汤，五就桀'，孔、孟必不肯恁地，只为他任得过。"又问："伊尹莫是'枉尺直寻'？"曰："伊尹不是恁地，只学之者便至枉尺直寻。"贺孙。

○ 林赐问："'颜渊问为邦'章，程子谓发此以为之兆。"曰："兆，犹言准则也。非谓为邦之道尽于此四者，略说四件事做一个准则，则余事皆可依仿此而行之耳。"㽦。

人无远虑章无

吾未见好德如好色章无

臧文仲其窃位者与章无

子曰躬自厚而薄责于人章

○ 问："'躬自厚而薄责于人'，自责厚，莫是周备笃切意思否？"曰："厚是自责得重，责了又责，积而不已之意。"贺孙。〔或录云："只是责己要多，责人要少。"〕

子曰不曰如之何章

○ 林问"不曰如之何"。曰："只是要再三反覆思量。若率意妄行，虽圣人亦无奈何。"淳。

子曰君子义以为质章

○ 又问"君子义以为质，礼以行之，逊以出之"一章。曰："'义以为质'，是制事先决其当否了。其间节文次第须要皆具，此是'礼以行之'。然徒知尽其节文，而不能'孙以出之'，则亦不可。且如人知尊卑之分，须当让他。然让之之时，辞气或不能婉顺，便是不能孙而出之。'信以成之'者，是终始诚实以成此一事，却非是'孙以出之'后，方'信以成之'也。"时举。

○ 周贵卿问："义是就事上说。盖义则裁断果决，若不行之以节文，出之以退逊，则恐有忤于物。'信以成之'，这一句是缴上三句，言若不诚实，则义必不能尽，礼必不能行，而所谓孙，特是诈伪耳。"曰："也是恁地。"义刚。

○ 问："礼行逊出，何以别？"曰："行是安排恁行，出是从此发出。礼而不逊，则不免矫世，以威严加人。"寿仁。

○ 问："'义以为质'至'信以成之'章，如孔子之对阳货，孟子之不与王驩言，莫全得此理否？"曰："然。"问："行与出如何分？"曰："行，是大纲行时；出，则始自此出去也。人固有行之合礼而出之不逊者。"广。

○ 至之问明道谓"君子'敬以直内'则'义以方外'，'义以为质'则'礼以行之，逊以出之，信以成之'"。曰："只是一个义。'义

以为质’便是自‘义以方外’处说起来。若无‘敬以直内’，也不知义
之所在。”_{时举}。

君子病无能章_无

君子疾没世而名不称章_无

君子求诸己章_无

子曰君子矜而不争章

○ 问“矜而不争”。先生曰：“矜是自把捉底意思，故书曰：‘不
矜细行，终累大德。’”〔雉。〕

君子不以言举人章_无

子贡曰有一言而可以终身行之章

○ “恕可以终身行之，是行之无穷尽。”问：“孔子言恕必兼忠，
如何此只言恕？”曰：“不得忠时不成恕。如说恕时，忠在里面了。”
〔铢。〕

○ 问:"子贡问'有一言可以终身行之者,其恕乎'。孔子当时如何只说恕,不说忠?看得'忠'字尤为紧要。"曰:"分言忠恕,有忠而后恕;独言恕,则忠在其中。若不能恕,则其无忠可知。恕是忠之发处,若无忠,便自做恕不出。"问:"忠恕,看来也是动静底道理。如静是主处,动是用〔处〕,不知是否?"曰:"圣人每就用处教人,亦不是先有静而后有动。"问:"看来主静是做工夫处。"曰:"虽说主静,亦不是弃事物以求静。既为人,亦须着事君亲,交朋友,绥妻子,御僮仆。不成捐弃了,闭门静坐,事物来时也不去应接,云:'且待我去静坐,不要应。'又不可只茫茫随他事物中走。二者中须有个商量倒断他始得。这处正要得着力做工夫,不可皮肤说过去。"又曰:"动静亦不是截然动,截然静。动时静便在这里。如人来相问,自家去答他便是动,才答了便静。这里既静,到事物来便着去应接。不是静坐时守在这里,到应接时便散乱去了。然动静不出是一个理。知这事当做便顺理做去,便见动而静底意思,故曰'知止而后有定,定而后能静'。事物之来,若不顺理而应,则虽块然不交于物,心亦不能得静。惟动时能顺理,则无事时始能静;静而能存养,则应接处始得力。须动时做工夫,静时也做工夫。两莫相靠,莫使工夫间断始得。若无间断,静时固静,动时心亦不动;若无工夫,动时固动,静时虽欲求静,亦不可得而静矣。动静恰似船一般,须随他潮去始得。浪头恁地高,船也随他上;浪头恁地低,船也随他下。动静只是随他去,当静还他静,当动还他动。又如与两人同事相似,这人做得不是,那人便着救他;那人做得不是,这人便着去救他。终不成两人相推,这人做不是,却推说不干我事,是那人做得如此;那人做不是,推说不干我事,是他做得如此。便不是相为底道理。"又曰:"所以程子言'未有致知而不在敬者',又言'涵养当用敬,进学则在致知'。若不能以敬养在这里,如何会去致得知!若不能致知,又如何成得这敬!"〔寓。〕

三代直道而行章

○ "圣人之言，与后世别。如'斯民也，三代之所以直道而行也'，有合下底字，无乃便不成文。此句全在'所以'上，言三代之直道行于斯民也。古亦此民，今亦此民，三代能行之耳。'谁毁谁誉'者，凡人未至于恶而恶之，故谓之毁；未至于善而善之，故谓之誉。圣人于下又曰'如有所誉者，其有所试矣'，此一句却去了毁。盖以为不得已而誉，亦当试之。此乃'善人之意长，恶人之意短'之义。"可学问："若到于合好恶处，却不用此二字。"曰："然。"可学。

○ 伯丰问三代直道而行。曰："紧要在'所以'字上。民是指今日之民，即三代之民。三代盖是以直道行之于彼，今亦当以直道行之于民。直是无枉，不特不枉毁，虽称誉亦不枉也。旧尝有此意。因读班固作景帝赞引此数语起头，以明'秦汉不易民而化'之意，曰：'孔子称"斯民也"云云，信哉！'其意盖谓民无古今，周秦网密文峻，故奸轨不胜；到文景恭俭，民便醇厚。只是此民，在所施之何如耳。此政得之。"璧。

○ "斯民也，三代之所以直道而行也。""斯民，是主当时之人言之。言三代所以直道而行，只是此民。言毁人固不可〔过实〕，誉人亦不可过实。言吾所以不敢妄加毁誉之民，只是三代行直道之民。班固举此赞汉景帝，甚好。"人杰。

○ 亚夫问三代直道而行。曰："此民乃是三代时直道而行之民。我今若有所毁誉，亦不得迁曲而枉其是非之实。"且举汉景帝赞所引处，云"意却似不同"。时举。

○ "斯民也，三代之所以直道而行也。""斯民"是今此之民，即三代之时所以为善之民，如说"高皇帝天下"相似。尝怪景帝赞引此一句，不晓它意。盖是说周秦虽网密文峻而不胜其弊，到文景黎民醇厚，亦只是此民也。圣人说一句话，便是恁地阔，便是从头说下来。义刚。

小不忍章

○ "忍"字有两说，只是一意。"有忍乃有济"，王介甫解作强忍之"忍"，前辈解作慈忍之"忍"。某谓"忍"是含忍不发之意。如妇人之仁，是不能忍其爱，匹夫之勇，是不能忍其忿，二者只是一意。雉。

○ 妇人之仁，不忍其爱；匹夫之勇，不忍其忿。皆小不忍也，如项羽是也。闳祖。处谦同。

众恶之章无

人能弘道章

○ 问"人能（洪）〔弘〕道"。先生以手中扇子喻之曰："道如扇，人如手。手能摇扇，扇如何摇手？"赐。

○ "道不可须臾离，可离非道。是故君子戒谨乎其所不睹，恐惧乎其所不闻。莫见乎隐，莫显乎微，故君子谨其独。"又曰："'天下之达道五，所以行之者三。'君臣、父子、兄弟、夫妇、朋友，古今所共底道理，须是知知、仁守、勇决。"继又曰："'人者，天地之心'，没这人时，天地便没人管。"植。

过而不改章无

子曰吾尝终日不食章

○ "吾尝终日不食，终夜不寝，以思，无益，不如学也。"某注云："盖劳心以必求，不如逊志而自得。"思是硬要自去做底。学是依这本子去做，便要小着心随顺个事理去做。而今人都是硬去做，要必得，所以更做不成。须是软着心，贴就它去做。孟子所谓"以意逆志"，极好。逆，是推迎它底意思。僩。

○ 问："'吾尝终日不食'一章，集注云'劳心以必求，不如逊志而自得'，如何是逊志?"曰："逊志，是卑逊其志，放退一着，宽广以求之；不忒恁地迫窄，便要一思而必得。"雉。

子曰君子谋道不谋食章

○ 因问"君子谋道不谋食"。先生曰："上面说'君子谋道不谋食'，盖以'耕也，馁在其中矣；学也，禄在其中矣'。又恐人错认此意，却将学去求禄，故下面又缴一句，谓君子所以为学者，所忧在道耳，非忧贫而学也。"雉。

○ 因言："近来稍信得命及。孔子说'君子谋道不谋食，忧道不忧贫'，观此一段，则穷达当付之分定，所当谋者惟道尔。"曰："此一段不专为有命，盖专为学者当谋道而设。只说一句则似缓而不切，故又反覆推明，以至'忧道不忧贫'而止。且君子之所急当先义，语义则命在其中。如'行一不义，杀一不辜，而得天下，不为'，此只说义。若不恤义，惟命是恃，则命可以有得，虽万钟有'不辨礼义而受之'矣。义有可取，如为养亲，于义合取，而有不得，则当归之命尔。如'泽无水，困'，则不可以有为，只得'致命遂志'，然后付之命可也。"大雅。

知及之章

○ 亚夫问："'知及之，仁不能守之'一章，上下文势相牵合不来相似。"曰："'知及之，仁能守之'，是明德工夫。下面是新民工夫。"亚夫云："'克己复礼为仁'，到仁便是极了。今却又有'庄以莅之'与'动之以礼'底工夫，是如何？"曰："今自有此心纯粹、更不走失，而于接物应事时少些庄严底意思，阘阘嬰嬰底，自不足以使人敬他，此便是未善处。"宜久问："此便是要本末工夫兼备否？"曰："固是，但须先有'知及之，仁能守之'做个根本了，却好去点检其余，便无处无事不善。若根本不立，又有何可点检处！"〔时举。〕

○ 又问"知及之，仁能守之"。曰："此是说讲学。'庄以莅之'以后说为政。"时举。

○ 问："夫仁之为道，无所不包。知也，礼也，庄也，皆仁之一事也。夫仁以守之，则何患不敬而未善乎？若是则是庄与礼反在仁之上矣。伊川谓：'仁则安矣。固善撰之人情，岂有安于此而不能使民敬与尽善乎！苟曰"民未敬而未尽善"，则是我之仁未至也。'此说为可疑，故<u>谢显道</u>曰：'此非仁智之尽也。若知之尽，岂有不能守之之理？若仁之尽，岂有不能庄、不以礼者乎？庄与礼，亦所以养仁。'其说虽善，亦未能别白详尽。<u>南轩</u>谓：'仁能守其知之所及而已，非仁之全也。仁之全则其有不庄者乎？'此说简当，而全与不全又非本文之意。愚窃以为'知及之'者，所以求吾仁；庄以莅，动以礼，所以持养吾仁。不识是否？"曰："此一章当以仁为主。所谓'知及之，所以求吾仁；莅之，动之，所以持养吾仁'者，为得之矣。"<u>谟</u>。

君子不可小知章

子曰当仁不让于师章

○ <u>子善</u>问："'当仁不让于师。'<u>直卿</u>云：'"当仁"，只似适当为仁之事。'集注似以'当'为担当之意。"曰："如公说'当'字，谓值为仁则不让，如此恐不值处煞多，所以觉得做'任'字说是。恐这'仁'字是指大处、难做处说，这般处须着担当，不可说道自家做不得，是师长可做底事。"<u>贺孙</u>。

子曰君子贞而不谅章

○ <u>亚夫</u>问"贞而不谅"。曰："'贞'者，正而固也。盖见得道理是如此便须只恁地做，所谓'知斯二者，弗去是也'。为'正'字说不尽，故更加'固'字，如<u>易</u>所谓'贞固足以干事'。若'谅'者是不择是非、必要如此，故'贞'者是正而固守之意，'谅'则有固、必之心也。"<u>时举</u>。

○ "谅"字，<u>论语</u>有三个："匹夫之谅"、"贞而不谅"，是不好；"友谅"却是好。以贞对谅，则谅为不好。若是友，与其友无信之人，又却不如友谅也。谅，信之小者。<u>孟子</u>所谓"（谅）〔亮〕"，恐当训"明"字。<u>广</u>。

事君敬其事章_无

有教无类章_无

道不同章_无

子曰辞达而已矣章

○ "辞达而已矣"，也是难。<u>道夫</u>。

师冕见章

季氏篇

季氏将伐颛臾章

○ 问"焉用彼相"。曰:"'扶持'两字恐只是相瞽者之义。旧见一人亦如此说。"又问"相夫子"之义。曰:"相亦是赞相之义。瞽者之相亦是如此。"螢。

○ 问:"集注,颛臾'在鲁地七百里之中'。从孟子'百里'之说,则鲁安得七百里之地?"曰:"七百里是礼记如此说,封周公曲阜之地七百里。如左传也有一同之说,某每常疑此处。若是百里,无此间龙溪、漳浦县地大,如何做得侯国,如何又容得颛臾在其中?所谓'锡之山川,土田附庸',其势必不止于百里。然此处亦难考究,只得且依礼记恁地说。"〔寓。砥录云:"周礼、国语皆说五百里,礼记说七百里。若如孟子说百里,则未若今之一邑,何以为国?又如何容得一个颛臾在肚里?"〕

○ "虎兕出于柙,龟玉毁于椟中。"典守者之过。道夫。

○ 问："诸家多把'虎兕'喻季氏，'龟玉'喻公室，是否？"曰："文义未有此意。且是答他'二臣者皆不欲'之意。虎在山上，龟玉在他处，不干典守者事。今在柙中走了，在椟中毁了，便是典守者之过。上面冉求分疏，言'夫子欲之，吾二臣者皆不欲也'。孔子责他，以此乃'守者之过'比'伐颛臾实二子与谋之过'。答问间方且随话恁地说，未说到季氏、公室处，不必又生枝蔓。"仲思问："独责求，何也？"曰："想他与谋较多，一向倒在他身上去，亦可知也。"寓。陈淳同。

天下有道章_无

禄去公室章_无

益者三友章_无

益者三乐章

○ 问："'益者三乐，损者三乐'，'三者损益相反'。'（骄乐则侈肆而无节，）佚游则傲（堕）〔惰〕而恶闻善'，义如何与'乐道人之善'相反？"曰："'乐道人之善'，则心常汲汲于好善。若是佚游，则是放荡闲过了日子，虽所损稍轻，亦非是小害。"又问："'乐道人之善'，则有勉思企及之意。佚游则一向懒惰，无向善之心。此所以见其相反。"曰："三者，如骄乐，只是放恣侈靡最害事。到得宴乐，便须狎近小人，疏远君子。"贺孙。

○ 叶味道问"损者三乐"。曰："惟宴（安）〔乐〕最可畏，所谓'宴安酖毒'是也。"时举。

侍于君子有三愆章

○ 贺孙问："'未见颜色而言谓之瞽'，莫是未见事实否？"曰："'未见颜色'，是不能察言观色。""如此，则颜色是指所与言者。"曰："向时范某每奏事，未尝看着圣容。时某人为宰相，云：'此公必不久居此。'未几，果以言不行而去。人或问之。云：'若看圣容，安能自尽其言？'看来自是说得好，但某思之不是如此。对人主言，也须看他意思是如何，或有至诚倾听之意，或不得已貌为许可。自家这里也须察言观色，因时尽诱掖之方，不可泛然言之，使泛然受之而已。固是有一般小人，伺候人主颜色，迎合趋凑，此自是大不好，但君子之察言观色，用心自不同耳。若论对人主要商量天下事，如何不看着颜色，只恁地说将去便了！"贺孙。

君子有三戒章

○ 或问君子三戒。答曰："血气虽有盛衰，君子常当随其偏处警戒，勿为血气所役也。"因论血气移人，曰："疾病亦能移人。吕伯恭因病后读'躬自厚而薄责于人'，忽有见，遂一意向这下来。"大雅。

○ 时举问"君子有三戒"处注引范氏说血气、志气之辨。曰："到老而不屈者，此是志气。"时举。

君子有三畏章

○　贺孙问："'畏天命，畏大人，畏圣人之言'一章，'大人'是指有位者言之否？"曰："不止有位者，是指有位、有齿、有德者，皆谓之'大人'。"问："此三句，要紧都在'畏天命'上。"曰："然。才畏天命，自是于大人、圣言皆畏之。"问："固是当先畏天命，但要紧又须是知得天命。天命即是天理。若不先知这道理，自是懵然，何由知其可畏？此小人所以无忌惮。"曰："要紧全在知上。才知得便自不容不畏。"问："知有浅深。大抵才知些道理，到得做事有少差错，心也便惕然。这便见得不容不畏。"曰："知固有浅深，然就他浅深中各自有天然不容已者。且如一件事是合如此，是不合如此，本自分晓。到临事又却不如此，道如此也不妨，如此也无害，又自做将去。这个是虽知之而不能行，然亦是知之未尽、知之未至，所以如此。圣人教人，于<u>大学</u>中劈初头便说一个格物、致知。'物格而后知至'，最紧是要知得至。今人有知不善之之不当为，及临事又为之，只是知之未至。人知乌喙之杀人不可食，断然终于不食，是真知之也。知不善之不当为而犹或为之，是特未能真知也。所以未能真知者，缘于道理上只就外面理会得许多，里面却未理会得十分莹净，所以有此一点黑。这不是外面理会不得，这只是里面骨子有些见未破。所以<u>大学</u>之教，使人即事即物就外面看许多，一一教周遍；又须就自家里面理会体验，教十分精切也。"贺孙。按林恪录此略，今附于下。云："味道问：'"畏天命"是个总头否？'先生曰：'固是。〔人若不畏这个道理，以下事无缘会做得。〕''人若不知得这个道理，如何会畏？'先生曰：'须是先知得方会畏。但知得有深浅，工夫便随深浅做去。事事物物，皆有个天命。若知得尽，自是无所不畏，惟恐走失。'"

生而知之章

君子有九思章

○ 蕢问"君子有九思"。曰："不是杂然而思，当这一件上思这一件。"蕢。

○ 又问"君子有九思"。先生曰："公且道，色与貌可以要得他温，要得他恭。若是视听，如何要得他聪，要得他明？"曰："这只是意诚了，自会如此。"曰："若如公说，又却都没些事了，便是圣人教人意思不如此。有物必有则。只一个物，自各家有个道理。况耳目之聪明得之于天，本来自合如此，只为私欲蔽惑而失其理。圣人教人，不是理会一件，其余自会好，须是逐一做工夫。更反复就心上看，方知得外面许多费整顿，元来病根都在这里。这见圣人教人内外夹持起来，恁地积累成熟，便会无些子渗漏。如公所说意诚，便都无事。今有人自道心正了，外面任其箕踞无礼，是得不得？亦自有人心下已自近正，外面视听举止自大段有病痛，公道如何视会明、听会聪？也只是就视听上理会。'视远惟明，听德惟聪'，如有一件可喜底物事在眼前，便要看他，这便被他蔽了。到这时节须便知得，有个义理在所可喜，此物在所不当视。这便是见得道理，便是见得远，不蔽于眼前近底，故曰'视远惟明'。有无益之言、无稽之言，与夫谄谀甘美之言；有仁义忠信之言。仁义忠信之言须是将耳常常听着，那许多不好说话须莫教他入耳，故曰'听德惟聪'。"贺孙。

子曰见善如不及章

○ 贺孙问："'见善如不及，见不善如探汤'，上一截是进德之事，下一截是成德之事。兼出处有非人力所能为者，故曰'未见其人'。"
曰："公只管要妆两句恁地好做甚么？这段紧要却不在'吾见其人''未
见其人'上。若将'见善如不及，见不善如探汤'，与'隐居以求其志，
行义以达其道'这几句意思涵泳，是有多少意思！公看文字有个病，不
只就文字里面看，却要去别生闲意。大抵看文字，须是只就他里面看，
尽有意思。公今未见得（来）〔本〕意是如何，却将一两句好言语裹了
一重没理会在里面，此是读书之大病。须是且就他本文逐字剔碎了，见
这道理直透过，无些子窒碍，如此两段浅深自易见。"<u>贺孙</u>。

○　问："'行义以达其道'，莫是所行合宜否？"曰："志是守所达
之道，道是行所求之志。隐居以求之，使其道充足。'行义'是得时得
位而行其所当为。臣之事君，行其所当为而已，行所当为以达其所求之
志。"又问："如<u>孔明</u>可以当此否？"曰："也是。如'<u>伊尹</u>耕于<u>有莘</u>之野
而乐<u>尧舜</u>之道'，是'隐居以求其志'也。及幡然而改，'使是君为<u>尧</u>
<u>舜</u>之君，使是民为<u>尧舜</u>之民'，是'行义以达其道'。"<u>董</u>卿曰："如<u>漆雕</u>
<u>开</u>之未能自信，莫是求其志否？"曰："所以未能信者，且以'求其志'，
未说'行义以达其道'。"又曰："须是笃信。如读圣人之书自朝至暮，
及行事无一些是，则曰'圣人且如此说耳'，这却是不能笃信。笃信者，
见得是如此便决然如此做。<u>孔子</u>曰'笃信好学，守死善道'，学者须是
笃信。"<u>骧</u>曰："见若卤莽，便不能笃信。"曰："是如此，须是一下头见
得是。然笃信又须是好学，若笃信而不好学，是非不辨，其害却不小。
既已好学，然后能守死以善其道。"又问："如下文所言，莫是笃信之力
否？"曰："是。既〔信〕得过，危邦便不入，乱邦便不居；天下有道便
不隐，天下无道便不仕。决然是恁地做。"<u>道夫</u>。

朱子语类卷第四十七

论语二十九

阳货篇

阳货欲见孔子章

○ "阳货瞰亡以馈孔子，孔子瞰亡而往拜之。阳货之瞰亡，此不足责。如孔子亦瞰亡而往，则不几于不诚乎？"曰："非不诚也，据道理合当如此。彼人瞰亡来，我亦瞰亡往。一往一来，礼甚相称，但孔子不幸遇诸涂耳。"人杰。

性相近也与惟上智下愚不移章

○ "性相近"，以气质言；"性善"，以理言。祖道。

○ 节问："夫子言'性相近'是本然之性，是气质之性？"答曰："是气质之性。本然之性一般，无相近。程子曰：'性与圣不可一概论。'"节。

○ "性相近"是通善恶智愚说，"上智下愚"是就中摘出悬绝者说。㑑。

○ 先生问木之："前日所说气质之性，理会得未？"对曰："虽知其说，终是胸中未见得通透。兼集注'上智下愚'章，先生与程子说，未理会得合处。"曰："便是莫要只管求其合，且看圣人所说之意，圣人所言各有地头。孔子说'相近'至'不移'，便定是不移了。人之气质实是有如此者，如何必说道变得！所以谓之下愚。而其所以至此下愚者是怎生？这便是气质之性。孔子说得都浑成了。伊川那一段却只说到七分，不说到底。孟子却只说得性善。其所言地头各自不同。正如如今吃茶相似，自有吃得尽底，有吃得多底、少底，必要去牵合，便成穿凿去。"木之。

○ 木之问："'上智下愚不移'，集注谓'气质相近之中，又有一定而不可易者'，复举程子'无不可移'之说，似不合。"曰："且看孔子说底。如今却自有不移底人，如尧舜之不可为桀纣，桀纣之不可使为尧舜之类。夫子说底只如此，伊川却又推其说，须知其异而不害其为同。"因说："气化有不可晓之事，但终未理会得透，不能无疑。释氏之学只是定静，少间亦自有明识处。"或问："他所谓有灵怪处是如何？"先生曰："多是真伪相杂。如今人都贪财好色，都重死生，却被他不贪财，不好色，不重死生，这般处也可以降服得鬼神。如六祖衣钵，说移不动底，这般只是胡说。果然如此，何不鸣鼓集众，白昼发去？却夜间发去做甚？"曰："如今贤者都信他向上底说，下愚人都信他祸福之说。"曰："最苦是世间所谓聪明之人，却去推演其说，说到神妙去处。如王介甫、苏东坡，一世所尊尚，且为之推波助澜多矣。今若得士大夫间把得论定，犹可耳。"

○ 尹叔问："'性相近'一章，伊川谓'此言所禀之性'，又曰

'所禀之性才也'，又曰'语其才则有下愚之不移'，与孟子'非天之降才尔殊也'语意似不同？"曰："孟子之说自是与程子之说小异。孟子只见得是性善，便把才都做善，不知有所谓气禀各不同。如后稷（克）〔岐〕嶷，楚子〔文见〕越椒知其必灭若敖，是气禀如此。若都把做善，又有此等处，须说到气禀方得。孟子已见得性善，只就大本处理会，更不思量这下面善恶所由起，所以惹得许多善恶混底说来相炒。程子说得较密。"因举："'论性不论气，不备；论气不论性，不明。二之则不是。'须如此兼性与气说方尽此论。盖自濂溪太极言阴阳、五行有不齐处，〔二程因其说〕推出气质之性来。使程子生在周子之前，未必能发明到此。"又曰："才固是善。若能尽其才可知是善是好，所以不能尽其才处，只缘是气禀怎地。"问："才与情何分别？情是才之动否？"曰："情是这里〔以手指心〕发出，有个路脉曲折，随物怎地去。才是能主张运动做事底。这事，有人做得，有不会做得；有人会发辉得，有不会发辉得。这处可见其才。"又问："气出于天否？"曰："性与气皆出于天。性只是理，气则已属于形象。性之善固人所同，气便有不齐处。"因指天气而言："如天气晴明舒豁，便是好底气；怎地阴沉黯淡，便是不好底气。毕竟不好底气常多，好底气常少。以一岁言之，一般天气晴和、不寒不暖却是好，能有几时如此！看来不是夏寒便是冬暖，不是愆阳便是伏阴，所以昏愚凶狠底人常多。"又曰："人之贫富贵贱寿夭不齐处都是被气衮乱了，都没理会。〔有清而薄者，有浊而厚者。〕颜夭而跖寿，亦是被气衮乱汩没了。尧、舜自禀得清明纯粹底气，他是甚次第！〔又禀得极厚，〕所以为圣人，居天子之位，又做得许大事业，又享许大福寿，又有许大名誉。如孔子之圣，亦是禀得清明纯粹。然他是当气之衰，禀得来薄了，但有许多名誉，所以终身栖栖为旅人，又仅得中寿。到颜子，又自没兴了。"淳。〔㝢同。〕

○ "子曰'性相近也，习相远也'。子曰'惟上智与下愚不移'。

子曰'中人以上可以语上也，中人以下不可以语上也'。子曰'君子上达，小人下达'。子曰'生而知之者上也；学而知之者次也；困而学之，又其次也；困而不学，民斯为下矣'。夫以'上智下愚'与'中人以上，中人以下'言之，疑若有一定而不可移者。以'上达''下达'与'学而知之者可以次于上，困而不学斯为下'言之，则'惟圣罔念作狂，惟狂克念作圣'，似有可勉而进者。圣人之教人，岂但使人安于下愚而狃于下达哉？其亦未能推明二程夫子之言，以求圣人立言之意尔。伊川曰：'上智下愚，才也。'又曰：'中人以上，可以说近上话。'又曰：'上智，上达者也；下愚，下达者也。上达不移而下，下愚不移而上。'上蔡曰：'上智可移非上智，下愚可移非下愚。性无不可移之理，人自不移也。'夫所谓下皆达乎下者也，一性本善而所习既殊，宁不相远？自其上达而至于上智，则不移而为下愚矣。自其下达而至于下愚，则不移而为上智矣。若夫中人，则指其在可上可下之间者也。言中人而所向者下，则不可以言其至于上。'语上'之意，其犹以上智之事许之乎。是如此否？"先生曰："此所谓性，亦指气质之性而言之尔。'性习远近'与'上智下愚'本是一章，而'子曰'二字为衍文也。盖习与性成而至于相远，则固有不移之理。然人性本善，虽至恶之人，一日而能从善，则为一日之善人，夫岂有终不可移之理！当从伊川之说，所谓'虽强戾如商辛之人，亦有可移之理'是也。"谟。

○　"'性相近，习相远'，'惟上智与下愚不移'。书中谓'惟圣罔念作狂，惟狂克念作圣'，若如此，又有移得者，如何？"曰："〔上〕智下愚不移。如狂作圣，则有之；既是圣人，决不到得作狂。此只是言其人不可不学。"又问："或言'人自不移耳'，此说如何？"曰："此亦未是。有一般下愚底人，直有不可移者。"问："'虽愚必明'又是如何？"曰："那个是做甚次第工夫！如'人一能之，己百之；人十能之，己千之'。"祖道。

子之武城章

公山弗扰以费畔章

○ 味道问:"佛肸与公山弗扰召孔子,孔子欲往,此意如何?"曰:
"此是二子一时善意,圣人之心适与之契,所以欲往,然更思之,则不往
矣。盖二子暂时有尊贤向善之诚心,故感得圣人欲往之意。然违道叛逆,
终不能改,故圣人亦终不往也。譬如云阴之时,忽略开霁,有些小光明,
又被重阴遮闭了。"曰:"阳货欲见,孔子却终不许他,是如何?"曰:
"阳货全无善意,来时便已不好了,故亦不能略感圣人也。"时举。

○ 夫子曰"吾其为东周乎",兴东周之治也。孔子之志在乎东周,
然苟有用我者,亦视天命如何尔。圣人胸中自有处置,非可执定本以议
之也。人杰。

○ "吾其为东周乎",禅语谓"竿木随身,逢场作戏",语势未有
不为东迁之事底意思在。道夫。

○ 问:"'吾其为东周乎。'诸家皆言不为东周,集注却言'兴周
道于东方',何如?"曰:"这是古注如此说。'其'字、'乎'字,只是
闲字。只是有用我者,我便也要做些小事,如释氏言'竿木随身,逢场
作戏'相似。那处是有不为东周底意?这与'二十年之后,吴其为沼
乎'辞语一般,亦何必要如此翻转?文字须宽看,子细玩味,方见得圣
人语言。如'小人之中庸',分明这一句是解上文。人见他偶然脱一个
'反'字,便怎地硬说去,'小人中庸'做'小人自为中庸'也好。然上

面言君子中庸，小人反中庸，下面文势且直解两句，未有那自以为中庸底意，亦何必恁地翻转？”〔㝢。〕淳同。

○ 问：“‘吾其为东周乎。’使圣人得行其志，只是就齐鲁东方做起否？”曰：“也只得就这里做。”又问：“其如周何？”曰：“这般处难说，只看挨到临时事势如何。若使天命人心有个响合处，也自不由圣人了。使周家修其礼物，作宾于王家，岂不贤于赧王之自献其邑而灭亡乎！”问：“孔子犹说着周，至孟子则都不说了。”曰：“然。只是当时六国如此强盛，各自抬夯得个身己如此大了，势均力敌，如何地做！不知孟子奈何得下，奈何不下？想得也须灭却一两个方做得。看来当（来）〔时〕六国若不是秦始皇出来从头打叠一番，做甚合杀！”问：“王者虽曰不‘杀一不辜，行一不义’，事势到不得已处，也只得如此做。”曰：“然。汤东征西怨、南征北怨，武王灭国五十，便是如此。只是也不唤做‘杀不辜，行不义’。我这里方行仁义之师，救民于水火之中，你却抗拒不服，如何不伐得！圣人做处如此，到得后来都不如此了。如刘先主不取刘琮而取刘璋，更不成举措。当初刘琮孱弱，为曹操夺而取之。若乘此时明刘琮之孱弱，将为曹操所图，起而取之，岂不正当！到得临了，却淬淬地去取刘璋，全不光明了。当初诸葛孔明便是教他先取荆州，他却不从。”或曰：“终是先主规模不大，索性或进或退，所以终做事不成。”曰：“然。”又曰：“唐太宗杀诸盗，如窦建德犹自得（犹）〔而〕杀之。惟不杀王世充，后却密使人杀之，更不成举措。盖当初王世充立越王于东都，高祖立代王于关中，皆是叛炀帝，立少主以辅之。事体一般，故高祖负愧而不敢明杀世充也。此最好笑！负些子曲了，更抬头不起。”又曰：“汉高祖之起与唐太宗之起不同：高祖是起自匹夫取秦，所以无愧；唐却是为隋之官，因其资而取之，所以负愧也。要之，自秦汉而下，须用作两节看。如太宗，都莫看他初起一节，只取他那边济世安民之志，他这意思又却多。若要检点他初起时事，更不通看。”

或曰：“若以义理看太宗，更无三两分人。”曰：“然。”㤠。

○ 伯丰问："夫子欲从佛肸之召，而曰'如有用我者，吾其为东周乎'。如何？"曰："理会不得，便是不可测度处。"人杰问："堕三都事，费郈已堕，而成不可堕，是不用夫子至于此否？"曰："既不用，却何故围成？当时夫子行乎季孙，三月不违，则费郈之堕出于不意。及公敛处父不肯堕成，次第唤醒了叔季二家，便做这事不成。又齐人以女乐归之，遂行。不然，当别有处置也。"问："女乐既归，三日不朝，夫子自可明言于君相之前，讨个分晓，然后去亦未晚。何必匆遽如此？"曰："此亦难晓。然据史记之说，却是夫子恐其害己，故其去如此之速。鲁仲连所谓'秦将使其子女、谗妾为诸侯妃姬'，则当时列国盖有是事也。"又云："夫子能堕费郈而不能堕成，虽圣人亦有做不成底事。"伯丰谓："如'夫子之得邦家者，所谓"立之斯立"'云云。"曰："固是。须是有土有民，方能做得。若羁旅之臣，靠着他人，便有所牵制，做事不成。"又问："是时三家衰微，陪臣执命，故阳虎奔齐，有'吾欲张公室'之语。或谓'家臣而欲张公室，罪莫大焉'。"曰："便是当时有此一种议论，视大夫专命以为固然。"又问："旧见人议论子产叔向辈之贤，其议论远过先轸郤犯之徒，然事实全不及它。"曰："如元祐诸臣爱说一般道理相似。"又云："卫灵公最无道。夫子何故恋恋其国有欲扶持之意？更不可晓。"人杰。

子张问仁章

○ 时举问："'子张问仁，夫子令行五者于天下，曰恭、宽、信、敏、惠。'窃意'恭'、'宽'、'信'、'惠'，固是求仁之方，但'敏'字于求仁功夫似不甚亲切。莫是人之为事才悠悠，则此心便间断之时多，亦易得走失；若能勤敏去做，便此心不至间断，走失之时少，故敏亦为求仁之一。是如此否?"曰:"不止是悠悠。盖不敏于事则便有怠忽之意,才怠忽便心不存而间断多,便是不仁也。"_{时举}。

○ "信则人任焉","任"是堪倚靠。_僴。

佛肸召章

○ "焉能系而不食",古注是。_夔。

○ "圣人见万物不得其所,皆陷于涂炭,岂不为深忧,思欲出而救之。但时也要出不得,亦只得且住。圣人于斯世,固不是苟且枉道以徇人。然世俗一种说话,便谓圣人泊然不以入其心,这亦不然。如孔子云:'天下有道,丘不与易也。'这个是十分要做不得,亦有不能自己之意。如说圣人无忧世之心固不可,谓圣人视一世未治,常恁地戚戚忧愁、无聊过日,亦非也。但要出做不得,又且放下。其忧世之心要出仕者,圣人爱物之仁。至于天命未至,亦无如之何。如云:'君子之仕也,行其义也。道之不行,已知之矣。'〔若说'道之不行,已知之矣'〕上看,恰似一向没理会,明知不可以行道,且漫去做看,这便不得。须看'行其义也',便自是去就。出处之大义亦在这里。"贺孙因举公山、佛肸之召:"皆欲往而终不往者,度得是时终不可为,其人终不可与有为。如南轩云'守身之常法,体道之大权',又云'欲往者,爱物之仁;终不往者,知人之智',这处都说得分明。"曰:"然。但圣人欲往之时,是当他召圣人之时有这些好意来接圣人。圣人当时亦接他这些个好意思,所以欲往。然他这个人终是不好底人,圣人待得重理会过一番,他许多不好又只在,所以终于不可去。如阴雨蔽翳,重结不解,忽然一处略略开雾,云收雾敛,见得青天白日,这处是自好。"_{贺孙}。

子曰由也女闻六言六蔽矣乎章

○〔杨〕问："'好信不好学'，何故便到贼害于物处？"曰："圣人此等语多有相类，如'恭而无礼则劳'处一般。此皆是就子路失处正之。昔刘大谏从温公学，温公教之诚，谓'自不妄语始'。刘公笃守其说。及调洛州司法时，运使吴守礼至州，欲按一司户赃，以问刘公。公对以不知，吴遂去。而公常心自不足，谓此人实有赃，而我不以诚告，其违温公教乎！后因读杨子'君子避碍通诸理'，始悟那处有碍，合避以通之。若只'好信不好学'，固守'不妄语'之说，直说那人有赃，其人因此得罪，岂不是伤害于物？"〔李谓："亦有自贼之理。"〕淳。道夫录略□□："问：'"好信不好学"，如何便至于相贼害？'曰：'"其父攘羊而子证之"是也。昔刘忠定公答部使者以"不闻司户有赃"，退而以为有负温公"不妄语"之戒。既而读扬子"避碍通诸理"之说，然后脱然无疑。向非以"不闻"之说告之，其不为贼害者，几希矣。'"

○ 问："'好信不好学，其蔽也贼。'先生解'贼'谓'伤害于物'，是如何？"曰："人若固执，必信而不知学，则必至害物。如刘元城语录所载司户犯赃，亦是一事也。"广。

○ "六言"、"六蔽"、"五美"等话，虽其意亦是，然皆不是圣人言语。家语此样话亦多。大抵论语后十篇不似前十篇。淳。

子曰小子何莫学夫诗章

○ "诗可以兴"，须是反覆熟读，使书与心相乳入，自然有感发处。闳祖。

人而不为周南召南章

○ 明道谓:"二南,人伦之本,王化之基。苟不为之,'其犹正墙面而立'。"是才出门便不知,便错了。士毅。

○ 亚夫问"不为周南、召南,其犹正墙面而立"一节。先生曰:"不知所以修身齐家,则不待出门便自是已动不得了。所以谓之'正墙面'者,谓其至近之地亦行不得故也。"时举。

○ 问"正墙面而立"。曰:"修身齐家,自家最近底事;不待出门,便有这事。去这个上理会不得,便似那当墙立时,眼既无所见,要动也行不去。"植。

○ 问:"先生解'正墙面而立',曰:'言即其至近之地,而一物无所见,一步不可行。'人若不知修身齐家,则自然推不去,是'一步不可行'也。如何是'一物无所见'?"曰:"自家一身一家,已自都理会不得,又况其远者乎!"问:"此可见知与行相须之义否?"曰:"然。"广。

礼云礼云无

子曰色厉而内荏章

○ 问:"'色厉而内荏',何以比之'穿窬'?"答曰:"为他意只在要瞒人,故其心常怕人知,如做贼然。"大雅。

子曰乡原德之贼章

○ 敬之问"乡原德之贼"。曰:"乡原者,为他做得好,便人皆称之,而不知其有无穷之祸。如五代冯道者,此真乡原也。本朝范质,人谓其好宰相,只是欠为世宗一死尔。如范质之徒,却最敬冯道辈,虽苏子由议论亦未免此。本朝忠义之风,却是自范文正公作成起来也。" _{时举}。

道听而涂说章

鄙夫可与事君章

子曰古者民有三疾章

○ 问"古之矜也廉"。曰:"廉是侧边廉隅。这(则)〔侧〕是那分处。所谓廉者,为是分得那义、利去处。譬如物之侧棱,两下分去。" _植。

巧言令色章_无

子曰恶紫之夺朱章

○ 时举问"紫之夺朱"。曰:"不但是易于惑人。盖不正底物事,自常易得胜那正底物事。且如以朱染紫，一染了便退不得，朱却不能变得紫也。紫本亦不是易得惑人底，只为他力势大了，便易得胜。又如<u>孔子</u>云'恶莠之乱苗'，莠又安能惑人？但其力势易盛，故苗不能胜之耳。且一邦一家，力势也甚大。然被利口之人说一两句，便有倾覆之虑，此岂不可畏哉！"_{时举。潘仁同。}

○ 问："紫近黑色，盖过了那朱。既为紫了，更做〔朱〕不得，便是夺了。""元只是一个色做出来，紫是过则个。郑、雅也（是）只是一个乐，雅较平淡，郑便过而为淫哇，盖过了那〔雅〕便是'乱雅'"。<u>植</u>。

○ 问<u>范氏</u>谓"天下之理，正而胜者常少，不正而胜者常多"。曰："此当以时运言之。譬如一日与人〔一〕生，能有几多好底时节！"<u>广</u>。

予欲无言章

○ 先生问<u>林择之</u>："'天何言哉？四时行焉，百物生焉'，此三句何句较好？"对曰："'四时行，百物生'二句好。"先生因说："择之看得是。只'四时行，百物生'，所谓'天何言哉'者已在其中矣。"<u>德明</u>。

孺悲欲见孔子章_无

宰我问三年之丧章

○ 问"钻燧改火"。<u>直卿</u>曰："若不理会细碎，便无以尽精微之义。若一向琐碎去，又无以致广大之理。"曰："须是大细兼举。"淳。

○ 寓问："'宰我问三年之丧'，为自居丧时问，或为大纲问也?"曰："必是他居丧时。"问"成布"。曰："成布，是稍细成布，初来未成布也。"问"缌缘"。曰："缌，今浅绛色。小祥以缌为缘。看古人小祥，缌缘者一人，谓缌礼有'四人'之说，亦是渐渐加深色耳。然古人亦不专把素色〔为凶〕。盖古人常用皮弁，皮弁纯白，自今言之，则为大凶矣。"刘问布升数。曰："八十缕为一升。古尺一幅只阔二尺二寸，算来斩衰三升，如今网一般。"又云："如今漆布一般，所以未为成布也。如深衣十五升布，似如今极细绢一般。这处升数又晓未得。古尺又短于今尺，若尽一千二百缕，须是一幅阔不止二尺二寸方得如此。所谓'布帛精粗不中数，不粥于市'，又如何自要阔得? 这处亦不可晓。"

○ 或问："哀慕之情易得间断，如何?"曰："孝子之丧亲，哀慕之情自是心有所不能已，岂待抑勒，亦岂待问人? 所以说'祭思敬，丧思哀'。只是思着，自是敬哀。若是不哀，如何抑勒得他!"因举："'宰我问三年之丧'，圣人答他也只是从心上说，教他自感悟。"僩。

○ 亚夫问此章。曰："圣人言'予之不仁'。圣人寻常未尝轻许人以仁，亦未尝绝人以不仁。今言'予之不仁'，乃予良心死了也。"植。

○ 亚夫问宰我问短丧处。先生曰："此处圣人责之至严。所谓'予之不仁'者，便谓他之良心已死了也。前辈多以他无隐于圣人而取之。盖无隐于圣人，固是他好处，然却不可以此而掩其不仁之罪也。"时举。

子曰饱食终日章

○ 贺孙问："'饱食终日，无所用心，难矣哉。'心体本是运动不息，若顷刻间无所用之，则邪僻之念便生。圣人以为'难矣哉'，言其至危而难安也。"曰："心若有用，则心有所主。只看如今才读书，心便主于读书；才写字，心便主于写字。若是悠悠荡荡，未有不入于邪僻。"贺孙。

○ "无适之谓一"，"无适"只是个不走作。且如在这里坐只在这里坐，莫思量出门前去；在门前立莫思量别处去。圣人说"不有博弈者乎？为之犹贤乎已"，博弈岂是好事？与其营营扰扰，不若但将此心杀在博弈上。道夫。

子路曰君子尚勇乎章

○ 读伯丰答问，曰："子路之勇，夫子寻常不住规责之，毕竟其勇亦有未是处，若是勇于义，必不仕季氏。'乐正子，二之中，四之下'，未必皆实有诸己者，故不免有失错处。"螀。

○ 子路之勇，夫子屡箴诲之，是其勇多有未是处。若知勇于义，知大勇，则不如此矣。又其勇有见得到处便行将去，如事孔悝一事却是见不到，盖不以出公之立为非，观其谓正名为迂，斯可见矣。人杰。

子贡曰君子亦有恶乎章

○ 时举问："'恶勇而无礼者，恶果敢而窒者。'勇与果敢如何分?"曰:"勇是以气加人,故易至于无礼。果敢是率然敢为。盖果敢而不窒,则所为之事必当于理。窒而不果敢,则于理虽不通,然亦未敢轻为。惟果敢而窒者,则不论是非而率然妄作,此圣人所以恶之也。"时举。

惟女子与小人为难养也章

年四十而见恶焉章

朱子语类卷第四十八

论语三十

微子篇

子曰殷有三仁章

○ 问："'商有三仁焉'，如或去，或奴，或谏，皆有不同，如何同归于仁?"曰："三子皆诣其至理，故谓之仁。如<u>箕子</u>亦是谏，谏至于极有所不行，故若此也。"<u>一之</u>。

○ <u>贺孙</u>问："'三仁'，不知易地而施，皆能遂其本心否?"曰："都自各就他分上做。自今观之，'<u>微子</u>去之'，去之，尚在活地上;如<u>箕子</u>之囚、<u>比干</u>之死，便是在死地上了，较之尤难。<u>箕子</u>虽不死，然便死却又倒了，唯是被囚、不死不活，这地位如何处? 直是难! 看'三仁'惓惓忧国之心，直是念念不断。若如避世之徒，一齐割断，高举远引，这却无难。故曰:'果哉! 末之难矣。'若果于忘世是不难。"<u>贺孙</u>。

○ <u>木之</u>问："'三仁'之事必不可偏废否?"曰："也不必如此看。只是<u>微子</u>是商之元子，<u>商</u>亡在旦暮，必着去之以存宗祀。若箕子、比干，则自当谏。其死与奴，特适然耳。"<u>木之</u>又问:"当时若只有<u>微子</u>一人，当如何？"曰："亦自着去。"吴仁甫问："夷齐之事，如伯夷已逃去，叔齐以父命与宗社之重，亦自可立否？"曰："叔齐却难处。"子升问："使当时无中子可立，国祀当如何？"曰："亦须自有宗室等人。"子升问："令尹子文、陈文子之事，集注云'未知其心果出于天理而无人欲之私'。又其他行事多悖于道理，但许其忠清，而不许其仁。若其心果出于天理之公，而行事又不悖于道，则可以谓之仁否？"曰："若果能如此，亦可以谓之仁。"子升又问："令尹子文、陈文子之事，则原其心而不与其仁。至管仲则以其功而许其仁，若有可疑。"曰："管仲之功自不可泯没，圣人自许其有仁者之功。且圣人论人，功过自不相掩，功自还功，过自还过。所谓'彼善于此，则有之矣'。若以管仲比伊周，固不可同日语；若以当时大夫比之，则在所当取。当是之时，楚之势骎骎可畏，治之少缓，则中国皆为夷狄，故曰：'微管仲，吾其被发左衽矣！'如本朝赵韩王，若论他自身，煞有不是处；只辅佐太祖区处天下，收许多藩镇之权，立国家二百年之安，岂不是仁者之功！使圣人当时说管仲无克、伐、怨、欲，而一纯于天理之仁，则不可；今亦不过称其'九合诸侯，一（正）〔匡〕天下'之事耳。"因说："看文字，不要般递来说。方说这一事未了，又取那一事来比并说。般来愈多愈理会不得，少间便撰出新奇说话来说将去，元不是真实道理，最不要如此。"木之。

○ 问："箕子当时何必佯狂？"曰："他已为囚奴，做人不成了，故只得佯狂受辱。"又问："若箕子地位尚可以谏，想亦未肯住在。必是既已为囚奴，则不复可谏矣。"曰："既已为囚奴，如何更可以谏！"广。

○ 问："'三仁'皆出于至诚恻怛之公。若箕子不死而为之奴，何以见恻怛之心？"曰："箕子与比干心只一般。箕子也尝谏纣，偶不逢纣大怒，不杀他。也不是要为奴，只被纣囚系在此，因佯狂为奴。然亦不须必死于事，盖比干既死，若更死谏也无益，适足长纣杀谏臣之罪，故因得佯狂。然他处此最难，微子去却易，比干则速迅死，他在半上半下处最是难。所以易中特说'箕子之明夷'，'利艰贞，晦其明也。内难而能正其志'。外虽佯狂，而心却守得定。"淳。寓录同，今附于下。云："寓问：'"商有三仁"，集注言："三子之行不同，而同出于至诚恻怛之意。"微子之去欲存宗祀，比干之死欲纣改行，可见其至诚恻怛处。不知箕子至诚恻怛何以见?'曰：'箕子、比干都是一样心。箕子偶然不冲着纣之怒，自不杀他。然他见比干恁地死，若更死谏，无益于国，徒使人君有杀谏臣之名。就他处此最难，微子去却易，比干一向谏死，又却索性。箕子在半上落下，最是难处。被他监系在那里，不免佯狂。所以易中特说"箕子之明夷"，可见其难处。故曰："利艰贞，晦其明也。内难而能正其志，箕子以之。"外虽狂，心则定也。'"观凤一羽，则知五色之备。"三仁"。偁。

柳下惠为士师章

〇　亚夫问柳下惠三黜。曰："柳下惠莹然处皆与伯夷一般。伯夷如一颗宝珠，只常要在水里。柳下惠亦如一宝珠，在水里也得，在泥里也得。"时举。植同。

〇　问："柳下惠'直道而事人，焉往而不三黜；枉道而事人，何必去父母之邦'，虽可以见其'必以其道而不失焉'者，然亦便有个不恭底意思，故记者以孔子两事序于其后。观孔子之事，则知柳下惠之事亦未得为中道。"曰："也是如此。惟是孟子说得好，曰：'圣人之行，或远或近，或去或不去，归洁其身而已矣。'下惠之行虽不比圣人合于中道，然'归洁其身'则有余矣。"问："'或远或近'是相去之远近否?"曰："不然，谓其去人有远近。若伯夷则直是去人远矣。"广。

齐景公待孔子章

○ 晏问："齐景公待孔子虽欲'以季孟之间',乃以虚礼待之,非举国以听孔子,故曰'吾老矣,不能用也',遂行。如齐人欲以孟子为矜式,亦是虚礼,非举国以听孟子。"曰："固是。"植。

○ 子升问孔子仕季氏之义。曰："此亦自可疑,有难说处。"因言："三家后来亦被陪臣挠,也要得夫子来整顿,孔子却因其机而为之。如堕邑之事,若渐渐扫除得去,其势亦自削弱,可复正也。孟氏不肯堕成,遂不能成功。"因说："如今且据史传所载,亦多可疑处。如鲁国司徒、司马、司空之官乃是三家世为之,不知圣人如何得做司寇。"又问："群弟子皆仕家臣,圣人亦不甚责之。"曰："当时列国诸臣皆世其官,无插手处,故诸子不择地而为之耳。"木之。

齐人归女乐章

○ 问："史记载'鲁今且郊,如致膰于大夫则吾可以止',设若致膰,则夫子果止否?"曰："也须去。只是不若此之速,必须别讨一个事故去。且如致膰,亦不是大段失礼处,圣人但因此且求去尔。"淳。㝢录同。

○ 〔"乃孔子则欲以微罪行,不欲为苟去",谓〕孔子于受女乐之后而遂行,则言之似显君相之过,不言则己为苟去。故因膰肉不至而行,则吾之去国以其不致膰为得罪于君耳。人杰。

○　植因问："'齐人归女乐'，季桓子才受，孔子不安，便行。孔子向来相定公，做得许多事业，亦是季桓子听孔子之所为，方且做得。"曰："固是。"又曰："当时若致膰胙，孔子去得更从容。惟其不致，故孔子便行。"植。

○　问："今欲出来作事，亦须成败有命，无必成之理。"曰："固是，但如孔子所作，亦须见有必成处。但有小人沮之则不可，乃是天。孔子当时在鲁，全属季桓子。其堕三都也乃是乘其机而为之，亦是难。女乐事，论语所载与史记异。若如论语所载，似太匆遽。鲁是父母之国，君、大夫岂得不（且）〔直〕告之？告之不从而行，亦未晚，今乃去得如此其急。此事未易轻议，当阙。"可学。

楚狂接舆歌而过孔子章

○　问："楚狂接舆等，伊川谓荷蓧稍高。"曰："以其尚可告语。若接舆，则全不可晓。"问："当乱世，必如孔子之才可以救世而后可以出，其他亦何必出？"曰："亦不必如此执定。'君子之仕，行其义也'，亦不可一向灭迹山林。然仕而道不行，则当去耳。"可学。

长沮桀溺耦而耕章

子路从而后章

○　"君子之仕也，行其义也。"义，便有进退去就在里。如丈人，直是截断，只见一边。闳祖。

○ 亚夫问子路曰"君子之仕也，行其义也。道之不行，已知之矣"。曰："这时虽大纲做行不得，亦自有小小从违处，所谓义也，如孟子'迎之致敬以有礼则就之，礼貌衰则去之'之意。不如长沮桀溺之徒，才见大纲行不得，便去了。"植。

○ 贺孙问："集注云：'仕所以行君臣之义，故虽知道之不行，而不可废。'末云：'亦非忘义徇禄也。'此'义'字似有两意。"曰："如何是有两意？只是一意。才说义，便是总去就都说。道合则从，不合则去，即此是义，非但只说要出仕为义。然道合则从，不合则去，唯是出仕方见得。'不仕无义'，才说不仕，便都无了这义。圣人忧世之心，固是急欲得君行道。到得灵公问陈，'明日遂行'；景公'以季孟之间待之，曰"吾老矣，不能用也"，孔子行'；季桓子受女乐，'孔子行'，无一而非义。"贺孙。

○ 亚夫问集注云"谓之义，则事之可否、身之去就，诚有不苟然者"。曰："旧时人说此段，只说道合出仕才出仕便是义。殊不知所谓仕，不是埋头一向只要仕。如孟子说'所就三，所去三'，与'孔子有见行可之仕，有际可之仕，有公养之仕'，虽是未尝不欲仕，亦未尝不顾其义之如何。"贺孙。

○ 木之问："看圣人汲汲皇皇，不肯没身逃世，只是急于救世，不能废君臣之义。至于可与不可，临时依旧裁之以义。"曰："固是，但未须说急于救世，自不可不仕。"又问："若据'危邦不入，乱邦不居'、'有道则见，无道则隐'等语，却似长沮、桀溺之徒做得是？"曰："此为学者言之。圣人做作又自不同。"又问："圣人亦明知世之不可为否？"

曰："也不是明知不可，但天下无不可为之时，苟可以仕则仕，至不可处便止。如今时节，台谏固不可做，州县也自做得。到得居位守职，却教自家枉道废法，虽一簿尉也做不得，便着去位。"<u>木之</u>。

逸民章

○　<u>孔子</u>论逸民，先<u>伯夷</u>。<u>道夫</u>。

太师挚适齐章下并无

周公谓鲁公章

周有八士章

子张篇

士见危致命章

执德不弘章

○ 亚夫问:"如何是'执德不弘'底样子?"曰:"子贡若只执'贫而无谄,富而无骄'之德,而不闻夫子乐与好礼之说;子路若只执不耻缊袍之德,而不闻夫子'何足以臧'之说,则其志皆未免止于此。盖义理无穷,心体无限。"贺孙。

○ "执德不弘",弘是深潜玩味之意,不弘是着不得。明道云:"所贵者资,便懁皎厉兮,去道远而!"此说甚好。明道语见程都公墓志。可学。

○ 执德须弘,不可道已得此道理,不信更有道理。须是既下工夫又下工夫,已理会又理会。若只理会得三二分,便以谓只消恁地也得。

如此者非是无，只是不弘。故子张云"焉能为有，焉能为亡"。弘便知道理尽有，自家心下尽有地步宽阔着得他在。銤。

○ 舜功问"执德不弘"。曰："言其不广也。才狭隘则容受不得。不特是不能容人，自家亦自不能容。故才有片善必自矜，见人之善必不喜，人告之以过亦不受。从狭隘上生万般病痛。"问："子张以为'焉能为有，焉能为亡'，世间莫更有不好人？"曰："渠德亦自执，道亦自信，只是不弘不笃，不足倚靠耳。"通老云："亦有人将此二句于道德上说。"曰："不然。先儒说'弘'字，多只说一偏。"可学。

○ 时举问："'执德不弘，信道不笃'一章，还合看得否？"曰："各自是一个病。世间有自执其小善者，然不害其为信道之笃；亦有信道不笃，然却有兼取众善之意者，自不相害也。"时举。

○ 问："焉能为有，焉能为亡？"曰："有此人亦不当去声。得是有，无此人亦不当得是无，言皆不足为轻重。"淳。

子夏之门人问交于子张章

○ 汎交而不择，取祸之道。故子张之言泛交，亦未尝不择。盖初无拒人之心，但其间自有亲疏厚薄尔。和靖非以子张为不择也。镐。

虽小道必有可观章

○ 小道不是异端。小道亦是道理，只是小。如农圃、医卜、百工之类，却有道理在，只一向上面求道理便不通了。若异端则是邪道，虽至近亦行不得。淳。

○ 小道而行易见效。汉文帝尚黄老，而本朝李文靖便是以释氏之教致治也。孔孟之道规模大，若有理会得者，其致治又当如何？椿。

日知其所亡章

○ 问"日知其所亡，月无忘其所能"。先生曰："'知其所亡'，便是一日之间知得所未知；'月无忘其所能'，便是长远后也记得在这里。而今学者今日知得，过几日又忘了，便是不长在此做工夫，如何会到一月后记得！"希逊。

○ 周问："'月无忘其所能'，还是温故否？"曰："此事与'温故知新'意却不同。'温故知新'是温故之中而得新底道理，此却是因新知而带得温故。"雉。

○ 节问："'月无忘其所能'，积累多则如何温习？"曰："也须渐渐温习。如'得一善则拳拳服膺，而（勿）〔弗〕失之矣'，'子路有闻，未之能行，惟恐有闻'。若是如此，则子路只做得一件事，颜子只着得一件事。"节复问："既恁地，却如何？"曰："且思量。"节。

○ 子夏学煞高，自曾子外说他。看他答问处，如"博学而笃志，切问而近思"，如"日知其所亡，月无忘其所能"等处可见。泳。

博学而笃志章

○ 问："笃志是如何？"曰："笃志是至诚恳切以求之，不是理会不得又掉了。"因举横渠言："'读书以维持此心。一时放下，则一时德性有懈'，若只管泛泛地外面去博学，更无恳切之志，反看这里，便是放而不知求底心，便成顽麻不仁底死汉了，那得仁！惟笃志，又切问近思，便有归宿处，志不泛滥，心不走作，便只在这坎窠里。"

○ 问："博学而笃志，切问而近思，仁在其中矣。"先生曰："此全未是说仁处，方是寻讨个求仁门路。当从此去，渐见效在其中，谓有此理耳。"问："明道言：'学者须先识仁。识得仁，以敬养，不须防检。'"曰："未要看此，不如且就'博学笃志，切问近思'做去。"寓。

○ 问："'博学而笃志，切问而近思，仁在其中矣'，如何谓之仁？"先生曰："非是便为仁。大抵圣人说'在其中矣'之辞，如'禄在其中〔，直在其中〕'，意曰：'言行寡尤悔，非所以干禄，而禄在其中；父子相为隐，非所以为直，而直在其中。'博学而笃志，切问而近思'，虽非所以为仁，然学者用力于此，仁亦在其中矣。"祖道。谟同。

○ 元昭问："'博学而笃志，切问而近思'，何以言'仁在其中'矣？"先生曰："只是为学工夫反求之己。必如'克己复礼'乃正言为仁。论语言'在其中'，只是言其可至耳。明道云'学要鞭辟近里'。"可学。

○ 问："'"博学而笃志，切问而近思，仁在其中矣"，了此便是彻上彻下道理。'此是深说也恁地，浅说也恁地否？"先生首肯，曰："是。

彻上彻下只是这个道理，深说浅说都恁地。"淳。

○ 问："'博学笃志，切问近思，仁在其中'，明道谓'学者须当思而得之，了此便是彻上彻下底道理'，莫便是先生所谓'从事于此则心不外驰，而所存自熟'之意乎？"曰："然。于是四者中见得个仁底道理，便是彻上彻下之道也。"广。

○ 蜚卿问伊川谓"近思，只是以类推去"。曰："程子说得'推'字极好。"问："'以类'莫是比这一个意思推去否？"曰："固是。如为子则当止于孝，为臣当止于忠，自此节节推去。然只一'爱'字，虽出于孝，毕竟千头万绪皆当推去须得。"骧曰："如何'切问近思'，则仁便在其中？"曰："这有四字：博学、笃志、切问、近思。四者俱至，本止是讲学，未是如'克己复礼'，断然为仁而仁在其中。凡论语言'在其中'皆是反说。如'耕也'则'馁在其中'，耕非能馁也，然有旱干水溢则馁在其中。'学也，禄在其中'，学非干禄也，然学则禄在其中。'父为子隐，子为父隐'，本非直也，而直已在其中。若此类皆是反说。"道夫。

○ 雉问："'近思'，程子谓'以类而推'，何也？"先生曰："是节节推去。"雉。

○ 有问伊川曰："如何是近思？"曰："以类而推。"今人不曾以类而推，盖谓不曾先理会得一件却理会一件。若理会得一件，逐件件推将去，相次亦不难，须是劈初头要理会，教直得理会得分晓透彻。且如煮物事，合下便用慢火养，便似煮肉，却煮得顽了，越不能得软。政如义理只理会得三二分，便道只恁地得了，却不知前面撞头磕脑。人心里若是思索得到时，遇事自不难。须是将心来一如鏖战一番，见了行陈便自

然向前得去，如何不教心经履这辛苦！经一番，便自知得许多道路，方
透彻。<u>鲎</u>。

○ 问："'以类而推'是如何？"曰："只是就近推将去。"曰："如
何是就近推去？"曰："且如十五志学至四十不惑，学者尚可以意会。若
自知命以上，则虽苦思力索，终摸索不着。纵然说得，亦只是臆度。除
是自近而推，渐渐看将去，则自然见得矣。"<u>广</u>。

○ <u>尹叔</u>问："'近思'是'以类而推'？"曰："<u>孟子</u>所谓'亲亲而
仁民，仁民而爱物'，<u>文王</u>之'刑于寡妻，至于兄弟，以御于家邦'，便
是以类而推。"<u>道夫</u>。

○ <u>杨</u>问："<u>程子</u>曰'近思，以类而推'。何谓类推？"曰："此语道
得好。不要跳越望远，亦不是纵横陡顿，只是就这里近傍那晓得处挨将
去。如这一件事理会得透了，又因这件事推去做那一件事，知得亦是恁
地。如识得这般有许多光，便可因这灯光识得那烛亦恁地光。如升阶，
升第一级了，便因了第一级进到第二级，又因第二级进到第三级。只管
恁地挨将去，只管见易，不见其难，前面远处只管会近。若第一级便要
跳到第三级，举步阔了便费力，只管见难，只管见远。如要去<u>建宁</u>，须
从第一铺便推类去到<u>柳营江</u>，<u>柳营江</u>便推类去到<u>鱼岫驿</u>。只管恁地节节
推去，这处进得一程，那处又减得一程。如此，<u>虽长安</u>亦可到矣。不
然，只要一程如何便到得！如读书，读第一段了，便推第一段之类去读
第二段；到第二段了，又推第二段之类去读第三段。只管恁地去，次第
都能理会得。若开卷便要猎一过，如何得！"<u>直卿</u>问："是理会得孝，便
推去理会得弟否？"曰："只是傍易晓底挨将去。如理会得亲亲，便推类
去仁民，仁民是亲亲之类。理会得仁民，便推类去爱物，爱物是仁民之
类。如'刑于寡妻'，便推类去'至于兄弟'；'至于兄弟'，便推类去

'御于家邦'。如修身便推类去齐家，齐家便推类去治国。只是一步了又一步。学记谓：'善（待）问者，如攻坚木，先其易者，后其节目。'此说甚好。且如中央一块坚硬，四边软，不先就四边攻其软，便要去中央攻那硬处，如何攻得？枉费了气力，坚底又只在。须是先就四边旋旋抉了软处，中央硬底自走不得。兵书所谓'攻瑕则坚者瑕，攻坚则瑕者坚'，亦是此意。"问："博学与近思，亦不相妨否？"曰："博学是都要理会过，近思是注心着力处。博学是个大规模，近思是渐进工夫。如'明明德于天下'是个大规模，其中格物、致知、诚意、正心、修身、齐家等便是次第处。如博学，亦岂一日便都学得了？亦是渐渐学去。"问："笃志，未说到行处否？"曰："笃志，只是至诚恳切以求之，不是理会不得又掉了。若只管泛泛外面博学，更不恳切其志反在这里，便成放不知求底心，便成顽麻不仁底人，那得仁？惟笃志，又切问近思，便有归宿处，这心便不泛滥走作，只在这坎窠里。不放了，仁便在其中。横渠云：'读书以维持此心。一时放下，则一时德性有懈。'"淳。道夫、寓录同。

百工居肆章

○ 问："'百工居肆'，二说合如何看？"曰："君子不学，固不足以致道，然亦有学而不知道者多矣。此二说要合为一，又不欲掩先辈之名，故姑载尹氏之本文。"雉。

小人之过也必文章

君子有三变章

君子信而后劳其民章

大德不逾闲章

○　"大德不逾闲，小德出入可也。"大节是当，小节无不可者。若大节未是，小节何缘都是。谟。

○　"小德出入可也"，此自是"可与权"之事。谓之"出入"则似有不得已之意，非德盛者不能。如"嫂溺不援，是豺狼也"，嫂溺是所当援也，更着"可也"字不得，所以吴氏谓此章有弊。道夫。

○　问："'大德'、'小德'解不同，而'逾闲'、'出入'亦所未达。中庸之旨与子夏之言似无异意。夫有大德以存主于中，则凡出入卷舒而见于外者无不可焉，故曰'出入可也'。不知如何？"曰："'大德'、'小德'犹言'大节'、'小节'。大节既定，小节有差亦所不免。然吴氏谓此章不能无弊，学者正不可以此自恕。一以小差为无害，则于大节必将有枉寻而直尺者矣。"谟。

○　问："伊川谓小德如援溺之事更推广之，吴氏谓此章不能无弊。如何？"曰："恁地推广援溺事却是大处。'嫂溺不援是豺狼'，这处是当做，更有甚么出入！随他门说，如汤武征伐，'三分天下有其二'，都将做可以出入。恁地却是大处，非圣人不能为，岂得谓之小德？乃是道之权也。子夏之意，只为大节既是了，小小处虽未尽美亦不妨。然小处放过，只是力做不彻，不当道是'可也'。"寓。陈淳录同。

○ 子夏"大德不逾闲，小德出入可也"，如横渠之说"时中"，却是一串说。如"小德出入"亦把做好了，若是"时中"却是合当如此，如何却只云"可也"？只是且恁地也得之意。且如"嫂溺援之以手"，亦是合当如此，却说道"可也"不得。大抵子夏之说自有病，只是他力量有行不及处。然既是有力不及处，不免有些子小小事放过者，已是不是，岂可谓之"可也"？却是垂训于人，教人如此则甚不可耳。盖子夏为人不及，其质亦弱，夫子亦每提他，如"汝为君子儒，无为小人儒"、"无欲速，无见小利"之类。子夏亦自知之，故每常亦要做夹细工夫，只这子细便是他病处。徐彦章以子夏为狷介，只是把论交处说。子夏岂是狷介？却只是弱耳。賀。

洒扫应对章

○ 君子之道，孰以末为先而可传？孰以本为后而倦教？盖学者之质不同，如草木之区别耳。德明。

○ 问"子夏门人洒扫应对进退"一段。答曰："人只是将上达意思压在头上，故不明子夏之意。但云君子之道孰为当先而可传？孰为可后而倦不传？'譬诸草木，区以别矣'，只是分别其小大耳。小子之学但当如此，非无本末之辨。"祖道。

○ 古人初学只是教他"洒扫应对进退"而已，未便说到天理处。子夏之教门人专以此，子游便要插一本在里面。"民可使由之，不可使知之"，只是要他行矣而著，习矣而察，自理会得。须是"匡之直之，辅之翼之，使自得之，然后从而振德之"。今教小儿，若不匡不直，不辅不翼，便要振德，只是撮那尖利底教人，非教人之法。淳。

○ 孔门除曾子外，只有子夏守得规矩定，故教门人皆先"洒扫应对进退"，所以孟子说："孟施舍似曾子，北宫黝似子夏。"文蔚。

○ "洒扫应对"，"精义入神"，事有大小而理无大小。〔池录作"精粗"，下同。〕事有大小，故其教有等而不可躐；理无大小，故随所处而皆不可不尽。〔池录作"故唯其所在，而皆不可不用其极"。〕谢氏所谓"不着此心如何做得"者，失之矣。道夫。此录又自注云："先生亲笔以示诸生。"

○ 问"洒扫应对章"程子四条。曰："此最难看。少年只管不理会得'理无大小'是如何。此句与上条教人有序都相反了。多问之前辈，亦只似谢氏说得高妙，更无捉摸处。因在同安时，一日差入山中检视，夜间忽思量得不如此。其曰'理无小大'，无乎不在，本末精粗皆要从头做去，不可拣择。此所以为教人有序也。非是谓'洒扫应对'便是'精义入神'，更不用做其他事也。"雉。

○ "子夏之门人小子洒扫应对进退，某少时都看不出，将谓无本末，无大小。虽如此看，又自疑文义不是如此。后来在同安作簿时，因睡不着，忽然思得，乃知却是有本末小大。然若不得明道说'君子教人有序'四五句，也无缘看得出。圣人'有始有卒'者，不是自始做到终，乃是合下'洒扫应对'、'精义入神'，便都在这里了，始终皆备。若学者便须从始做去方得，圣人则不待如此做也。"时举。

○ 亚夫问："'孰先传焉，孰后倦焉'一章，伊川云：'"洒扫应

对"便是形而上者,理无大小故也。故君子只在谨独。'又曰:'圣人之
道,更无精粗。从"洒扫应对"与"精义入神",贯通只一理。虽"洒
扫应对",只看所以然如何。'"曰:"某向来费无限思量理会此段不得。
如伊川门人都说差了,当初且是不敢把他底做不是,只管就他底解说。
解来解去,但只见与子夏之说相反,常以为疑。子夏正说有本有末,如
何诸公都说成个末即是本?后在同安,出在外道定验公事,路上只管思
量,方思量得透。当时说与同官某人,某人亦正思量此话起,颇同所
疑。今看伊川许多说话时复又说错了。所谓'"洒扫应对"与"精义入
神",贯通只一理。虽"洒扫应对",只看所以然如何',此言'洒扫应
对'与'精义入神'是一样道理。'洒扫应对'必有所以然,'精义入
神'亦必有所以然。其曰'通贯只一理',言二者之理只一般,非谓
'洒扫应对'便是'精义入神'。固是'精义入神'有形而上之理,即
'洒扫应对'亦有形而上之理。"亚夫问:"集注云:'始终本末,一以贯
之,惟圣人为然。'此解得已分明,但圣人事是甚么样子?"曰:"如云
'下学而上达',当其下学时便上达天理,是也。"贺孙。

○ 齐卿问:"'子夏之门人小子当洒扫应对'一章,程子云云'故
君子只在谨独',何也?"曰:"事有小大,理却无小大。合当理会处便
用与他理会,故君子只在谨独。不问大事小事,精粗巨细,尽用照管,
尽用理会。不可说个是粗底事不理会,只理会那精底,既是合当做底事
便用做去。又不可说'洒扫应对'便是'精义入神'。'洒扫应对'只是
粗底,'精义入神'自是精底。然道理都一般,须是从粗底小底理会起,
方渐而至于精者大者。所以明道曰:'君子教人有序,先传以近者小者,
而后教以大者远者。非先传以近小,而后不教以远大也。'"或云:
"'洒扫应对'非道之全体,只是道中之一节。"曰:"合起来便是道之全
体,非大底是全体,小底不是全体也。"问伊川言"凡物有本末,不可
分作两段"。曰:"须是就事上理会道理,非事何以识理?'洒扫应对',

末也;‘精义入神’,本也。不可说这个是末,不足理会,只理会那本,这便不得。又不可说这末便是本,但学其末,则本便在此也。"㤼。

○ 问:"程子曰:'"洒扫应对"便是形而上者。理无小大,故君子只在谨独。'此只是独处少有不谨,则形而上下便相间断否?"曰:"亦是。盖不能谨独,只管理会大处,小小底事便照管不到。理无小大,大处小处都是理。小处不到,理便不周匝。"淳。

○ 义刚呈问目云:"子游知有本,而欲弃其末。子夏则以本末有先后之序。程子则合本末以为一而言之。详味先生之说,则所谓'洒扫应对'固是便是'精义入神'事。只知于'洒扫应对'上做工夫,而不复深究'精义入神'底事,则亦不能通贯而至于浑融也。惟是下学之既至,而上达益加审焉,则本末透彻而无遗矣。不审如此说得否?"曰:"这是说洒扫应对也是这道理。若要精义入神,须是从这里理会将去。如公说,则似理会了'洒扫应对'了,又须是去理会'精义入神',却不得。程子说又便是子夏之说。"义刚。

○ 问:"'"洒扫应对"即是"精义入神"之理',此句如何?"曰:"皆是此理,其为上下大小不同,而其理则一也。"问:"莫只是尽此心而推之,自小以至大否?"曰:"谢显道却说要着心。此自是说理之大小不同,未可以心言也。'洒扫应对'是此理,而其'精义入神'亦是此理。'洒扫应对'是小学事,'精义入神'是大学事。精究其义以入神,正大学用功以至于极致处也。若子夏之门人,止当为'洒扫应对'而已,以上又未暇也。"

○ 问:"'"洒扫应对"是其然,必有所以然','所以然者'如何?"曰:"'所以然者'亦只是理也,惟穷理则自知其皆一致。此理惟延平先生之说在或问"格物"中。与伊川合，虽不显言其穷理，而皆体此意。"后先生一番说："伊川'是其然'，为伊川只举得一边在此，'是其然'。'洒扫应对'与'精义入神'皆是'是其然，必有所以然'，'洒扫应对'与'精义入神'皆有所以然〔之理〕。"〔寓。〕

○ 节问："伊川曰'"洒扫应对"是其然，必有所以然'者是如何？"曰："若无诚意，如何'洒扫应对'？"节。

○ "是其然，必有所以然。"治心修身是本，"洒扫应对"是末，皆"其然"之事也。至于"所以然"，则理也，理无精粗本末，皆是一贯。升卿。

○ "先传后倦"，明道说最好。伊川与上蔡说，须先理会得子夏意方看得。闳祖。

○ 问："'洒扫应对'与'尽性至命'，是一统底事，无有本末精粗。在理固无本末精粗，而事须有本末精粗否？"曰："是。"淳。

○ 伯圭问："程子曰'"洒扫应对"与佛家默然处合'，何也？"曰："默然处，只是都无作用。非是取其说，但借彼明此。'洒扫应对'即'无声无臭'之理也。"璧。

仕而优则学章

○ 又问："'仕而优则学，学而优则仕'，如何仕而复学？"曰："如古者，世族子弟有少年便仕者，到职事了（辨）〔办〕后也着去读书。须要将圣贤言语体之于身。如'克己复礼'与'出门如见大宾'，须就自家身上体看我实能克己与主敬行恕否，件件如此，方始有益。"又因希逊问"克己复礼"，曰："人之私意，有知得便克去者，有忘记去克他者，有不独是忘记去克他，却反与他为用者。"_{时举}。

○　问"仕而优则学，学而优则仕"。先生曰："此为世族子弟而设。有少年而仕者，元不曾大故学，故职事之暇可以学。'学而优则仕'，无可说者。"_{希逊}。

○　问"仕而优则学"。曰："有一乡人作县尉，请教于太守<u>沈公</u>云：'某欲修学，先读何书?'<u>沈</u>答云：'公且去做了县尉，归家去款款读书。'此说乱道! 居官岂无闲暇时可读书? 且如轿中亦可看册子，但不可以读书而废居官事耳。"_雉。

○　问"仕而优则学"。曰："某尝见一亲戚说得好，谓<u>子夏</u>此语，盖为仕而不问学者设尔。'优'，当作'暇'字解。"<u>祖道</u>。_{谟同}。

丧致乎哀而止章_无

堂堂乎张也章_无

必也亲丧乎章_无

孟庄子之孝章

○ 时举问："孟庄子不改父官与父之政,何以谓之'难能'?"曰:
"这个便是难能处。人固有用父官者,然稍拂他私意,便自容不得。亦
有行父之政者,于私欲稍有不便处,自行不得。古今似此者甚多,如唐
太宗为高宗择许多人,如长孙无忌、褚遂良之徒,高宗因立武昭仪事,
便不能用。又,季文子相三君,无衣帛之妾,无食粟之马,到季武子便
不如此,便是不能行父之政。以此知孟庄子岂不为难能!"和之因问:
"唐太宗当初若立魏王泰时如何?魏王泰当时也自英武。"曰:"他当初
却有心倾太子承乾,只此心便不好,然亦未知果是贤与不贤。且看隋炀
帝劈初如何?下梢又如何?"问:"'为天下得人谓之仁',又有嫡长之
说,此事不知如何。"曰:"所谓'可与立,未可与权',此事最要权轻
重,若是圣贤便处得。须是见他嫡长真是不贤,庶真贤,方得。大贤以
上方了得此事,如(王季)〔太王〕立(文王)〔王季〕之事是也。如他人
见不到,不如且守嫡长之说。如晋献公溺于骊姬,要去申生;汉高祖溺
于戚姬,要立赵王如意。〔岂〕是真见得他贤否!"〔倪录云:"倪曰:'若嫡
长不贤,便只得付之命。'先生曰:'是。'"〕又云:"两汉而下,多有英武之
资为用事者所忌,如清河王是也。"时举。〔倪同。〕谓汉清河王蒜为梁冀
所忌。

阳肤为士师章无

纣之不善章无

君子之过如日月章_无

仲尼焉学章

○　或问："'文武之道未坠于地'，是扫地否？"曰："未坠地，非扫地，扫地则无余矣。此只是说未坠落于地，而犹在人耳。贤者则能记其道之大者，不贤者则能记其道之小者，皆有文武之道，夫子皆师之也。"_{大雅}。

子贡贤于仲尼章

○　"子贡贤于仲尼。"圣人固自难知。如子贡在当时，想是大段明辨果断，通晓事务，歆动得人。孔子自言："达不如赐，勇不如由。"_{贺孙}。

○　或问："'夫子之墙数仞，不得其门而入'，夫子之道高远，故不得其门而入也。"曰："不然。颜子得入，故能'仰之弥高，钻之弥坚'，至于'在前在后，如有所立，卓尔'。曾子得入，故能言'夫子之道忠恕'。子贡得入，故能言'性与天道不可得闻，文章可得而闻'。他人自不能入耳，非高远也。七十子之徒，几人入得？譬如与两人说话，一人理会得，一人理会不得。理会得者便是入得，不理会得者便是入不得。且孔子之教众人与教颜子何异？颜子自入得，众人自入不得，多少分明！"_{大雅}。

叔孙武叔毁仲尼章_无

夫子得邦家章

○ 问："'夫子得邦家'章，集注'立'谓'植其生'，何也?"曰："'五亩之宅，树之以桑；百亩之田，勿夺其时'是也。"问："'动'谓'鼓舞之'，何也?"曰："'又从而振德之，惟动丕应徯志'，是使只管欣喜踊跃去，迁善远罪而不自知。"问："伊川谓'言性与天道是圣人之聪明，此处是圣人之德性'。何也?"曰："言性与天道是圣人见处恁地高，人自摸不着；此处言德性是自本原处说，根基深厚便能如此，即'所过者化，所存者神'。意皆由德盛仁熟而然。"淳。按杨道夫、徐㝢录同而各少异，今附于下。道夫录云："'"立之斯立"，如"五亩之宅，树之以桑"之类。盖此有以立之，便自立得住也。"动之斯和"如"又从而振德之"，振德有鼓舞之意。如舜之从欲以治，"惟动丕应徯志"，(徙)〔便〕是动而和处。此言德盛仁熟，本领深厚，才做出便自恁地。'问：'伊川云："夫子之言性与天道，不可得而闻"，是就圣人聪明上说；'立斯立，绥斯来'，是就德性上说。'如何?'曰：'聪明是言圣人见处高，常人所不能测识。德性是言其精粹纯一，本领深厚，其用自如此。'"㝢录云："又问：'"立之斯立"，集注谓"立，谓植其生也"，那处见得?'曰：'"五亩之宅，树之以桑；百亩之田，勿夺其时"便是。'问：'"动和，谓鼓舞之也"，那处见得鼓舞?'曰：'放勋曰"劳之来之，又从而振德之"，振德处便是鼓舞，使之欢喜踊跃，迁善改过而不自知，如书之"俾予从欲以治，惟动丕应徯志"，皆是"动之斯和"意思。'问：'程子"言性与天道，以夫子之聪明而言；如云绥之斯来，动之斯和，以夫子德性而言"，不知将聪明、德性分别两段是如何?'曰：'"言性与天道"，是所见直恁地高，人自描模他不着，见得是聪明。言德性，是就本原处说。根基深厚，德盛仁熟，便能如此，便是"所过者化"。'"

朱子语类卷第五十

论语三十二

尧曰篇

尧曰咨汝舜章

○ 杨问："'简在帝心'，何谓简？"曰："如天检点数过一般。善与罪，天皆知之。尔之有善也在帝心，我之有罪也在帝心。"淳。寓录同。

○ 寓问："'虽有周亲'，注：'纣之至亲虽多。'他众叛亲离，那里有至亲？"曰："纣之至亲岂不多？唯其众叛亲离，所以不济事。故书谓'纣有亿兆夷人，离心离德'，是也。"寓。淳录同。

子张问从政章

○ 问："'欲仁得仁，又焉贪'，如何？"曰："仁是我所固有，而我得之，何贪之有？若是外物，欲之则为贪。此正与'当仁不让于师'同意。""于问政及之，何也？"曰："治己治人，其理一也。"广。

○ 问："'犹之与人也，出纳之吝'，何以在四恶之数？"曰："此一恶比上三恶似轻，然亦极害事。盖此人乃是个多猜嫌疑虑之人，赏不赏，罚不罚，疑吝不决，正如唐德宗是也。"大雅。

○ "'犹之'，犹均之也。均之，犹言一等是如此。史家多有此般字。"问："'出纳之吝'是不好，所以谓之恶。"曰："此'吝'字说得来又广，只是戒人迟疑怠忽底意思。当赏便用赏，当做便用做。若迟疑怠忽之间，涩缩靳惜，便误事机。如李绛劝唐宪宗速赏魏博将士，曰：'若待其来请而后赏之，则恩不归上矣。'正是此意。如唐家藩镇之患，新帅当立，朝廷不即命之，却待军中自请而后命之，故人不怀恩，反致败事。若是有司出纳之间，吝惜而不敢自专，却是本职当然。只是人君为政大体，则凡事皆不可如此，当为处便果决为之。"僴。

不知命章

○ 论语首云："学而时习之，不亦说乎！有朋自远方来，不亦乐乎！人不知而不愠，不亦君子乎！"终云："不知命，无以为君子也。"此深有意。盖学者所以学为君子，若不知命，则做君子不成。死生自有定命，若合死于水火，须在水火里死；合死于刀兵，须在刀兵里死，看如何逃不得。此说虽甚粗，然所谓知命者不过如此。若这里信不及，才见利便趋，见害便避，如何得成君子！闳祖。

○ "论语首章言'人不知而不愠，不亦君子乎'，断章言'不知命，无以为君子'，今人开口亦解说一饮一啄自有定分，及遇小小利害，便生趋避计较之心。古人刀锯在前、鼎镬在后，视之如无物者，盖缘只见得这道理，不见那刀锯、鼎镬。"又曰："'死生有命'，如合在水底死，须是溺杀。此犹不是深奥底事、难晓底话，如今朋友都信不及，觉见此道日孤，令人意思不佳。"元秉。

○ 论语末篇"不知命，无以为君子"，首章"人不知而不愠，不亦君子乎"。且以利害祸福言之，此是至粗底。此处人都信不及，便讲学得待如何！亦没安顿处。且如俗说"一饮一啄皆前定"，及至小利害便趋利避害。古人"刀锯在前，鼎镬在后，视之如履平地"，只缘见得这义理分明。"死生有命，富贵在天"，自是个定分。而今朋友都信不及，觉得此道日孤。赐。

朱子语类卷第五十一

孟子一

题辞

○　陈丈言："孟子，赵岐所记者，却做得好。"曰："做得絮气闷人。东汉文章皆如此。"卓。

○　赵岐避难处夹壁中注解一部孟子。题辞中说"息肩济岱，诡姓道身"，谓是也。德明。

○　解书难得分晓。赵岐孟子，拙而不明；王弼周易，巧而不明。辛。

梁惠王章句上

孟子见梁惠王〔章〕

○　希真说孟子对梁惠王以仁义章。曰："凡事不可先有个利心，才说着利，必害于义。圣人做处只向义边做，然义未尝不利，但不可先说道利，不可先有求利之心。盖缘本来道理只有一个仁义，更无别物事。义是事事要合宜。"贺孙。

○ 说义利处，曰："圣贤之言，所以要辨别教分明，但只要向义边一直做去，更不通思量着第二着。才说义乃所以为利，固是义有大利存焉，若行义时便说道有利，则此心只倾邪向那边去。固是道'未有仁而遗其亲，未有义而后其君'，才于为仁时便说要不遗其亲，为义时便说要不后其君，则是先有心于利。圣贤直要人止向一路做去，不要做这一边又思量那一边。仲舒所以分明说'不谋其利，不计其功'。"贺孙。

○ 孟子大纲都剖析得分明。如说义利等处，如答宋牼处，见得事只有个是非，不通去说利害。看得来惟是孟子说得斩钉截铁。贺孙。

○ 潘子善问："孟子说与时君都是一反一正。如首章说'上下交征利'，其害便至'不夺不餍'。说仁义，便云未有'遗其亲''后其君'。说贤者便乐此，不贤者便不能乐此。言其效验如此，亦欲人君少知恐惧之意。"曰："不是要人君知恐惧，但其效自必至此。"植。

○ 至问："孟子解中说：'仁者，心之德，爱之理；义者，心之制，事之宜。'至谓：'心之德'，是就专言之统体上说；'爱之理'，是就偏言之一体上说，虽言其体，而用未尝不包在其中。'心之制'，是说义之主于中；'事之宜'，是说义之形于外，合内外而言之也。如此看是否？"曰："'心之制'，亦是就义之全体处说。'事之宜'，是就千条万绪各有所宜处说。'事之宜'，亦非是就在外之事说，看甚么事来这里面便有个宜处，这便是义。"又举伊川曰："在物为理，处物为义。"又曰：

"义似一柄利刀,看甚物来皆割得去。非是刀之割物处是义,只这刀便是义。"伯羽。

○ 仁对义为体用,仁自有仁之体用,义又有义之体用。"仁,人心也",是就心上言;"义,人路也",是就事上言。伯羽。

○ 正淳问:"'仁者,心之德,爱之理;义者,心之制,事之宜。'是德与理俱以体言,制与宜俱以用言否?"曰:"'心之德'是浑沦说,'爱之理'方说到亲切处。'心之制'却是说义之体,程子所谓'处物为义'是也。扬雄言'义以宜之',韩愈言'行而宜之之谓义'。若〔只〕以义为宜,则义有在外意思。须如程子言'处物为义',则是处物者在心,而非外也。"又云:"大概说道理只浑沦说,又使人无捉摸处;若要说得亲切,又却局促有病。如伊川说'仁者,天下之公,善之本也',说得浑沦开阔无病。知言说理是要亲切,所以多病。"贺孙。胡子知言,五峰先生所著也。

○ 或问:"孟子首章解曰:'仁者,心之德,爱之理也。义者,心之制,事之宜也。'此是以仁义分为体用也。'(仁)〔心〕之德,爱之理',以体言也;'心之制,事之宜',以用言也?"曰:"也不是如此。义亦只得如此说。'事之宜'虽若在外,然所以制其义,则在心也。程子曰:'处物为义。'非此一句,则后来人恐未免有义外之见。如'义者事之宜'、'事得其宜之谓义',皆说得未分晓在。盖物之宜虽在外,而所以处之使得其宜者,则在内也。"曰:"仁言'心之德',便见得可包四者。义言'心之制',却只是说义而已。"曰:"然。程子说'仁者,天下之公,善之本也'固是好,然说得太浑沦,只恐人理会不得。大抵说得宽广自然,不受指点,若说得亲切,又觉得意思局促,不免有病。知言则是要得亲切,而不免有病者也。"又曰:"也须说教亲切。"因言:

"汉唐诸人说义理，只与说梦相似，至程先生兄弟，方始说得分明。唐人只有退之说得近旁，然也只似说梦，但不知所谓刘迅者如何。"曰："迅是知几之子。据本传说，迅尝注释六经，以为举世无可语者，故尽焚之。"曰："想只是他理会不得。若是理会得，自是著说与人。"广。

○ 问："集注谓'义者，天理之所宜'，仁说又谓'义者，宜之理'，意有异否?"曰："只宜处便是义。宜之理、理之宜都一般，但做文恁地变。只如冷底水、热底水，水底冷、水底热一般。"淳。

○ "义者，心之制，事之宜。"所谓事之宜，方是指那事物当然之理，未说到处置合宜处也。㑆。

○ "义者，心之制，事之宜。"如刀相似，要他深割。泳。

○ 节问："'心之制'，是裁制?"曰："是裁制。"节问："莫是以制其心?"曰："心自有这制。心自是有制，制如快利刀斧，事来劈将去，可底从这一边去，不可底从那一边去。"节。

○ 梁惠王问利国，便是为己，只管自家国，不管他人国。义利之分，其争毫厘。范氏只为说不到圣贤地位上，盖"义者，利之和也"。谟。

孟子见梁惠王王立于沼上章

○ 德修说"孟子见梁惠王王立于沼上"一章，引"齐宣王见孟子于雪宫"事，云："梁惠王其辞逊，齐宣王其辞夸。"先生曰："此说好。"又说"寡人愿安承教"一章，有"和气致祥，乖气致异"之说。曰："恐孟子之意未到此。"<u>文蔚</u>。阎祖同而略，今附。云："<u>王丈</u>解'梁惠王王立于沼上曰："贤者亦乐此乎？"齐宣王见孟子于雪宫曰："贤者亦有此乐乎"'，曰：'梁之辞逊，齐之辞侈。'先生曰：'分得好。'"

梁惠王曰晋国天下莫强焉章

○　问："孟子告梁王，省刑罚，薄税敛，修孝弟忠信，便可以制挺挞秦楚坚甲利兵。夫魏地迫近于秦，无时不受兵，割地求城无虚日。孟子之言似太容易否？"曰："自是响应如此。当时之人焦熬已甚，率欢欣鼓舞之民而征之，自是见效速。后来公子无忌缟素，一举直擣至函谷关可见。"<u>人杰</u>。

○　孟子亦是作为底人。如云："彼陷溺其民，王往而征之，夫谁与王敌！"非不用兵也，特其用兵不若当时战国之无义理耳。如"五亩之宅，树之以桑"而下，为政之实行之既至，则夫视当时无道之国，岂可但已哉！<u>人杰</u>。

孟子见梁襄王章

○　问："'望之不似人君'，此语孔子还道否？"曰："孔子不说，孟子忍不住便说。安卿煞不易，他会看文字，疑得都是合疑处。若近思，固不能疑。蕫卿又疑得曲折，多无事生出事。"又曰："公疑得太过，都落从小路去了。"<u>伯羽</u>。

齐宣王问曰齐桓晋文之事章

○ "无道桓文之事。"事者，营霸之事，儒者未尝讲求。如桓公霸诸侯，一匡天下，则谁不知！至于经营霸业之事，儒者未尝言也。<u>谟</u>。

○ 或问："'仁术'字当何训？"曰："此是<u>齐王</u>见牛觳觫，而不忍之心萌，故以羊易之。<u>孟子</u>所谓'无伤'，盖能获得<u>齐王</u>仁心发见处。'术'，犹方便也。"<u>履孙</u>。

○ 陈（希）〔晞〕周问"是乃仁术也"一句。先生曰："'术'字，本非不好底字。只缘后人把做变诈看了，便道是不好。却不知天下事有难处处，须着有个巧底道理始得。当<u>齐宣王</u>见牛，一时恻隐之心已发乎中。又见衅钟事大，似住不得，只得以所不见者而易之。乃是他既周旋得那事，又不抑遏了这个不忍之心，则此心乃得流行。若当此之时无个措置，便抑遏了这个不忍之心，遂不得而流行矣。此乃所谓术也。"<u>时举</u>。

○ 陈晞周问"仁术"。曰："术未必便是全不好。且如仁术：见牛之觳觫，是仁心到这里；处置不得，无术以处之，是自家这仁心抑遏，不得流行；故以羊易之，这是用术处，有此术，方得自家仁（之）〔心〕流行。"<u>植</u>。

○ 问："先生解'物皆然，心为甚'，曰：'人心应物，其轻重长短之难齐，而不可不度以本然之权度，又有甚于物者。'不知如何是本然之权度？"曰："本然之权度，亦只如此心本然万理皆具，应物之时须是子细看合如何，便是本然之权度也。如<u>齐宣王</u>见牛而不忍之心见，此是合权度处。及至'兴甲兵，危士臣，构怨于诸侯'，又却忍为之，便是不合权度，失其本心。"又问："莫亦只是无所为而发者便是本心？"曰："固（然是）〔是。然〕人又多是忘了。"问："如何忘了？"曰："当恻隐时却不恻隐是也。"问："此莫是养之未至否？"曰："亦是察之未精。"广。

○　黄先之问"物皆然，心为甚，王请度之"。曰："物之轻重长短之差易见，心之轻重长短之差难见；物之差无害，心之差有害，故曰'心为甚'。"又曰："以理度心。"又曰："以本然之权度度心。"又曰："爱物宜轻，仁民宜重，此是权度。以此去度。"卓。

○　问："孟子论齐王事，考之史记，后来无一不效。"曰："虽是如此，已是见得迟了。须看他一部书，见得句句的确，有必然之效方是。"德明。

○　至云："看孟子已看到七八章。见孟子于义利之辨、王霸之辨，其剖判为甚严。至于顾鸿雁麋鹿之乐与好世俗之乐，此亦是人情之常，故孟子顺而导之以与民同乐之意。至于误认移民移粟以为尽心，而不能制民之产以行仁政；徒有爱牛之心，而不能推广以行仁政，则开导诱掖以先王之政，可谓详明。至皆未见所疑处。只伊川说：'孟子说齐梁之君行王政。王者，天下之义主也。圣贤亦何心哉？视天命之改与未改尔。'于此数句，未甚见得明。"先生却问至云："天命之改与未改，如何见得？"至云："莫是周末时礼乐征伐皆不出于天子，生民涂炭而天王不能正其权以救之否？"曰："如何三晋犹尚请命于周？"至云："三晋请命既不是，而周王与之亦不是。如温公所云云，便是天王已不能正其权。"曰："如何周王与之不是，便以为天命之改？"至云："至见得未甚明。旧曾记得程先生说，譬如一株花，可以栽培则须栽培。莫是那时已是栽培不得否?"曰:"大势已去了。三晋请命于周,亦不是知尊周,谩假其虚声耳,大抵人心已不复有爱戴之实了。自入春秋以来,二百四十年间,那时犹自可整顿。不知周之子孙,何故都无一人能明目张胆出来整顿?到孟子时,人心都已去。"至云:"程子说'天命之改',莫是大势已去?"曰:"然。"至。

梁惠王章句下

庄暴见孟子章

○ 孟子开导时君,故曰"今之乐犹古之乐"。至于言百姓闻乐音欣欣然有喜色处,则闭关得甚密。如"好色"、"好货",亦此类也。谟。

齐宣王问曰文王之囿章

○ "孟子言文王由百里兴,亦未必然。"问:"孟子谓'文王之囿,方七十里',先生以为'三分天下有其二,以服事殷'〔以后事〕。若只百里,如何有七十里之囿!然孟子所谓'传有之'者,如何?"曰:"想他须有据,但孟子此说,其意亦只主在风齐宣王尔。若文王之囿,果然纵一切人往,则虽七十里之大,不过几时亦为赤地矣,又焉得有林木鸟兽之长茂乎?周之盛时,虽天下山林犹有厉禁,岂有君之苑囿反纵刍猎恣往而不禁之乎!亦无是理。汉武帝规上林苑只有二三十里,当时诸臣已皆以为言,岂有文王之囿反如是之大。"广。

齐宣王问曰交邻国有道乎章

○ "汤事葛,文王事昆夷。"昆夷不可考。大抵汤之事葛,文王事昆夷,其本心所以事之之时,犹望其有悔恶之心。必待伐之,岂得已哉?亦所当然耳。谟。

○ 至问:"'仁者为能以大事小',是仁者之心宽洪恻怛,便是小国不恭,亦挠他不动。'智者为能以小事大',盖知者见得利害甚明,故只得事大。"曰:"也不特是见得利害明,道理自合恁地。小之事大、弱之事强,皆是道理合恁地。"至问"乐天者保天下,畏天者保其国"。曰:"只是说其规摹气象如此。"〔时举录作:"有大小耳。"〕

○ "乐天畏天者。"答曰:"乐天是圣人气象,〔畏天是贤人气象,〕孟子只是说大概圣贤气象如此。使智者当以大事小时,也必以大事小;使仁者当以小事大处,也必以小事大。不可将太王、文王〔交〕互立说,便失了圣贤气象。此自是两层事。孟子之说是前面一层,又须是看得后面一层。所以贵乎'不以文害辞'者,正是此类。人须见得言外之意好。"谟。去伪、人杰同。

齐宣王问曰人皆谓我毁明堂章

○ 问:"孟子以公刘、太王之事告其君,恐亦是委曲诱掖之意。"曰:"这两事却不是告以好色好货,乃是告以公刘、太王之事如此。两事看来却似易,待去做时多少难!大凡文字须将心体认看。这个子细看来甚是难。如孟子又说:'子服尧之服,诵尧之言,行尧之行,是尧而

已矣.'看来也似易，这如何便得相似！又如说：'（后）〔徐〕行后长者
谓之弟，疾行先长者谓之不弟。尧舜之道，孝弟而已矣.'看来也似
易。"贺孙。

　　○　问："孟子语好货好色事，使孔子肯如此答否？"曰："孔子不
如此答，但不知作如何答。"问："孟子答梁王问利，直扫除之，此处又
（怕）却如此引导之。"曰："此处亦自分义、利，特人不察耳。"可学。

齐宣王问曰汤放桀章

　　○　"贼仁"者，无爱心而残忍之谓也。"贼义"者，无羞恶之心之
谓也。节。

　　○　先生举"贼仁者谓之贼，贼义者谓之残"，问在坐此何以别。
王近思云："贼仁，是害心之理；贼义，是见于所行处伤其理。"曰：
"以义为见于所行，便是告子义外矣。义在内，不在外。义所以度事，
亦是心度之。然此果何以别？盖贼之罪重，残之罪轻。仁、义皆是心。
仁是天理根本处，贼仁则大伦大法亏灭了，便是杀人底人一般。义是就
一节〔一〕事上言，一事上不合宜，便是伤义；似手足上损伤一般，所
伤者尚可以补。"淳。〔寓录同。〕

　　○　淳问："贼仁是'绝灭天理'，贼义是'伤败彝伦'。如臣弑君、
子弑父，及齐襄公鸟兽之行等事，皆人伦大恶，不审是绝灭天理？是伤
败彝伦？"曰："伤败彝伦只是小小伤败常理。若此等，乃是切害天理
了。〔义刚录云："伤败彝伦，只是小小伤败常理，如'不以礼食'、'不亲迎'之
类。若'紾兄之臂'、'踰东家墙'底，便是绝灭天理。"〕丹书'怠胜敬者灭'，

即'贼仁者谓之贼'意；'欲胜义者凶'，即'贼义者谓之残'意。贼义是就一事上说，贼仁是就心上说。其实贼义便即是贼那仁底，但分而言之则如此。"淳。〔义刚录同。〕

○ 问："孟子言'贼仁'、'贼义'，如何？"力行曰："譬之伐木，贼仁乃是伐其本根，贼义只是残害其一枝一叶。人（心）〔而〕贼仁则害了本心。"曰："贼仁便是将三纲五常、天叙之典、天秩之理一齐坏了。义随事制宜；贼义，只是于此一事不是，更有他事在。"力行。

孟子谓齐宣王曰为巨室章

○ 至问："'今有璞玉于此，虽万镒必使玉人雕琢之。至于治国家，则曰"姑舍女所学而从我"，则何以异于教玉人雕琢玉哉'，集注云：'不敢自治而付之能者，爱之甚也。治国家则不能用贤而徇私欲，是爱国家不如玉也。'此莫是余意否？"曰："正意是如何？"至云："正意只是说玉人自会琢玉，何消教他？贤者自有所学，何用教他舍其所学？后譬只是申解前譬。"曰："两譬又似不相似，不知如何做得恁地嵯峨。"至。

齐人伐燕胜之章

○ 齐人伐燕，孟子以为齐宣，史记以为湣王。温公平生不喜孟子，及作通鉴，却不取史记而独取孟子，皆不可晓。荀子亦云"'湣王伐燕'，然则非宣王明矣"。问："孟子必不误？"曰："想得湣王后来做得不好，门人为孟子讳，故改为宣王尔。"问："湣王若此之暴，岂能惭

于孟子?"曰:"既做得不是,说得他底是,他亦岂不愧也!温公通鉴中
自移了十年。据史记,湣王十年伐燕。今温公信孟子,改为宣王,遂硬
移进前十年。温公硬拗如此。"又云:"史记,魏王三十六年,惠王死,
襄王立。襄王死,哀王立。今汲冢竹书不如此,以为魏惠王先未称王时
为侯,三十六年乃称王。遂为后元年,又十六年而惠王卒。即无哀王,
惠王三十六年了便是襄王。史记误以后元年为哀王立,故又多了此一哀
王。汲冢是魏安厘王冢,竹书记其本国事,必不会错。温公取竹书,不
信史记此一段,却是。"㣧〔此条有误。当从春秋解后序。〕

○ 居之问:"'取之而燕民悦则取之,古之人有行之者,武王是
也;取之而燕民不悦则勿取,古之人有行之者,文王是也。'却疑文王
大圣人,于君臣之义、尊卑之等,岂不洞见而容有革商之念哉?"曰:
"此等处难说。孔子谓'可与立,未可与权',到那时事势自是要住不
得。后来人把文王说得恁恁地,却做一个道行看着,不做声,不做色。
如此形容文王,都没情理。以诗书考之,全不是如此。如诗自从太王
王季说来,如云:'至于太王,实始翦商。'如下武之诗、文王有声之
诗,都说文王做事。且如伐崇一事,是做甚么?这又不是一项小小侵
掠,乃是大征伐。'询尔仇方,同尔兄弟,以尔钩援,与尔临冲,以伐
崇墉',此见大段动众。岐山之下与崇相去自是多少里,因甚如此? 这
般处要做文王无意取天下,都不得。又如说'侵自阮疆,陟我高冈。无
失我陵,我陵我阿;无饮我泉,我泉我池',这里见都自据有其土地,
这自是大段施张了。"或云:"纣命文王得专征伐。纣不得已命之,文王
不得已受之。横渠云:'不以声色为政,不以革命有中国。默顺帝则而
天下归焉,其惟文王乎!'若如此说,恰似内无纯臣之义,外亦不属于
商。""这也未必如此,只是事势自是不可已。只当商之季七颠八倒、上
下崩颓,忽于岐山下突出许多人,也是谁当得?文王之事,惟孟子识
之。故七篇之中,所以告列国之君,莫非勉之以王道。"贺孙。

滕文公问曰滕小国也章

○　时举问："孟子答滕文公问'滕，小国也，间于齐楚以下'三段，皆是无可奈何，只得勉之为善之辞。想见滕国至弱，都主张不起，故如此也。"曰："只得如此。只是'吾得正而毙焉'之意。盖滕是必亡，无可疑矣。况王政不是一日行得底事。他又界在齐楚之间，二国视之，犹太山之压鸡卵耳。若教他粗成次第，此二国亦必不见容也。当时汤与文王之兴，皆在空闲之地，无人来觑他，故日渐盛大。若滕，则实是难保也。"立之云："若教他能举国以听孟子，如何？"曰："他若能用得孟子至二三十年，使'邻国之民仰之若父母'，则大国（亦想）〔想亦〕不能动他，但世间事直是难得恰好耳。齐梁之国甚强，可以有为，而孟子与其君言，恬然不恤。滕文公却有善意，又以国小主张不起，以此知机会真不易得也。"时举。植同。

鲁平公将出章

○　鲁平公极是个衰弱底人，不知孟子要去见他是如何。孟子平生大机会，只可惜齐宣一节。这个不相遇，其他也应是无可成之理。如见滕文公说许多井田，也是一场疏脱。云"有王者起，必来取法"，孟子也只是说得在这里，滕也只是做不得。贺孙。

孟子二

公孙丑章句上

公孙丑问曰章_{夫子当路于齐}

○ "'以齐王，犹反手'，不知置周王于何地？"曰："此难言，可以意会。如汤武之事是也。春秋定哀间周室犹得，至孟子时，天命人心已离矣。"谟。

公孙丑问曰章_{浩然之气}

○ 或问："'虽由此霸王不异矣'，如何分句？"曰："只是'虽由此霸王不异矣'，言从此为霸为王不是差异。盖布衣之权重于当时，如财用兵甲之类尽付与他。"乐毅统六国之师，长驱入齐。盖卿。自"加齐卿相"止"四十不动心"。

○ 公孙丑问孟子"动心否乎"，非谓以卿相富贵动其心。谓伯王事大，恐孟子担当不过，有所疑惧而动其心也。闳祖。

○ 孟子之不动心非如扬雄之说。"霸王不异矣"，盖言由此可以行霸王之事。公孙丑见其重大，恐孟子或惧而动心。德明。

○ 德修说："公孙丑问不动心，是以富贵而动其心?"先生曰："公孙丑虽不知孟子，必不谓以富贵动其心，但谓霸王事大，恐孟子了这事不得，便谓孟子'动心'。不知霸王当甚闲事!"因论"知言"、"养气"。德修谓："养气为急，知言为缓。"先生曰："孟子须先说'我知言'，然后说'我善养吾浩然之气'。公孙丑先问浩然之气、次问知言者，因上面说气来，故接续如此问。不知言，如何养得气?"德修云："先须养。有尺便量见天下长短。"曰："须要识这尺。"文蔚。

○ 问："'四十不动心'，恐只是'三十而立'，未到不惑处?"曰："这便是不惑。知言处可见孟子是义精理明，天下之物不足以动其心，不是把捉得定。"骎。

○ 先生问赵丞："看'不动心'章如何?"云："已略见得分明。"先生曰："公孙丑初问不动心，只道加以卿相重任，怕孟子心下怯懦了，故有动心之问。其意谓必须有勇力担当得起，方敢不动其心，故孟子下历言所以不动心之故。"问赵丞："公道那处是一章紧要处?"赵举"持其志，无暴其气"为对。先生曰："不如此。"赵举"集义所生"以为对。先生曰："然。"因言："欲养浩然之气则在于直，要得直则在于集义。集义者，事事要得合义也。事事合义则仰不愧，俯不怍。"赵丞又问："'夫有所受之也'，意思是如何?"曰："公如此看文字不得。且须逐项理会，理会这一项时全不知有那一项始得。读大学时心只在大学上，读论语时心只在论语上，更不可又去思量别项。这里一字理会未得且理会这一字，这里一句理会未得且理会这一句。如'不动心'一段，更着子细去看，看着方知更有未晓处。须待十分晓得，无一句一字窒

碍，方可看别处去。"因云："横渠语录有一段说：'读书须是成诵，不
成诵则思不起。'直须成诵得，少间思量起，便要晓得。这方是浃洽。"
贺孙。

○ 先生又问周看"公孙丑不动心"章。答云云。先生曰："公孙
丑初间谓（仕）〔任〕此重事还动心不动心？孟子答以不动心极容易底
事，我从四十已不动了，告子又先我不动心。公孙丑又问不动心有道理
无道理，孟子又告以有。于是又举北宫黝、孟施舍之勇也是不动。然彼
之所以不动者，皆强制于外，不是存养之致，故又举曾子之言云自反缩
与不缩，所以不动与动只在方寸之间。若仰不愧，俯不怍，看如何大利
害皆不足以易之。若有一毫不直，则此心便索然。公孙丑又问孟子所以
不动者如何，孟子遂答以'我知言，我善养吾浩然之气'。若依序问，
当先问知言。公孙丑只承孟子之言，便且先问浩然之气。"贺孙。

○ 裕之问"不动心"一条。曰："此一段为被他转换问，所以答
得亦周匝。然止就前段看语脉气象，虽无后截，亦自可见，前一截已自
见得后面许多意足。"贺孙。

○ 问："告子之不动心是否？"曰："告子之不动心是粗法。或强
制不动，〔金录作"修身不能不动"。〕不可知；或临大事而〔金录作"不"。〕
能不动，亦未可知。非若孟子酬酢万变而不动也。"又问："此正如北宫
黝之勇〔一作"养勇"。〕否？"曰："然。"谟。〔去伪同。〕

○ 告子不动心是硬把定。闳祖。

○ 北宫黝、孟施舍只是粗，更不动心。德明。

○ 问："集注解孟施舍云'施是发语声'，何也？"曰："此是古注说。后面只称'舍'字可见。"问："有何例可按？"曰："如孟之反、舟之侨、尹公之他之类。"德明。

○ 孟施舍、北宫黝是不畏死而不动心，告子是不认义理而不动心。告子惟恐动他心。德明。

○ 问："'孟施舍似曾子，北宫黝似子夏。'集注：'子夏笃信圣人，曾子反求诸己。''曾子反求诸己'固有可见处，'子夏笃信圣人'，何以言之？"曰："此因孟子说处文义推究，亦无事实可指，但将其平日所言详味之，有笃信圣人气象。"元秉。

○ "子夏笃信圣人"，但看他言语，如"博学笃志、切问近思"之类，便见得他有个紧把定底意思。闳祖。

○ 问："孟施舍量敌虑胜，似有惧也，孟子乃曰'能无惧'，其言不同，如何？"曰："'量敌而后进，虑胜而后会，是畏三军者也。'此孟施舍讥他人之言。舍自云：'我则能无惧而已。'"问孟施舍守约处。曰："孟施舍本与北宫黝皆只是勇夫，比曾子不同。如北宫黝、孟施舍、孟贲只是就勇上言，如子襄、曾子、告子就义理上言。"去伪。

○ 问："如何是孟施舍守约处？"曰："北宫黝便胜人，孟施舍却只是能无惧而已矣。如曰'视不胜，犹胜也'，此是孟施舍自言其勇如此。若他人，则'量敌而进，虑胜而会，是畏三军者'尔。'岂能为必胜哉？能无惧而已矣。'"去伪。

○ 先生曰："寻常人说'守约'二字极未稳当。如云'守气不如

守约'，分明将'约'字做一物了，遂以'约'字对'气'字。所谓'守约'者，所守者约耳。"谟。〔去伪同。〕

○ 引曾子谓子襄之言，以明不动心之由在于自反而缩。下文详之。闳祖。

○ 孟子说"曾子谓子襄"一段已自尽了，只为公孙丑问得无了期，故有后面许多说话。自修。

○ 今人把"守气不如守约"做题目，此不成题目。"气"是实物，"约"是半虚半实字，对不得。"守约"只是所守之约。言北宫黝之守气不似孟施舍守气之约，孟施舍之守气又不如曾子所守之约也。孟施舍就气上做工夫，曾子就理上做工夫。淳。

○ "不得于言"，只是不晓这说话。"言"，只似"道理"字。淳。

○ "不得于言，勿求于心；不得于心，勿求于气"，此告子不动心之法。告子只就心上理会，坚持其心，言与气皆不理会。"不得"谓失也，有失于其言则曰无害于心。但心不动，言虽失，不必问也。惟失之于心则就心上整理，不复更求于气。德明。

○ "不得于言，勿求于心"，是心与言不相干。"不得于心，勿求于气"，是心与气不相贯。此告子说也。告子只去守个心得定，都不管外面是亦得，非亦得。孟子之意是心有所失则见于言，如肝病见于目相似。陆子静说："告子亦有好处，今人非但不识孟子，亦不识告子，只去言语上讨不着。"陆子静却说告子只靠外面语言，更不去管内面。以某看，告子只是守着内面，更不管外面。泳。

○ 问："告子谓'不得于言，勿求于心'，是自己之言耶，是他人之言耶？若要得后面知言处相贯，则是他人之言。"曰："这一段前后都相贯，即是一样言语。告子于此不达，则不复反求其理于心。尝见陆子静说这一段，大段称告子所见高。告子固是高，亦是陆子之学与告子相似，故主张他。然陆氏之学更鹘突似告子。"至云："陆氏之学不甚教人读书看文字，与告子相似否？"先生曰："便是。"先生又谓："养气一段紧要处是'自反而缩'、'以直养而无害'、'是集义所生者'，紧要处在此三句上看。"〔至。〕

○ 林直学问"不得于言，勿求于心"。先生曰："此章文义节节相承，须逐节次第理会。此一节只言告子所以'先我不动心'者，皆是以义为外，故就告子所言以辩其是非尔。"又问："浩然之气便是西铭意思否？"曰："考论文义，且只据所读本文逐句逐字理会教分明；不须旁引外说，枝蔓游衍，反为无益。如论浩然之气，便直看公孙丑所问意思如何，孟子所答如何，一径理会去。使当时问答之意一一明白了，然后却更理会四旁余意未晚。今于孟子之意未能晓得，又却转从别处去，末梢都只恁休去。"又问："诐、邪、淫、遁之意如何辨别？"先生曰："诐、淫、邪、遁虽是四般，然才有一般，则其余牵连而生，大概多从诐上起。诐只是偏，才偏便自是一边高一边低，不得其正。如杨氏为我则蔽于仁，墨氏兼爱则蔽于义。由其蔽，故多为蔓衍，推之愈阔。如烂物相似，只管浸淫，陷在一处，都转动不得。如墨者夷之，所谓'爱无差等，施由亲始'。'爱无差等'是其本说，又却假托'施由亲始'之言，栽接以文其说是也。淫辞如此，自不知其为邪。如庄子达生之论，反以好色饮酒为喜事，而不觉其离于道也。及其说不行，又走作逃遁，转从别处去。释氏毁人伦，去四大。人谓其不可行，则曰：'虽不毁弃人伦，亦可以行吾说。'此其所以必穷也。"又问："性善之论与浩然之气如何？"曰："性善何与于此？方理会浩然之气，未有一些涯际，又却说性善，又如适来西铭之问也。譬如往一处所，在路留连濡滞，正所要往之地愈不能达。何如且一径直截去到此处了，却往他所，何害？此为学者之大病。"谟。

○ 问"志至焉，气次焉"。曰："志最紧，气亦不可缓。'志至焉'则气便在这里，是气亦至了。"卓。

○ 李问："'志至焉，气次焉'，此是说志气之小大，抑志气之先后？"曰："也不是先后，也不是以大小，只是一个缓急底意思。志虽为至，然气亦次那志，气所争亦不多。盖为被告子将气忒放低说了，故说出此话。"淳。

○ 郑大锡问"志至焉，气次焉"。曰："志最紧要，气亦不可缓，故曰'志至焉，气次焉'。'持其志，毋暴其气'，是两边做工夫。志只是心之所向。而今欲做一件事，这便是志。持其志便是养心，不是持志外别有个养心。"问："志与气如何分别？"曰："且以喜怒言之：有一件事，这里便合当审处是当喜，是当怒？若当喜也须喜，若当怒也须怒，这便是持其志。若喜得过分，一向喜；怒得过分，一向怒，则气便粗暴了，便是'暴其气'，志却反为所动。'今夫蹶者趋者是气也'，他心本不曾动，只是忽然吃一跌，气（打）〔才〕一暴，则其心便动了。"贺孙。

○ "'志至气次'只是先后。志在此，气亦随之。公孙丑疑只就志理会，理会得志，气自随之，不必更问气也，故云。"又曰："'持其志，无暴其气'，何也？孟子下文专说气，云蹶趋之气亦能动心。"德明。

○ 既"持其志"，不必言"无暴其气"可也。然所以言者，圣贤有这物便做这事。公孙丑犹疑而问曰："既曰'志至焉'，又曰'气次

焉'，又曰'持其志，无暴其气'者，何也？""持其志"只是轻轻地做
得去。"无暴其气"只是不纵喜怒哀乐，凡人纵之。节。

○ 时举问："'持其志，无暴其气'处，古人在车闻鸾和，行则有
佩玉，凡此皆所以无暴其气。今人既无此，不知如何而为无暴？"曰：
"凡人多动作，多语笑，做力所不及底事，皆是暴其气。且如只行得五
十里却硬要行百里，只举得五十斤重却硬要举百斤，凡此类皆能动其
气。今学者要须事事节约，莫教过当，此便是养气之道也。"时举。

○ 先生问："公每读'毋暴其气'，如何？"郑云："只是喜乐之
时，持之不使暴戾。"曰："此乃是'持其志'。志者，心之所向。持志
即是养心也，不是持志之外别有个养心。持者，(犯)〔把〕捉教定。当
喜时也须喜，当怒时也须怒，当哀时也须哀，当乐时也须乐。审定后
发，发必中节，这是持志。若'毋暴其气'，又是下面一截事。若不当
喜而喜与喜之过分，不当怒而怒与怒之过分，不当哀乐而哀乐与哀乐□
其节者，皆是暴其气。暴其气者，乃大段粗也。"卓。

○ "遗书曰'志一动则动气，气一动则动志'，外书曰'志专一则
动气，气专一则动志'。二说孰是？"曰："此必一日之语，学者同听之，
而所记各有浅深，类多如此。'志一动则动气，气一动则动志'，此言未
说'动气动志'而先言'志动气动'，又添入一'动'字了，故不若后
说所记得其本旨。盖曰志专一则固可以动气，而气专一亦可以动其志
也。"谟。

○ 先生曰："'今夫蹶者、趋者，是气也，而反动其心。'今人奔
走而来，偶吃一跌，其气必逆而心不定，是气之能动其心。如人于忙急
之中理会甚事，亦是气未定也。"卓。

○ 问："蹶趋反动其心。若是志养得坚定，莫须蹶趋亦不能动得否？"曰："蹶趋自是动其心。人之奔走，如何心不动得？"曰："蹶趋多〔过〕〔遇〕于猝然不可支梧之际，所以易动得心。"曰："是。"淳。

○ 知言，知理也。节。

○ 孟子论浩然之气一段，紧要全在"知言"上。所以大学许多工夫全在格物、致知。偭。

○ 知言，然后能养气。闳祖。

○ 孟子说养气，先说知言。先知得许多说话，是非邪正〔人杰录作"得失"。〕都无疑后，方能养此气也。酱。〔人杰同。〕

○ 知言、养气，虽是两事，其实相关，正如致知、格物，正心、诚意之类。若知言便见得是非邪正，义理昭然，则浩然之气自生。人杰。〔去伪同。〕

○ 问："养气要做工夫，知言自无工夫得做？"曰："岂不做工夫！知言便是穷理。不先穷理见得是非，如何养得气？须是道理一一审处得是，其气方充大。"德明。

○ 问："知言在养气之先，如何？"曰："知是知得此理。告子便不理会，故以义为外。如云'不得于言，勿求于心'，虽言亦谓是在外事，更不管着，只强制其心。"问："向看此段，以告子'不得于言'是偶然失言，非谓他人言也。"曰："某向来亦如此说，然与知言之义不同。此是告子闻他人之言不得其义理，又如读古人之书有不得其言之义，皆以为无害事，但心不动足矣。不知言便不知义，所以外义也。如诐、淫、邪、遁，亦只是他人言，故曰'生于其心'。'其'字便是谓他人也。"又言："圣门以言语次于德行，言语亦大难。若非烛理洞彻，胸次坦然，即酬酢应对，蹉失多矣。"因论奏事而言。问："此须要记问熟，方临时一一举得出？"曰："亦未说记问。如沙中之事，张良只云'陛下不知乎？此乃谋反耳。'何尝别有援引？至借（著）〔箸〕发八难，方是援引古今。"问："伊川、龟山皆言张良有儒者气象，先生却以良为任数。"曰："全是术数。"问："养虎自遗患等事，窃谓机不可失。"曰："此时便了却项羽却较容易。然项羽已是无能为，终必就禽也。"德明。〔今按，"闻他人言"之说，与集注异。〕

○ "浩然是广大流行之意，刚是坚劲，直是无委曲。"问："浩然之气便是元气否？"曰："不须如此说，只是此个气，至大至刚，以直是此气之体。"德明。

○ 厚之问："浩然之气迫于患难方失。"曰："是气先歉，故临事不能支梧。浩然之气与清明之气自不同。浩然，犹江海浩浩。"可学。

○ 先生曰："浩然之气，清明不足以言之。才说浩然，便有个广大刚果意思，如长江大河浩浩然而来也。富贵、贫贱、威武不能移屈之类皆低，不可以语此。公孙丑本意只是设问孟子能担当得此样大事否，故孟子所答只说许多刚勇，故能出浩然之气。只就问答本文看之，便见得子细。"谟。

○ 问："浩然之气是禀得底否？"曰："只是这个气。若不曾养得，刚底便粗暴，弱底便衰怯。"又曰："气魄大底，虽金石也透过了。"夔孙。

○ 或问："浩然之气是天地正气，不是粗厉底气。"曰："孟子正意，只说人生在这里便有这气，能集义以养之，便可以充塞宇宙。不是论其粗与细、正与不正。如所谓'恻隐之心，人皆有之'，只是理如此。若论盗跖，便几于无此心矣，不成孟子又说个'有恻隐之心，无恻隐之心'。"

○ 或问："孟子说浩然之气，却不分禀赋清浊说。"曰："文字须逐项看。此章孟子之意不是说气禀，只因说不动心衮说到这处，似今人说气魄相似。有这气魄便做得这事，无气魄便做不得。"

○ 问："浩然之气即是人所受于天地之正气否？"曰："然。"又问："与血气如何？"曰："只是一气。义理附于其中，则为浩然之气；若不由义而发，则只是血气。然人所禀气亦自不同：有禀得盛者则为人壮强，随分亦有立作，使之做事亦随分做得出；若禀得衰者则委靡巽懦，都不解有所立作。唯是养成浩然之气，则却与天地为一，更无限量。"广。

○ 浩然之气乃是于刚果处见。以前诸儒于此却不甚说，只上蔡云"浩然，是无亏欠处"。因举屏山喜孙宝一段。可学。

○ 问"浩然之气"。曰："这个孟子本说得来粗。只看他一章本意是说个不动心。所谓'浩然之气'只似个粗豪之气。他做工夫处虽细腻，然其成也却只似个粗豪之气，但非世俗所谓粗豪者耳。"僴。

○ 郑文振说孟子浩然之气。先生曰："不须多言，这只是个有气魄、无气魄而已。人若有气魄方做得事成，于世间祸福得丧利害方敌得去，不被他恐动。若无气魄，便做人衰飒慑怯，于世间祸福利害易得恐动。只是如此。他本只是答公孙丑'不动心',缠来缠去,说出许多'养气'、'知言'、'集义',其实只是个'不动心'。人若能不动心,何事不可为?然其所谓'不动心'不在他求,只在自家知言、集义,则此气自然发生于中。不是只行一两事合义,便谓可以掩袭于外而得之也。孔子曰:'不得中行而与之,必也狂狷乎!'看来这道理须是刚硬,立得脚住,方能有所成。只观孔子晚年方得个曾子,曾子得子思,子思得孟子,看来此诸圣贤都是如此刚果决烈,方能传得这个道理。若慈善柔弱底终不济事。如曾子之为人,语孟中诸语可见。子思亦是如此。如云:'摽使者出诸大门之外。'又云:'以德,则子事我者也,奚可以与我友!'孟子亦是如此,所以皆做得成。学圣人之道者,须是有胆志。其决烈勇猛,于世间祸福利害得丧不足以动其心,方能立得脚住。若不如此,都靠不得。况当世衰道微之时,尤用硬着脊梁,无所屈挠方得。然其工夫只在自反常直,仰不愧天,俯不怍人,则自然如此,不在他求也。"又曰:"如今人多将颜子做个柔善底人看。殊不知颜子乃是大勇,反是他刚果得来细密,不发露。如个有大气力底人都不使出,只是无人抵得他。孟子则攘臂扼腕,尽发于外。论其气象,则孟子粗似颜子,颜子较小如孔子。孔子则浑然无迹,颜子微有迹,孟子其迹尽见。然学者则须自粗以入细,须先刚硬有所卓立,然后渐渐加功,如颜子、圣人也。"侗。

○ "浩然之气"一章说得稍粗。大意只是要"仰不愧于天,俯不怍于人",气便浩然。如"彼以其〔爵〕〔富〕,我以吾仁;彼以其〔富〕〔爵〕,我以吾义,吾何慊乎哉",如"在彼者皆我所不为也,在我者皆古之制也,吾何畏彼哉"。自家有道理对着他没道理,何畏之有!闳祖。

○ 问:"浩然之气如何看?"曰:"仁义礼智充溢于中,睟然见面盎背,心广体胖处,便自有一般浩然之气象。"曰:"此说甚细腻,然非孟子本意。此段须从头看来，方见得孟子本意。孟子当初便如何当大任而不动心？如何便'过孟贲远矣'？如何便'自反而缩，千万人吾往矣'？只此便是有浩然之气，只是勇为不惧，便是有浩然之气。然此说似粗而实精。以程子说细考之，当初不是说不及此，只门人记录紧要处脱一两字，便和全意失了。浩然之气只是这血气之'气'，不可分作两气。人之语言动作所以充满于一身之中者，即是此气。只是集义积累到充盛处，仰不愧，俯不怍，这气便能浩然。"曰："'配义'之'配'，何谓'合而有助'之意？"曰："此语已精。如有正将，又立个副将以配他，乃所以助他。天下莫强于道义。当然是义，总名是道。以道义为主，有此浩然之气去助他，方始勇敢果决以进。如这一事合当恁地做，是义也。自家勇敢果决去做，便是有这浩然之气去助他。有人分明知得合当恁地做，又却恧缩不敢去做，便是馁，无此浩然之气。如君有过，臣谏之，是义也。然有冒死而不顾者，便是有浩然之气去助此义。如合说此话却恧缩不对，便是气馁，便是欲然之气。只此一气馁了，便成欲然，不调和便成忿厉之气。所以古人车则有和鸾，行则有佩玉，贵于养其气。"问："'气一则动志'，这'气'字是厉气否？"曰："亦不必把作厉气，但动志则已是不好底气了。'志动气者十九，气动志者十一'，须是以志为主，自作一条，无暴其气。孟子当初乃剩说此一句，所以公孙丑复辩。"问："集义到成这浩然之气，则气与义为一矣，及配助义道，则又恐成二物否？"曰："气与义自是二物。只是集义到充盛处则强壮，此气便自浩然，所以又反来助这道义。无是气，便馁而不充了。"又问："配者，助也。是气助道义而行。下文又曰'集义所生'，是气又因义集而后生。莫是气与道义两相为用否？"曰："两相助底意。初下工夫时便因集义然后生那浩然之气，及气已养成，又却助道义而行。"淳。

○ "孟子'养气'一章，大纲是说个'仰不愧于天，俯不怍于地'。上面从北宫黝、孟施舍说将来只是个不怕，但二子不怕得粗，孟

子不怕得细。”或问：“‘合而有助’，‘助’字之训如何？”曰：“道义是
虚底物，本自孤单，得这气帖起来，便自张主皆去声。无所不达。如今
人非不为善，亦有合于道义者，若无此气便只是一个衰底人。李先生
曰：‘“配”是衬贴起来。’又曰：‘若说道“衬贴”，却是两物。气与道
义只是一衮发出来，思之。’‘一衮发出来’，说得道理好。‘衬贴’字说
‘配’字极亲切。”从周。若无气以配之，则道义无助。方子。道义得这气衬贴起
来方有力量，事可担当。盖卿。

　　○　吕与叔谓养气可以为养心之助。程先生以为不然，养心只是养
心，又何必助？如为孝只是为孝，又何必以一事助之？某看得来又不止
此，盖才养气则其心便在气上了，此所以为不可也。广。

　　○　吕与叔言养气可以为养心之助，程先生大以为不然。某初亦疑
之，近春来方信。心死在养气上，气虽得其养，却不是养心了。公晦。

　　○　道夫问：“向在书堂看大学‘诚意’章，或问云：‘孟子所论浩
然之气，其原盖出于此。’道夫因诵其所谓浩然之说。先生谓：‘也是恁
地，只是不要忙。’不知此语是为始学者言养气之理，如何？”曰：“不
是恁地。这工夫是忙不得，他所以有‘勿助长’之论。”道夫。

　　○　信州刊李复潏水集有一段说：“浩然之气只是要仰不愧，俯不
怍，便自然无怵惧。”其言虽粗，却尽此章之意。前辈说得太高，如龟
山为某人作养浩堂记，都说从别处去。闳祖。

　　○　问：“他书不说养气，只孟子言之，何故？”曰：“这源流便在
那个‘心广体胖’、‘内省不疚，夫何忧何惧’处来。大抵只是这一个
气，又不是别将个甚底去养他。但集义便是养气，知言便是知得这义。

人能仰不愧、俯不怍时，看这气自是浩然塞乎天地之间。"銶。

○ 又曰："'浩然之气'，<u>孔子</u>两句说尽了，曰'内省不疚，夫何忧何惧'。"儞。卓同。

○ 浩然之气须是识得分明，自会养得成。若不见得直是是，直是非，欲说不说，只恁地含含胡胡，依违鹘突，要说又怕不是，这如何得会浩然！人自从生时受天地许多气，自恁地周足。只缘少间见得没分晓，渐渐衰飒了。又不然，便是"行有不慊于心"，气便馁了。若见得道理明白，遇事打并净洁，又仰不愧，俯不怍，这气自浩然。如猪胞相似，有许多气在里面便恁地饱满周遍，若无许多气便厌了，只有许多筋膜。这气只论个浩然与馁。又不然，只是骄吝。有些善只是我自会，更不肯向人说。恁地包含，这也只会馁。天地吾身之气非二。<u>贺孙</u>。

○ 问："'养气'一章皆自<u>大学</u>'诚意'一章来。"曰："不必说自那里来，只是此一个道理，说来说去，自相凑着。"<u>道夫</u>。

○ <u>孟子</u>"养气"一段，某说得字字甚子细，请子细看。

○ 两个"其为气也"，前个是说气之体段如此，后个是说这气可将如此用。儞。

○ "至大至刚，以直养而无害。"不必以"直方大"为证。

○ <u>程子</u>点"至大至刚以直"为一句。要之，不须如此，只读"至大至刚"则为句自好。<u>自修</u>。

○ 问："伊川以'至大至刚以直'为绝句，如何？"曰："此是赵岐说，伊川从之。以某观之，只将'至大至刚'为绝句，亦自意义分明。"煇曰："如此却不费力。"曰："未可如此说，更宜将伊川之说思之。"晦夫。

○ 问："'至大至刚，以直养而无害'，程子以'直'字为句，先生以'以直'字属下句。"曰："文势当如此说。若以'直'字为句，当言'至大至刚至直'。又此章前后相应皆是此意，先言'自反而缩'，后言'配义与道'，所谓'以直养而无害'，乃'自反而缩'之意。大抵某之解经只是顺圣贤语意，看其血脉通贯处为之解释，不敢自以己意说道理也。"人杰。

○ "'浩然之气'，古注及程氏皆将'至大至刚以直'做一句。据某所见，欲将'至大至刚'为一句，'以直养而无害'为一句。今人说养气，皆谓在'必有事焉，而勿正心，勿忘，勿助长'四句上。要紧未必在此。药头只在那'以直养而无害'及'集义'上。这四句却是个炮炙煅炼之法。'直'只是无私曲，'集义'只是事事皆直，'仰不愧于天，俯不怍于人'便是浩然之气。而今只将自家心体（听）〔验〕到那无私曲处，自然有此气象。"文蔚云："所以上蔡说'于心得其正时识取'。"曰："是。"文蔚问："塞天地莫只是一个无亏欠否？"曰："他本自无亏欠，只为人有私曲，便欠却他底。且如'万物皆备于我，反身而诚，乐莫大焉'，亦只是个无亏欠。君仁臣忠，父慈子孝，自家欠却他底便不快活。'反身而诚，乐莫大焉'，无欠阙也。以此见浩然之气只是一个'仰不愧于天，俯不怍于人'。"王德修云："伊川却将'至大至刚以直'，与坤卦'直方大'同说。"曰："便是不必如此。且只将孟子自看，便见孟子说得甚粗，易却说得细。"文蔚。

○ 伯丰问"至大至刚以直"字绝句。曰:"古注如此,程氏从之。然自上下文推之,故知'以直'字属下句,不是言气体,正是说用功处。若只作'养而无害',却似秃笔写字,其话没头。观此语脉自前章'缩'、'不缩'来。下章又云'是集义所生','义'亦是直意。若'行有不慊于心,则馁矣',故知是道用工夫处。'必有事焉,而勿正心'字连上句亦得,但避大学'正心'字,故连下句。然初不相干,各自取义。古注'正'字作'望'字解。如将'心勿忘'属上文,'勿助长'属下文,亦不须如此。只是浩然之气养之未至而望有之便是'正',如在'正'之际只是望之而已。至于助长则是强采力取,气未能养,遽欲加人力之私,是为揠苗而已。"螘。〔饶录云:"至于期望不得浩然时却未能养,遽欲强加力作弄要教浩然,便是助长也。"〕

○ 时举问:"伊川作'以直'点如何?"曰:"气之体段若自刚大外更着一两字形容也得,然工夫却不在上面。须要自家自反而直,然后能养而无害也。"又问诐辞、淫辞一节。先生云:"诐(不)〔只〕是偏,诐如人足跛相似,断行不得。且杨墨说'为我'、'兼爱',岂有人在天地间孑然自立、都不涉着外人得!又岂有视人如亲一例兼爱得!此二者皆偏而不正,断行不得,便是蔽于此了。至淫辞则是说得愈泛滥,陷溺于中,只知有此而不知有他也。邪辞则是陷溺愈深,便一向(杂)〔离〕了正道。遁辞则是说得穷后,其理既屈,自知去不得,便别又换了一个话头去。如夷之说'施由亲始'之类,这一句本非他本意,只临时撰出来也。"先生又云:"'生于其心,害于其政'者,是才有此心便大纲已坏了。至'发于其政,害于其事',则是小底节目都以次第而坏矣。"因云:"孟子是甚么底资质!甚么底力量!却纤悉委曲都去理会,直是要这道理无些子亏欠。以此知学问岂是执一个小小底见识便了得!直是要无不周匝,方是道理。要须整顿精神、硬着脊骨,也须与他做将去始得。"时举。〔植同。〕

○ 天地之气，虽至坚如金石，无所不透，故人之气亦至刚，盖其本相如此。〔方子。〕

○ 气虽有清浊厚薄之不齐，然论其本，则未尝异也。所谓“至大至刚”者，乃气之本体如此，但人不能养之而反害之，故其大者小、刚者弱耳。阀祖。

○ 或疑气何以能动志。曰：“志动气是源头浊者，故下流亦浊也。气动志者却是下流壅而不泄，反浊了上面也。”公晦。裘盖卿同。

○ “遗书首卷以李籲端伯所录最精，故以冠之篇首。然‘浩然之气’一条，端伯载明道先生所言，以‘至大至刚’为句绝，以‘直养’二字属下句，为‘以直养而无害’。及杨遵道所录伊川先生之言，则曰‘先兄无此语’，断然以‘至大至刚以直’为一句。二说正相抵牾。此学者工夫最切处，今并载之，不知何所适从。”曰：“‘至大至刚以直’，赵台卿已如此解‘直养’之说，伊川嫌其以一物养一物，故欲从赵注。旧尝用之，后来反覆推究，是却是‘至大至刚’作一句，‘以直养而无害’作一句者，为得孟子之意。盖圣贤立言，首尾必相应。如云‘自反而缩’便有‘直养’意思，‘集义’之说亦然。端伯所记明道语未必不亲切，但恐伊川又自主张得到，故有此议论。今欲只从明道之说。”〔谟。〕

○ 王德修说：“浩然之气大、刚、直，是气之体段。实养处是‘必有事焉’以下。”答曰：“孟子浩然之气，要处只在集义。集义是浩然之气生处。大、刚、直，伊川须要说是三个，何也？”大雅云：“欲配‘直’、‘方’、‘大’三德。”答曰：“坤‘直方’自是要‘敬以直内，义以方外’，‘大’自是‘敬义立而德不孤’。孔子说或三或五，岂有定例？据某看得，孟子只说浩然之气‘至大至刚’，养此刚大须是直。‘行有不慊于心'是不直也，便非所以集义，浩然从何而生？彼曾子说'自反而缩，自反而不缩'，亦此类也。如'必有事焉'是事此集义也，'而勿正'是勿必此浩然之生也。正，待也，有期必之意。公羊曰：'（师出不正战，战不正反。）〔师出不正反，战不正胜〕'古语有然。'心勿忘'是勿忘此义也，'勿助长'是勿助此气也。四句是笼头说。若论浩然之气，只是刚大，养之须是直。盖'以直'只是无私曲之心，仰不愧，俯不怍。如此养则成刚大之实而充塞天地之间不难也，所以必要集义方能直也。龟山谓'嫌是以一物养一物'，及他说又自作'直养'。某所以不敢从伊川之说。"大雅。

○ "以直养而无害"，谓"自反而缩"，俯仰不愧，故能养此气也。与大学"自慊"之意不同。自慊者，"如好好色，如恶恶臭"，皆要自己慊足，非为人也。謨。

○ "以直养"是"自反而缩"，"集义"是"直养"。然此工夫须积渐集义，自能生此浩然之气，不是行一二件合义底事能搏取浩然之气也。集义是岁月之功，袭取是一朝一夕之事。从而掩取，终非己有也。德明。

○ "'至大至刚'气之本体，'以直养而无害'是用功处，'塞乎天地'乃其效也。"问："'塞乎天地'，气之体段本如此。充养得浩然处，然后全得个体段，故曰'塞乎天地'。如但能之，所谓'推之天地之间，无往而不利'，恐不然。"曰："至'塞乎天地'，便无往不可。"德明。今按，"如但能之"恐有误字。

○ 问："浩然之气如何塞乎天地？"曰："塞乎天地之间是天地之正气。人之血气有限，能养之则天地正气亦同。"又问："塞莫是充塞否?"曰:"是遍满之意也。"去伪。塞天地只是气魄大,如所谓气盖世。文蔚。

○ 问"塞乎天地之间"。曰:"天地之气无处不到,无处不透,是他气刚,虽金石也透过。人便是禀得这个气无欠阙,所以程子曰:'天人一也,更不分别。浩然之气乃吾气也,养而无害则塞乎天地,一为私意所蔽则歉然而馁,却甚小也。'"又云:"浩然之气只是气大敢做。而今一样人畏避退怯,事事不敢做,只是气小。有一样人未必识道理,然事事敢做,是他气大。如项羽'力拔山兮气盖世',便是这样气。人须是有盖世之气方得。"又云:"如古人临之以死生祸福而不畏,敢去骂贼,敢去徇国,是他养得这气大了,不怕他,(义也。)〔又也〕是他识道理,故能如此。"

○ 问:"'塞乎天地之间',是元气体段合下如此。或又言'只是不疑其行,无往不利',何也?"曰:"只为有此体段,所以无往不利。不然,须有碍处。"问:"程子'有物始言养,无物养个甚',此只要识得浩气体段否?"曰:"只是说个大意如此。"问:"先生解西铭'天地之塞'作'窒塞'之'塞',如何?"曰:"后来已改了,只作'充(养)〔塞〕'。横渠不妄下字,各有来处。其曰'天地之塞'是用孟子'塞乎天地',其曰'天地之帅'是用'志,气之帅也'。"德明。

○ 问:"'配义与道',集注谓'合而有助之意',其意如何?"曰:"若无气以配之,则道义无助。"公晦。

○ 义刚问:"浩然之气,此气人人有之,但不养则不浩然尔。是否?"先生曰:"是。"又问:"'配'字从前只训作'合',先生以'助'意释之,有据否? 何以见得?"先生曰:"非谓'配'便是'助',但养得那气充便不馁,气充方合得那道义,所以说有'助'之意。"义刚。

○ 上章既说浩然如此，又言"其为气也，配义与道"，谓养成浩然之气，以配道义，方衬贴得起。不然，虽有道义，其气馁怯，安能有为！"无是，馁也"，谓无浩气，即如饥人之不饮食而馁者也。德明。

○ "其为气也，配义与道。无是，馁也。"有一样人非不知道理，但为气怯，更贴衬义理不起。闳祖。

○ "配义与道"只是说气会来助道义。若轻易开口，胡使性命，却只助得客气。人才养得纯粹，便助从道义好处去。赐。

○ 问"其为气也，配义与道"。先生曰："道义是公共无形影底物事，〔气〕是自家身上底物。道义无情，若自家无这气，则道义自道义，气自气，如何能助得他？"又曰："只有气魄，便做得出。"〔问："气是合下有否？"曰："是合下有。若不善养则无理会，无主宰。或消灭，不可知。或使从他处去，亦不可知。"〕夔孙。

○ 气配道义。有此气，道义便做得有力。淳。

○ 郑又问："'配义与道，无是，馁也。''配'是合否？"曰："'配'是合底意思。看来须是养得这气方做得出，方合得道义。盖人之气当于平时存养有素，故遇事之际以气助其道义而行之。配，合也。与，助也。若于气上存养有所不足，遇事之际便有十分道理，亦畏怯而不敢为。"郑云："莫是'见义而不为，无勇也'底意思否？"先生云："亦是这个道理。"先生又云："所谓'气'者，非干他事。只是自家平时仰不愧，俯不怍，存养于中，其气已充足饱满，以之遇事自然敢为而无畏怯。若平时存养少有不足，则遇事之际自是索然而无余矣。"卓。贺孙同。

○ "配义与道，无是，馁也。"将这气去助道义方能行得去。若平时不得养，此气自衰飒了，合当做底事也畏缩不敢去做。如朝廷欲去这一小人，我道理直了，有甚怕！他不敢动着。知他是小人，不敢去他，只是有这气自衰了，其气如此便是合下无工夫。所谓"是集义所生者"，须是平时有集义工夫始得。到行这道义时气自去助他。集义是平时积累工夫，"配义与道"是卒然临事配道义行将去。此两项各自有顿放处，但将粗处去看便分晓。春秋时欲攻这敌国，须先遣问罪之词。我这里直了，将这个去摧他势，他虽有些小势力亦且消沮去了。汉高祖为义帝发丧，用董公言："明其为贼，敌乃可服。"我这个直了，行去自不怕得它！贺。

○ 先生曰："'养气'章，直道义与气不可偏废。虽有此道义，苟气不足以充其体，则歉然自馁，道（气）〔义〕亦不可行矣。如人能（实）〔勇〕于有为，莫非此气。苟非道义，则亦强猛悍戾而已。道义而非此（义）气以行之，又如人要举事而终于委靡不振者，皆气之馁也。'必有事焉而勿正'，赵氏以希望之意解'正'字，看来正是如此，但说得不甚分明。今以为期待之意则文理不重复。盖必有事于此然后心不忘于此，正之不已然后有助长之患。言意先后，各有重轻。'孟施舍似曾子，北宫黝似子夏。'数子所为本不相侔，只论养勇，借彼喻此，明其所养之不同尔。正如公孙丑谓'夫子过孟贲远矣'，孟贲岂孟子之流！只是言其勇尔。"谟。

○ "配义与道。"道是体。一事有一理是体，到随事区处便是义。士毅。

○ 气、义互相资。可学。

○ "配义与道"如云"人能弘道"。<u>可学</u>。

○ 气,只是一个气,但从义理中出来者即浩然之气,从血肉身中出来者为血气之气耳。<u>闳祖</u>。

○ 问:"气之所配者广矣,何故只说义与道?"曰:"道是体,义是用。程子曰'在物为理,处物为义',道则是物我公共自然之理;义则吾心之能断制者,所用以处此理者也。"<u>广</u>。

○ 问:"<u>横渠</u>集注云'配者,合而有助'之意,如何?"先生曰:"气自气,道义自道义。若无此气,则道义亦不可见。世之理直而不能自明者,正为无其气耳。譬如利刀可以斩割,须有力者乃能用之。若自无力,利刀何为?"<u>力行</u>。

○ 问:"<u>明道</u>说浩然之气,曰'一为私意所蔽,则欿然而馁,知其小矣'。据<u>孟子</u>后面说'行有不慊于心则馁',先生解曰:'所行一有不合于义而自反不直,则不足于心,而体自有所不充。'只是说缘所行不义则欿然而馁。今说'蔽'字则是说知之意。不知如何?"曰:"蔽是遮隔之意。气自流通不息,一为私意所遮隔,则便去不得。今且以粗言之,如<u>项羽</u>一个意气如此,才被<u>汉王</u>数其十罪,便觉沮屈去不得了。"<u>广</u>。

○ <u>李</u>问:"'无是,馁也',是指义,是指气?"曰:"这是说气。"曰:"下面如何便说'集义所生'?"曰:"上截说须养这气,下再起说所生此气。每一件事做得合义便会生这气,生得这气便自会行这义。<u>伊川</u>云:'既生得此气,语其体则与道合,语其用则莫不是义。譬之以金为器,及其器成方命得此是金器。''生'正与'取'字相对说,生是自里面生出，取是自外面取来。且如今人有气魄，合做事便做得去。若无气魄，虽自见得合做事却做不去。气只是身中底气，道义是众人公共底。天地浩然之气，到人得之便自有不全了，所以须着将道理养到浩然处。"贺孙。

○ 问："前贤云'譬如以金为器，器成方得命为金器'。旧闻此说，遂谓'无是，馁也'，'是'字指道义而言?"先生曰："不知当时如何作如此说。"力行。

○ 方集义以生此气则须要勉强。及到配义与道，则道义之行愈觉刚果，更无凝滞，尚何恐惧之有! 谟。

○ 孟子许多论气处只在"集义所生"一句上。谟。去伪同。

○ 或问"集义"。曰："只是无事不求个是而已矣。"恪。

○ 或问"集义"。曰："集义只是件件事要合宜，自然积得多。"盖卿。

○ 或问："'是集义所生，非义袭而取之'，如何是'集义'?"曰："事事都要合道理。才有些子不合道理，心下便不足。才事事合道理，便仰不愧，俯不怍。"因云："如此一（事）〔章〕，初看道如何得许多头绪恁地多? 后来看得却无些子窒碍。"贺孙。

○ 问："无浩然之气固是衬贴他义不起。然义有欠阙即气亦馁然，故曰'行有不慊于心，则馁矣'。窃谓气与义必相须。"曰："无义即做浩然之气不成，须是集义方成得浩然之气。"德明。

1150

○ 淳问：“此气是当初禀得天地底来便自浩然，〔抑〕是后来集义方生？”曰：“本是浩然，被人自少时坏了，今当集义方能生。”曰：“有人不因集义，合下来便恁地刚勇，如何？”曰：“此只是粗气。便是<u>北宫黝</u>、<u>孟施舍</u>之勇底，亦终有馁时。此章须从头节节看来看去，首尾贯通，见得活方是，不可只略猎涉，说得去便是了。”<u>淳</u>。

○ 浩然要事事合义，一事馁，便行不得。<u>可学</u>。

○ “集义故能生浩然之气。”问：“何以不言仁？”曰：“浩然气无他，只是仰不愧，俯不怍，无一毫不快于心，自生浩然之气。只合说得义。义便事事合宜。”<u>德明</u>。

○ 先生问<u>一之</u>：“看浩然之气处如何？”曰：“见集义意思是要得安稳。如讲究书中道理，便也要见得安稳。”曰：“此又是穷理，不是集义。集义是行底工夫，只是事事都要合义。穷理则在知言之前。穷理是做知言工夫，能穷理然后能知言。”<u>淳</u>。

○ 问：“浩然之气，集义是用功夫处不？”曰：“须是先知言。知言则义精而理明，所以能养浩然之气。知言正是格物、致知，苟不知言，则不能辨天下许多淫、邪、诐、遁。将以为仁，不知其非仁；将以为义，不知其非义，则将何以集义而生此浩然之气也？气只是充乎体之气，（充）〔元〕与天地相流通，只是仰不愧，俯不怍，自然无恐无惧，塞乎天地也。今人心中才有歉愧，则此气自然消馁，作事更无勇锐。‘配义与道’者，相合而有助。譬如与人斗敌，又得一人在后相助，自然愈觉气胜。<u>告子</u>‘不得于言，勿求于心；不得于心，勿求于气’，只是一味勃然不顾义理，如此养气则<u>应事接物</u>皆去不得。<u>孟子</u>是活底不动心，<u>告子</u>是死底不动心。如<u>孟子</u>自是沉潜积养，自反而缩，只是理会得道理是当。虽加齐卿相，是甚做不得？此章正要反覆子细看<u>公孙丑</u>如何问、<u>孟子</u>如何答。<u>孟子</u>才说'志至焉，气次焉，持其志，无暴其气'，<u>公孙丑</u>便以为志至，以气为第二等事，故又问何故又要无暴其气，<u>孟子</u>方告之以不特志能动气而气亦能动志也。气能动志，须是寻常体察。如饮酒固能动志，然苟能持其志，则亦不能动矣。"侍坐者有于此便问："直、方、大如何？"曰："议论一事未分明，如何隔向别处去！下梢此处未明，彼又不晓，一切泛然无入头处。读书理会义理，须是勇猛径直理会将去。正如<u>关羽</u>擒<u>颜良</u>，只知有此人〔，更不知有别人，直取其头而归。若使既要斫此人，〕又要斫那人，非惟力不给，而其所得者不可得矣。又如行路，欲往一处所，却在道边闲处留滞，则所欲到处何缘便达！看此一章便须反覆读诵，逐句逐节互相发明。如此三二十过而曰不晓其义者，吾不信也。"<u>谟</u>。

○ "'养气'一段，紧要只在'以直养而无害'、'是集义所生'、'自反而缩'等处。"又曰："'非义袭而取之'，其语势如'人之有是四端，犹其有四体'，却不是说有无四体底人。言此气须是集义方生始得，不是一旦用义缘外面去袭取得那气来，教恁地浩然。"<u>植</u>。

○ "非义袭而取之"，谓积集于义自然生得此气。非以浩然为一物，可以义袭取之也。<u>德明</u>。

○ 问："浩然之气是'集义所生，非义袭而取之也'，如何？"曰："此是反复说，正如所谓'仁义礼智非由外铄我也，我固有之也'。是积集众义所生，非是行一事偶然合义便可掩袭于外而得之。浩然之气，我所固有者也。"<u>广</u>。

○ 或问"是集义所生者"一句。曰："'是集义'者，言是此心中分别这是义了，方做出来，便配合得道义而行之，非是自外面袭得来也。'生'字便是对'取'字而言。"卓。

○ "是集义所生者，非义袭而取之也。"须是积习持养则气自然生，非谓一事合宜便可掩取其气以归于己也。闳祖。

○ 道夫问："孟子养浩然之气，如所谓'集义'、'勿忘勿助'、'持其志，无暴其气'，似乎皆是等级。"曰："他只是集义。合当做底便做将去，自然塞乎天地之间。今若谓我要养气，便是正，便是助长。大抵看圣贤文字，须要会得他这意，若陷在言语中，便做病来。"道夫。

○ 问"是集义所生者，非义袭而取之也"。先生云："今说'集义'如学者工夫，须是于平日所为之事，求其合于义者而行之。积习既久，浩气自生。说'义袭'则于一事之义勇而为之，以壮吾气耳。'袭'如用兵掩袭之'袭'，犹曰于一事一行之义勇而为之，以袭其气也。"〔人杰。〕

○ "养浩然之气"只在"集义所生"一句上。气，不是平常之气，集义以生之者。义者，宜也。凡日用所为所行一合所宜，今日合宜，明日合宜，集得宜多，自觉胸中慊足，无不满之意。不然，则馁矣。"非义袭而取之"，非（义）〔是〕外取其义以养气也。"配义与道"者，大抵以坤配乾必以乾为主，以妻配夫必〔以〕夫为主。配，作随底意思。以气配道义，必竟以道为主而气随之，是气常随着道义。谟。

○ 问："'集义'是以义为内，'义袭'是以义为外否？"曰："不必如此说。此两句是掉转说，如云'我固有之也，非由外铄我也'。盖义本于心，不自外至，积集此义而生此气，则此气实生于中。如北宫黝、孟施舍之勇，亦自心生。"又问："集注云：'非由只行一事偶合于义，便可以掩袭于外而得之。'人杰读至'只行一事'处，不能无疑。"曰："集义是集众义，故与'只行一事'相对说。袭，犹兵家掩袭之'袭'，出其不意，如劫寨相似。非顺理而行，有积集工夫者也。"人杰。

○ 正淳问："'非义袭而取之'，如何？"曰："所谓'义袭而取之'者，袭如用兵去袭夺之意，如掩人不备而攻袭之。谓如所行之事以为义而行之，才行得一件事合义，便〔将来壮吾气，〕以为浩然之气可以攫挐而来，夫是之谓袭。若集义者，自非生知，须是一一见得合义而行。若是本初清明，自然行之无非是义，此舜'由仁义行'者，其他须用学知。凡事有义有不义，便于义行之。今日行一义，明日行一义，积累既久，行之事事合义，然后浩然之气自然而生。如金溪之学，向来包子只管说'集义'、'袭义'。某尝谓之曰：如此说孟子，孟子初无'袭义'。今言'袭义'，却是包子矣。其徒如今只是将行得一事合义，便指准将来长得多少精神，乃是告子之意。但其徒禁锢着，不说出来。"蕓。

○ 韩退之诗："强怀张不满，弱念阙易盈。""强怀张不满"是助长弱念，"阙易盈"便是歉。赐。

○ 韩退之诗云："强怀张不满，弱念阙易盈。""无是，馁也"，虽强支撑起来，亦支撑不得，所谓"揠苗"者也。闳祖。

○ 问集注云"告子外义，盖外之而不求，非欲求之于外也"。曰："告子直是将义屏除去，只就心上理会。"因说："陆子静云'读书讲求义理，正是告子义外工夫'。某以为不然。如子静不读书、不求义理，只静坐澄心，却似告子外义。"德明。〔集注非定本。〕

○ "必有事焉"是须把做事做。如主敬也须是把做事去主,如求放心也须是把做事去求,如穷理也须是把做事去穷。僴。

○ 郑天禧问:"'必有事焉而勿正',当作绝句否?"曰:"元旧是恁地读。"〔卓。〕

○ "必有事焉而勿正心",此言"正心",自与大学"欲修其身,必先正其心"语脉自不同,此"正"字是期待其效之意。"仁者先难而后获",正心却似先获意思,先获是先有求获之心。古人自有这般语。如"正"字,公羊传自云"师出不正反,战不正胜",此"正"字与孟子说"正心"之"正"一般。彼言师出不可必期其反,战不可必期其胜也。贺孙。

○ 问:"'必有事焉而勿正'字之义如何?"曰:"正犹等待之意。赵岐解云'不可望其福',虽说意粗了,其文义却不错。此正如'师出不正反,战不正胜'之'正'。古人用字之意如此,言但当从事于此而勿便等待其效之意。"坐间有问:"此便是助长否?"曰:"'正'未是助长,待其效而不得,则渐渐助之长矣。譬之栽木,初栽即便望其长,望之之久而不如意,则揠苗矣。明道曰'下言之渐重',此言却是。"后因论"仁者先难而后获",某曰:"先生解'勿正'字颇有后获之意。"先生曰:"然,颇有此意。"某曰:"如此解则于用工处尽有条理。"先生曰:"圣人之言条理精密,往往如此。但看得不切,错认了他文义,则并与其意而失之耳。"浍。

○ 或问:"'必有事焉而勿正',如何是正?"先生曰:"'正'有期待之意。"盖卿。

○ "'必有事焉而勿正'却似'鸢飞鱼跃'之言。此莫是顺天理自然之意否?"曰:"孟子之说只是就养气上说。程子说得又高。须是看孟子了又看程先生说,便见得孟子只说'勿忘,勿助长'。程先生之言,于其中却有一个自然底气象。"谟。去伪同。

○ 问:"'必有事焉而勿正心,勿忘,勿助长'。据孟子,只是养气节次若此。近世诸儒之说把来作一段工夫,莫无妨否?"曰:"无妨。只看大意如何。"曰:"诸儒如此说虽无害,只是孟子意已走作。先生解此却好。"曰:"此一段,赵岐注乃是就孟子说,只是颇缓慢。"可学。

○ "必有事焉而勿正心","勿正心",勿期其浩然也。"勿忘"者,勿忘其下工夫也。"助长"者,无不畏之心而强为不畏之形。节。

○ "必有事焉"谓集义,"正"是期望,"忘"是不把做事,"助长"是作弄意思。世有此等之人。孟子之意只是如此粗言之。要之,四者初无与养气事,只是立此界至,如东至某,〔西至某,〕其中间一段方是浩然处也。伯丰。

○ 问"必有事焉而勿正"章。先生云:"'必有事焉',孟子正说工夫处。且从上面集义处看来便见得'必有事焉'者云云,言养之未当必以集义为事;'勿正'者,勿待也;'勿忘'者,勿忘其以集义为事也;'助长'者,是待之不得而拔之使长也。言人能集义以养其浩然之气,故事物之来自有以应之。不可萌一期待之心,少间待之不得,则必出于私意有所作为而逆其天理矣,是助之长也。今人之于物,苟施种植之功,至于日至之时则自然成熟。若方种而待其必长,不长则从而拔之,其逆天害物也甚矣。"又云:"集义是养气底丹头,必有事便是集义底(方)〔火〕法。言必有事者,是养气之法度也。养得这气在此,便

〔见〕得这个自重那个自轻。如公孙丑言'加齐卿相，得行道焉'，以为孟子动心于此。不知孟子所养在此，见于外者，皆由这里做出来。"又曰："孔子与颜渊'用之则行，舍之则藏，唯我与尔有是夫'，言我有这个道理在，不是言有用舍行藏也。"又云："心有所主宰则气之所向者无前，所谓'气盖世'之类是也。存其心而无其气，则虽十分道理底事亦有不敢为者，气不充也。"卓。

○ "'必有事焉'，只消此一句，这事都了。下面'而勿正心，勿忘，勿助长'恰似剩语，却被这三句撑拄夹持得不活转、不自在。然活转自在人，却因此三句而生。只是才唤醒，这物事便在这里，点着便动。只此便是天命流行处，便是'天命之谓性，率性之谓道'，便是仁义之心，便是'惟皇上帝降衷于下民'。谢氏所谓'活泼泼地'只是这些子，更不待想象寻求，分明在这里，触着便应。通书中'元亨诚之通，利贞诚之复'一章，便是这意思。见得这个物事了，动也如此，静也如此，自然虚静纯一。不待更去求虚静，不待体认，只唤着便在这里。"或云："吾儒所以与佛氏异者，吾儒则有条理、有准则，佛氏则无此尔。"曰："吾儒见得个道理如此了，又要事事都如此。佛氏则说：'便如此做也不妨。'其失正在此。"㽦。

○ 侯师圣说"而勿正心"，明道举禅语为况曰"事则不无，拟心则差"。当时于此言下便有省悟，某甚疑此语引得不相似。"必有事"是须有事于此，"勿正心"是不须恁地等待。今说"拟心则差"是如何？言须拟之而后言，行须拟之而后动，方可中节。不成不拟不议只恁地去！此语似禅，某不敢编入精义。义刚。陈淳同。〔可学录云："拟心则差，是借语。"〕

○ 明道云："'勿忘，勿助长'之间，正当处也。""当处"二字并去声。此等语更宜玩味。大凡观书从东头直筑着西头，南头筑着北头，七穿八透，皆是一理，方是贯通。古人所以贵一贯也。伯丰。

○ "勿忘，勿助长"上连上文"集义"而言，故"勿忘"谓勿忘集义也。一言一动之间皆要合义，故勿忘。"助长"谓不待其充而强作之使然也。如今人未能无惧却强作之，要道我不惧；未能无惑却强作之，要道我不惑：是助长也。"有事"，有事于集义也。"勿正"，谓勿预期等待他，听其自充也。升卿。

○ "集义"如药头，"必有事，勿正心，勿忘，勿助长"如制度。闳祖。

○ 事、正、忘、助相因。无所事必忘，正必助长。闳祖。

○ "必有事焉而勿正心，勿忘，勿助长"，是养气中一节目，〔饶本作"集义中小节目"。〕不要等待，不要催促。淳。铢同。

○ 问："预期其效如何？"曰："集义于此自生浩然之气，不必期待他。如种木焉，自是生长，不必日日看觑他。若助长，直是拔起令长。如人说不怕鬼，本有惧心，强云不惧。又云言不畏三军者，出门闻金鼓之声乃震怖而死。先生云："不畏三军，事见孟子注中。"须积习之功至则自然长，不可助长也。"德明。

○ "诐辞知其所蔽。"诐是偏诐，只是见得一边。此理本平正，他只说得一边，那一边看不见，便是为物蔽了。字凡从"皮"，皆是一边意，如跛是脚一长一短，坡是山一边斜。淳。

○ "淫辞知其所陷。"陷是身溺在那里。如陷溺于水，只是见水而不见岸了。夔孙。

○ 陈正己问："'诐、淫、邪、遁'之说，如何是遁底模样?"曰："如墨者夷之之说穷，遂又牵引'古之人若保赤子'之说为问。如佛家初说剃除髭发、绝灭世事后，其说穷，又道置生产业自无妨碍。"贺孙。

○ 孟子说"知言"处只有诐、淫、邪、遁四者。知言是几多工夫，何故只说此四字? 盖天下之理不过是与非而已，既知得个非，便识个是矣。且如十句言语，四句是有诐、淫、邪、遁之病，那六句便是矣。佃。

○ 或问孟子言"诐辞，知其所蔽；淫辞，知其所陷；邪辞，知其所离；遁辞，知其所穷"。曰："诐辞，偏诐之辞也。见诐辞则知其人之蔽于一偏，如杨氏则蔽于'为我'，墨氏则蔽于'兼爱'，皆偏也。淫辞，淫荡之辞也。见淫辞，则知其人之陷于不正而莫加省也。见邪辞则知其人之离于道，见遁辞则知其人之说穷而去也。"去伪。谟同。

○ 问："孟子知言此四辞如何分别?"曰："诐辞乃是偏于一边，如杨氏之仁、墨氏之义。蔽者，蔽于一而不见其二。淫者，广大无涯，陷于其中而不自知。邪则已离于正道而自立一个门庭。遁辞，辞穷无可说，又却自为一说。如佛家言治产业皆实相。既如此说，怎生不出来治产业? 如杨朱云：'一毫何以利天下?'此是且分解其说。你且不拔一毫，况其他乎? 大抵吾儒一句言语，佛家只管说不休。如庄周末篇说话亦此类。今人与佛辨最不得便宜，他却知吾说而用之。如横渠 正蒙，乃是将无头事与人作言语。"可学。

○ 诐辞是一边长一边短，如人之跛倚。缘他只是见这一边，都不见那一边，是以蔽。少间说得这一边阔大了，其辞放荡，便知他心陷在这里。邪说是一向远了。遁辞是走脚底语，如墨者夷之，他来说"爱无差等"，却又说"施由亲始"。杨朱不肯"拔一毛以利天下"，及遁处却说天下非拔一毛所能利，若人人拔一毛，则天下利矣。如佛氏，他本无父母，却说父母经，这是他遁了。赐。

○ 诐是偏诐，说得来一边长一边短，其辞如此则知其心有所蔽矣。淫是放荡，既有所蔽，说得来渐次夸张，其辞如此则知其〔心有〕所陷矣。邪辞是既陷后一向邪僻离叛将去。遁词是既离后走脚底话。如杨氏本自不"拔一毛而利天下"，却说天下非一毛之所〔能〕利。夷子本说"爱无差等"，却说"施由亲始"；佛氏本无父母，却说父母经。皆是遁辞。儒用。人杰同。

○ 诐是险诐不可行，故蔽塞。淫是说得虚大，故有陷溺。邪则离正道。遁则穷，惟穷故遁。如仪、秦、杨、墨、庄、列之说，皆具四者。德明。

○ 沈庄仲问诐、淫、邪、遁之辞。文蔚云："如庄周放浪之言，所谓'淫辞'。"曰："如此分不得。只是心术不正，便自节次生此四者。如杨墨自有杨墨底诐、淫、邪、遁，佛老自有佛老底诐、淫、邪、遁，申韩自有申韩底诐、淫、邪、遁。如近世言功利者，又自有一种诐、淫、邪、遁。不特是如此，有一样苟且底人议论不正，亦能使是非反覆。张安道说：'本朝风俗淳厚，自范文正公一变，遂为崖异刻薄。'后来安道门人和其言者甚众，至今士大夫莫能辨明，岂可不畏！"文蔚。

○ 问："诐、淫、邪，遁之辞，杨墨似诐，庄列似淫，仪秦似邪，佛似遁。"曰："不必如此分别，有则四者俱有，其序自如此。诐是偏诐不平，譬似路一边高一边低，便不可行，便是蔽塞了一边。既蔽塞则其势必至于放荡而陷溺。淫而陷溺必至于邪僻而叛道。才问着便遁而穷。且如杨墨'为我'、'兼爱'之说，可谓是偏颇。至于'摩顶放踵'、'拔一毛利天下不为'，便是不可行。夷之云'爱无差等，施由亲始'不是他本意，只为被孟子勘破，其词穷，遂为此说，是遁也。如佛学者初有'〔桑〕下一宿'之说，及行不得，乃云'种种营生，无非善法'，皆是遁也。"德明。

○　先之问："诐辞、淫辞、邪辞、遁辞'四者相因'之说如何？"曰："诐辞初间只是偏了。所以偏者，止缘他蔽了一边，如被物隔了，只见一边。初间是如此，后来只管陷入里面去，渐渐只管说得阔了，支蔓淫溢，才恁地陷入深了。于是一向背却正路，遂与正路相离。既离去了正路，他那物事不成物事，毕竟用不得，其说必至于穷。为是他说穷了，又为一说以自遁〔，如佛家之说〕。"〔贺孙。〕

○　问："孟子知言处，'生于其心，害于其政，发于其政，害于其事'，先政而后事；辟杨墨处说'作于其心，害于其事，作于其事，害于其政'，先事而后政。"曰："先事而后政，是自微而至著；先政而后事，是自大纲而至节目。"雉。

○　淫、邪辞相互。可学。

○　孟子知言一段，明道所谓"如人在堂上便能辨堂下人曲直"。只缘高于众人了便见得众人。与人一般低，立在堂下，如何辨得人长短！士毅。

○ 问："程子说：'孟子知言，譬如人在堂上，方能辨堂下人曲直。若犹未免杂于堂下众人之中，则不能辨决矣。'所谓'在堂上'者，莫只是喻那心通于道者否？"曰："此只是言见识高似他，方能辨他是非得失。若见识与他一般，如何解辨得他！"广。

○ "孟子说〔知言〕养气处止是到'圣人复起不易吾言矣'住。自此以下，只是公孙丑问，盖公孙丑疑孟子说知言养气担当见得大，故引'我于辞命则不能'以诘孟子。孟子对以'於，是何言也'。公孙丑又问'昔者子夏、子游、子张皆得圣人之一体'，公孙丑意欲以孟子比圣人。故孟子推尊圣人，以为己不敢当，遂云'姑舍是'。"谟。去伪同。

○ 寓问："颜子'具体而微'，微是'微小'或'隐微'之'微'？"曰："微只是小，然文意不在'小'字上，只是说体全与不全。"寓。淳同。

○ 问"浩然之气"后面说伯夷、伊尹、孔子"是则同"处。曰："后面自是散说出去，不须更回引前头。这里地位极高，浩然之气又不足言，不须更说气了。有百里之地则足以有天下，然'行一不义，杀一不辜'则有所不为，此是甚么样气象！大段是极至处了。虽使可以得天下，然定不肯将一毫之私来坏了这全体。古之圣人其大根脚同处皆在此，如伊尹'非其义也，非其道也，一介不以与人，一介不以取诸人，系马千驷，禄之以天下，弗视弗顾'，与此所论一般。圣人同处大概皆在于此，而不同则不足以言圣人矣。某旧说，孟子先说知言而公孙丑先问养气者，承上文方论志气而言也。今看来，他问得却自有意思。盖知言是那后面合尖末梢头处，合当留在后面问，如大学所论，自修身、正心却说到致知、格物。盖致知、格物是末梢尖处，须用自上说下来，方为有序也。"又曰："公孙丑善问，问得愈密，盛水不漏。若论他会恁地问，则不当云'轲之死不得其传'，不知后来怎生不可晓。或是孟子自作此书，润饰过，不可知。"僩。

○ 问："夷惠得百里之地，果能朝诸侯有天下否？"曰："孟子如此说，想是如此。然二子必不肯为。"问："孟子比颜子如何？""孟子不如颜子，颜子较细。"问："孟子亦有任底意思否？"曰："然。孟子似伊尹。"〔僩。〕

○ 问夷惠。曰："伯夷格局更高，似柳下惠。"道夫曰："看他伯夷有壁立万仞之气。"曰："然。"道夫。

○ 根本节目不容不（问）〔同〕。"得百里之地而朝诸侯，有天下"，此是甚次第！〔又〕"（人）行一不义，杀一不辜，而得天下，不为"，直是守得定也！闳祖。

○ 或问"宰我、子贡、有若智足以知圣人，污不至阿其所好"。曰："污是污下不平处。或当时方言，未可知。当属上文读。"去伪。人杰、谟同。

○ 伯丰问："'见其礼而知其政，闻其乐而知其德'，是谓夫子，是谓他人？"曰："只是大概如此说。子贡之意盖言见人之礼便可知其政，闻人之乐便可知其德。所以'由百世之后，等百世之王'莫有能违我之见者，所以断然谓'自生民以来，未有孔子'，此子贡以其所见而知夫子之圣如此也。一说夫子见人之礼而知其政，闻人之乐而知其德，'由百世之后，等百世之王'莫有能逃夫子之见者，此子贡所以知其为生民以来未有也。然不如前说之顺。"

公孙丑上之下

孟子曰以德行仁者王章

○ "以德行仁者王。"所谓德者，非止谓有救民于水火之诚心。这"德"字又说得来阔，是自己身上事都做得来，是无一不备了，所以行出去便是仁。侗。

○ 彝叟问："'行仁'与'假仁'如何？"先生云："公且道如何是'行仁'、'假仁'？"江兄云："莫是诚与不诚否？"先生曰："这个自分晓，不须问得。如'由仁义行，非行仁义'处却好问。如行仁，便自仁中行出皆仁之德。若假仁，便是恃其甲兵之强、财赋之多，足以欺人，是假仁之名以欺其众，非有仁之实也。故下文言'伯必有大国'，其言可见。"又曰："成汤东面而征西夷怨，南面而征北狄怨，皆是拯民于水火之中，此是行仁也。齐（威）〔桓〕公之在当时，周室微弱，夷狄强大，而（威）〔桓〕公攘夷狄，为王室'九合诸侯，不以兵车'，这只是仁之功，终无拯民涂炭之心，谓之'行仁'则不可。"卓。

〇 王不待大言，不待大国而可以王，如汤以七十里、文王以百里伯者，则须有如是资力，方可以服人。僩。

〇 问"以力假仁"、"以德行仁"。先生曰："'以力假仁'，仁与力是两个；'以德行仁'，仁便是德，德便是仁。"问"霸"字之义。曰："霸即伯也，汉书引'哉生魄'作'哉生霸'，古者'霸'、'伯'、'魄'三字通用。"夔孙。

孟子曰仁则荣章

〇 "仁则荣，不仁则辱。"此亦只是为下等人言。若是上等人，他岂以荣辱之故而后行仁哉？伊川易传比卦彖辞有云："以圣人之心言之，固至诚求天下之比以安民也。以后王之私言之，不求下民之附则危亡至矣。"盖且得他畏危亡之祸而求所以比附其民，犹胜于全不顾者，政此谓也。僩。

孟子曰尊贤使能章

〇 "市廛而不征。"问："此市在何处？"曰："此都邑之市。人君国都如井田样，画为九区：面朝背市，左祖右社，中间一区则君之宫室。宫室前一区为外朝，凡朝会藏库之属皆在焉。后一区为市，市四面有门，每日市门开则商贾百物皆入焉。赋其廛者，谓收其市地钱，如今民间之铺面钱。盖逐末者多则赋其廛以抑之，少则不廛而但治以市官之法，所以招徕之也。市官之法如周礼司市平物价、治争讼、讥察〔异服〕异言之类。市中惟民乃得入，凡公卿大夫有爵位者及士者皆不得入，入则有罚。如'国君过市则刑人赦，夫人过市则罚一幕，世子过市则罚一帟，命夫、命妇过市则罚一盖帷'之类。左右各三区，皆民所居。而外朝一区，左则宗庙，右则社稷在焉。此国君都邑规模之大概也。"<u>侗</u>。

○　或问："'法而不廛'，先生谓治以市官之法而不赋其廛，如何是市官之法？"曰："<u>周礼</u>自有，如司市之属平价、治争讼、谨权量等事，皆其法也。"又问："'市，廛而不征'、'法而不廛'是如何？"曰："'市，廛而不征'，谓使居市之廛者各出廛赋若干，如今人赁铺面相似，更不征税其所货之物。'法而不廛'则但治之以市官之法而已，虽廛赋亦不取之也。"又问："'古之为市者，以其所有易其所无者，有司者治之耳'，此便是市官之法否？"曰："〔然。〕如汉之狱市、军市之数，皆是古之遗制。盖自有一个所在以为类，其中自有许多事。"<u>广</u>。

○　"'市，廛而不征，法而不廛'，如<u>伊川</u>之说如何？"曰："<u>伊川</u>之说不可晓。<u>横渠</u>作二法，其说却似分明。"<u>谟</u>。

○　<u>至</u>问："'廛无夫里之布。'<u>周礼</u>：'宅不毛者有里布，民无职事，出夫家之征。'郑氏谓宅不种桑麻者，罚之，使出一里二十五家之布。不知一里二十五家之布是如何？"曰："亦不可考。"又问："<u>郑氏</u>谓民无常业者，罚之，使出一夫百亩之税，一家力役之征。如何罚得恁地重？"曰："后世之法与此正相反，农民赋税丁钱却重，而游手浮浪之民，泰然都不管他。"因说："<u>浙</u>间农民丁钱之重，民之雕困，不可开眼。"

孟子曰人皆有不忍人之心章

○　"人皆有不忍人之心。"人皆自和气中生。天地生人物，须是和气方生。要生这人，便是气和然后能生。人自和气中出，所以有不忍人之心。傅。

○ "'天地以生物为心。'譬如甄蒸饭，气从下面衮到上面，又衮下，只管在里面衮，便蒸得熟。天地只是包许多气在这里，无出处，衮一番便生一番物。他别无勾当，只是生物，不似人便有许多应接。所谓为心者，岂是切切然去做，如云'天命之，岂谆谆然命之'也？但如磨子相似，只管磨出这物事。人便是小胞，天地便是大胞。人首圆象天，足方象地，中间虚包许多生气，自是恻隐，不是为见人我一理后方有此恻隐。而今便教单独只有一个人，也自是有这恻隐。若谓见人我一理而后有之，便是两人相夹在这里方有恻隐，则是仁在外，非由内也。且如乍见孺子入井时有恻隐，若见他人入井时，也须自有恻隐在。"〔池录作："若未见孺子入井，亦自是恻隐。"〕又问："怵惕恻隐，莫是因怵惕处动而后见恻隐否？"曰："不知孟子怎生寻得这四个字，恁地好！"夔孙。

○ "天地以生物为心。"天包着地，别无所作为，只是生物而已。亘古亘今，生生不穷。人物则得此生物之心以为心，所以个个肖他。本不须说以生物为心，缘做今语句难，故着个以生物为心。偁。

○ 问"仁者天地生物之心"。曰："天地之心只是个生，凡物皆是生方有此物。如草木之萌芽、枝叶、条干，皆是生方有之。人物所以生生不穷者，以其生也，才不生便干枯死了。这个是统论一个仁之体。其中又自有节目界限，如义礼智又有细分处也。"问"偏言则一事，专言则包四者"。曰："以专言言之，则一者包四者；以偏言言之，则四者不离乎一者。"偁。卓同。

○ 问："'非恶其声而然也'，集注云'声，名也'，是恶其被不救之名否?"曰:"然。"人杰。

○ 问:"如何是'发之人心而不可已'?"曰:"见孺子将入井,恻隐之心便发出来,如何已得!此样说话,孟子说得极分明。世间事若出于人力安排底便已得,若已不得底便是自然底。"祖道。

○ 方其乍见孺子入井时也着脚手不得。纵有许多私意,要誉乡党之类,也未暇思量到。但更迟霎时则了不得也。是非、辞逊、羞恶虽是与恻隐并说,但此三者皆是自恻隐中发出来,因有那恻隐后方有此三者,恻隐比三者又较大得些子。义刚。

○ 或问:"非纳交、要誉、恶其声而怵惕恻隐形焉,是其中心不忍之实也。若纳交、要誉、恶其声之类一毫萌焉,则为私欲蔽其本心矣。举南轩如此说,先生集注却不如此说。"曰:"这当作两截看。初且将大界限看,且分别一个义利了,却细看。初看恻隐便是仁,若恁地残贼便是不仁;羞恶是义,若无廉耻便是不义;辞逊是礼,若恁地争夺便是无礼;是非是知,若恁地颠颠倒倒便是不知。且恁地看了又却于恻隐、羞恶上面看,有是出于至诚如此底,有不是出于本来善心底。"贺孙。

○ 先生问节曰:"孺子入井如何不推得羞恶之类出来,只推得恻隐出来?"节以为当他出来。曰:"是从这一路子去感得他出来。"节。

○ 如孺子入井如何不推得其他底出来,只推得恻隐之心出来?盖理各有路。如做得穿窬底事,如何令人不羞恶!偶遇一人衣冠而揖我,我便亦揖他,如何不恭敬!事有是非,必辨别其是非。试看是甚么去感得他何处一般出来。节。

○ 孟子论"乍见孺子将入于井，怵惕恻隐"一段，如何说得如此好？只是平平地说去自是好，而今人做作地说一片只是不如他。又曰："怵惕、恻隐、羞恶，都是道理自然如此，不是安排。合下制这'仁'字，才是那伤害底事便自然恻隐。合下制这'义'字，才见那不好底事便自然羞恶。这仁与义都在那恻隐、羞恶之先，未有那恻隐底事时已先有那爱底心了，未有那羞恶底事时已先有那断制裁割底心了。"又曰："日用应接动静之间，这个道理从这里迸将出去。如个宝塔，那毫光都从四面迸出去。"個。

○ 问："伊川言'满腔子是恻隐之心'，如何？"曰："此身躯壳谓之腔子。能于此身知觉痛处，见于应接，方知有个是与不是。"季札。

○ 或问程子谓"满腔子是恻隐之心"。先生曰："此身躯壳谓之腔子。而今人满身知痛处可见。"铢。〔池录作："疾痛疴痒，举切吾身，何处不有！"〕

○ 贺孙问："'满腔子是恻隐之心'，只是此心常存，才有一分私意便阙了他一分。"曰："只是满这个躯壳都是恻隐之心。才筑着便是这个物事出来，大感则大应，小感则小应。恰似大段痛伤固是痛，只如针子略挑血也出也便痛。故日用所当应接更无些子间隔，痒疴疾痛莫不相关，才是有些子不通，便是被些私意隔了。"贺孙。

○ 问："'满腔子是恻隐之心'，或以为京师市语'食饱时心动'。吕子约云。"曰："不然。此是为'动'字所拘。腔子，身里也，言满身里皆恻隐之心。心在腔子里亦如云心只在身里。"问："心所发处不一，便说恻隐，如何？"曰："恻隐之心浑身皆是，无处不发。如见赤子有恻隐之心，见一蚁子亦岂无此心！"可学。

　　○　问：“如何是‘满腔子皆恻隐之心’？”曰：“腔，只是此身里虚处。”问曰：“莫是人生来恻隐之心具足否？”曰：“如今也恁地看。事有个不稳处便自觉不稳，这便是恻隐之心。林择之尝说：‘人七尺之躯，一个针扎着便痛。’”问曰：“吾身固如此，处事物亦然否？”曰：“此心应物不穷。若事事物物常是这个心便是仁，若有一事不如此，便是这一处不仁了。”问曰：“本心依旧在否？”曰：“如今未要理会在不在。论着理来他自是在那里，只是这一处不恁地便是这一处不在了。如‘率土之滨，莫非王臣’，忽然有一乡人自不服化、称王称伯，便是这一处无，君臣也只在那里，然而他靠不得。不可道是天理只在那里，自家这私欲放行不妨。王信伯在馆中，范伯达问：‘人须是天下物物皆归吾仁？’王指窗櫺问范曰：‘此窗还归仁否？’范默然。某见之，〔当〕答曰：‘此窗不归仁，何故不打坏了？’如人处事，但个个处得是，便是事事归仁。且如窗也要糊得在那里教好，不成没巴鼻打坏了！”问：“‘仁者以万物为一体’，如事至物来，皆有以处之。如事物未至，不可得而体者，如何？”曰：“只是不来这里，然此理也在这里，若来时便以此处之。”直卿。

　　○　问：“‘满腔子是恻隐之心’，如何是满腔子？”曰：“满腔子是只在这躯壳里，‘腔子’乃洛中俗语。”又问：“恻隐之心固是人心之懿，因物感而发见处。前辈令以此操而存之，充而达之。不知如何要常存得此心？”曰：“此心因物方感得出来，如何强要寻讨出？此心常存在这里，只是因感时识得此体，平时敬以存之，久久会熟。善端发处益见得分晓，则存养之功益有所施矣。”又问：“要恻隐之心常存，莫只是要得此心常有发生意否？”曰：“四端中，羞恶、辞让、是非亦因事而发尔。此心未当起羞恶之时而强要憎恶那人，便不可。如恻隐，亦因有感而始见，欲强安排教如此也不得。如天之四时亦因发见处见得，欲于冬时要寻讨个春出来，不知如何寻，到那阳气发生万物处方见得是春耳。学者但要识得此心，存主在敬，四端渐会广充矣。"<u>居仁</u>。

○ "满腔子是恻隐之心。"不特是恻隐之心，满腔子是羞恶之心，满腔子是辞逊之心，满腔子是是非之心。弥满充实，都无空阙处。"满腔子是恻隐之心"，如将刀割着固是痛，若将针扎着也痛。如烂打一顿固是痛，便轻掐一下也痛。此类可见。<u>㑇</u>。

○ 仁是根，恻隐是萌芽。亲亲、仁民、爱物便是推广到枝叶处。<u>夔孙</u>。

○ 恻隐、羞恶也有中节、不中节。若不当恻隐而恻隐，不当羞恶而羞恶，便是不中节。<u>淳</u>。

○ 既仁矣，合恻隐则恻隐，合羞恶则羞恶。<u>芝</u>。

○ 不成只管恻隐。须有断制。<u>德明</u>。

○ 先生云："'义'便作'宜'字看。"<u>淦</u>。

○ "寻常人施恩惠底心便发得易，当刑杀，为此心便疑。可见仁属阳属刚，义属阴属柔。"<u>直卿</u>云："只将'舒敛'二字看，便见喜则舒，怒则敛。"<u>公晦</u>。

○ 仁义是发出来嫩底，礼智是坚硬底。<u>公晦</u>。

○ 仁义是柔软底，礼智是坚硬底。仁义是头，礼智是尾。一似说春秋冬夏，仁礼是阳底一截，义智是阴底一截。<u>渊</u>。

○ 问:"孟子以恻隐为仁之端,羞恶为义之端。周子云'爱曰仁,宜曰义'。然以其存于心者而言,则恻隐与爱固为仁心之发。然羞恶乃就耻不义上反说,而非直指义之端也。'宜'字又是就事物上说。不知义在心上,其体段如何?"曰:"义之在心,乃决裂果断是也。"柄。

○ 或问孟子"四端"。曰:"看道理也有两般,看得细时却见得义理精处,看得粗时却且见得大概处。四端未见精细时且见得恻隐便是仁,不恻隐而残忍便是不仁;羞恶便是义,贪利无廉耻便是不义;辞逊便是礼,攘夺便是非礼;是非便是智,大段无知颠倒错谬则为不智。若见得细时,虽有恻隐之心而意在于内交、要誉,亦是不仁了。然孟子之意本初不如此,只是言此四端皆是心中本有之物,随触而发。方孺子将入于井之时,而怵惕恻隐之心便形于外,初无许多涯涘。"卓。

○ "伊川尝说:'如今人说力行是浅近事,惟知为上,(智取)〔知最〕为要紧。'中庸说'知仁勇',把知做擗初头说,可见知是要紧。"贺孙问:"孟子'四端'何为以知为后?"曰:"孟子只循环说。智本来是藏仁礼义,惟是知恁地了方恁地,是仁礼义都藏在智里面。如元亨利贞,贞是智,贞却藏元亨利意思在里面。如春夏秋冬,冬是智,冬却藏春生、夏长、秋成意思在里面。且如冬伏藏,都似不见,到一阳初动,这生意方从中出,也未发露,十二月也未尽发露,只管养在这里,到春方发生,到夏一齐都长,秋渐成渐藏,冬依旧都收藏了。只是'大明终始',亦见得无终安得有始!所以易言'先王以至日闭关,商旅不行,后不省方'。"贺孙。

○ 恻隐、羞恶、辞让、是非,情也。仁、义、礼、智,性也。心,统性情者也。端,绪也。因情之发露而后性之本然者可得而见。季札。

○ 四端本诸人心，皆因所寓而后发见。〔季札。〕

○ 问："'四端'之'端'，集解以为端绪。向见蔡丈季通说'端乃尾'，如何？"曰："以体、用言之，有体而后有用，故端亦可谓之尾。若以终言之，则四端是始发处，故亦可以端绪言之。二说各有所指，自不相碍也。"广。

○ "四端未是尽，所以只谓之端。然四端八个字，每字是一意：'恻'是恻然有此念起；'隐'是恻然之后隐痛，比恻是深；'羞'者，羞己之非；'恶'者，恶人之恶；'辞'者，辞己之物；'让'者，让与他人；'是'、'非'自是两样分明。但'仁'是总名。若说仁义便如阴阳，若说四端便如四时，若分四端，八字便如八节。"又曰："天地只是一气，便自分阴阳，缘有阴阳二气相感，化生万物，故事物未尝无对。天便对地，生便对死，语默动静皆然，以其种如此故也。所以四端只举仁义言，亦如阴阳。故曰：'立天之道曰阴与阳，立人之道曰仁与义。'"明作。

○ 王丈说："孟子'恻隐之心'一段论心不论性。"曰："心性只是一个物事，离不得。孟子说四端处最好看。恻隐是情，恻隐之心是心，仁是性，三者相因。横渠云'心统性情'，此说极好。"闳祖。

○ 仁义礼智，性也。且言有此理。至恻隐、羞恶、辞逊、是非，始谓之心。德明。

○ "四端是理之发，七情是气之发。"问："看得来，如喜怒爱恶欲，却似近仁义。"曰："固有相似处。"广。

○ 王德修解四端，谓和静言："此只言心不言性。如'操则存，舍则亡，出入无时，莫知其乡'，亦只是言心。"曰："固是言心。毕竟那仁、义、礼、智是甚物？仁、义、礼、智是性，端便是情。才说一个'心'字，便是着性情。果判然是二截，如何？〔此处疑有阙误。〕"德修曰："固是'心统性情'，孟子于此只是说心。"文蔚。

○ 道夫问："'人皆有不忍人之心'一章，前面专说不忍之心，后面兼说四端，亦是仁包四者否？"曰："然。"道夫。

○ 问："仁得之最先，盖言仁具礼智义。"曰："先有是生理，三者由是推之。"可学。

○ 问："仁是天地之生气，义礼智又于其中分别。然其初只有生气，故为全体。"曰："然。"问："肃杀之气亦只是生气？"曰："不是二物，只是敛些。春夏秋冬亦只是一气。"可学。

○ 蜚卿问："仁恐是生生不已之意。人唯为私意所汩，故生意不得流行。克去己私则全体大用，无往而不流行矣。"曰："此是众人公共说底，毕竟紧要处不知如何。今要见'仁'字意思，须将仁、义、礼、智四者共看，便见'仁'字分明。如何是义，如何是礼，如何是智，如何是仁，便'仁'字自分明。若只看'仁'字，越看越不出。"曰："'仁'字恐只是生意，故其发而为恻隐，为羞恶，为辞逊，为是非。"先生曰："且只得就'恻隐'字上看。"道夫问："先生尝说'仁'字就初处看，只是乍见孺子入井，而怵惕恻隐之心盖有不期然而然，便是初处否？"曰："恁地靠着也不得。大抵人之德性上有此四者意思，仁便是个温和底意思，义便是惨烈刚断底意思，礼便是宣著发挥底意思，智便是个收敛无痕迹意思。性中有此四者，圣门却只以求仁为急者，缘仁却是四者之先。若常存得温厚底意思在这里,到宣著发挥时便自然会宣著发挥,到刚断时便自然会刚断,到收敛时便自然会收敛。若将别个做主,便都对副不着了。此仁之所以包四者也。"问:"仁即性,则'性'字可以言仁否?"曰:"性纯是性,如人身,仁是左手,礼是右手,义是左脚,智是右脚。"蜚卿问:"仁包得四者,谓手能包四支可乎?"曰:"且是譬喻如此。手固不能包四支,然人言手足亦须先手而后足,言左右亦须先左而后右。"直卿问:"此恐如五行之木,若不是先有个木,便亦自生下面四个不得。"曰:"若无木便无火,无火便无土,无土便无金,无金便无水。"道夫问:"向闻先生语学者'五行不是相〔生〕,合下有时都有',如何?"曰:"此难说,若会得底便自然不相悖,唤做一齐有也得,唤做相生也得。便虽不是相生,他气亦自相灌注。如人五脏,固不曾有先后,但其灌注时自有次序。"久之,又曰:"'仁'字如人酿酒,酒方微发时带些温气便是仁,到发得极热时便是礼,到得熟时便是义,到得成酒后却只与水一般便是智。又如一日之间,早间天气清明便是仁,午间极热时便是礼,晚下渐凉便是义,到夜半全然收敛无些形迹时便是智。只如此看,甚分明。"道夫。

○ 恻隐是个脑子,羞恶、辞逊、是非须从这里发来。若非恻隐,三者俱是死物了。恻隐之心通贯此三者。赐。

○ 得此生意以有生,然后有礼、义、智、信。以先后言之则仁为先,以大小言之则仁为大。闳祖。

○ 问:"元亨利贞有次第,仁义礼智因发而感则无次第。"曰:"发时无次第,生时有次第。"公晦。

○ 问:"向蒙戒喻,说仁意思云:'义礼智信上着不得,又须见义礼智信上少不得，方见得仁统五常之意。'大雅今以树为喻：夫树之根固有生气，然贯彻首尾，岂可谓干与枝、花与叶无生气也?"曰："固然。只如四时，春为仁，有个生意在。夏则见其有个亨通意在，秋则见其有个成实意在，冬则见其有个贞固意在。夏秋冬，生意何尝息！木虽雕零，生意如常存。大抵天地间只一理，随其到处分许多名字出来。四者于五行各有配，惟信配土，以见仁义礼智实有此理，不是虚说。又如乾四德，元最重，其次贞亦重，以明终始之义。非元则无以生，非贞则无以终，非终则无以为始，不始则不能成终矣。如此循环无穷，此所谓'大明终始'也。"大雅。

○　直卿云："圣贤言仁有敷体而言者，有包体、用而言者。"先生曰："仁对义、礼、智言之则为体，专言之则兼体、用。此等处须人人自看，如何一一说得。日日将来看，久后须会见得。"公晦。

○　因说仁、义、智之别，曰："譬如一个物，自然有四界，而仁则又周贯。且以四端言之，其间又自有小界限，各各是两件事。恻是恻然发动处，隐是渐渐及着隐痛处，羞是羞己之非，恶是恶己之人恶，辞是辞之于己，逊是逊之于人，是、非固是两端。"雉。

○　四端，四德。逐一言之则各自为界限，分言之则仁义又是一大界限，故曰："仁，人心也；义，人路也。"如乾文言既曰"四德"，又曰："乾元者，始而亨者也；利贞者，性情也。"文蔚。

○　贺孙问："四端之根于心，觉得一者才动，三者亦自次第而见。"曰："这四个界限自分明。然亦有随事相连而见者，如事亲孝是爱之理，才孝便能敬兄，便是义。"问："有节文便是礼，知其所以然便是智。"曰："然。"问："据看来多是相连而至者，如恻隐于所伤，便恶于其所以伤，这是仁带义意思；恶于其所以伤，便须惜其本来之未尝伤，这是义带仁意思。"曰："也是如此。尝思之，**孟子**发明'四端'乃**孔子**所未发。人只道**孟子**有辟**杨墨**之功，殊不知他就人心上发明大功如此。看来此说那时若行，**杨墨**亦不攻而自退。辟**杨墨**是扞边境之功，发明'四端'是安社稷之功。若常体认得来，所谓活泼泼地真个是活泼泼地！"贺孙。

○ "仁有两般，有作为底，有自然底。看来人之生便自然如此，不待作为。如说父子欲其亲，君臣欲其义，是他自会如此，不待欲也。父子自会亲，君臣自会义，既自会恁地便活泼泼地，便是仁。"因举手中扇云："只如摇扇，热时人自会摇，不是欲其摇。**孟子**说'乍见孺子入井时皆有怵惕恻隐之心'，最亲切。人心自是会如此，不是内交、要誉方如此。大凡人心中皆有仁、义、礼、智，然元只是一物，发用出来自然成四派。如破梨相似，破开成四片。如东对着西便有南北相对，仁对着义便（是）〔有〕礼、智相对。以一岁言之便有寒暑，以气言之便有春夏秋冬，以五行言之便有金木水火土。且如阴阳之间尽有次第。大寒后不成便热，须是且做个春温，渐次到热田地。大热后不成便寒，须是且做个秋凉，渐次到寒底田地。所以仁、义、礼、智自成四派，各有界限。仁流行到那田地时，义处便成义，礼、智处便成礼、智。且如万物收藏，何尝休了，都有生意在里面。如谷种、桃仁、杏仁之类，种着便生，不是死物，所以名之曰'仁'，见得都是生意。如春之生物，夏是生物之盛，秋是生意渐渐收敛，冬是生意收藏。"又曰："春夏是行进去，秋冬退后去。正如人呵气，呵出时便热，吸入时便冷。"明作。

○ **万正**（纯）〔淳〕言："性之四端迭为宾主。然仁智，其总统也。'恭而无礼则劳'是以礼为主也，'君子义以为质'是以义为主也。盖四德未尝相离，遇事则迭见层出，要在人默而识之。"答曰："说得是。"大雅。

○ 问:"仁、义、礼、智四者皆一理。举仁则义礼在其中,举义与礼则亦然。如中庸言'舜其大智也欤',其下乃云'好察迩言,隐恶而扬善',谓之仁亦可;'执其两端,用其中于民',谓之义亦可。然统言之,只是发明'智'字。故理只是一理,圣人特于盛处发明之尔。"曰:"理固是一贯,谓之一理则又必疑其多。自一理散为万事,则灿然有条而不可乱,逐事自有一理,逐物自有一名,各有攸当,但当观当理与不当理耳。既当理后又何必就上更生疑!"大雅。

○ 问:"孟子说仁义礼智,义在第二。太极图以义配利,则在第三。"曰:"〔礼是阳,故曰亨。〕仁义礼智犹言东西南北,元亨利贞犹言东南西北。一个是对说,一个是从一边说起。"夔孙。

○ "仁与义相拗,礼与智相拗。"问云:"须是'仁之至,义之尽'方无一偏之病。"曰:"虽然如此,仁之至自是仁之至,义之尽自是义之尽。舜之于象便能如此,'封之有庳,富贵之也'便是仁之至,'使吏治其国而纳其贡赋'便是义之尽。后世如景帝之于梁王,始则纵之太过,不得谓之仁;后又窘治之甚峻,义又失之。皆不足道。唐明皇于诸王为长枕大衾,虽甚亲爱,亦是无以限制之,无足观者。"

○ 刘居之问"人皆有不忍人之心"一节。曰:"'恻隐之心,仁之端也。'乍见孺子入井,此只是一件事。仁之端只是仁萌芽处,如羞恶、辞逊、是非方是义、礼、智之萌芽处。要得推广充满得自家本然之量,不特是孺子入井便恁地,其他事皆恁地。如羞恶、辞逊、是非,不特于一件事上恁地,要事事皆然,方是充满慊足、无少欠阙也。'知皆广而充之矣','知'方且是知得如此。至说到'苟能充之足以保四海'即掉了'广'字，只说'充'字。盖'知'字与'始燃'、'始达'字相应，'充'字与'保四海'相应。才知得便自不能已，若火始燃便不可遏，泉才达便涓涓流而不绝。"<u>时举</u>。

○ <u>至</u>问："'凡有四端于我者，知皆扩而充之矣'，莫是知得了方能广而充之否？"曰："'知皆广而充之'，即是苟能知去广充，则此道渐渐生长，'如火之始燃，泉之始达'。中间'矣'字，文意不断。'充'是满其本然之量，却就上有'广'字，则是方知去推广，要充满他，所以'如火之始然，泉之始达'。"

○ 问："'知皆广而充之矣'，'知'字是重字还是轻字？"曰："不能广充者正为不知，都只是冷过了。若能知而广充，其势甚顺，如乘快马、放下水船相似。"〔<u>文蔚</u>。〕

○ "知皆广而充之"，<u>南轩</u>把"知"做重，文势未有此意。"知"字只带"广充"说。"知皆广而充之"与"苟能充之"句相应，上句是方知去充，下句是真能恁地充。<u>淳</u>。

○ <u>时举</u>问"知皆广而充之"。先生云："上面言'广而充之'是方知要广充，到下面'苟能充之'便掉了个'广'字。盖'充'字是充满得了，如已到地头相似。'广'字是方在个路里相似。"<u>时举</u>。<u>潘植录</u>。

○ 〔<u>刘居之</u>〕问："'知皆广而充之'章两说'充'字，某切未晓。"曰："上只说'知皆广而充之'，只说知得了要推广以充满此心之量。下云'苟能充之足以保四海'，是能充满此心之量。上带'知皆广'字说，下就能充满说。惟广而后能充，能充则不必说广也。"<u>贺孙</u>。

○ 子武问："'四端'须着逐处广充之?"曰："固是。才常常如此推广,少间便自会密、自会阔。到得无间断,少间却自打合作一片去。"木之。

○ 问："如何广充之?"曰："这事恭敬,那事也恭敬,事事恭敬方是。"节。

○ 人于仁、义、礼、智,恻隐、羞恶、辞逊、是非此四者,须当日夕体究,令分晓精确。此四者皆我所固有,其初发时毫毛如也,及推广将去,充满其量,则广大无穷,故孟子曰"知皆广而充之"。且如人有当恻隐而不恻隐,有当羞而不羞、当恶而不恶,有当辞而不辞、当逊而不逊,是其所非、非其所是者,皆是失其本心。此处皆当体察,必有所以然也。此是日用间做工夫处。广。

○ "继之者善,是大哉乾元,万物资始。成之者性,是乾道变化,各正性命。人只有个仁、义、礼、智,四者是一身关纽,其他更无当。于其发处体验广充将去,恻隐、羞恶、是非、辞逊日间时时发动,特人自不广充之耳。"又言："四者时时发动,特看正与不正耳。如暴戾愚狠便是发错了恻隐之心,如苟且无耻便是发错了羞恶之心,含糊不分晓便是发错了是非之心,如一种不逊便是发错了辞逊之心。日间一正一反,无往而非四端之发。"公谨。

○ 周先生季俨同过考亭。周云："在兴化摄学事,因与诸生说得一部孟子。"先生因问："孟子里面大纲目是如何?"答云："要得人充广。恻隐、羞恶,许多固要充广。如说无欲害人,无穿窬之心,亦要充广。"先生曰："人生本来合有许多好底,到得被物遮蔽了,却只把不好处做合着做底事。"周云："看孟子说性只是道顺底是,才逆便不是。"

先生曰："止缘今人做不好事却顺。"因问："孟子以下诸人言性，谁说得庶几?"周云："似乎荀子以为恶，却索性。只荀子有意于救世，故为此说。"先生久之曰："韩公之意，人多看不出。他初便说：'所以为性者五，曰仁、义、礼、知、信；所以为情者七，曰喜、怒、哀、乐、爱、恶、欲。'下方说'三品'。看其初语，岂不知得性善? 他只欠数字便说得出。"黄嵩老云："韩子欠说一个气禀不同。"先生曰："然。他道仁、义、礼、知、信自是了。只说到'三品'，不知是气禀使然，所以说得不尽。"贺孙因云："自孟子说已是欠了下意，所以费无限言语。"先生即举程子之言："'论性不论气，不备；论气不论性，不明。'若如说'性恶'、'性善恶混'，都只说得气。如孟子、韩子之言便是不论气，所以不全。"贺孙。

○ 贺孙问："前日承教，令于日用间体认仁义礼知意思。且如朋友皆异乡人，一旦会聚恩意便自相亲，这可见得爱之理形见处。同门中或有做不好底事，或有不好底人，便自使人恶之，这可见得羞恶之理形见处。每时升堂，尊卑序齿，秩然有序而不乱，这可见得恭敬之理形见处。听先生教诲而能辨别得其是非，这可见得是非之理形见处。凡此四端，时时体认，不使少有间断，便是所谓广充之意否?"曰："如此看得好，这便是寻得路，踏着了。"贺孙。

○ 贺孙问："体认四端广充之意，如朋友相亲，充之而无间断，则贫病必相恤，患难必相死，至于仁民爱物，莫不皆然，则仁之理得矣。如朋友责善，充之而无间断，则见恶如恶恶臭，以至于除残去秽，戢暴禁乱，莫不皆然，则义之理得矣。如尊卑秩序，充之而无间断，则不肯一时安于不正，以至于正天下之大伦，定天下之大分，莫不皆然，则礼之理得矣。如是是非非，充之而无间断，则善恶义利公私之别，截然而不可乱，以至于分别忠佞，亲君子远小人，莫不皆然，则智之理得矣。"曰："只要常常恁地体认。若常常恁地体认，则日用之间匝匝都满，密拶拶地。"问："人心陷溺之久，四端蔽于利欲之私，初用工亦未免间断。"曰："固是。然义理之心才胜，则利欲之念便消。且如恻隐之心胜，则残虐之意自消；羞恶之心胜，则贪冒无耻之意自消；恭敬之心胜，则骄惰之意自消；是非之心胜，则含糊苟且顽冥昏谬之意自消。"贺孙。

○　胡问"广充"之义。曰："'广'是张开，'充'是放满。恻隐之心不是只见孺子时有，事事都如此。今日就一件事上推将去，明日又就第二件事上推将去，渐渐放开，自家及国，自国及天下，至足以保四海处，便是充得尽。"问："广充亦是尽己、推己否？"曰："只是广而充之，那曾有界限处！如手把笔落纸便自成字，不可道手是一样，字又是一样。孺子入井在彼，恻隐之心在我，只是一个物事。不可道孺子入井是他底，恻隐之心是我底。"淳。义刚同。

○　问"推"字与"充"字。曰："'推'是从这里推将去，如'老吾老以及人之老，幼吾幼以及人之幼'，到得'充'则填得来满了。如注水相似，推是注下水去，充则注得这一器满了。盖仁义之性本自充塞天地，若自家不能广充，则无缘得这个壳子满，只是个空壳子。"又曰："充是占得这地位满，推是推向前去。"偰。

○　问："推四端而行，亦无欠阙。"答曰："无欠阙。只恐交加了，合恻隐底不恻隐，合羞恶底不羞恶，是是非非交加了。四端本是对着他后流出来，恐不对窠臼子。"节问："不对窠臼子，莫是为私意隔了？"答曰："也是私意，也是不晓。"节又问："恭敬却无当不当？"答曰："此人不当拜他，自家也去拜他，便不是。"节。

○ 四端皆是人心发出。恻隐是说本爱，爱则是说仁。如见孺子将入井而救之，此心只是爱这孺子。恻隐元在这心里面，被外面事触起。羞恶、辞逊、是非亦然。移物便是从此四者推将去，要知在里面甚底物事。赐。

○ 问："推四端，无出乎守。"曰："学者须见得守底是甚底物事。人只是一个心，识得个心卓然在这里无走作，虽不守亦自在，学者且恁地守将去。"赐。

○ 问孟子"知皆广而充之矣，若火之始燃"至"以事父母"。曰："此心之量本足以包括天地、兼利万物。只是人自不去〔充满其量，所以推不去。或能推之于一家而不能〕推之于一国，或能推之于一国而不足以及天下，此皆是未尽其本然之量。须是充满其量，自然足以保四海。"僩。

○ 或问："性中只有四端，信是如何？"曰："且如恻隐、羞恶实是恻隐、羞恶，便信在其中。"祖道。

○ 问："四端不言信，周子谓'五性动而善恶分'，如信之未发时如何，已发时如何？"曰："如恻隐真个恻隐，羞恶真个羞恶，此便是信。"曰："此却是已发时方有这信。"曰："其中真个实有此理。"〔赐。〕

○ 节问："四端便是明德？"曰："此是大者节目。"问："'明明德'只是广充得他去？"曰："不昏着他。"节。

○ 孟子四端处极好思索玩味，只反身而自验其明昧深浅如何。升卿。

○　子细看孟子说四端处两段，未发明一段处意思便与发明底同，又不是安排，须是本源有方发得出来。着实见得皆是当为底道理，又不是外面事如此。知得果性善便有宾有主有轻有重，又要心为主，把得定，人欲自然没安顿处。孟子言"仁人心也"一段，两句下只说心。祖道。

○　"恻隐、羞恶是仁义之端。恻隐自是情，仁自是性，即是这道理。仁本难说，中间却是爱之理，发出来方有恻隐；义却是羞恶之理，发出来方有羞恶；礼却是辞逊之理，发出来方有辞逊；智却是是非之理，发出来方有是非。仁、义、礼、智是未发底道理，恻隐、羞恶、辞逊、是非是已发底端倪。如桃仁、杏仁是仁，到得萌芽却是恻隐。"又曰："分别得界限了，更须日用常自体认，看仁、义、礼、智意思是如何。"又曰："如今只因孟子所说恻隐之端可以识得仁意思，因说羞恶之端可以识得义意思，因说恭敬之端可以识得礼意思，因说是非之端可以识得智意思。缘是仁义礼智本体自无形影，要捉摸不着，一作"得"。只得将他发动处看，却自见得。恰如有这般儿子便知得是这样母。程子云'以其恻隐，知其有仁'，此八字说得最亲切分明。也不道恻隐便是仁，〔又〕不道掉了恻隐别取一个物事说仁。譬如草木之萌芽，可以因萌芽知得他下面有根。也不道萌芽便是根，又不道掉了萌芽别取一个根。"又曰："孟子说性不曾说着（情）〔性〕，只说'乃若其情则可以为善'，看得情善则性之善可知。"又曰："恻隐羞恶多是因逆其理而见。为其所可伤，这里恻隐之端便动；惟有所可恶，这里羞恶之端便动。若是事亲从兄，又是自然顺处见之。"又曰："人须广而充之。人谁无恻隐，只是不能常如此。能常如此，便似孟子说'火之始燃，泉之始达，苟能充之足以保四海'。若不能常如此，恰似〔火相似，自去打灭了；〕水相似，自去淤塞了；如草木之萌芽相似，自去踏折了。便死了，更无生意。"又曰："孟子云'仁义礼智根于心'，'心统性情'，故说心亦得。"贺孙。

以下集义。

○ 孟子曰"凡有四端于我者，知皆广而充之"，只是要广而充之。而今四端之发甚有不整齐处，有恻隐处，有合恻隐而不恻隐处；有羞恶处，又有合羞恶而不羞恶处。且如齐宣不忍于一牛而却不爱百姓；呼尔之食则知恶而弗受，至于万钟之禄，则不辨礼义而受之。而今只要就这处理会。夔孙。

○ 问："孟子以四端属诸心，二程以四端属诸情，何也？"曰："心包性情者也。自其动者言之，虽谓之情亦可也。"人杰。

○ 四端，伊川云"圣人无端，故不见其心"。今按：书中止云："复非天地心，复则见天地心。圣人无复，故未尝见其心。"今云"无端"，义亦不通。恐误。闳祖。

○ 黄景申嵩老问："仁兼四端意思理会不透。"曰："谢上蔡见明道先生，举史文成诵，明道谓其'玩物丧志'。上蔡汗流浃背，面发赤色，明道云：'此便见得恻隐之心。'公且道上蔡闻得过失，恁地惭皇，自是羞恶之心，如何却说道'见得恻隐之心'？公试思。"久之，先生曰："惟是有恻隐之心方会动，若无恻隐之心却不会动。惟是先动方始有羞恶，方始有恭敬，方始有是非。动处便是恻隐。若不会动却不成人。若不从动处发出，所谓羞恶者非羞恶，所谓恭敬者非恭敬，所谓是非者非是非。天地生生之理，这些动意未尝止息，看如何梏亡亦未尝尽消灭，自是有时而动。学者只怕间断了。"贺孙。

○ 节问："何谓恻隐？"答曰："恻，恻然也。隐，痛也。"节又问："明道先生以上蔡面赤为恻隐之心，何也？"答曰："指其动处而言之只是羞恶之心，然恻隐之心必须动则方有羞恶之心。如肃然恭敬，其中必动。羞恶、恭敬、是非之心皆自仁中出，故仁专言则包四者，是个带子。无仁则痹麻死了，安有羞恶、恭敬、是非之心！仁则有知觉，痒痛则觉得，痛痒虽不同，其觉则一也。"节又问："若指动言仁则近禅。"曰："这个如何占得断。是天下公共底。释氏也窥见些子，只是他只知得这个，合恻隐底不恻隐，合羞恶底不羞恶，合恭敬底不恭敬。"节又问曰："他却无恻隐、羞恶、恭敬、是非？"曰："然。"芝。

○ 仁言恻隐之端，程云"端如水之动处"。盖水平静则不见其动，流〔到滩石之地，有以触之，则其势必动，动则有可见之端。如仁之体存之于心，〕爱亲敬兄皆是此心本然，初无可见。及其发而接物，有所感动，此心恻然，所以可见。如怵惕于孺子入井之类是也。卓。按，集义不见程说。

孟子曰矢人岂不仁于函人章

○ 问："'仁，天之尊爵。'先生（曰解）〔解曰〕'仁者，天地生物之心，得之最先而兼统四者，所谓元者善之长也'。如何是得之最先？"曰："人得那生底道理，所谓'心，生道'也。有是形，斯与是形以生也。"广。

孟子曰子路人告之有过则喜章

○ 道夫问："'是与人为善'，当其取人之际莫未有助之之意否？"曰："然。"曰："三者本意似只是取人，但有浅深。而'与人为善'，乃是<u>孟子</u>再叠一意以发明之否?"曰:"然。"

○ "与人为善",盖<u>舜</u>不私己,如为人为此善一般。<u>升卿</u>。

孟子曰伯夷非其君不事章

○ <u>至</u>问:"'进不隐贤,必以其道',集注云'"进不隐贤",不枉道也',似少字。"曰:"'进不隐贤'便是'必以其道'。人有所见,不肯尽发出,尚有所藏,便是枉道。"<u>至</u>云:"寻常看此二句,只云进虽不敢自隐其贤,凡有所蕴皆乐于发用,然而却不妄进。二句做两意看。"曰:"恁地看也得。"

○ 问"进不隐贤,必以其道"。曰:"'不隐贤'谓不隐避其贤,如己当廉却以利自污,己当勇却以怯自处之类,乃是枉道也。"又问:"所以不解作'不蔽贤',谓其下文'必以其道'。若作不蔽贤说,则下文不同矣。"曰:"然。"<u>人杰</u>。

○ <u>伯夷</u>"不屑就已",注云:"屑,洁也,洁犹美也。苟以其辞命礼意之美而就之,是切切于是也。"然<u>伯夷</u>"虽有善其辞命而至者"亦不肯就,而况不道而无礼者,固速去之矣。世之所谓清者,不就恶人耳。若〔善〕辞令而来者,固有时而就之。惟<u>伯夷</u>不然,此其所以为圣之清也。<u>柳下惠</u>不屑之意亦然。<u>夷</u>隘,<u>惠</u>不恭,不必言效之而不至者,其弊乃如此。只二子所为已有此弊矣。<u>佥</u>。

○ 问:"'<u>柳下惠</u>不恭',是待人不恭否?"曰:"是他玩世,不把人做人看,如'袒裼裸裎于我侧'是已。<u>邵尧夫</u>正是这意思,如皇极经世书成，封做一卷，题云：'文字上呈尧夫。''不屑去'，说文说'屑'字作：'动作切切。'只是不汲汲于就，不汲汲于去。'屑'字却是重。"詧。

○　问："'伯夷隘，柳下惠不恭'，莫是后来之弊至此否？"曰："伯夷自是有隘处，柳下惠自是有不恭处。且如'虽袒裼裸裎于我侧'，分明是不将做人看了。"去伪。人杰同。

○　或问："孟子曰'伯夷隘，柳下惠不恭，隘与不恭，君子不由也'。明道云：'此非瑕疵夷惠之语，言其弊必至于此。'今观伯夷与恶人处，'如以朝衣朝冠坐于涂炭'，则伯夷果似隘者。柳下惠'虽袒裼裸裎于我侧，尔焉能浼我哉'，柳下惠果似不恭者。岂得谓其弊必至于此哉？"曰："伯夷既清，必有隘处；柳下惠既和，必有不恭处。道理自是如此。孟子恐后人以隘为清，以不恭处为和，故曰'隘与不恭，君子不由也'。"去伪。周公谨同。

朱子语类卷第五十四
孟子四

公孙丑下

孟子曰天时不如地利章

○　"孤虚"以方位言，如俗言向某方利、某方不利之类。"王相"指日时。<u>孟子注</u>。<u>僩</u>。

孟子将朝王章

○　"<u>孟子</u>亦辞以疾，莫是以<u>齐王</u>不合托疾否？"曰："未论<u>齐王</u>托疾，看<u>孟子</u>意只说他不合来召。盖在他国时，诸侯无越境之理，只得以币来聘，故贤者受其币而往见之，所谓答礼行义是也。如见<u>梁</u>是也，是<u>惠王</u>先来聘之。既至其国，或为宾师，有事则王自来见，或自往见王，但召之则不可。召之则有自尊之意，故不往见也。答<u>陈代</u>'如不待其招而往，何哉'，此以在他国而言；答<u>万章</u>'天子不召师〔，而况诸侯乎〕'，此以在其国而言。"<u>僩</u>。

○ "夫岂不义而曾子言之",文势似"使管子而愚人也,则可"。若是义理不是,则曾子岂肯恁地说!

孟子之平陆章

○ "左传'邑有先君之主曰"都"'。看得来古之王者尝为都处便自有庙。如周时太王庙在岐,文王庙在丰是也。如武王祭太王则于岐,祭文王则于丰。'王朝步自周至于丰',是自镐至丰以告文王庙也。又如晋献公使申生祭于曲沃,武公虽自曲沃入晋,而其先君之庙则仍在曲沃而不徙也。又如鲁祖文王,郑祖厉王,则诸侯祖天子矣。三(威)〔桓〕祖(威)〔桓〕公,则大夫祖诸侯矣。故礼运曰:'诸侯不得祖天子,大夫不得祖诸侯。公庙之设私家,非礼也,自三桓始也。'是三桓各立桓公庙于其邑也。"又问:"汉原庙如何?"曰:"原,再也,如'原蚕'之'原'。谓既有庙而再立一庙。如本朝既有太祖庙又有景灵宫也。"又问:"此于礼当否?"曰:"非礼也。〔贺孙云:"问:'郡国有原庙否?'曰:'行幸处有之,然皆非礼也。'"〕然以洛邑有文武庙言之,则似周亦有两庙。"又问:"原庙之制如何?"曰:"史记'月出衣冠游之',谓藏高帝之衣冠于其中,月一取其衣冠出游于国中也。古之庙制,前庙后寝,寝所以藏亡者之衣冠。故周礼:'守祧,掌守先王、先公之庙;祧,其遗衣服藏焉。'到汉时又却移寝于陵下,所谓'陵寝'也,故汉明帝于原陵见太后镜奁中物而悲哀也。蔡邕因明帝之事谓:'上陵亦古之礼,明犹有古之余意。'然此等议论,皆是他讲学不明之故,他只是偶见明帝之事,故为是说。然何不使人君移此意于宗庙中耶?"又曰:"'王之为都'又恐是周礼所谓'都鄙'之'都'。周礼'四县为都'。"广。按贺孙录同,有详略。今附云:"正淳问:"'凡邑有先君之庙曰都',春秋之国,其都不一,则是其庙亦不一。如何?'曰:'古人之庙不迁。如太王之庙在岐,文王之庙在丰,武王之庙在镐。如武王祭太王则于歧祭之，祭文王则于丰祭之。镐京却无二王之庙。又如晋献公遣申生祭齐姜于曲沃，则自其始封，其庙犹不徙也。'"

孟子为卿于齐章

○　问："孟子宾师之礼如何？"曰："当时有所谓客卿者是也。大概尊礼之而不居职任事，召之则不往，又却为使出吊于滕。"木之。

沈同以其私问章

○　孟子答沈同伐燕一章诚为未尽。"何以异于是"之下，合更说是吊民伐罪、不行残虐之主方可以伐之，如此乃善。又孟子居齐许久，伐燕之事必亲见之，齐王乃无一语谋于孟子，而孟子亦无一语谏之，何也？想得孟子亦必以伐之为是，但不意齐师之暴虐耳。不然，齐有一大事如此而齐王不相谋，孟子岂可更居齐耶！史记云："邹人孟轲劝齐王伐燕云：'此汤武之举也。'"想承此误，然亦有不可晓者。佪。

○　"劝齐伐燕如何？"曰："孟子言伐燕处〔有四〕，须合而观之。燕之父子君臣如此，固有可伐之理。然孟子不曾教齐不伐，亦不曾教齐必伐，但曰'为天吏则可以伐之'。"又曰："'若杀其父兄，系累其子弟'，则非孟子意也。"谟。去伪同。

燕人畔章

○　淳问："周公诛管蔡，自公义言之，其心固正大直截；自私恩言之，其情终有不自满处。所以孟子谓'周公之过，不亦宜乎'者以此。"先生曰："是也。〔但〕他岂得已为此哉！莫到恁地较好。看周公当初做这一事也大段疏脱，本是怕武庚叛，所以遣管叔、蔡叔、霍叔去监他，为其至亲可恃，不知他反去与那武庚同作一党。周公当时亦看兄弟不过，又被武庚日夜来搔他，谓周公欲篡为天子，汝是兄，今只恁地。武庚亦是狡猾。管叔为他说摇动，性急便发。"李文卿问："是时可调护莫杀否？"先生曰："他已叛，只得杀，如何调护得！蔡叔、霍叔性较慢，罪较轻，所以只囚于郭邻，降于庶人。想见当时被管叔做出这事来后，骚动许多百姓，想见也怕人。'鸱鸮鸱鸮，既取我子，无毁我室'，便是当时也被他害得猛。如常棣一诗，乃后来制礼作乐时作，〔这是先被他害，所以当天下平定后更作此诗，〕故其辞独哀，却不似诸诗恁地和平。"黄问："周公也岂不知管叔恁地狡猾？但当时于义也不得不封他。"先生曰："而今看时但不是狡狯，只是呆（了）〔子〕。"淳。黄义刚同。

孟子去齐章

○　陈希真问："孟子去齐处，集注引李氏说'"忧则违之"，而荷蒉所以为果'，如何？"曰："孟子与荷蒉皆是'忧则违之'。但荷蒉果于去，不若孟子'迟迟吾行'。盖得时行道者，圣人之本心；不遇而去者，圣人之不得已。此与孔子去鲁之心同。盖圣贤忧世济时之心，诚非若荷蒉之果于去也。"铢。

孟子去齐章充虞

○　敬之问："'夫天未欲平治天下'，明道云：'是有所受命之辞。

"天之未丧斯文也，匡人其如予何"是圣人自做了天事。孟子是论世之盛衰、己之去就，故听之于天。孔子云道之兴丧自应以已任之.'未审程说如何?"曰："不消如此看。明道这说话固是说未尽。如孔子云'天之将丧斯文'、'天之未丧斯文'，看此语也只看天如何。只是要紧不在此处，要紧是看圣贤所以出处大节。"贺孙。

孟子去齐居休章

○ 沙随谓："'继而有师命'，乃师友之'师'，非师旅也。正齐王欲'授孟子室，养弟子以万钟，使诸大夫国人皆有所矜式'时事。"先生曰："旧已有此说。但欲（受）〔授〕孟子室乃孟子辞去时事，所谓'于崇吾得见王'，则初见齐王时事。以此考之，则师旅为当。"道夫。

朱子语类卷第五十五
孟子五

滕文公上（下）

滕文公为世子章

○ "孟子道性善"，其发于外也必善无恶。恶非性也，性不恶矣。芝。

○ 问："孟子言性，何必于其已发处言之?"曰："未发是性，已发是善。"可学。

○ 问："'孟子道性善'，不曾说气禀去。"曰："孟子也不曾量到这里，但说本性善，失却这一节。"又问气禀。曰："是偶然相值着，非是有安排等待。"又问："性天生聪明，又似不偶然。"先生曰："便是先来说主宰底一般。忽生得个人恁地，便是要他出来作君、作师。书中多说'聪明'，盖一个说白，一个说黑，若不是聪明底，如何遏伏得他众人？所以中庸亦云：'惟天下之至圣，为能聪明睿智，足以有临。'且莫说圣贤，只如汉之高祖、光武，唐之宪宗、武宗，他更自了得。某尝说韩退之可怜，宪宗也自知他，只因佛骨一事忤意，未一年而宪宗死亦便休了，盖只有宪宗会用得他。"〔池录作"宪宗也会用人"。〕或曰："用李绛亦如此。"先生曰："宪宗初年许多伎俩是李绛教他，绛本传说得详。然绛自有一书名论事记，记得更详，如李德裕献替录之类。"夔孙。

○ 问："孟子只言'性善'，系辞却言'一阴一阳之谓道，继之者善，成之者性也'。如此则性与善却是二事?"曰："一阴一阳是总名。'继之者善'是二气五行事，'成之者性'是气化后事。"谟。

○ 黄仁卿问："'性善'之'（善）〔性〕'与'尧舜性之'之'性'，如何?"曰："'性善'之'性'字实，'性之'之'性'字虚。'性之'只是合下禀得，合下便把来受用。"又曰："'反之'，是先失着了，反之而后得。'身之'是把来身上做起。"芼。

○ 人性无不善。虽桀、纣之为穷凶极恶，也知此事是恶。〔但则是我要〕恁地做不奈何，此便是人欲夺了。铢。

○ 可学问："反其性如何?"曰："只吾友会道个反时，此便是天性，只就此充之，别无道理。滕文公才问孟子，孟子便道'性善'。自今观之，岂不躐等? 不知此乃是自家屋里物，有甚过当! 既立得性了，则每事点检，视事之来，是者从之，非者违之。此下文甚长，且于根本上用工夫，既尚留此，更宜审观自见。"可学。

○ 性善，故人皆可为尧舜。"必称尧舜"，所以验性善之实。德明。

○ "孟子道性善，言必称尧舜"，须看因何理会个性善作甚底? 赐。

○　刘栋问："'孟子道性善，言必称尧舜'，人未能便至于尧舜也，而孟子言必称之，何也?"曰："'道性善'与'称尧舜'，二句正相表里。盖人之所以不至于尧舜者，是他力量不至，固无可奈何。然人须当以尧舜为法（也），〔如〕射者之于的，箭箭皆欲其中。其不中者，其技艺未精也。人到得尧舜地位，方做得一个人无所欠阙，然也只是本分事，这便是'止于至善'。"道夫。

○　李仲实问："'性善'，注云：'惟尧舜为能无物欲之蔽而充其性。'人盖有恬于嗜欲而不能充其性者，何故?"曰："不蔽于彼则蔽于此，不蔽于此则蔽于彼，毕竟须有蔽处。物欲亦有多少般！如白日须是云遮方不见，若无云，岂应不见耶！此等处紧要在'性'字上，今且合思量如何是性？在我为何物？反求吾心有蔽无蔽？能充不能充？不必论尧如何、舜又如何，如此方是读书。"闳祖。

○　符舜功问："滕世子从孟子言，何故后来不济事?"曰："亦是信不笃。如自（宋）〔楚〕反，复问孟子，孟子已知之，曰：'世子疑吾言乎?'则是知性不的。他当时地步狭，本难做；又识见卑，未尝立定得志。且如许行之术至浅下，且延之，举此可见。"可学。

○　问"世子自楚反，复见孟子"章集注。曰："大概是如此。孟子七篇论性处，只此一处较说得尽。须是日日认一过，只是要熟。"又曰："程子说才与孟子说才自不同，然不相妨。须是子细看始得。"贺孙。

○　道夫问："'滕世子见孟子，孟子道性善'一章集注已详尽，但中间所载三子之事，成覸则若参较彼己，颜子则知圣学之必可至，公明仪则笃信好学者也。三者虽有浅深，要之皆是尚志。"曰："也略有个浅深。恁地看文字且须看他大意。"又曰："大抵看文字，不恁地子细分别出来，又却鹘突；到恁地细碎分别得出来后，不曾看得大节目处，又只是在落草处寻。"道夫曰："这般紧要节目其初在'道性善'，其中在'夫道一而已矣'，其终在'若药不瞑眩，厥疾弗瘳'。"先生曰："然。"道夫。

○　（今）〔令〕学者思"文王我师也，周公岂欺我哉"，闳祖云："上一句恐是周公之言，公明仪举之而曰'周公岂欺我哉'，言文王真我师也。"先生曰："某亦疑是如此。"遂更集注云。闳祖。

○　问："孟子初教滕文公如此似好。后来便只恁休了，是如何？"曰："滕国小，绝长补短止五十里，不过如今之一乡。然孟子与他说时也只说'犹可以为善国'而已，终不成以所告齐梁之君者告之也。兼又不多时便为宋所灭了。"因言程先生说："孔子为乘田则为乘田，为委吏则为委吏，为司寇则为司寇，无不可者。至孟子则必得宾师之位方能行道，此便是他能大而不能小处。惟圣人则无不遍，大小方圆，无所不可。"又曰："如孟子说'诸侯之礼，吾未之学也'，此亦是讲学之有阙。盖他心量不及圣人之大，故于天下事有包括不尽处。天下道理尽无穷，人要去做又做不办，极力做得一两件又困了。唯是圣人便事事穷到彻底，包括净尽，无有或遗者。"正淳曰："如夏商之礼，孔子皆能言之，却是当时杞宋之国文献不足，不足取以证圣人之言耳。至孟子则曰'吾未之（闻）〔学〕也'而已，'吾闻其略也'而已。"广。

滕定公薨章

○　古宗法，如周公兄弟之为诸侯者，则皆以鲁国为宗。故孟子载滕之父兄百官语曰："吾宗国鲁，先君亦莫之行。"至战国时滕犹称鲁为"宗国"也。广。

滕文公问为国章井田

○ 问："周制，都鄙用助法，八家同井；乡遂用贡法，十夫有沟。乡遂所以不为井者何故？"先生曰："都鄙以四起数，五六家始出一人，故甸出甲士三人、步卒七十二人。乡遂以五起数，家出一人为兵以守卫王畿，役次必简。故周礼惟挽枢则用之，此役之最轻者。"近郊之民，王之内地也。共辇之事职无虚月，追胥之比无时无之，其受廛为民者固与畿外之民异也。七尺之征、六十之舍，王非姑息于〔迹〕〔迨〕民也。远郊之民，王之外地也。其沟洫之治各有司存，野役之起不及其羡，其受廛为氓者固与内地之民异也。六尺之征、六十五之舍，王非荼毒于退民也。园廛二十而一，若轻于近郊也，而草木之毓、夫家之聚不可以扰，扰则不能以宁居，是故二十而税一。漆林二十而五，若重于远郊也，而器用之末作、商贾之资利不可以〔轻〕，轻则必至于忘本，是故二十而五。系近郊、远郊劳逸所系。

○ 贡、助、彻可疑。德明。

○ 因说今日田赋利害，曰："某尝疑孟子所谓'夏后氏五十而贡，殷人七十而助，周人百亩而彻'，恐不解如此。先王疆理天下之初做许多畎沟浍洫之类，大段是费人力了。若是自五十而增为七十，自七十而增为百亩，则田间许多疆理都合更改，恐无是理。孟子当时未必亲见，只是传闻如此，恐亦难尽信也。"广。

○ 孟子说"夏后五十而贡，殷人七十而助，周人百亩而彻"，亦有可疑者。若夏后氏既定"五十而贡"之制，不成商周再分其田，递相增补，岂不大扰！圣人举事恐不如此。如王莽之封国，割某地属某国，至于淮阳太守无民可治，来归京师，此尤可笑。正义引刘氏、皇氏、熊氏说，皆是臆度，迂僻之甚！人杰。

○ "世禄，是食公田之人。"问："邻长、比长之属有禄否？"曰："恐未必有。"问："士者之学如何？"曰："亦农隙而学。""孰与教之？"曰："乡〔池录作"卿"。〕大夫有德行而致其仕者俾教之。"德明。

○ "孟子只把'雨我公田'证周亦有公田，读书亦不必究尽细微。"〔因论永嘉之学于制度名物上致详。〕公谨。

○ "孟子说'汤以七十里，文王以百里'，及其语滕文公，又却只说'有王者起必来取法，是为王者师'，不曾说便可以王。是亦要国大方做得，小底亦不奈何。今且说将百里教尔行王政，尔做从何处起？便是古时圣贤易做，后世圣贤难做。古时只是顺那自然做将去，今大故费力。汉高祖与项羽纷争，五年之间可谓甚窘，欲杀他不能，欲住又不得，费多少心力！想不似当初做亭长时较快活。"顾谓诸公曰："当刘、项纷争时，使汤、武居之当如何？是战好，是不战好？"淳曰："汤、武是仁义素孚于民，人自归服，不待战。"先生曰："秦并天下，尺地一民，皆为己有，何处讨他来行仁政？如何得素孚于民？如高祖皆是起于田里。若使汤、武居此，当如何胜得秦？"淳曰："'以至仁伐不仁'，以至义伐不义，自是胜。"先生曰："如秦可谓不仁不义。当时所谓'更遣长者扶义而西'，亦是仿此意思做，但当时诸侯入关皆被章邯败了。及高祖又设许多诡计诱秦，汉方入得。设使汤、武居之，还亦如此做否？今且做秦是不仁不义可以胜。如项羽纷争许多时，却如何对他？若不与相杀，便被他杀了，若与他相杀，还能不杀人否？当此时是天理，是人欲？汤、武在那时亦须思量个道理与他区处。"淳。

○ 问："滕文公为善，如何行王道不得，只可为后法？"曰："他当时大故展拓不去，只有五十里，如何做得事？看得来渠国亦不甚久便亡。"问："所谓'小国七年'者，非是封建小国，恐是燕韩之类。"曰："然。"可学。

○ "'请野九一而助，国中什一使自赋'，如古注之说如何？"曰："若将周礼一一求合其说则难。此二句大率有周礼制度。野，谓甸、稍、县、都，行九一法。国中什一，以在王城，丰凶易察。"谟。去伪同。

○ 问："圭田，余夫之田，是在公田私田之外否？"先生曰："卿受田六十邑，乃当三百四十井，此外又有'圭田五十亩'也。'余夫二十五亩'乃是十六岁以前所受，在一夫百亩之外也。孟子亦是言大概耳，未必曾见周礼也。"时举。铢同。

有为神农之言章

○ 德修解君民并耕，以为"有体无用"。先生曰："如何是有体无用？这个连体都不是。"德修曰："食岂可无？但以君民并耕而食则不可。〔不成〕因君民不可并耕却不耕。耕食自不可无，此是体。以君民并耕，则无用。"先生曰："'有大人之事，有小人之事'，若是以君民并耕，毕竟体已不是。"文蔚。

○ "排淮泗而注之江。"淮自不与江通，大纲如此说去。谟。

○ 问："'又从而振德之'是施惠之意否？"曰："是。然不是财惠之惠，只是施之以教化，上文匡、直、辅、翼等事是也。彼既自得之，复从而教之。'放勋曰'，'曰'字不当音驲。"螢。

墨者夷之章

○ "夷子以谓'爱无差等，施由亲始'，似知所先后者，其说如何?"曰："人多疑其知所先后，而不知此正是夷子错处。人之有爱本由亲立，推而及物，自有等级。今夷子则以为'爱无差等'而施之则由亲始，此夷子所以二本矣。夷子但以此解厚葬其亲之言，而不知'爱无差等'之为二本也。"谟。去伪同。

○ 亚夫问："'爱无差等，施由亲始'，与'亲亲而仁民，仁民而爱物'相类否?"先生曰："既是'爱无差等'，何故又'施由亲始'?这便是有差等了。然'施由亲始'一句，乃是夷之临时撰出来凑孟子意，却不知'爱无差等'一句已是不是了。他所谓'施由亲始'，便是把'爱无差等'之心施之，然把爱人之心推来爱亲是甚道理!"时举。

○ 问："爱有差等，此所谓一本，盖亲亲、仁民、爱物（是）〔具〕有本末也。所谓'二本'是如何?"曰："'爱无差等'，何止二本?盖千万本也。"退与彦忠论此。彦忠云："爱吾亲又兼爱他人之亲，是二爱并立，故曰'二本'。"德明。

○ 至问："'天之生物一本，而夷子二本。'人只是一父母所生，如木只是一根株。夷子却视他人之亲犹己之亲，如牵彼树根强合此树根。"先生曰："'爱无差等'便是二本。"至曰："'命之矣'，'之'字作夷子名看方成句法，若作虚字看则不成句法。"先生曰："是。"至。

○ 尹氏曰："何以有是差等，一本故也，无伪也。"既是一本，其中便自然有许多差等。二本则二者并立，无差等矣。墨子是也。僩。

滕文公下

陈代问不见诸侯章

○ 问"枉尺直寻"。曰："援天下以道。若枉己便已枉道，则是已失是援天下之具矣，更说甚事！自家身既已坏了，如何直人！"恪。

○ 天下事不可顾利害。凡人做事多要趋利避害，不知才有利必有害。吾虽处得十分利，有害随在背后，不如且就理上求之。孟子曰"如以利言，则（枉尺直寻）〔枉寻直尺而〕利亦可为欤"。且如临难致死，义也。若不明其理而顾利害，则见危死事者反不如偷生苟免之人。"可怜石头城，宁为袁粲死，不作褚渊生"，"民之秉彝"不免磨灭如此，岂不是自然！可学。

○ "齐景公田，招虞人以旌，不至将杀之。"刀锯在前而不避，非其气不馁，如何强得！闳祖。

○ "诡遇"是做人不当做底，"行险"是做人不敢做底。〔方子。〕

公孙衍张仪岂不诚大丈夫章

○ 居者，心之所存。广居，无私意也。才有私意，则一分为二，二分为四，四分为八，只见分小着。立者，身之所处。正位者，当为此官则为此官，当在此则在此。行者，事之所由。大道者，非偏旁之径，荆棘之场。人生只是此三事。芑。

○ 敬之问"居天下之广居，立天下之正位，行天下之大道"。曰："大概只是无些子偏曲。且如此心廓然无一毫私意，直与天地同量，这个便是'居天下之广居'，便是'居仁'。到得自家立身更无些子不当于理，这个便是'立天下之正位'，便是'守礼'。及推而见于事，更无些子不合于义，这个便是行天下之大道，便是'由义'。论上面两句则居广居是体，立正位是用；论下面两句则立正位是体，行大道是用。要知能'居天下之广居'，自然能'立天下之正位，行天下之大道'。"恪。

○ 居之问"居天下之广居，立天下之正位，行天下之大道"。曰："'广居'是廓然大公无私欲之蔽，'正位'是所立处都无差过，'大道'是事事做得合宜。'居'字是就心上说，〔择之云："广居就存心上说。"先生曰："是。"〕'立'字是就身上说，'行'字是就施为上说。"贺孙。

○ 先生答刘居之所问孟子"居天下之广居，立天下之正位，行天下之大道"，云："'广居'是不狭隘，以天下为一家，中国为一人，何广如之！'正位'、'大道'只不是僻曲。'正位'就处身上说，'大道'就处事上说。"择之续云"广居"。植。

○ "居天下之广居，立天下之正位，行天下之大道"，唯集义、养气方到此地位。"富贵不能淫，贫贱不能移，威武不能屈"，以浩然之气对着他便能如此。"彼以其（爵）〔富〕，我以吾仁；彼以其（富）〔爵〕，我以吾义"，"在彼者皆我之所不为也，在我者皆古之制也。吾何畏彼哉"。<u>闳祖</u>。

○　问:"'居广居,立正位,行大道',是浩然之气否?"答曰:
"然。浩然之气须是养,有下工夫处。'居广居'以下,是既有浩然之气
方能如此。"<u>大雅</u>。

公孙丑问曰不见诸侯何义章

○　问:"<u>公孙丑</u>言<u>孟子</u>不见诸侯,何故千里来见<u>梁惠王</u>?"曰:
"以<u>史记</u>考之,此是<u>梁惠王</u>招之而至。其曰'千里而来'者,亦是劳慰
之辞尔。<u>孟子</u>出处必不错了。如平日在诸侯国内,虽不为臣,亦有时去
见他,若(言)诸侯来召,则他便不去。盖<u>孟子</u>以宾师自处,诸侯有谋
则就之。如<u>孟子</u>一日将见王,王不合使人来道:'我本就见,缘有疾,
不可以风,不知可以来见否?'<u>孟子</u>才闻此语,便不肯去。"时坐间有<u>杨
方</u>县丞者,云:"<u>公孙丑</u>,<u>孟子</u>弟子也。弟子称其师不见诸侯,必是其
师寻常如此,所以其见<u>梁惠王</u>亦须有说。但今人不肯便信他说话,只管
信后人言语,所以疑得<u>孟子</u>如此。"<u>谟</u>。

○　<u>孟子</u>之时,君重士,为士者不得不自重,故必待时君致敬尽礼
而后见。自是当时做得个规摹如此定了,如<u>史记</u>中列国之君拥彗先迎之
类。却非是当世轻士而<u>孟子</u>有意于矫之以自高也。_{因说<u>孟子</u>不见诸侯及}
_{此。}<u>侗</u>。

○　<u>至</u>云:"看<u>孟子</u>,见得<u>孟子</u>于辞受取舍进退去就,莫非天理时
中之妙,无一毫人欲之私,无一毫过不及之病。如谓'<u>段干木</u>逾垣而避
之,<u>泄柳</u>闭门而不纳,是皆已甚迫,斯可以见矣','充<u>仲子</u>之操则蚓而

后可'，'谓非其有而取之者盗也，充类至义之尽'。辞曰'闻戒'、'馈
赆'，可受则受之，皆无一〔毫过〕不及，无一毫私意。"先生曰："道
理固是恁地。而今有此事到面前，这道理又却那里安顿?"

○　"'孟子不见诸侯'何义?"曰："孟子入他国中亦有时可见诸
侯，只是诸侯召之则不往见之尔。且如孟子将朝王，王使人来曰：'寡
人如就见者也，有寒疾不可以风，朝将视朝，不识可使寡人得见乎?'
孟子又便对曰：'不幸而有疾，不能造朝。'孟子本待要去见他，才来唤
召，便称疾不肯往，盖孟子以师宾自处，不可召之也。故曰'古者不为
臣不见'，又曰'欲有谋焉则就之'，又曰'迫斯可以见矣'。皆此意
也。"谟。

公都子曰外人皆称夫子好辩章

○　居之问孟子"岂好辩"章。先生令看大意，曰："此段最好看。
看见诸圣贤遭时之变各行其道是这般时节，其所以正救之者是这般样
子，这见得圣贤是甚么样大力量! 恰似天地有阙齾处，得圣贤出来补得
教周全。补得周全后，过得稍（似）〔久〕又不免有阙，又得圣贤出来
补，这见得圣贤是甚力量，直有阖辟乾坤之功。"贺孙。

○　孟子苦死要与杨朱、墨翟辩，是如何? 与他有甚冤恶所以辟
之，浑如不共戴天之雠? "能言距杨墨者，圣人之徒也"，才说道要距杨
墨也，便是圣人之徒。如人逐贼，有人见了自不与捉，这便唤做是贼之
党。贼是人情之所当恶，若说道贼当捉当诛，这便是主人边人；若说道
贼也可捉也可恕，这只唤做贼边人。贺孙。

○ 时举问孟子"好辩"一节。先生云："当时如〔纵横〕刑名之徒，孟子却不管他，盖他只坏得个粗底。若杨墨则害了人心，须着与之辩也。"时举谓："当孟子之时人心不正，趋向不一，非孟子力起而辟之，则圣人之道无自而明。是时真个少孟子不得。"先生曰："孟子于当时只在私下恁地说，所谓杨墨之徒也未怕他。到后世却因其言而知圣人之道为是，知异端之学为非，乃是孟子有功于后世耳。"_{时举。}

○ 因居之看孟子"公都子：人皆称夫子好辩"一章，曰："墨氏'爱无差等'，故视其父如路人。杨氏只理会自己，所谓'修其身而外天下国家'者，故至于无君。要之，杨墨即是逆理，不循理耳。如一株木，顺生向上去是顺理，今一枝乃逆下生来，是逆理也。如水本润下，今洪水乃横流，是逆理也。禹掘地而注之海，乃顺水之性，使之润下而已。暴君'坏宫室以为污池，弃田以为园囿'，民有屋可居，有地可种桑麻，今乃坏而弃之，是逆理也。汤武之举乃是顺理。_{此三句即推先生意，非全语。}如杨墨逆理，无父无君，邪说诬民，仁义充塞，便至于'率兽食人，人相食'。此孟子极力辟之，亦只是顺理而已。"_{此一段多推本先生意，非当时全语。植。}

○ 黄敬之问杨墨。曰："杨墨只是差了些子，其末流遂至于无父无君。（是）〔盖〕杨氏见世间人营营于名利，埋没其身而不自知，故独洁其身以高，如荷蒉、接舆之徒是也。然使人皆如此洁身而自为，则天下事教谁理会？此便是无君也。墨氏见世间人自私自利不能及人，故欲兼天下之人而尽爱之。然不知或有一患难，在君亲则当先救之，在他人则后救之。若君亲与他人不分先后，则待君亲犹他人也，便是无父。此二者之所以为禽兽也。孟子之辩，只缘是放过不得。今人见佛老家说者，或以为其说是胜吾儒之说，或又以为彼虽说得不是，不用管他。此皆是看他不破，故不能与之辩。若真个见得是害人心、乱吾道，岂容不与之辩！所谓孟子好辩者，非好辩也，自是住不得也。"南升。时举录少异。

○ 问："墨氏兼爱，何遽至于无父？"曰："人也只孝得一个父母，那有七手八脚爱得许多！能养其父无阙，则已难矣。想得他之所以养父母者，粗衣粝食必不能堪。盖他既欲兼爱则其爱父母也必疏，其孝也不周至，非无父而何哉！墨子尚俭恶乐，所以说'里号朝歌，墨子回车'。想得是个淡泊枯槁底人，其事父母也可想见。"又问："'率兽食人'，亦深探其弊而极言之，非真有此事也。"曰："不然。即它之道，便能如此。杨氏自是个退步爱身、不理会事底人了，墨氏兼爱又弄得没合杀，使天下伥伥然，必至于大乱而后已，非'率兽食人'而何？如东晋之尚清谈，此便是杨氏之学。杨氏即老庄之道，少间百事废弛，遂启夷狄乱华，其祸岂不惨于洪水猛兽之害！又如梁武帝事佛至于社稷丘墟，亦其验也。如近世王介甫，其学问高妙，出入于老佛之间，其政事欲与尧舜三代争衡。然所用者尽是小人，聚天下轻薄无赖小人〔作一处，以至遗祸至今。他初间也何尝有启狄乱华、率兽食人之意？只是本原不正、义理不明，其终必至于是耳。"或云："若论其修身行己，人所不及。"曰："此亦是他一节好。其他很厉偏僻，招合小人，皆其资质学问之差。亦安得以一节之好而盖其大节之恶哉！吁，可畏！可畏！〕不会假借得许多，须真有个人坏模如此方妆点得成，假使悬空自撰得一人如此，则能撰之人亦自大有见识，非凡人矣。"侃。

○ 问："墨氏兼爱疑于仁，此易见。杨氏为我，何以疑于义？"曰："杨朱看来不似义，他全是老子之学，只是个逍遥物外、仅足其身、不屑世务之人。只是他自爱其身、界限齐整、不相侵越，微似义耳，然终不似也。"〔侃。〕

○ "杨朱乃老子弟子,其学专为己。列子云:'伯成子（羔）〔高〕拔一毛而利天下不为。其言曰:"一毛安能利天下?使人人不拔一毛、不利天下,则天下自治矣。"'"问:"老子似不与杨朱同。"曰:"老子窥见天下之事,却讨便宜置身于安闲之地,云'清静自治',岂不是与朱同?"又问:"伊川说老子,谓先语大道,后却涉些奸诈。如云'知其雄,守其雌;知其白,守其黑'之类。"曰:"孔孟亦知天下有许多事,何故不厌他?"曰:"孔孟见实理,把作合做底看。他不见实理,把做无故不肯为。"问:"孔子曾见他书否?"曰:"未必见。"厚之问:"孔子何为问礼于他?"曰:"他本周家史官,自知礼,只是以为不足道,故一切扫除了。曾子问中自见孔子问他处。邵康节亦有些小似他。"问:"〔渊源〕录中何故有康节?"曰:"书坊自增耳。"可学。

○ 问:"'墨氏兼爱,杨氏为我。'夫兼爱虽无差等,不合圣人之正道,乃是割己为人,灭去己私,犹足立教。若为我,乃小己自私之事,果何足以立教耶?"先生云:"庄子数称杨子居之为人,恐杨氏之学如今道流修炼之士。其保啬神气,虽一句话也不妄与人说,正孟子所谓'拔一毫而利天下不为'是也。"柄。

○ 杨朱之学出于老子,盖是杨朱曾就老子学来,故庄、列之书皆说杨朱。孟子辟杨朱,便是辟庄、老了。释氏有一种低底,如梁武帝是时其低底被初入,其中国也未在。后来到中国却窃取老、庄之徒许多说话,见得尽高。〔新唐书赞李蔚说得好。南升。〕

○ 问:"杨朱似老子,顷见先生如此说。看来杨朱较放退,老子（又）〔反〕要以此治国,以此取天下。"曰:"大概气象相似。如云'致虚极,守静笃'之类,老子初间亦只是要放出那无状来在。及至反一反,方说'以无事取天下',如云'反者道之动,弱者道之用'之类。"偭。

○ 列、庄本杨朱之学，故其书多引其语。庄子说"子之于亲也，命也，不可解于心"，至臣之于君，则曰"义也，无所逃于天地之间"，是他看得那君臣之义却似是逃不得，不奈何，须着臣服他，更无一个自然相（肯）〔胥〕为一体处，可怪！故孟子以为无君，此类是也。大雅。

离娄上

孟子曰离娄之明章

○ "'道揆'、'法守'。傥'上无道揆',则下虽有奉法守在官者,亦将不能用而去之矣。'朝不信道,工不信度。'信,如凭信之'信'。这个道理只是要人信得及,若信得及自然依那个行,不敢逾越。惟其不信,所以妄作。如胥吏辈,他分明知得条法,只是他冒法以为教,便是不信度也。"因〔叹〕云:"看得道理熟,见世间事才是苟且底,鲜有不害事。虽至小之事,以苟且行之必亦有害,而况大事乎!只是信不及,所以苟且。凡云且如此作,且如此过去,皆其弊也。凡见人说某人做得事好,做得事无病,这便是循理。若见人说某人做得有害,其中必有病。如今人所以苟且者,只为见理不明,故苟且之心多。若是见得道理熟,自然有所分别而不肯为恶矣。"卓。僴同。

○ "上无礼,下无学",此学谓国之俊秀者。前面"工"是百官守法度,此"学"字是责学者之事。惟上无教、下无学,所以不好之人并起而居高位,执进退黜陟之权,尽做出不好事来,则国之丧亡无日矣,所以谓之"贼民"。蠹国害民，非贼而何！然其要只在于"仁者宜在高位"，所谓"一正君而国定"也。_{侗。卓同。}

○ 问："责难于君谓之恭，陈善闭邪谓之敬，恭与敬何以别？"曰："大概也一般，只恭意思较阔大，敬意思较细密。如以尧舜三代望其君，不敢谓其不能，便是责难于君，便是恭。陈善闭邪是就事上说，盖不徒责以难，凡事有善则陈之，邪则闭之，使其君不陷于恶，便是敬。责难之恭是尊君之词，先立个大志，以先王之道为可必信、可必行。陈善闭邪是子细着工夫去照管，务引其君于当道。陈善闭邪便是（即）〔做〕那责难底工夫，不特事君为然，为学之道亦如此，大立志向而细密着工夫。如立志以古圣贤远大自期，便是责难。然圣贤为法于天下，'我犹未免为乡人'，其何以到？须是择其善者而从之，其非者而去之。如日用间凡一事须有个是、有个非，去其非便为是，克去己私便复礼。如此，虽未便到圣贤地位，已是入圣贤路了。"_{淳。}

○ "'责难于君谓之恭'，以尧舜望之而不敢以中才常主责之，非尊之而何？'陈善闭邪谓之敬'，此是尊君中细密工夫。"问："人臣固当望君以尧舜。若度其君不足与为善而不之谏，或谓君为中才可以致小康而不足致大治，或导之以功利而不辅之以仁义，此皆是贼其君否？"曰："然。人臣之道但当以极等之事望其君。责他十分事，临了只做得二三分；若只责他二三分，少间做不得一分矣。若论才质之优劣、志趣之高下，固有不同。然吾之所以导之者，则不可问其才志之高下优劣，但当以尧舜之道望他。如饭必用吃，衣必用着，脾胃壮者吃得来多，弱者吃得来少，然不可不吃那饭也。人君资质，纵说卑近不足与有为，然不修身得否？不讲学得否？不〔明〕德得否？此皆是必然用做底。到得随他资质做得出来，自有高下大小，然不可不如此做也。孔子曰：'敬事而信，节用而爱人，使民以时。'这般言语是铁定底条法，更改易不得。如此做则成，不如此做则败，岂可谓吾君不能而遂不以此望之也！"〔僴〕。卓同。

孟子曰规矩方圆之至也章

○　问："'欲为君'至'尧舜而已矣'。昨因看近思录，如看二典便当'求尧所以治民，舜所以事君'。某谓尧所以治民，修己而已；舜所以事君，诚身以获乎上而已。"曰："便是不如此看。此只是大概说读书之法而已，如何恁地硬要桩定一句去包括他得！若论尧所以治民，舜所以事君，是事事做得尽。且如看尧典，自'（聪）〔钦〕明文思安安'以至终篇，都是治民底事。自'钦明文思'至'格于上下'是一段，自'克明俊德'至'于变时雍'又是一段，自'乃命羲、和'至'庶绩咸熙'又自是一段，后面又说禅舜事，无非是治民之事。舜典自'濬哲文明'以至终篇，无非事君之事，然亦是治民之事，不成说只是事君了便了，只是大概言观书之法如此。"或曰："若论尧所以治民，舜所以事君，二典亦不足以尽之。"曰："也大概可见。"僴。

○　或问："'道二：仁与不仁而已矣。'不仁何以亦曰道?"曰："此譬如说有小路有大路，何疑之有！"去伪。谟同。

○　"'道二：仁与不仁而已矣'，犹言好底道理、不好底道理也。若论正当道理只有一个，更无第二个，所谓'夫道一而已矣'者也。"因言："胡季随主其家学，说性不可以善言。本然之性是上面一个，其尊无对。善是下面底，才说善时便与那恶对，非本然之性矣。孟子'道性善'非是说性之善，只是赞叹之辞，说好个性，如佛言'善哉善哉'之类。此胡文定公之说。某尝辨之，本然之性固浑然至善，无恶可对，

此天之赋予我者然也。然行之在人，则有善有恶。行得善者，即本然之
性。岂可谓善者非本然之性！若如其言，有本然之性，又有善恶相对之
性，则是有两性矣。方其得于天者，此性也；及其行得善者，亦此性
也。只是才有个行得善底便有个不善底，所以善恶须着对说。不是元有
个恶在那里等待他来与之为对，只是行得错底便流入于恶尔。自致堂
五峰以来，其说益差，遂成有两性：本然者是一性，善恶相对者又是一
性。他只说本然者是性，善恶相对者不是性，岂有是理！然文定之说又
得于龟山，龟山得之东林总老，总极聪明，龟山尝问：'"孟子道性善"，
是否？'总曰：'是。'又问：'性岂可以善恶言？'总曰：'本然之性不与
恶对。'此语流传自他。然总之言本亦未有病。盖本然之性是本无恶。
及至文定，遂以'性善'为赞叹之辞，到得致堂五峰遂分成两截，说善
底不是性。若善底非本然之性，却那处得这善来？既以善为赞叹之词，
便是性本善矣。若非性善，何赞叹之有？如佛氏曰'善哉，善哉'，亦
是说这道理好，所以赞叹之也。二苏论性亦是如此，尝言孟子'道性
善'犹云火之能熟物也，荀卿言'性恶'犹云火之能焚物也。龟山反其
说而辨之曰：'火之所以能熟物者，以其能焚故耳。若火不能焚，物何
从熟？'苏氏论性'自尧、舜至孔子不得已而命之，且寄之曰中，未尝
分善、恶言也。自孟子"道性善"而一与中始支矣'，他更不看道理，
只认我说得行底便是。诸胡之说亦然，季随至今守其家说。"僩。

孟子曰爱人不亲反其仁章

〇 "圣人说话是趣上去，更无退后来。孟子说：'爱人不亲反其
仁，治人不治反其智，礼人不答反其敬，行有不得者皆反求诸己，其身
正而天下归之。'这都是趣向上去，更无退下来。如今人爱人不亲，更
不反求诸己，教你不亲也休；治人不治，更不反求诸己，教你不治也

休；礼人不答，更不反求诸己，教你不答也休，我也不解恁地得。你也不仁不义、无礼无智，我也不仁不义、无礼无智，大家做个鹘突没理会底人。范忠宣公所说'以恕己之心恕人'，且如自家不孝，也教天下人不消（得）事其亲；自家不忠，也教天下人不消事其君；自家不弟，也教天下人不消事其兄；自家不信，也教天下人不消信其友。恁地得不得？还有这个道理否？"又曰："张子韶说中庸'所求乎子以事父未能也'，到'事父'下点做一句。看他说'以圣人之所难（克）〔能〕'，这正是圣人因责人而点检自家有未尽处，如何恁地说了？而今人多说章句之学为陋，某看见人多因章句看不成句却坏了道理。"又曰："明道言'忠恕二字，要除一个更除不得，须是忠方可以行其恕'。若自家不穿窬便教你不穿窬，方唤做恕。若自家穿窬却教别人不穿窬，这便不是恕。若自家穿窬也教大家穿窬，这也不是恕。虽然圣人之责人也轻，如所谓'以人治人，改而止'，教他且存得这道理也得。'小人革面'，教他且革面也得。又不成只恁地，也须有渐。"又曰："'尧舜其犹病诸'，圣人终是不足。"贺孙。

〔为政不难章〕

○〔吴伯英问"不得罪于巨室"。曰："只是服得他心。"〕

孟子曰天下有道章

○ 孟子曰"天下有道，小德役大德"章，后注云："不能自强则听天所命，修德行仁则天命在我。"曰："今之为国者论为治，则曰：'不消得十分底事，只如此随风俗做便得；不必须欲如尧舜，只恁地做，天下也治。'为学者则曰：'做人也不须做得<u>孔孟</u>十分事，且做得一二分也得。'尽是这样苟且之学，所谓'听天所命'者也。"<u>卓</u>。<u>僩</u>同。

○ <u>郑</u>问："'天下无道，小役大，弱役强'亦曰'天'，何也？"曰："到那时不得不然，亦是理当如此。"<u>淳</u>。

孟子曰自暴者不可与有言章

○ 自暴是非毁道理底，自弃是自放弃底。<u>赐</u>。

○ <u>时举</u>问"自暴"、"自弃"者之别。曰："<u>孟子</u>说得已分明。看来自暴者便是刚恶之所为，自弃者便是柔恶之所为也。"<u>时举</u>。

○ "言非礼义"，以礼义为非而拒之以不信；"自暴"，自贼害也。"吾身不能居仁由义"，自谓不能而绝之以不为；"自弃"，自弃绝也。<u>闳祖</u>。

○ 先生问<u>梁</u>："自暴、自弃如何？"<u>梁</u>未答。先生云："'言非礼义，谓之自暴'，'非'如言'则非先王之道'之'非'，谓所言必非诋礼义之说为非道，是失之暴戾。我虽言而彼必不肯听，是不足与有言也。自弃者，谓其意气卑弱，志趣凡陋，甘心自绝以为不能。我虽言其仁义之美，而彼以为我必不能'居仁由义'，是不足〔与〕有为也。故自暴者强，自弃者弱。<u>伊川</u>云：'自暴者，拒之以不信；自弃者，绝之以不为。'"<u>梁</u>云平日大为科举累。曰："便是科举不能为累。"<u>卓</u>。

○ （说）〔贺〕<u>孙</u>问："向所说'自暴'、'自弃'，'自暴'作'自粗暴'，与今集注'暴，害也'不同。"曰："也只是害底是。如'暴其民甚'，'言非礼义谓之自暴'，要去非议这礼义，如今人要骂道学一般。只说道这许多做好事之人自做许多模样，不知这道理是人人合有底。他自恁地非议，是他自害了道理。"贺孙。

○ "仁，人之安宅；义，人之正路。"自人身言之则有动静，自理言之则是仁义。祖道。

孟子曰居下位不获乎上章

○ 时举问："'至诚而不动者，未之有也；不诚，未有能动者也。'此是以实理见之于用，故便有感通底道理?"曰："不是以实理去见之于用，只是既有其实便自能感动得人也。"因言："孟子于义利间辩得毫厘不差，见一事来便劈做两片，便分个是与不是，这便是集义处。义是一柄刀相似，才见事到面前，便与他割制了。"时举。

孟子曰伯夷辟纣章

○ 陈才卿问："伯夷是'中立而不倚'，下惠是'和而不流'否?"先生曰："柳下惠和而不流之事易见，伯夷中立不倚之事何以验之?"陈曰："扣马之谏，饿而死，此是不倚。"先生曰："此谓之偏倚，亦何可以见其不倚?"〔文蔚录云："如此却是倚做一边去。"文蔚曰："他虽如此，又却不念旧恶。"曰："亦不相似。"〕刘用之曰："伯夷于是居北海之滨，若将终身焉，及闻西伯善养老，遂来归之，此可见其不倚否?"先生曰："此下更有一转，方是不倚。盖初闻文王而归之，及武王伐纣而去之，遂不食周

粟，此可以见其不倚也。"侗。〔文蔚录意同。〕

孟子曰求也为季氏宰章

○ 至之问："'辟草莱任土地者次之。'若'如李悝尽地力'之类，不过欲教民而已，孟子何以谓任土地者亦次于刑？"曰："只为他是欲富国，不是欲为民，但强占土地开垦将去欲为己物耳，皆为君聚敛之徒也。"时举。

○ "辟草莱任土地者次之"，"如李悝尽地力，商鞅开阡陌"。他欲致富强而已，无教化仁爱之本，所以为可罪也。侗。

孟子曰恭者不侮人章

○ 圣人但顾义理之是非，不问利害之当否，众人则反是。且如恭俭，圣人但知恭俭之不可不为尔，众人则以为我不侮人则人亦不侮我，我不夺人则人亦不夺我，便是计较利害之私。要之，圣人与众人做处，便是五峰所谓"天理人欲，同行而异情"者也。道夫。

淳于髡问男女授受不亲章

○ 有言："世界无人管，久将脱去。凡事未到手，则姑且晦之，俟到手然后为。"有诘之者："若不幸未及为而死，吾志不白，则如之何？"曰："此亦不可奈何，吾辈盖是折本做也。"曰："如此则是一部孟子无一句可用也。尝爱孟子答淳于髡之言曰'嫂溺援之以手，天下溺援之以道。子欲以手援天下乎'，吾人所以救世者，以其有道也。既自放倒矣，天下岂一手可援哉！观其说，缘饰得来不好，安得似陆子静堂堂自在说成一个物事乎！"方子。

○ "事有缓急，理有大小，这样处皆须以权称之。"或问："'执中无权'之'权'，与'嫂溺援之以手'之'权'，微不同否？"曰："'执中无权'之'权'稍轻，'嫂溺援之以手'之'权'较重，亦有深浅也。"僩。

孟子曰人不足与适也章

○ "格其非心"与"格君心之非"，"格"如"合格"之"格"，谓使之归于正也。〔人杰。〕

○ 或问："'格其非心'之'格'训正，恐是如'格式'之'格'，以律此人之不正者？"先生曰："（今人如）〔如今人〕言合格，只是将此一物格其不正者。如'绳愆纠缪，格其非心'是说得深者，'大人格君心之非'是说得浅者。"子善因问："温公以'格物'为扞格之'格'，不知'格'字有训扞否？"曰："亦有之，如格斗之'格'是也。"〔深浅之说未详。〕铢。

○ "'大人格君心之非'，此谓精神意气自有感格处，然亦须有个开导底道理，不但默默而已。伊川解'遇主于巷'，所谓'至诚以感动之，尽力以扶持之，明义理以致其知，杜蔽惑以诚其意'，正此意也。"问曰："设遇暗君，将如何而格之？"曰："孔子不能格鲁哀，孟子不能格齐宣。诸葛孔明之于<u>后主</u>，国事皆出于一己，将出师，先自排布宫中府中许多人。<u>后主</u>虽能听从，然以资质之庸难以变化，<u>孔明</u>虽亲写许多文字与之，亦终不能格之。凡此皆是虽有格君之理，而终不可以致格君之效者也。"_谟。

○ 问："'大人格君心之非'，有不好君，如何格？"曰："其精神动作之间亦须有以格之，但亦须有说话。"因举<u>易</u>传"遇主于巷"。问："<u>蜀后主</u>，诸葛<u>孔明</u>如何？"曰："他当时事皆自为。"曰："<u>孔明</u>亦何不能格之？设更有大人，能格之否？"曰："<u>孔子</u>不能格<u>定哀</u>，<u>孟子</u>不能格<u>齐宣</u>，如<u>季桓子</u>，<u>孔子</u>亦须与之说话，只是奈何他不下。要之，有此理在我，而在人者不可必。"<u>可学</u>。

○ "（政）〔人〕不足与适"至"格君心之非"，三句当作一句读。某尝说，此处与"言不必信，行不必果，惟义所在"，皆须急忙连下句读。偶然脱去下句，岂不害事！<u>方子</u>。

〔人之患章〕

○ 〔<u>孟子</u>一句者，如"人之患在好为人师"之类，当时议论须多。今其所记者，乃其要语尔。〕

孟子谓乐正子曰章

○ <u>德修</u>谓："<u>乐正子</u>从<u>子敖</u>之齐，未必徒餔啜。"曰："无此事，岂可遽然加以此罪！"<u>文蔚</u>。

孟子曰仁之实章

○ "仁之实，事亲是也；义之实，从兄是也。"此数句，某煞曾入思虑来。尝与伯恭说，"实"字有对名而言者，谓名实之"实"；有对理而言者，谓事实之"实"；有对华而言者，谓华实之"实"。今这"实"字不是名实、事实之"实"，正是华实之"实"。"仁之实"本只是事亲，推广之，爱人利物无非是仁。"义之实"本只是从兄，推广之，忠君弟长无非是义。事亲从兄便是仁义之实，推广出去者，乃是仁义底华采。文蔚。

○ "事亲是孝，从兄是弟，'尧舜之道，孝弟而已'。今人将孝弟低看了。'孝弟之至，通于神明，光于四海'，直是如此。"窦问："'仁之实，事亲是也'，切谓实者是事亲得其欢心，当此时直是和悦，此是实否？"曰："不然，此乃'乐之实，乐斯二者'之事。但事亲、从兄是仁义之根实处，最初发得来分晓。向亦曾理会此'实'字，却对得一个'华'字。亲亲，仁也。仁民、爱物亦仁也。事亲是实，仁民、爱物乃华也。"德明。

○ 问："孟子言'义之实，从兄是也'，中庸却言'义者，宜也，尊贤为大'，甚不同，如何？"曰："义谓得宜，苟贤之尊，道理宜如此。"曰："父子兄弟皆是恩合，今以从兄为义，何也？"曰："以兄弟比父子，已是争得些。"问："五典之常，义主于君臣。今曰'从兄'，又曰'尊贤'，岂以随事立言不同，其实则一否？"曰："然。"德明。

○ 问"义之实，从兄是也"。曰："义是那良知良能底发端处。虽小儿子莫不爱父母，到长大方是理会得从兄。所谓'及其长也，无不知敬其兄'，此义发端处。"问"王者必世而后仁"。"自一身之仁而言之，这个道理浸灌透彻。自天下言之，举一世之仁皆是这个道理浸灌透彻。"植。

○ 问："孟子云'仁之实，事亲是也；义之实，从兄是也'，柄谓凡事之当为者皆义也，如何专以从兄言之？"曰："从兄乃事之当为而最先者。"又问："事亲岂非事之当为，而不归之义，何也？"曰："己与亲乃是一体，岂可论当为不当为！"栖。

○ 节问："事亲、从兄有何分别？"曰："事亲有爱底意思，从兄有严底意思。"又曰："有敬底意思。"问："从兄如何为义之实？"曰："言从兄则有可否。"问所以同处。曰："不当论同。"问："伊川以为须自一理中别出，此意如何？"曰："只是一个道理，发出来偏于爱底些子便是仁，偏于严底些子便是义。"又曰："某怕人便说'理一'。"节。方子同。

○ 节问："孟子言'礼之实，节文斯二者；知之实，知斯二者而弗去'，如此则礼、知似无专位。今以四德言，却成有四个物事？"曰："也只是一处如此说。有言四个底，有言两个底，有言三个底。不成说道他只说得三个，遗了一个，不说四个。言两个，如扇一面青一面白，一个说这一边，谓之青扇；一个说那一边，谓之白扇。不成道说青扇底是，说白扇底不是。"节。

○ 节问："'仁之实，事亲是也'一段，似无四者，只有两个。以礼为'节文斯二者'，智是'知斯二者'。只是两个生出礼、智来。"答曰："太极初生亦只生阴阳，然后方有其他底。"节。

○ 问："性中虽具四端五常，其实只是一理。故孟子独以仁、义二者为主，而以礼为'节文斯二者'，智为'知斯二者'。<u>柄</u>谓仁、义二者之中又当以仁为主。盖仁者爱之理，爱之得其当则义也。"曰："义却是当爱不当爱。"<u>柄</u>。

○ <u>朱飞卿</u>问"乐则生矣，生则恶可已也"。曰："如今恁地勉强安排，如何得乐！到得常常做得熟，自然浃洽通快，周流不息，油然而生，不能自已。只是要到这乐处实是难在。若只恁地把捉安排，才忘记又断了，这如何得乐，如何得生！"问："如今也且着恁地把捉。"曰："固是且着恁地。须知道未是到处，须知道'乐则生'处是当到这地头。恰似春月，草木许多芽蘖一齐爆出来，更止遏不得。"<u>贺孙</u>问："如'孩提之童无不知爱其亲，及其长也无不知敬其兄'，这个不是旋安排，这只就他初发上说。"曰："只如今不能常会如此。孩提知爱其亲，如今自失了爱其亲意思；及其长也知敬其兄，如今自失了敬其兄意思。须着理会<u>孟子</u>所以说'大人者，不失其赤子之心'，须要常常恁地。要之，须是知得这二者，使常常见这意思，方会到得'乐则生矣'处。要紧却在'知斯二者，弗去是也'二句上，须是知得二者是自家合有底，不可暂时失了。到得'礼之实，节文斯二者'，既知了，又须着检点教详密子细，节节应拍，方始会不间断，方始乐，方始生。<u>孟子</u>又云'知皆广而充之，若火之始然，泉之始达。苟能充之足以保四海，苟不充之不足以事父母'，与'知斯二者，节文斯二者'一段，语势有不同，一则说得紧急，一则说得有许多节次，次序详密。"又曰："'乐则生'，如水之流，拨尽许多拥塞之物，只恁底滔滔流将去。"<u>贺孙</u>。

孟子曰天下大悦而将归己章

○ "不得乎亲不可以为人，不顺乎亲不可以为子。"得者，曲为承

顺以得其亲之悦。顺则有以喻之于道。曰"得乎亲"者，不问事之是
非，但能曲为承顺，则可以得其亲之悦。苟父母有做得不是处，我且从
之，苟有孝心者皆可然也。"顺乎亲"则和那道理也顺了，非特得亲之
悦，又使之不陷于非义，此所以为尤难也。卓。

○　恭父问："'不得乎亲不可以为人，不顺乎亲不可以为子。'‘不
得乎亲’以心言。‘不顺乎亲’以道言，道谓喻父母于道。恐如此看得
‘不可为人’、‘不可为子’两字出。"曰："‘人’字只说大纲，‘子’字
却说得重。不得乎亲之心，固有人承颜顺色，看父母做甚么事，不问是
非，一向不逆其志。这也是得亲之心，然犹是浅事。惟顺乎亲则亲之心
皆顺乎理，必如此而后可以为子。所以又说‘烝烝乂，不格奸’，‘瞽瞍
底豫而天下化，瞽瞍底豫而天下之为父子者定’。"贺孙。

○　"舜尽事亲之道而瞽瞍底豫，瞽瞍底豫而天下化，瞽瞍底豫而
天下之为父子者定"，此之谓"尽性"。人杰。

孟子七

离娄下

孟子曰舜生于诸冯章

○ "若合符节","以玉为之,篆刻文字而中分之,彼此各藏其半。有故则左右相合以为信"。先生曰:"古人符节多以玉为之,如'牙璋以起军旅'。周礼中有以玉为符节,又有竹符,又有英荡符。荡,小节竹,今使者谓之'荡节'也,刻之为符。汉有铜虎符、竹使符。铜虎以起兵,竹使郡守用之。凡符节,右留君所,左以与其人。有故则君以其右合其左以为信也。曲礼曰'献田地者,执右契',右者,取物之券也。如发兵取物征召,皆以右取之也。"卓。〔㽦同。〕

子产听郑国之政章

○ 郑之虎牢即汉之成皋也。虎牢之下即溱洧之水,后又名为汜水关,子产以乘舆济人之所也。闻人务德以为孟子之言非是。其说以为溱洧之水其深不可以施梁柱,其浅不可以涉,岂可以济乘舆!盖溱洧之水底皆是沙，故不可以施梁柱，但可用舟渡而已。<u>李先生</u>以为疑，或是偶然桥梁坏故。（养者，非速使之中、使之才，"渐民以仁，摩民以义"之谓也。下"以善养人"同，此解"中也养不中"之"养"字。<u>节</u>。）

○ <u>子产</u>因用其车以渡人。然此类亦何必深考。<u>孟子</u>之意，但言为政者当务民之宜，而不徒以小惠耳。<u>僴</u>。〔<u>卓</u>录云："或问：'车舆岂可以涉水？'曰：'想有可涉处。'"<u>闻人</u>，<u>秀州</u>人。〕

〔中也养不中章〕

〔养者，非速使之中、使之才，"渐民以仁，摩民以义"之谓也。下"以善养人"同，此解"中也养不中"之"养"字。<u>节</u>。〕

孟子曰言人之不善章

○ "言人之不善，当如后患何"，恐是<u>孟子</u>因事而言之。<u>人杰</u>。

仲尼不为已甚章

○ "<u>仲尼</u>不为已甚"，言圣人所为，本分之外不加毫末。如人合吃八棒只打八棒，不可说这人可恶，更添一棒。称人之善不可有心于溢美，称人之恶不可溢恶，皆不为已甚之事也。或上<u>龟山</u>书云："徐行后长，得<u>尧舜</u>之道；不为已甚，知<u>仲尼</u>之心。"<u>龟山</u>读之甚喜，盖<u>龟山</u>平日喜说此两句也。<u>僴</u>。

○ 道夫问："'仲尼不为已甚'，此言本分之外无所增加尔。"曰："'已'训太。"又问："切尝因此以考'非其君不仕，非其民不使'，'治亦进，乱亦进，不羞污君，不辞小官'，气象可谓已甚矣，而目之曰圣人之清、和，似颇难会。"顷之，乃曰："虽是圣，终有过当处。"又问："伯夷'不念旧恶，求仁得仁'，似是清中之和。下惠'不以三公易其介'，似亦是和中之清。"曰："然。凡所谓圣者，以其浑然天理无一毫私意。若所谓'得百里之地而君之，皆能朝诸侯，有天下；行一不义，杀一不辜，而得天下者，皆不为也'，这便是圣人同处，便是无私意处。但只是气质有偏，比之夫子终有不中节处。所以易中说'中正'，伊川谓'正重于中，中不必正也'，言中则正已在其中，盖无正则做中不出来，而单言正则未必能中也。夷惠诸子，其正与夫子同，而夫子之中则非诸子所及也。"又问："夷惠皆言'风'，而不以言伊尹，何哉？"曰："或者以伊尹为得行其道，而夷惠不得施其志，故有此论。似不必然，亦偶然尔。"道夫曰："以意揣之，切恐伊尹胜似夷惠得些。"曰："也是伊尹体用较全。"顷之，复曰："夷惠高似伊尹，伊尹大似夷惠。"道夫。

孟子曰大人者不失其赤子之心者也章

○ 问"大人不失赤子之心"。曰："大人事事理会得，只是无许多巧伪曲折，便是赤子之心。"时举。〔或录云："只恁地白直做将去，无许多曲折。"又云："坦然明白，事事理会得，都无许多奸巧。"〕

○ 敬之问"大人不失赤子之心"。答曰："这须着两头看，大人无不知无不能，赤子无所知无所能。大人者是不失其无所知无所能之心，若失了此心，使些子机关，计些子利害，便成个小底人，不成个大底人

了。大人心下没许多事。"_{时举。}

○　大人无所不知无所不能，赤子无所知无所能。此两句相拗。如何无所不知无所不能，却是不失其无所知无所能做出？盖赤子之心纯一无伪，而大人之心亦纯一无伪，但赤子是无知觉底纯一无伪，大人是有知觉底纯一无伪。_{贺孙。}〔_{夔孙录云："大人之所以为大人者，却缘是它存得那赤子之心。而今不可将大人之心只作通达万变，赤子只作纯一无伪说。盖大人之心通达万变而纯一无伪，赤子之心未有所知而纯一无伪。"〕}

○　_厚之问"赤子之心"。曰："止取纯一无伪，未发时虽与圣人同，然亦无知，但众人既发时多邪僻，而赤子尚未然耳。"_{可学。}

○　"赤子之心"，不可尽谓已发，亦有未发处。_{谟。}

孟子曰养生者不足以当大事章

○　_{王德修}云："亲闻和静说'唯送死可以当大事'曰：'亲之生也，好恶取舍得以言焉。及其死也，好恶取舍无得而言。当是时，亲之心即子之心，子之心即亲之心，故曰"唯送死可以当大事"。'"先生云："亦说得好。"_{闳祖。}

孟子曰君子深造之以道章

○　_{敬之}问："'君子深造之以道'，_{集注}云'道者，进为之方'。"曰："是事事皆要得合道理。'取之左右逢其原'，到得熟了，自然日用之间只见许多道理在眼前。东边去也是道理，西边去也是道理，却自凑合得着，故曰'逢其原'。如水之源，流出来，这里也撞着水，那边也撞着水。"<u>贺孙</u>。

○ 问："孟注云'道者，进为之方'，如何?"曰："此句未甚安，却只是循道以进耳。'道'字在上。"<u>可学</u>。

○ "君子深造之以道"，语势稍倒，"道"字合在"深造"之前。<u>赵岐</u>云"道者，进为之方"，亦不甚亲切。道只是进学之具。深造者，从此挨向前去。如"之以"二字，寻常这般去处多将作助语打过了。要之，却紧切。如"夜气不足以存"与"三代所以直道而行"，"以"字皆不虚设。"既醉以酒，既饱以德"，皆是也。<u>谟</u>。

○ "深造之以道，欲其自得之。"曰："只深造以道便是要自得之，此政与浅（造）〔迫〕相对。所谓'深造'者，当知非浅迫所可致。若欲浅迫求之，便是强探力取。只是既下工夫，〔又下工夫，〕直是深造，便有自得处在其中。"又曰："优游餍饫，都只是深造后自如此，非是深造之外又别欲自得也。与下章'博学而详说之，将以反说约'之意同。"<u>螢</u>。

○ 或问"居之安则资之深，资之深则取之左右逢其原"。曰："'居之安'，只是人之居住得那里安稳。只是从初本原如此，到熟处左右皆逢之。"<u>谦</u>。

○ "资之深"，资之深借之意。其所资借者，深得其力也。<u>人杰</u>。

○ "'君子深造之以道，欲其自得之也'，如何?"曰："'深造'云者，非是急迫遽至，要舒徐涵养，期于自得而已。‘自得之’则自信不疑而‘居之安’，‘居之安’则资之于道也深，‘资之深’则凡动静语嘿，一事一物，无非是理，所谓‘取之左右逢其原’也。”又问：“‘资’字如何说？”答曰：“取也。‘资’有资借之意。‘资之深’谓其所资借者深，言得其力也。”<u>谟。去伪</u>同。

○ 潘子善问“君子深造之以道，欲其自得之也”一节。曰：“大要在‘深造之以道’，此是做工夫处。‘资’是他资助我，资给我，不是我资他。他非人人都资助，〔他那个都是资助〕我底物事，头头都撞着，左边也是，右边也是，都凑着他道理原头处。源者便是那天之明命，滔滔汩汩底似那一池有源底水。他那源头只管来得不绝，取之不禁，用之不竭，来供自家用。似那鱼凑活水相似，却似都凑着他源头。且如〔为〕人君便有那仁从那边来，为人臣便有那个敬从那边来，子之孝有那孝从那边来，父之慈有那慈从那边来，只是那道理源头处。<u>庄子</u>说‘将源而往’便是说这个。自家靠着他源头底这个道理，左右前后都见是这道理。<u>庄子</u>说‘在谷满谷，在坑满坑’，他那资给我底物事深远，自家这里头头凑着他源头。”<u>植</u>。〔贺孙录疑同，见下。〕

○ 子善问：“‘君子深造之以道’，造是造道，欲造道又着‘以道’，语意似‘以道深造’。”曰：“此只是进为不已，亦无可疑。公将两个‘道’字来说，却不分晓。”贺孙问：“‘深造’之‘造’字，不可便做已到说，但言进进做将去，又必以其（字）〔方〕。”曰：“然。”贺孙又问：“‘取之左右逢其原’，是既资之深则道理充足，取之至近之处莫非道理。”曰：“‘资’字恰似资给、资助一般。资助既深，看是甚事来无不凑着这道理。不待自家将道理去应他，只取之左右便撞着这道理。如有源之水衮衮流出，只管撞着他。若是所资者浅，略用出便枯竭了。<u>庄子</u>说‘庖丁手之所触，肩之所倚，足之所履，膝之所踦，砉然向然，奏刀騞然，莫不中音'，正是此意。为人君便自撞着个仁道理，为人臣便自撞着个敬道理，为人子便自撞着个孝道理，为人父便自撞着个慈道理，与国人交便自撞着个信道理，无适而不然。"贺孙。

孟子曰博学而详说之章

○ "博学而详说之"，将来可以说至约处。节。

○ "博学而详说之，将以反说约也。"损"先难而后易"，凡事皆然。道夫。

○ 问："'博学而详说之，将以反说约也'，如何？"曰："约自博中来。既博学又详说，讲贯得直是精确，将来临事自有个头绪。才有头绪，便见简约。若是平日讲贯得不详悉，及至临事只觉得千头万绪，更理会不下，如此则岂得为约？"周本此下有："'将以反约说'谓临事时。"去伪。谟、人杰同。

○ 问"博学详说，将以反说约也"。曰："通贯处便是约，不是通贯了又去里面寻讨个约。公说约处，却是通贯了又别去寻讨个约，岂有此理！伊川说格物处云：'但积累多后，自然脱然有贯通处。''积累多后'便是学之博，'脱然有贯通处'便是约。杨楫通老问："世间博学之人非不博，却又不知个约处者，何故？"曰："他合下博得来便不是了，如何会约！他更不穷究这道理是如何，都见不透彻。只是搜求隐僻之事、钩摘奇异之说以为博，如此岂能得约！今世博学之士大率类此。不读正当底书，不看正当注疏，偏拣人所不读底去读，欲乘人之所不知以夸人。不问义理如何，只认前人所未说、今人所未道者，则取之以为博。如此，如何望到约处！"又曰："某尝不喜扬子云'多闻则守之以约，多见则守之以卓'。'多闻'欲其约也，'多见'欲其卓也。说多闻了又更要一个约去守他，正如公说。这个是所守者约，不是守之以约也。"偓。

仲尼亟称于水章

〇 所谓"声闻过情"，这个大段务（大）〔外〕郎当。且更就此中间言之，如为善无真实恳恻之意，为学而勉强苟且徇人，皆是不实。须就此反躬思量方得。偓。

孟子曰人之所以异于禽兽者章

〇 问"君子所以异于禽兽者几希"处。曰："人物之所同者，理也；所不同者，心也。人心虚灵，无所不明。禽兽便昏了，只有一两路子明。人之虚灵皆推得去，禽兽便推不去。人若以私欲蔽了这个虚灵，便是禽兽。人与禽兽只争这些子，所以谓'几希'。"时举。

〇 元昭问："'庶民去之，君子存之'，如何是'存之'？"曰："'存'是存所以异于禽兽者。何故至'存之'方问？"因问元昭："存何物？"元昭云："有所见。"曰："不离日用之间。"曰："何谓日用之间？"曰："凡周旋运用。"曰："此乃禽兽所以与人同，须求其所以与人异者。僧问佛：'如何是性？'曰：'耳能闻，目能见。'他便把这个作性，不知这个禽兽皆知。人所以异者，以其有仁、义、礼、智。若为子而孝，为弟而悌，禽兽岂能之哉！"元昭又云："'万物皆备于我'，此言人能备禽

1231

兽之不备。"曰："观贤此言，元未尝究竟。"可学。

○ 子善问："舜'明庶物，察人伦'。文势自上看来，此'物'字恐合作禽兽说。"曰："不然。'明于庶物'岂止是说禽兽？禽兽乃一物，凡天地之间眼前所接之事皆是物，然有多少不甚要紧底事，舜看来惟是于人伦最紧要。"贺孙。

○ "'明于庶物，察于人伦'，明、察之义有浅深否？"曰："察深于明，'明'只是大概明得这个道理尔。"又问："与孝经'事天明，事地察'之义如何？"曰："这个'明'、'察'又别。此'察'字却训'著'字，'明'字训'昭'字。事父孝则事天之道昭明，事母孝则事地之道察著。孟子所谓'明'、'察'，与易系'明于天之道，察于人之故'同。"谟。去伪、人杰同。

○ "舜明于庶物，察于人伦。""明"、"察"是见得事事物物之理无一毫之未尽。所谓仁义者皆不待求之于外，此身此心便浑然都是仁义。贺孙。

○ 守约问："孟子何以只说'舜明于庶物，察于人伦，由仁义行，非行仁义也'？"曰："尧自是浑然。舜却是就事物上经历，一一理会过。"贺孙。

○ 问："'舜由仁义行，非行仁义。'若学者，须是行仁义方得。"曰："这便如适来说'三月不违'意。他是平日身常在仁义内，即恁地行出。学者身在外了，且须去求仁义就上行，然又须以'由仁义行'为准的方得。"贺孙。

○ 符舜功言："只是'由仁义行'、好行仁义便是有善、利之分。"曰："此是江西之学。岂不见上面分明有个'孝'字？惟舜便由仁义行，他人须穷理，知其为仁为义，从而行之。且如'仁者安仁，智者利仁'，既未能安仁，亦须是利仁，利仁岂是不好底！知仁之为利而行之。不然，则以人欲为利矣。"德明。

孟子曰禹恶旨酒章

○ 时举问："'汤执中，立贤无方'，莫是执中道以立贤否？"曰："不然。执中自是执中，立贤自是立贤。只这'执中'却与子莫之'执中'不同。故集注下谓：'执，谓守而不失。'汤只是要事事恰好，无过不及而已。"时举。

○ "汤执中，立贤无方。"东晋时所用人才皆中州浮诞者之后，惟顾荣、贺循有人望，不得已而用之。人杰。

○ 道夫问："'禹之恶旨酒、好善言，汤之执中，文王之望道未之见，武王不泄迩、不忘远，周公之坐以待旦。'此等气象，在圣人则谓之'兢兢业业，纯亦不已'，在学者则是'任重道远，死而后已'之意否？"曰："他本是说圣人。"又曰："读此一篇，使人心惕然而常存也。"道夫。

○ 问："'周公思兼三王，以施四事'，上文既是各举一事言，四圣人之事亦多，周公如何施之？"曰："此必是周公曾如此说。大抵所举四事极好，此一处自舜推之至于孔子。"可学。

○ 先生曰："'周公思兼三王，以施四事'，此不可考，恐是周公自有此语。如'文王我师也，周公岂欺我哉?'此直是周公曾如此说，公明仪但举之尔。四事极说得好。'泄'字有狎底意思。"㒧。

孟子曰王者之迹熄而诗亡章

○ 沈庄仲问："王者之迹熄而诗亡，诗亡然后春秋作。先儒谓自东迁之后，黍离降为国风而雅亡矣。恐是孔子删诗之时降之。"曰："亦是他当时自如此。要识此诗，便如周南、召南当初在镐丰之时，其诗为二南，后来在洛邑之时，其诗为黍离。只是自二南进而为二雅，自二雅退而为王风。二南之于二雅便如登山，到得黍离时节，便是下坡了。"文蔚。

孟子曰可以取章

○ "可以与，可以无与，与伤惠；可以取，可以无取，取伤廉；可以死，可以无死，死伤勇"，此段正与孔子曰"再斯可矣"相似。凡事初看尚未定，再察则已审矣，便用决断始得。若更加之思焉，则私意起，而非义理之本然矣。僩。

○ 林正卿问："'可以取，可以无取，取伤廉'，亦下二联之义?"曰："看来'可以取'是其初略见得如此；'可以无取'是子细审察见得如此，如夫子言'再思'一般。下二联放此，庶几不碍。不然则不取却是过厚，而不与、不死却是过薄也。"处谦。

○ "可以取，可以无取"，是先见得可以取，后来却见得可以无取，如此而取之则伤廉矣。盖后来见者较是故也。"与"、"死"亦然。<u>闳祖</u>。

○ "可以取，可以无取，取伤廉；可以与，可以无与，与伤惠；可以死，可以无死，死伤勇。"夫取为伤廉，固也。若与者本惠，死者本勇，而乃云"伤惠"、"伤勇"者，谓其过予与无益之死耳。学者知所当予而不至于吝啬，知所当死而不至于偷生，则几矣。<u>人杰</u>。

孟子曰天下之言性也章

○ 所以然谓之"故"。<u>可学</u>。

○ <u>时举</u>问："'天下之言性也，则故而已矣'，'故'是如何？"曰："'故'是个已发见了底物事，便分明易见。如<u>公都子</u>问性，<u>孟子</u>却云'乃若其情则可以为善矣'。盖性自是个难言底物事，惟恻隐、羞恶之类，却是已发见者，乃可得而言。只看这个便见得性。<u>集注</u>谓'故者是已然之迹也'，是个无字得下，故下个'迹'字。"<u>时举</u>。

○ 问"则故而已矣"。"'性'是个糊涂不分明底物事，（直）〔且〕只就那'故'上说，'故'却是实有痕迹底。'故'有两件，如水之有顺利者，又有逆行者。毕竟顺利底是善，逆行底是恶。所以说'行其所无事'，又说恶于'凿'，'凿'则是那逆行底。又说道'乃若其情则可以为善'，性是糊涂底物事，情却便似实也。如恻隐、羞恶、辞逊、是非，这便是情。"<u>植</u>。

○ 敬之问:"'天下之言性者,则故而已','故'是已然之迹,如水之润下,火之炎上。'以利为本'是顺而不咈之意。"曰:"'利'是不假人为而自然者。如水之就下是其性本就下,只得顺他。若激之在山,是不顺其性而以人为之也。如'无恻隐之心非人,无羞恶之心非人',皆是自然而然。惟智者知得此理,不假人为,顺之而行。"南升。〔时举录别出。〕

○ 敬之问:"'天下之言性也者,则故而已矣。故者以利为本。'如火之炎上,水之润下,此是'故'。人不拂他润下炎上之性是'利'。"曰:"'故'是本然底,'利'是他自然底。如水之润下,火之炎上,固是他本然之性如此。然水自然润下,火自然炎上,便是利。到'智者行其所无事',方是人知得自然底从而顺他。"时举。植同。

○ "'天下之言性,则故而已矣。'‘故'是已然之迹,如水之下,火之上,父子之必有亲,孟子说'四端',皆是。然虽有恻隐,亦有残忍,故当以顺为本。如星辰亦有逆行,大要循躔度者是顺。"问:"南轩说'故'作'本然'。"曰:"如此则善外别有本然。孟子说性乃是于发处见其善,荀扬亦于发处说,只是道不着。"问:"既云'于发处见',伊川云'孟子说性乃拔本塞原之理',莫是因发以见其原?"曰:"然。"可学。

○ 器之说:"'故者以利为本',如流水相似,有向下,无向上,是顺他去。"曰:"'故'是本来底,以顺为本。许多恻隐、羞恶自是顺出来,其理自是如此。孟子怕人将不好底做出去,故说此。若将恶者为利之本,如水'搏而跃之,可使过颡',这便是将不利者为本。如伊川说,楚子越椒之生必灭若敖氏,自是生出来便恶了。荀子因此便道人性本恶。据他说'涂之人皆可为禹',便是性善了,他只说得气质之性,自是不觉。"寓。

○ "天下之言性，则故而已矣。""故"只是已然之迹，如水之润下，火之炎上。润下炎上便是"故"也。父子之所以亲，君臣之所以义，夫妇之别，长幼之序，然皆有个已然之迹，但只顺利处便是"故"之本，如水之性固下也。然搏之过颡，激之在山，亦岂不是水哉！但非其性尔。仁、义、礼、智是为性也。仁之恻隐，义之羞恶，礼之辞逊，智之是非，此即性之故也。若四端则无不顺利。然四端皆有相反者，如残忍〔饶录作"忮害"。〕之非仁，不耻之非义，不逊之非礼，昏惑之非智，即故之不利者也。伊川发明此意最亲〔切〕，谓此一章专主"智"言。"凿"于智者，非所谓以利为本也。其初只是性上泛说起，不是专说性，但谓天下之说性者只说得"故"而已。后世如荀卿言"性恶"，扬雄言"善恶混"，但皆说得下面一截，皆不知其所以谓之故者如何，遂不能"以利为本"而然也。荀卿之言只是横说如此，到底没这道理不得。只就性恶篇谓"涂之人皆可为禹"，只此自可见。"故"字若不将已然之迹言之，则下文"苟求其故"之言如何可推？历象家自今日推算而上极于太古开辟之时，更无差错，只为有此已然之迹可以推测耳。天与星辰间或躔度有少差错，久之自复其常。"以利为本"亦犹天与星辰循常度而行。苟不如此，皆"凿"之谓也。谟。

○ 力行问"天下之言性，则故而已矣"。先生引程子之言曰："此章意在'智'字。此章言性，只是从头说下。性者，浑然不可言也，惟顺之则是，逆之则非。天下之事，逆理者如何行得！便是凿也，凿则非其本然之理。禹之行水，亦只端的见得须是如此顺而行之而已。鲧绩之不成，正为不顺耳。"力行。

○ 问："孟子云'天下之言性者，则故而已矣。故者以利为本'，伊川谓：'则，语助也。故者，本如是者也。今言天下万物之性必求其故者，只是欲顺而不害之也。'伊川之说如何？"曰："'则'字不可做助语看了，'则'有不足之意。性最难名状，天下之言性者止说得'故'而已矣。'故'字外难为别下字。如'故'有所以然之意。'利'，顺也，顺其所以然则不失其本性矣。水性就下，顺而导之，水之性也。'搏而跃之'，固可使之在山矣，然非水之本性。"或问："'天下之言性'，伊川以为言天下万物之性，是否？"曰："此倒了。他文势只是云'天下之言性者，止可说故而已矣'。如此则天下万物之性在其间矣。"又问："后面'苟求其故'，此'故'字与前面'故'字一般否？"曰："然。"去伪。谟同。

孟子曰君子所以异于人者章

○　问："'君子以仁存心，以礼存心'，是我本有此仁此礼，只要常存而不忘否？"曰："非也。他这个在存心上说下来，言君子所以异于小人者，以其存心不同耳。君子则以仁以礼而存之于心，小人则以不仁不礼而存之于心。须看他上下文主甚么说话始得。"僴。

○　节问："'君子之所以异于人者，以其存心也。君子以仁存心，以礼存心'，此是言存得心。先生注下文却言'存仁、存礼'，何也？"曰："这个'存心'与'存其心，养其性'底'存心'不同，只是处心。"又问："如此，则是君子之所以异于人者，以其处心也。"曰："以其处心与人不同。"别集注，非定本。

○　又问："'君子之所以异于人者，以其存心也'，先生前岁以此'存心'二字与'存心养性'之'存心'不同，此'存心'是处心。何谓处心?"曰:"以仁处于心,以礼处于心。"<u>芑</u>。

○ 知而不存者有(以夫)〔矣〕,未有不知而能存者也。〔君子存之。〕<u>僩</u>。

○ <u>蔡</u>问:"'以仁存心',如何下'以'字?"曰:"不下'以'字也不得。<u>吕氏</u>'以此心应万物之变',不是以此心是如何?"问:"<u>程子</u>谓'以敬直内则不直矣',何也?"曰:"此处又是解'直方'二字。从上说下来,'敬以直内'方顺,'以敬'则不顺矣。"<u>淳</u>。

○ "我必不忠",恐所以爱敬人者,或有不出于诚实也。<u>人杰</u>。

○ 问<u>孟子</u>"自反而忠"之"忠"。曰:"忠者,尽己也。尽己者,仁礼无一毫不尽。"<u>芑</u>。

○ "<u>舜</u>亦人也,我亦人也。<u>舜</u>为法于天下,可传于后世,我犹未免为乡人也,是则可忧也。"此便是知耻。知耻则进学不得不勇!〔<u>闳祖</u>。〕

禹稷当平世章

○ 问:"'<u>禹稷</u>当平世,三过其门而不入',似天下之事重乎私家也。若家有父母,岂可不入?"曰:"固是。然事亦须量个缓急。"<u>僩</u>问:"何谓缓急?"曰:"若洪水之患不甚为害,只是那九年泛泛底水,未便会倾国覆都,过家见父母亦不妨。若洪水之患,其急有倾国溺都、君父危亡之灾,也只得且奔君父之急,虽不过见父母亦不妨也。"又问:

"'今有同室之人斗者，救之，被发缨冠而往救之可也。乡邻有斗者，虽闭户可也'，此便是用权。若乡邻之斗有亲戚兄弟在其中，岂可以乡邻之斗而一例不管？须只救得他。"曰："有兄弟固当救，然事也须量大小。若只是小小斗殴，救之亦无妨。若是有兵戈杀人之事，也只得闭门不管而已。"卓。㣈同。

公都子曰（康）〔匡〕章通国皆称不孝章

○ "孟子之于（康）〔匡〕章，盖怜之耳，非取其孝也。故杨氏以为（康）〔匡〕章不孝，'孟子非取之也，特哀其志而不与之绝耳'。据章之所为，因责善于父而不相遇，虽是父不是、己是，然便至如此荡业，'出妻屏子，终身不养'，则岂得为孝！故孟子言'父子责善，贼恩之大者'，此便是责之以不孝也。但其不孝之罪未至于可绝之地尔，然当时人则遂以为不孝而绝之，故孟子举世之不孝者五以晓之，若如此五者，则诚在所绝尔。后世因孟子不绝之，则又欲尽雪康子之不孝而以为孝，此皆不公不正，倚于一偏也。必若孟子之所处，然后可以见圣贤至公至仁之心矣。"或云："看得（康）〔匡〕章想是个拗强底人，观其意属于陈仲子，则可见其为人耳。"先生甚然之，曰："两个都是此样人，故说得合。"味道云："'舜不告而娶'，盖不欲'废人之大伦以怼父'耳。如（康）〔匡〕章，则其怼也甚矣！"广。

朱子语类卷第五十八

孟子八

万章上

万章问曰舜往于田章

○ 黄先之说:"舜事亲处见得圣人所以孝其亲者,全然都是天理,略无一毫人欲之私。所以举天下之物皆不足以解忧,惟顺于父母可以解忧。"曰:"圣人一身浑然天理,故极天下之至乐不足以动其事亲之心,极天下之至苦不足以害其事亲之心。一心所慕惟知有亲,看是甚么物事皆是至轻。施于兄弟亦然,但知我是兄,合当友爱其弟,更不问如何。且如父母使之完廪,待上去,又捐阶焚廪,到得免死下来,当如何? 父母教他去浚井,待他入井,又从而掩之,到得免死出来,又当如何? 若是以下等人处此,定是吃不过。非独以下人,虽平日极知当孝其亲者,到父母以此施于己,此心亦吃不过,定是动了。象为弟,'日以杀舜为事'。若是别人,如何也须与他理会,也须吃不过。舜只知我是兄,惟知友爱其弟,那许多不好景象都自不见了。这道理非独舜有之,人人皆有之;非独舜能为,人人皆可为。所以大学大要只要穷理。舜'明于庶物,察于人伦',唯是许多道理见得极尽,无有些子未尽。但舜是生知,不待穷索。如今须着穷索教尽。莫说道:'只消做六七分,那两三分不消做尽也得。'"贺孙。

○ 林子渊说舜事亲处。曰："自古及今，何故众人都不会恁地，独有舜恁地？是何故？须就这里剔抉看出来始得。"默然久之，曰："圣人做出纯是道理，更无些子隔碍。是他合下浑全，都无欠阙，众人却是已亏损了，须加修治之功。如小学前面许多，恰似勉强使人为之，又须是恁地勉强，到大学（矣）〔工夫〕方知个天理当然之则。如世上固是无限事，然大要也只是几项大头项，如'为人君止于仁，为人臣止于敬，为人子止于孝，为人父止于慈，与国人交止于信'，须看见定是着如此，不可不如此，自家何故却不如此？意思如何便是天理？意思如何便是私欲？天理发见处是如何却被私欲障蔽了？"贺孙。

○ 胡叔器问："舜不能掩父母之恶，如何是大孝？"曰："公要如何与他掩？他那个顽嚚已是天知地闻了，如何地掩？公须与他思量得个道理掩得，如此便可以责舜。"义刚。

万章问曰象日以杀舜为事章

○ 问："'仁之至，义之尽'是仁便包义，何如？"曰："自是两义。如舜封象于有庳，不藏怒宿怨而富贵之是仁之至，使吏治其国而纳其贡税是义之尽。"因举明皇长枕大被欲为仁而非仁云云。〔贺孙。不知何氏录详，别出。〕

咸丘蒙问曰语云盛德之士章

○ 宿槠州之驿舍，董仁叔问"以意逆志"。曰："是以自家意去张等他。譬如有一客来，自家去迎他，他来则接之，不来则已。若必去捉他来，则不可。"盖卿。

○ 董仁叔问"以意逆志"。曰："此是教人读书之法。自家虚心在这里，看他书道理如何。他来，自家便迎接将来。而今人读书都是去捉他，不是逆志。"学蒙。

万章问曰人有言至于禹而德衰章

○ 沈庄仲问"莫之致而至者命也"。曰："命有两般，'得之不得曰有命'自是一样，'天命之谓性'又自是一样。虽是两样，却只是一个命。"文蔚问："'得之不得曰有命'是所赋之分，'天命之谓性'是所赋之理。"曰："固是。天便如君，命便如命令，性便如职事条贯。君命这个人去做这个职事，其俸禄有厚薄，岁月有远近，无非是命。天之命人，有命之以厚薄修短，有命之以清浊偏正，无非是命。（是）〔且〕如'舜禹益相去久远'是命之在外者，'其子之贤不肖'是命之在内者。圣人'穷理尽性以至于命'便能赞化育。尧之子不肖，他便不传与子，传与舜。本是个不好底意思，却被他一转，转得好。"文蔚。

○ "'莫之致而至者命也。'如比干之死，以理论之亦可谓之正命，若以气论之恐非正命。"曰："如何恁地说得！'尽其道而死者'皆正命也，当死而不死却是失其正命。此等处当活看。如孟子说'桎梏而死者非正命'，须是看得孟子之意如何。且如公冶长'虽在缧绁，非其罪也'，若当时公冶长死于缧绁，不成说他不是正命！有罪无罪在我而已。古人所以杀身以成仁，且身已死矣，又成个甚底！直是要看此处。孟子谓'舍生取义'，又云'志士不忘在沟壑，勇士不忘丧其元'，学者须是于此处见得定，临利害时便将自家斩锉了，也须壁立万仞始得。而今人有小利害便生计较，说道恁地死非正命，如何得！"赐。〔夔孙录云："问：'人或死于干戈，或死于患难。如比干之类，亦是正命乎？'曰：'固是正命。'问：'以理论之则谓之正命，以死生论之则非正命。'曰：'如何恁地说得！'"下同。〕

○ 问："孟子'外丙二年，仲壬四年'，先生两存赵氏、程氏之说，则康节之说亦未可据耶？"曰："也怎生便信得他？"又问："如此则尧即位于甲辰年亦未可据也。"曰："此却据诸历书如此说，恐或有之。然亦未可必。"问："若如此，则二年、四年亦可推矣。"曰："却为中间年代不可纪，自共和以后方可纪，则汤时自无由可推。此类且当阙之，不必深考。"广。

万章问曰人有言伊尹以割烹要汤章

○ 问窦从周云："如何是伊尹乐尧舜之道？"窦对以"饥食渴饮，凿井耕田，自有可乐"。曰："龟山答胡文定书是如此说。要之不然。须是有所谓'尧舜之道'。如书云'人心惟危，道心惟微，惟精惟一，允执厥中'，此便是尧舜相传之道。如自'克明俊德，以亲九族'至'协和万邦，黎民于变时雍'，如'钦明文思，温恭允塞'之类，伊尹在莘郊时须曾一一学来，不是每日只耕凿食饮过了。"德明问："看伊尹升陑之事，亦是曾学兵法。"曰："古人皆如此。如东汉李膺为渡辽将军，必是曾亲履行陈。"窦问："傅说版筑亦读书否？"曰："不曾读书，如何有说命三篇之文？'舜居深山之中，与木石居，与鹿豕游'，后来乃能作'股肱元首'之歌。便如颜子，亦大段读书，其问为邦，夫子告以'行夏之时，乘殷之辂，服周之冕，乐则韶舞'。颜子平时于四代礼乐、夏小<u>正</u>之类，须一一曾理会来。古人详于礼乐之事，当时自有一种书，后世不得而见。如<u>孟子</u>说<u>葛伯</u>事，以为'有童子以黍肉饷，杀而夺之'，便是<u>孟子</u>时有此等书。今<u>书</u>中只有'<u>葛伯</u>仇饷'一句。上古无书可读，今既有书，亦须是读，此犹博以反约之义也。"<u>德明</u>。

○ 问："'<u>伊尹</u>乐<u>尧舜</u>之道'，<u>集注</u>作'诵其诗，读其书'，乃是指其实事而言。"曰："然。或谓耕田凿井便是<u>尧舜</u>之道，此皆不实。不然何以有'岂若吾身亲见之哉'一句？若是不着实，只是脱空。今人有一等杜撰学问，皆是脱空狂妄，不济一钱事。如'天下归仁'只管自说'天下归仁'，须是天下说归仁方是。'非礼勿视，非礼勿听，非礼勿言，非礼勿动'，只管去说，到念虑起处却又是非礼，此皆是妄论。<u>子韶</u>之学正如此。须是'居处恭，执事敬'、'坐如尸，立如齐'方是礼，不然便不是礼。"<u>履孙</u>。

○ 先知者因事而知，先觉者因理而觉。知者因事因物皆可以知，觉则是自心中有所觉悟。<u>敬仲</u>。

○ "先觉后觉"之"觉"是自悟之觉，似<u>大学</u>说格物致知豁然贯通处。今人知得此事，讲解得这个道理，皆知之之事。及其自悟，则又自有个见解处。"先知觉〔后知〕，〔先觉〕觉后觉"，中央两个"觉"字皆训唤醒，是我唤醒他。<u>僩</u>。

○ <u>行夫</u>问"觉"。曰："<u>程子</u>云'知是知此事，觉是觉此理'。盖知是知此一事，觉是忽然自理会得。"又问"思睿"。曰："'视曰明'是视而便见之谓明，'听曰聪'是听而便闻之谓聪，'思曰睿'是思而便通谓之睿。"<u>道夫</u>。

○　或问龟山曰："'以先知觉后知'，知与觉如何分?"龟山曰："知是知此事，觉是觉此理。"且如知得君之仁、臣之敬、子之孝、父之慈，是知此事；又知得君之所以仁、臣之所以敬、父之所以慈、子之所以孝，是觉此理。偲。

万章下

孟子曰伯夷目不视恶色章

○　(原)〔厚〕之问："三圣事是当初如此，是后来如此?"曰："是知之不至。三子不惟清不能和，和不能清，但于清处、和处亦皆过。如射者皆中而不中鹄。"某问："既是如此，何以为圣人之清和?"曰："却是天理中流出，无驳杂。虽是过当，直是无纤毫查滓。"曰："三子是资禀如此否?"曰："然。"可学。

○　问："伯夷、下惠、伊尹，谓之'清'、'和'、'任'。孟子云'皆古圣人'，如何?"曰："清、和、任已合于圣人。"再问："如孟子言，只是得一节。"曰："此言其所得之极耳。"可学。

○　夷清、惠和皆得一偏，他人学之，便有隘、不恭处。使懦夫学和愈不恭，鄙夫学清愈隘也。"可为百世师"，谓能使薄者宽，鄙者敦，懦者立。"君子不由"，不由其隘与不恭。谟。

○　敬之问伊尹之任。曰："伊尹之任是'自任以天下之重'，虽云'禄之天下弗受，系马千驷弗视'，然终是任处多。如柳下惠'不以三公易其介’，固是介，然终是和处多。”㣊。

　　○　敬之问：“‘伊尹圣之任’非独于‘自任以天下之重’处看，如所谓‘禄之以天下弗受，系马千驷弗顾，非其义，非其道，一介不以与人，一介不以取诸人’，这般也见得任处。”曰：“不要恁底看。所谓‘任’，只说他‘治亦进，乱亦进’处，看其‘自任以天下之重’如此。若如公说，却又与伯夷之清相类。”问：“圣人若处伊尹之地，也如他任，如何？”曰：“夫子若处此地自是不同，不如此着意。”或问：“伊尹‘治亦进，乱亦进’，‘无可无不可’，似亦可以为圣之时？”曰：“伊尹终是有任底意思在。”贺孙。

　　○　问：“伊川云‘伊尹终有任底意思在’，谓他有担当作为底意思，只这些意思便非夫子气象否？”曰：“然。然此处极难看，且放那里，久之看道理熟自见，强说不得。若谓伊尹有这些意思在，为非圣人之至，则孔孟皇皇汲汲去齐去鲁、之梁之魏，非无意者，其所以异伊尹者何也？”僩。

　　○　问：“孔子时中，所谓随时而中否？”曰：“然。”问：“三子之德各偏于一，亦各尽其一德之中否？”曰：“非也。既云偏，则不得谓之中矣。三子之德但各至于一偏之极，不可谓之中。如伯夷‘虽有善其辞命而至者，不受也’，此便是偏处。若善其辞命，而吾受之亦何妨？只观孔子便不然。”问：“既云一偏，何以谓之圣？”曰：“圣只是做到极至处，自然安行，不待勉强，故谓之圣，非中之谓也。所谓‘智譬则巧，圣譬则力。犹射于百步之外，其至，尔力也；其中，非尔力也’，中便是中处。如颜子之学，则已知其中处，但力未到耳，若更加之功，则必中矣，盖渠所知已不差也。如人学射，发矢已直而未中者，人谓之‘箭苗’，言其已善发箭，虽未至的而必能中的，若更开拓，则必能中也。”

儒云：“颜子则已知中处而力未至，三子力有余而不知中处否？”曰：
“然。”儒。

○ 问孔子集大成。曰：“孔子无所不该，无所不备，非特兼三子
之所长而已。但与三子比并说时，亦皆兼其所长。”问：“始终条理，如
所谓‘始作，翕如也’、‘皦如也，绎如也，以成’之类否？言‘八音克
谐，不相夺伦’，各有条理脉络也。”曰：“不然。条理脉络如一把草，
从中缚之，上截为始，下截为终条理。若上截少一茎，则下截亦少一
茎，上截不少一茎，则下截亦不少一茎，此之谓始终条理。”又问：
“‘始条理者智之事，终条理者圣之事’，功夫紧要处全在‘智’字上。
三子所以各极于一偏，缘他合下少却致知工夫，看得道理有偏，故其终
之成也亦各至于一偏之极。孔子合下尽得致知工夫，看得道理周遍精
切，无所不尽，故其德之成也亦兼该毕备，而无一德一行之或阙。故集
注云‘所以偏者，由其蔽于始以阙于终；所以全者，由其知之至是以
行之尽’，‘智譬则巧，圣譬则力’，‘三子则力有余而巧不足’。何以
见之？只观其清和之德，行之便到其极，无所勉强，所以谓之圣。使
其合下工夫，不倚于一偏，安知不如孔子也？”曰： “然。更子细
看。”儒。

○ 时举问：“‘孔子之谓集大成’一节，云此一节在‘知行’两字
上面。源头若见得偏了便彻底是偏，源头若知得周匝便下来十全而无
亏。所谓始终条理者，集注谓‘条理犹言脉络’，莫是犹一条路相似，
初间下步时才差，便行得虽力，终久是差否？”曰：“‘始条理’犹个丝
线头相似。孔子是挈得个丝头，故许多条丝都在这里。三子者则是各拈
得一边耳。”问：“孟子又以射譬喻，最亲切。孔子是射时望得那准的子
正了，又发得正，又射得到，故能中能至。三子者是望得个的不正，又
发得不正，故虽射得到，只是不中耳。然不知有望得正、发得正而射不

至者否?"曰:"亦有之。如所谓'遵道而行,半涂而废'者是也。如<u>颜子</u>却是会恁地去,只是天不与之以年,故亦不能到也。"<u>人杰</u>。

○ 问:"三子之清、和、任,于金声亦得其一,而玉振亦得其一否?"曰:"金声玉振只是解集大成。'声'犹'声其罪'之'声'。古人作乐,击一声钟,众音遂作,又击一声钟,众音又齐作。金所以发众音,末则以玉振之,所以收合众音在里面。三子亦有金声玉振,但只尔不能管摄众音。盖<u>伯夷</u>合下只见得清底,其终成就亦只成就得清底;<u>伊尹</u>合下只见得任底,其终成就亦只成就得任底;<u>下惠</u>合下只见得和底,其终成就亦只成就得和底。"〔<u>淳</u>。〕

○ 问:"'金声玉振',旧说三子之偏在其初不曾理会得许多洪纤高下,而遽以玉振之。今又却以'金声玉振'尽为<u>孔子</u>事而三子无与,如何?"曰:"<u>孟子</u>此一句只是专指<u>孔子</u>而言。若就三子身上说,则三子自是失其始所以亏其终。所谓'圣之清'只是就清上圣,所谓'圣之和'只是就和上圣,'圣之任'亦然。盖合下便就这上面径行将去,更不回头,不自觉其为偏也。所以偏处,亦只是有些私意,却是一种义理上私意。见得这清、和、任是个好道理,只管主张这一边重了,亦是私意。"<u>谟</u>。

○ <u>至之</u>问"金声玉振"。先生因说及乐:"金声初打声高,其后渐低,于众乐之作必以此声之。玉声先后一般,初打恁地响,到住时也恁地响。但玉声住时截然便住,于众乐之终必以此振之。"<u>贺孙</u>。

○ 始条理是致知,终条理是力行。如<u>中庸</u>说"博学、审问、谨思、明辨"与<u>大学</u>"物格、知至",这是始条理;如"笃行"与"诚意、正心、修身"以下,这是终条理。<u>贺孙</u>。

　　○　问"始终条理"。曰："集义一段便紧要。如这一段未理会也未害。如今乐之始作先撞钟，是金声之也。乐终击磬，是玉振之也。始终如此，而中间乃大合乐，六律、五声、八音一齐莫不备举。孟子以此譬孔子。如'伯夷圣之清，伊尹圣之任，柳下惠圣之和'，都如乐器有一件相似。是金声底从头至尾只是金声，是玉声底从头到尾只是玉声，是丝竹声底从头到尾只是丝竹之声。"贺孙。

　　○　问"始终条理"。答曰："条理，条目件项也。始终条理本是一件事，但是上一截者为始，下一截者为终。始是知，终是行。"节。

　　○　"金声玉振。"金声有洪杀，始震终细。玉声则始终如一，叩之，其声诎然而止。僩。

　　○　〔"金声玉振"一章甚好。然某亦不见作乐时如何，亦只是想象说。〕(倪)〔儿〕宽："金声者，考其条贯之是非；玉振者，断而归一。"节。

　　○　"仁不可为众也"，毛公注云"盛德不可为众"。"鸢飞戾天"，注亦曰"言其上下察也"。此语必别有个同出处。如"金声玉振"，(倪)〔儿〕宽云"天子建中和之极，兼总条贯，金声而玉振之"，必亦是古语。螢。

　　○　敬之问"智譬则巧，圣譬则力"一章云："此一章，智却重。"曰："以缓急论则智居先，若把轻重论则圣为重。且如今有一等资质好底人忠信笃实，却于道理上未甚通晓得。又有一样资质浅薄底人，却自会晓得道理。这须是还资质忠厚底人做重始得。"贺孙。

○ 问"圣知"。先生曰："知是知得到，圣是行得到。"<u>盖卿</u>。

○ 问"巧力"。答曰："<u>伯夷、伊尹、柳下惠</u>力已至，但射不(亲)〔巧〕。<u>孔子</u>则既圣且智，巧力兼全。故<u>孔子</u>箭箭中的，三子者皆中垛也。"<u>大雅</u>。

○ <u>黄子功</u>问："'其至尔力也，其中非尔力也'，还是三子只有力无智否？"曰："不是无智。知处偏故至处亦偏。如<u>孔子</u>则箭箭中红心，三子则每人各中一边。缘他当初见得偏，故至处亦偏。"问："如此则三子不可谓之圣。"曰："不可谓之圣之大成。毕竟那清是圣之清，和是圣之和，虽使圣人清和，亦不过如此。<u>颜子</u>则巧处功夫已至，点点皆可中，但只是力不至耳。使<u>颜子</u>力至，便与<u>孔子</u>一般。"<u>文蔚</u>。

○ 问："'集大成'章。以智比圣，智固未可以言圣，然<u>孟子</u>以智譬巧，以圣譬力，力既不及于巧，则是圣必由于智也明矣。而<u>尹和靖</u>乃曰："始条理者"犹可以用智，"终条理"则智不容于其间矣。'则是以圣智浅深而言，与<u>孟子</u>之意似相戾矣。惟<u>伊川</u>引<u>易</u>'知至至之，知终终之'，其意若曰：'夫子所以能集三子而大成者，由其始焉知之之深也。'盖知之至，行之必至。三子之智，始焉知之未尽，故其后行之虽各极其至，终未免各失于一偏。非终条理者未到，以其始条理者已差之矣。不知<u>伊川</u>之意是如此否？"曰："甚好。金声者，洪纤高下有许多节目；玉振者，其始末如一。(倪)〔儿〕宽亦引金声、玉振，欲天子自致其知。是时未有<u>孟子</u>之书，此必古曲中有此语，非<u>孟子</u>知德之奥，焉能语此！"<u>谟</u>。<u>去伪</u>同。

○ 或问："'玉振金声'，<u>伊川</u>以喻始终。或者之意，以此有变有不变。其说孰是？"曰："二说相关，不可偏废。金声固是喻其始，然始则有变；玉振固是喻其终，至终则无变也。"<u>谟</u>。<u>去伪</u>同。

北宫锜问曰周室班爵禄也章

○ 问："<u>孟子</u>所答周室班爵禄，与<u>周礼</u><u>王制</u>不同。不知孰是?"曰："此也难考。然毕竟<u>周礼</u>底是。盖<u>周礼</u>是个全书，经圣人手作，必不会差。<u>孟子</u>之时，典籍已散亡，想见没理会。何以言之? <u>太公</u>所封，'东至于海，西至于河，南至于<u>穆陵</u>，北至于<u>无棣</u>'。<u>穆陵</u>今近<u>徐州</u>。<u>无棣</u>，今<u>棣州</u>也。这中间多少阔，岂止百里! <u>孟子</u>说'<u>太公</u>之封于<u>齐</u>也，地（方百里）〔非不足也〕而俭于百里'，恐也不然。"又问："天子六卿，诸侯大国三卿，次国二卿，小国孤卿。一国之土地为卿、大夫、士分了，国君所得殊不多。"曰："'君十卿禄'，禄者，犹今之俸禄，盖君所自谓为私用者。至于贡赋宾客，朝觐祭飨，交聘往来，又别有财储为公用，非所谓禄也。如今之太守既有料钱，至于贡赋公用，又自别有钱也。"<u>个</u>。

○ 问："百亩之田可食九人，其次八人、七人，又其次六人、五人。此等差别是地有肥瘠耶，抑粪灌之不同耶?"曰："皆人力之不同耳，然亦大约如此。缘有此五等之禄，故百亩所食有此五等。"问："府、史、胥、徒，不知皆民为之，抑别募游手为之?"曰："不可晓。想只是民为之。然府、史、胥、徒各自有禄以代耕，则又似别募游手矣。以<u>周礼</u>考之，人数极多，亦安得许多闲禄给之耶? 某尝疑<u>周礼</u>一书亦是起草，未曾得行。何以知之? 盖<u>左氏</u>所纪当时官号职位甚详，而未尝及于府、史、胥、徒，则疑其方出于<u>周公</u>草定之本而未经施行也。使其有之，人数极多，何不略见于他书? 如至没要紧职事亦（破）〔设〕人甚多，不知何故。但尝观自<u>汉</u>以来及前代题名碑，所带人从胥吏亦甚多，又不知如何。皆不可晓。"侃。

○ 孟子论三代制度多与周礼不合。盖孟子后出，不及见王制之详，只是大纲约度而说。广。

万章问曰敢问交际何心也章

○ "殷受夏，周受殷，所不辞也。"言受天下而不辞，则舜受天下不为泰。"于今为烈"，是暴烈之"烈"，如"宣王承厉王之烈"。人杰。

○ "为之兆也。"兆是事之端，犹缝罅也。侃。

○ 问："孔子'于季威子，见行可之仕'。孔子仕于定公，而言威子，何也？"曰："当时威子执国柄，定公亦自做主不起。孔子之相，皆由威子。受女乐，孔子便行矣。"如陈常弑齐君，孔子沐浴而告鲁公，又告桓子，事势可见。问："堕三都，季氏何以不怨？"曰："季氏是时自不奈陪臣何，故假孔子之力以去之。及既堕三都而三威之势遂衰，所以威子甚悔，临死谓康子曰：'使仲尼之去，而鲁不终治者，由我故也。'正如五代罗绍威不奈魏博牙军何，假朱温之势以除之。既除牙军，而魏博之势大弱，绍威大悔，正此类。孔子是时也失了这机会，不曾做得成。"侃。

孟子曰仕非为贫也章

○ 说"位卑而言高，罪也"，曰："此只是说为贫而仕。圣贤在当时只要在下位，不当言责之地，亦是圣贤打乖处。若是合言处便须当说，非是教人都不得言耳。若'立乎人之本朝而道不行'则耻矣，故'辞尊居卑，辞富居贫'。"蓥。

○ "'位卑而言高，罪也。'以君臣之分言之固是如此。然时可以言而言，亦岂得谓之出位？"曰："前世固有草茅韦布之士献言者，然皆有所因，皆有次第，未有无故忽然犯分而言者。纵言之，亦不见听，徒取辱尔！若是明君，自无壅蔽之患，有言亦见听。不然，岂可不循分而徒取失言之辱哉！如史记说商鞅、范雎之事，彼虽小人，然言皆有序，不肯妄发。商鞅初说孝公以帝道，次以王道，而后及于霸道。彼非能为帝王之事也，特借是为渐进之媒，而后吐露其胸中之所欲言。先说得孝公动了，然后方深说。范雎欲夺穰侯之位以擅权，未敢便深说穰侯之恶，故先言外事以探其君，曰：'穰侯越韩魏而取齐之刚寿，非计也。'昭王信之，然后渐渐深说。彼小人之言尚有次序如此，则君子之言岂可妄发也！某尝说贾谊固有才，文章亦雄伟，只是言语急迫，失进言之序（者），〔看〕有甚事都一齐说了，宜乎绛、灌之徒不说，而文帝谦让未遑也。且如一间破屋，教自家修，须有先后缓急之序，不成一齐拆下，杂然并修。看他会做事底人便别，如韩信、邓禹、诸葛孔明辈，无不有一定之规模，渐渐做将去，所以所为皆卓然有成。这样人方是有定力，会做事。如贾谊胸次终是闹，着事不得，有些子在心中尽要道出来，只管跳踯，爆趠不已。如乘生驹相似，制御他未下。所以言语无序而不能有所为也。易曰'艮其辅，言有序，悔亡'，圣人之意可见矣。"僩。

万章问曰不见诸侯章

○ 至问："'孟子不见诸侯'处论难甚详，其纲领在'义路也，礼门也。惟君子能由是路出入是门也'。"曰:"此是大纲说义路、礼门,他其中毫厘必辨。如'往役,义也;往见,不义也','周之则受,赐之则不受',此等是事鼎肉;'使己仆仆亟拜',此等是论礼毫厘纤悉。孟子是义精,所以不放过。义是一柄利刃,凡事到面前,便割成两片。所谓之集义者,盖毫厘微细处各有义,孟子于此直是不肯放过。又曰'精义入神以致用也',所以要得'精义入神'者,盖欲'以致用也'。"

○ 至之问:"孟子所以出处、去就、辞受,都从'礼门也,义路也,惟君子能由是路出入是门也'做出。"曰:"固是不出此二者。然所谓义,所谓礼,里面煞有节目。如云'往役,义也;往见,不义也'、'周之则受,赐之则不受'之类,便都是义之节目。如云'廪人继粟,庖人继肉,不以君命将之'之类,都是礼之节目,此便是礼。'以君命将之,使己仆仆尔亟拜也'便不是礼。又如'于齐,王馈兼金一百镒而不受;于宋,馈五十镒而受;于薛,馈七十镒而受',这个则都有义。君子于细微曲折一一都要合义,所以易中说'精义入神,以致用也'。义至于精则应事接物之间无一非义,不问小事大事千变万化,改头换面出来,自家应副他如利刀快剑相似,迎刃而解,件件剖作两片去。孟子平日受用便是得这个气力,今观其所言所行,无不是这个物事。初见梁惠王,劈初头便劈作两边去。"贺孙。

朱子语类卷第五十九

孟子九

告子上下

性犹杞柳章

○ 杯棬，想如今卷杉合子模样。杞柳只是而今做合箱底柳，北人以此为箭，谓之柳箭，即蒲柳也。<u>义刚</u>。

○ 告子章，宜玩味。<u>可学</u>。

○ <u>孟子</u>与<u>告子</u>论杞柳、杯棬处，大概只是杞柳、杯棬不可比性与仁义。杞柳必矫揉而为杯棬，性非矫揉而为仁义。<u>孟子</u>辩<u>告子</u>数处皆是辩倒着<u>告子</u>便休，不曾说尽道理。<u>节</u>。

○ <u>至</u>问："<u>告子</u>谓'以人性为仁义，犹以杞柳为杯棬'者，何也？"曰："<u>告子</u>只是认气为性，见得性有不善，须拗他方善。此惟是<u>程先生</u>断得定，所谓'性即理也'。"

生之谓性章

○ 生之谓气，生之理谓性。处谦。

○ 性，孟子所言理，告子所言气。

○ 因说"生之谓性"，某既知其说非是便当曳翻看何为是，即道理易见也。闳祖。

○ 问告子言"生之谓性"。答曰："他合下便是错了。他只是说生处，精神魂魄，凡动用处是也。正如禅家说：'如何是佛？'曰：'见性成佛。''如何是性？''作用是性。'盖谓目之视，耳之听，手之捉执，足之运奔，皆性也。说来说去，只说得个形而下者。故孟子辟之曰："生之谓性"也，犹白之谓白欤？'又辟之曰：'犬之性犹牛之性，牛之性犹人之性欤？'三节语犹戏谑。然只得告子不知所答便休了，竟亦不曾说得性之本体是如何。"或问董仲舒言"性者生之质也"。答曰："其言亦然。"大雅。

○ 飞卿问："'生之谓性'莫止是以知觉运动为性否？"曰："便是。此正与'食色性也'同意。孟子当时辩得不恁地平铺，就他蔽处拨启他，却一向穷诘他，止从那一角头攻将去，所以如今难理会。若要解，（然）〔煞〕用添言语。犬、牛、人，谓其得于天者未尝不同，惟是人得是理之全，至于物止得其偏。今欲去犬牛身上全讨仁义，便不得。告子止是不曾分晓道这子细，到这里说不得，却道天下是有许多般性，牛自是牛之性，马自是马之性，犬自是犬之性，则又不是。"又曰："所以谓'性即理'，便见得惟人得是理之全，物得是理之偏。告子止把生为性，更不说及理。<u>孟子</u>却以理言性，所以见人物之辨。"<u>贺孙</u>。

○ 问"生之谓性"。曰："<u>告子</u>只说那生来底便是性。手足运行，耳目视听，与夫心有知觉之类也。却不知生便属气禀〔，自气禀〕而言，人物便有不同处。说'理之谓性'则可，然理之在人在物，亦不可做一等说。"<u>植</u>。

○ 释氏专以作用为性。如□□国王问□□尊者曰："如何是佛？"曰："见性为佛。"曰："如何是性？"曰："作用为性。"曰："如何是作用？"曰云云。禅家又有點者云："当时尊者答国王时，国王何不问尊者云'未作用时性在甚处'？"<u>螢</u>。

○ "作用是性：在目曰见，在耳曰闻，在鼻嗅香，在口谈论，在手执捉，在足运奔"，即<u>告子</u>"生之谓性"之说也。且如手执捉，若执刀胡乱杀人，亦可为性乎！<u>龟山</u>举<u>庞居士</u>云"神通妙用，运水般柴"以比"徐行后长"，亦坐此病。不知"徐行后长"乃谓之弟，"疾行先长"则为不弟。如曰运水般柴即是妙用，则徐行、疾行皆可谓之弟耶！<u>闳祖</u>。

○ 问释氏"作用是性"。曰："便只是这性，他说得也是。<u>孟子</u>曰'形色，天性也。惟圣人然后可以践形'，便是此性。如口会说话，说话底是谁？目能视，视底是谁？耳能听，听底是谁？便是这个。其言曰'在眼曰见，在耳曰闻，在鼻嗅香，在口舌谈论，在手执捉，在足运奔。遍现俱该法界，收摄在一微尘。识者知是佛性，不识唤作精魂'，他说得也好。"又举<u>楞严经</u><u>波斯</u>国王见<u>恒河</u>水一段云云："所以禅家说'直指人心，见性成佛'，他只要你见得，言下便悟，做处便彻，见得无不是此性。也说'存养心性'，养得来光明寂照，无所不遍、无所不通。<u>唐</u><u>张拙</u>诗云'光明寂照遍河沙，凡圣含灵共我家'云云。又曰'实际理地不受一尘，佛事门中不舍一法'。他个本自说得是，所养者也是，只是差处便在这里，吾儒所养者是仁、义、礼、智，他所养者只是视、听、言、动。儒者则全体中自有许多道理，各自有分别、有是非，降衷秉彝，无不各具此理。他则只见得个浑沦底物事，无分别、无是非，横底也是，竖底也是，直底也是，曲底也是，非理而视也是此性，以理而视也是此性。少间用处都差，所以七颠八倒，无有是处。吾儒则只是一个真实道理。他也说我这个是真实底道理，如云'惟此一事实，余二则非真'。只是他说得一边，只认得那人心，无所谓道心，无所谓仁义礼智、恻隐羞恶、辞逊是非，所（事）〔争〕处只在此。吾儒则自'天命之谓性，率性之谓道'，以至至诚尽人物之性，赞天地之化育，识得这道理无所不周、无所不遍。他也说'我这个无所不周、无所不遍'，然眼前君臣、父子、兄弟、夫妇上便不能周遍了，更说甚周遍！他说'治生产业，皆与实相不相违背'云云，如善财童子五十三参，以至神鬼、神仙、士农、工商、技艺都在他性中。他说得来极阔，只是其实行不得。只是讳其所短，强如此笼罩去。他旧时瞿昙说得本不如此广阔，后来禅家自觉其陋，又翻转窠臼，只说'直指人心，见性成佛'。"僴。

○ "昨夜说'作用是性'，因思此语亦自好。虽云释氏之学是如此，他却是真个见得、真个养得。如云说话底是谁？说话底是这性；目视底是谁？视底也是这性；听底是谁？听底也是这性。鼻之闻香、口之知味，无非是这个性。他凡一语默、一动息无不见得此性，养得此性。"或问："他虽见得，如何能养？"曰："见得后常常得在这里不走作便是养。今儒者口中虽常说性是理，不止于作用，然却不曾做他样存得养得。只是说得如此，元不曾用功，心与身元不曾相管摄，只是心粗。若自早至暮，此心常常照管，甚么样次第！这个道理在在处处发见，无所不有，只是你不曾存得养得。佛氏所以行六七百年，其教愈盛者，只缘他也依傍这个道理，所以做得盛。他却常在这身上，他得这些子却来欺负你秀才，是你秀才无一人做得似他。今要做，无他，只就四端广充得便是。孟子说'存心养性'，其要只在此。'凡有四端于我者，知皆广而充之矣，若火之始然、泉之始达'，学者只要守得这个，如恻隐、羞恶、辞逊、是非：若常存得这恻隐之心，便养得这恻隐之性，若合当爱处，自家却不起爱人之心，便伤害了那恻隐之性。如事当羞恶，自家不羞恶，便是伤害了那羞恶之性。辞逊、是非皆然。'人能充无欲害人之心，而仁不可胜用矣；人能充无受尔汝之实，无所往而不为义也'，只要就这里存得、养得。所以说'利与善之间'只争这些子，只是丝发之间。如人静坐，忽然一念之发，只这个便是道理，便有个是与非、邪与正。其发之正者理也，杂而不正者邪也。在在处处无非发见处，只要常存得（当）〔常〕养得耳。"佐。

○ "告子说'生之谓性'，二程都说他说得是，只下面接得不是。若如此说，却如释氏言'作用处是性'，乃是说气质之性，非性善之性。"文蔚问："'形色天性'如何？"曰："此主下文'惟圣人可以践形'而言。"因问："孔子言'性相近也，习相远也'，亦是言气质之性？"王德修曰："据某所见，此是孔子为阳货而说。人读论语多被'子曰'字隔，上下便不接续。"曰："若如此说，亦是说气质之性。"文蔚。

○ 犬牛禀气不同，其性亦不同。节。

○ 孟子答告子"生之谓性"与孟季子"敬叔父乎，敬弟乎"两段语，终觉得未尽。却是少些子直指人心、见性成佛底语，空如许捞攘重复，不足以折之也。只有"长者义乎，长之者义乎"此二语折得他亲切。佐。

○ 节问："犬牛之性与人之性不同，天下如何解有许多性？"答

曰："人则有孝悌忠信，犬牛还能事亲孝、事君忠也无？"问："<u>濂溪</u>作
<u>太极图</u>，自太极以至万物化生只是一个图子，何尝有异？"曰："人、物
（不）〔本〕同，气禀有异故不同。"问："'是万为一，一实万分'又将
如何说？"曰："只是一个，只是气质不同。"问："<u>中庸</u>说'能尽其性则
能尽人之性，能尽人之性则能尽物之性'，何故却将人、物衮作一片
说？"曰："他说'能尽其性则_{重声言"则"字}。能尽人之性，能尽人之性
则_{重声言"则"字}。能尽物之性'，初未尝一片说。"_节。

食色性也章

○　众朋友说"食色性也"。先生问："<u>告子</u>以知觉处为性，如何与
'彼长而我长之'相干？"皆未及对。先生曰："<u>告子</u>只知得人心，却
不知有道心。他觉那趋利避害、饥寒饱暖等处，而不知辨别那利害等处正
是本然之性。所以道'彼长而我长之'，盖谓我无长彼之心，由彼长故
不得不长之，所以指义为外也。"_{义刚}。

○　<u>李时可</u>问"仁内义外"。曰："<u>告子</u>此说固不是。然近年有欲破
其说者又更不是。谓义专在内只发于我之先见者便是，如'夏日饮水，
冬日饮汤'之类是已。若在外面商量，如此便不是义，乃是'义袭'。
其说如此。然不知饮水饮汤固是内也。如先酌乡人与敬弟之类，若不问
人，怎生得知？今固有人素知敬父兄，而不知乡人之在所当先者；亦有
人平日知弟之为卑，而不知其为尸之时乃祖宗神灵之所依不可不敬者。
若不因讲问商量，何缘会自从里面发出？其说乃与佛氏'不得拟议，不
得思量，直下便是'之说相似，此大害理。又说'义袭'二字全不是如
此，都把文义说错了。只细看<u>孟子</u>之说便自可见。"_{时举}。

○ 问:"告子已不知性,如何知得仁为内?"曰:"他便以其主于爱者为仁,故曰内;以其制是非者为义,故曰外。"又问:"他说义,固不是。说仁,莫亦不是?"曰:"固然。"<u>可学</u>。

○ "白马之白也,无以异于白人之白也。"看来<u>孟子</u>此语答之亦未尽。谓白马、白人不异,亦岂可也!毕竟"彼白而我白之",我以为白,则亦出于吾心之分别矣。<u>僩</u>。

性无善无不善章

○ <u>告子</u>曰:"性无善无不善也。"或曰:"性可以为善,可以为不善。"或曰:"有性善,有性不善。"此三者虽同为说气质之性,然两或之说犹知分别善恶,使其知以性而兼言之,则无病矣。惟<u>告子</u>"无善无不善"之说最无状,他就无善无恶之名,浑然无所分别,虽为恶为罪总不妨也。与今世之不择善恶而颠倒是非称为本性者,何以异哉!<u>僩</u>。

○ <u>告子</u>说"性无善无不善",非惟无善,并不善亦无之。谓性中无恶则可,谓无善则性是何物?<u>芝</u>。

○ "性无善无不善",<u>告子</u>意谓这性是不受善、不受恶底物事。〔"受"字,<u>饶</u>本作"管"。〕他说"食色性也",便见得他只是道手能持、足能履、目能视、耳能听便是性。"在目曰视,在耳曰闻,在手执捉,在足运奔",便是他意思。〔<u>植</u>。〕

○ "乃若其情则可以为善矣。"性无定形,不可言。<u>孟子</u>亦说"天下之言性者则故而已矣"。情者，性之所发。芑。

○ 问"乃若其情"。曰："性不可说，情却可说。所以告子问性，孟子却答他情。盖谓情可为善，则性无有不善。所谓'四端'者皆情也。仁是性，恻隐是情也。恻隐是仁发出来底端芽，如一个谷种相似，谷之生道是性，发为萌芽是情也。所谓性只是那仁义礼知四者而已。四件无不善，发出来则有不善，何故？残忍便是那恻隐反底，冒昧是那羞恶反底。"植。

○ 德粹问："'孟子道性善'，又曰'若其情，可以为善'，是如何？"曰："且道性、情、才三者是一物，是三物？"德粹云："性是性善，情是反于性，才是才料。"曰："情不是反于性，乃性之发处。性如水也，情如水之流也。情既发则有善有不善，在人如何耳。才则可为善者也，彼其性既善，则其才亦可以为善。今乃至于为不善，是非才如此，乃自家使得才如此，故曰'非才之罪'。"某问："下云恻隐、羞恶、辞逊、是非之心，亦是情否？"曰："是情。"舜功问："才是能为此者，如今人曰才能？"曰："然。李翱复性则是，云'灭情以复性'则非。情如何可灭！此乃释氏之说，陷于其中不自知。不知当时曾把与韩退之看否？"可学。

○ 孟子论才亦善者，是说本来善底才。淳。

○ 问："孟子言情、才皆善，如何？"曰："情本自善，其发也未有染污，何尝不善！才只是资质，亦无不善。譬物之白者，未染时只是白也。"德明。

○ 砥问："孟子论才专言善，何也？"曰："才本是善，但为气所染，故有善、不善。亦是人不能尽其才。人皆有许多才，圣人却做许多事，我不能做得些子出。故孟子谓：'或相倍蓰而无算者，不能尽其才者也。'"履之。

○ 问："能为善是才。"曰："能为善而本善者是才。若云能为善便是才，则〔能〕为恶亦是才也。"人杰。

○ 或问："'不能尽其才'之意如何?"曰："才是能去恁地做底。性本是好，发于情也只是好，到得动用去做也只是好。'不能尽其才'，是发得略好，便自阻隔了，不顺他道理做去。若尽其才，如尽恻隐之才则必当至于'博施济众'，尽羞恶之才则必当至于'一介不以与人，一介不以取诸人。禄之千乘弗顾，系马千驷弗受'。这是本来自合恁地滔滔做去，止缘人为私意阻隔，多是略有些发动后便遏折了。天便似天子，命便似将告敕付与自家，性便似自家所受之职事。如县尉职事便在捕盗，主簿职事便在掌簿书。情便似去亲临这职事。才便似去动作行移，做许多工夫。邵康节击壤集序云：'性者，道之形体也；心者，性之郛郭也；身者，心之区宇也；物者，身之舟车也。'"贺孙。

○ 孟子言"人之才初无不善"，伊川言"人才所遇之，有善有不善也"。道夫。

○ 士毅问："孟子言才与程子异，莫是孟子只将元本好处说否?"先生曰："孟子言才正如言性，不曾说得杀，故引出荀扬来。到程张说出'气'字，然后说杀了。"士毅。

○ 先生言："孟子论才是本然者，不如程子之备。"蜚卿曰："然则才亦禀于天乎?"曰："皆天所为，但与气分为两路。"又问："程子谓

'才禀于气',如何?"曰:"气亦天也。"道夫曰:"理纯而气则杂。"曰:
"然。理精一,故纯;气粗,故杂。"<u>道夫</u>。

○ 问<u>孟</u>、<u>程</u>所论才同异。先生曰:"才只一般能为之谓才。"问:
"先生集解说'才'字云:'<u>孟子</u>专指其出于性者言之,<u>程子</u>兼指其禀于
气者言之。'又是如何?"曰:"固是。要之,才只是一个才。才之初亦
无不善。缘他气禀有善恶,故其才亦有善恶。<u>孟子</u>自其同者言之,故以
为出于性;<u>程子</u>自其异者言之,故以为禀于气。大抵<u>孟子</u>多是专以性
言,故以为性善,才亦无不善。到<u>周子</u>、<u>程子</u>、<u>张子</u>,方始说到气上。
要之,须兼是二者言之方备。只缘<u>孟子</u>不曾说到气上,觉得此段话无结
杀,故有后来<u>荀扬</u>许多议论出。<u>韩文公</u>亦见得有不同处,然亦不知是
气禀之异不妨有百千般样不同,故不敢大段说开,只说'性有三品'。
不知气禀不同,岂三品所能尽耶!"<u>广</u>。

○ <u>孟子</u>说才,皆是指其资质可以为善处。<u>伊川</u>所谓"才禀于气,
气清则才清,气浊则才浊",此与<u>孟子</u>说才小异,而语意尤密,不可不
考。"乃若其情","非才之罪也",盖以"若"训顺者,未是。犹言如论
其情,非才之罪也。盖谓情之发有不中节处,不必以为才之罪尔。<u>退之</u>
论才之品有三,性之品有五,其说胜<u>荀扬</u>诸公多矣。说性之品便以仁、
义、礼、智言之,此尤当理。说才之品,若如此推究则有千百种之多,
姑言其大概如此,正是气质之说,但少一个气字耳。<u>伊川</u>谓"论气不论
性,不明;论性不论气,不备",正谓如此。如性习远近之类不以气质
言之,不可。正是二<u>程</u>先生发出此理,<u>濂溪</u>论太极便有此意。<u>汉魏</u>以
来忽生<u>文中子</u>,已不多得。至<u>唐</u>有<u>退之</u>,所至尤高。大抵义理之在天地
间,初无泯灭。今世无人晓此道理,他时必有晓得底人。大率如
此。<u>谟</u>。

○ 凡有一物必有一个则，如"羹之有菜者用梜"。_{祖道。}祖道。

富岁子弟多赖章

○ "心之所同然者，谓理也，义也。"_{孟子}此章自"富岁子弟多赖"之下，逐旋譬喻至"理也义也"，意谓人性本善，其不善者，陷溺之尔。"同然"之"然"如"然否"之"然"，〔不是虚字，当从上文看。〕盖自口之同嗜、耳之同听而言，谓人心岂无同以为然者乎？人□以为同然者，只是理义而已，故"理义悦心，犹刍豢之悦口"。_{璧。}

○ 节问："'理义悦我之心'，理义是何物？"答曰："此说理义之在事者。"_{芝。}

○ 黄先之问："心之所以同然者何也？谓理也，义也。圣人先得我心之所同然耳。"先生问："诸公且道是如何？"所应皆不切。先生曰："若恁地看文字，某决定道都不曾将身去体看。孟子这一段前面说许多，只是引喻理义是人所同有。那许多既都相似，这个如何会不相似？理只是事物当然底道理，义是事之合宜处。程先生曰：'在物为理，处物为义。'这心下看甚么道理都有之。如此做，人人都道是好；才不恁地做，人人都道不好。如割股以救母固不是王道之中，然人人都道是好，人人皆知爱其亲，这岂不是理义之心人皆有之！诸公适来都说不切，当这都是不曾体之于身，只略说得通便道是了。"_{贺孙。}

○ 器之问："'理义之悦我心，犹刍豢之悦我口'，颜子'欲罢不能'便是此意否？"曰："颜子固是如此。然孟子所说甚是为众人说，当就人心同处看，我恁地他人也恁地，只就粗浅处看自分晓，却有受用。

若必讨个<u>颜子</u>来证如此，只是<u>颜子</u>会恁地，多少年来更无人会恁地，看得细了，却无受用。"寓。

○ <u>器之</u>问："义理人心之同然，以<u>颜子</u>之乐见悦意。"曰："不要高看，只就眼前看，便都是义理，都是众人公共物事。且如某归家来，见说某人做得好便欢喜，某人做得不好便意思不乐；见说人做官做得如何，见说好底〔自〕是快活，见说不好底自是使人意思不好。岂独自家心下如此，别人都如此。这只缘人心都有这个义理，都好善，都恶不善。"<u>贺孙</u>。

牛山之木尝美矣章

○ <u>贺孙</u>问"牛山之木"一章。曰："'日夜之所息，平旦之气。''日夜之所息'底〔是〕良心，'平旦之气'自是气，是两件物事。夜气如雨露之润，良心如萌蘖之生。人之良心虽是有梏亡，而彼未尝不生。梏如被他禁械在那里，更不容他转动；亡如将自家物失去了。"又曰："'日夜之所息'却是心。夜气清，不与物接，平旦之时即此良心发处。惟其所发者少，而旦昼之所梏亡者展转反覆，是以'夜气不足以存'矣。如睡一觉起来，依前无状。"又曰："良心当初本有十分，被他展转梏亡，则他长一分，自家止有九分；明日他又进一分，自家又退，止有八分。他日会进，自家日会退。此章极精微，非<u>孟子</u>做不得许多文章。别人纵有此意，亦形容不得。老<u>苏</u>门只就<u>孟子</u>学作文，不理会他道理，然其文亦实是好。"<u>贺孙</u>。

○ "平旦之气"，清明之气也。须从牛山之木看来。<u>泳</u>。

○ 夜气存则清过这边来。<u>闳祖</u>。

○ <u>吴仁父</u>问"平旦之气"。曰："心之存亡系乎气之清不清。气清则良心方存立得，良心既存立得，则事物之来方不惑，如'先立乎其大者，则小者弗能夺也'。"又曰："大者既立则外物不能夺。"又问："'平旦之气'何故如此？"曰："歇得这些时后气便清，良心便长。及<u>旦昼</u>则气便浊，良心便着不得。如日月何尝不在天上？却被些云遮了，便不明。"<u>吴知先</u>问："夜气如何存？"曰："<u>孟子</u>不曾教人存夜气，只是说歇得些时气便清。"又曰："他前面说许多，这里只是教人操存其心。"又曰："若存得此心则气常时清，不特平旦时清；若不存得此心，虽歇得些时，气亦不清，良心亦不长。"又曰："睡梦里亦七捞八攘。如井水，不打他便清，只管去打便浊了。"<u>苇</u>。

○ 问："'夜气'一章又说心，又说气，是如何？"曰："本是多说心。若气清则心得所养，自然存得清气；浊则心失所养，便自浊了。"<u>贺孙</u>。

○ <u>敬子</u>问："旦昼不梏亡，则是养得这夜气清明？"曰："不是靠气为主，(尽)〔盖〕要此气去养那仁义之心。如水之养鱼，水多则鱼鲜，水涸则鱼病。养得这气则仁义之心亦好，气少则仁义之心亦微矣。"<u>侗</u>。

○ 问"夜气"一节。曰："今人只说夜气，不知道这却是因说良心未得这夜气来涵养，自因说心又便被他旦昼所为梏亡之。旦昼所为，交衮得没理会。到那夜气涵养得时，清明如一个宝珠相似，在清水里转明彻，顿在浊水中寻不见了。"又曰："<u>旦昼</u>所为，坏了清明之气。夜气微了，<u>旦昼</u>之气越<u>盛</u>。〔一个会盛，〕一个会微。消磨得尽了，便与禽兽不远。"植。

○ "夜气所存如何?"答云:"孟子此段首尾止为良心设尔。人多将夜气便做良心说了,非也。孟子曰'夜气不足以存',盖言夜气至清,足以存得此良心尔。平旦之气亦清,亦足以存吾良心,故其好恶之公犹与人相近,但此心存得不多时也,至'旦〔暮〕〔昼〕之所为则梏亡之矣'。所谓梏者,人多谓梏亡其夜气,亦非也。谓旦昼之为,能梏亡其良心也。"谟。

○ 〔盖卿〕问"夜气"一段。先生曰:"夜气是母,所息者是子。盖所息者本自微了,旦昼只管梏亡。今日梏一分,明日梏一分,所谓'梏之反覆',而所息者泯。夜气亦不足以存,若能存,便是息得仁义之良心。"又曰:"夜气只是不与物接时。"植。

○ 器之问:"孟子'平旦之气'甚微小,如何涵养得完全?"曰:"不能存得夜气,皆是旦昼所为坏了。所谓'好恶与人相近者几希',今只要得去这好恶上理会。日用间于这上见得分晓,有得力处,方与你存。夜气上却未有工夫,只是去'旦'、'昼'理会,这两字是个大关键,这里有工夫。日间进得一分道理,夜气便添得一分。到第二日更进得一分道理,夜气便添得二分。第三日更进得一分道理,夜气便添得三分。日间只管进,夜间只管添,添来添去,这气便盛。恰似使钱相似,日间使百钱,使去九十钱,留得这十钱这里。第二日百钱中使去九十钱,又积得二十钱。第三日如此,又积得三十钱。积来积去,被自家积得多了,人家便从容。日间悠悠地过,无工夫,不长进,夜间便减了一分气。第二日无工夫,夜间又减了二分气。第三日如此,又减了三分气。如此梏亡转深,夜气转亏损了。夜气既亏,愈无根脚,日间愈见作坏。这处便是'梏之反覆,其〔为〕〔违〕禽兽不远矣'。亦似使钱,一日使一百，却侵了一百十钱，所有底便自减了，只有九十。第二日侵了百二十，所留底又减了，只有八十。使来使去转多，这里底日日都消磨尽了。"因举老子言："'治人事天莫若啬。夫惟啬是谓早复，早复谓之重积德，重积德则无不克。'大意也与孟子意相似。但他是就养精神处说，其意自别。平旦之气便是旦昼做工夫底样子，日用间只要此心在这里。"寓。

○ 再三说孟子"夜气"一章，曰："气清则心清。'其日夜之所息，平旦之气'，盖是静时有这好处发见。缘人有不好处多，所以才有好处便被那不好处胜了，不容他好处滋长。然孟子此说只为常人言之，其实此理日间亦有发见时，不止夜与平旦。所以孟子收拾在'操则存，舍则亡'上，盖（与）〔为〕此心操之则存也。"人杰。

○ 问孟子"夜气"一章。曰："气只是这个气，日里也生，夜间也生。只是日间生底为物欲梏之，随手又耗散了。夜间生底则聚得在那里，不曾耗散，所以养得那良心。且如日间目视耳听，口里说话，手足运动，若不曾操存得，无非是耗散底时节。夜间则停留得在那里。如水之流，夜间则闸得许多水住在这里，这一池水便满。次日又放干了，到夜里又聚得些小。若从平旦起时便接续操存而不放，则此气常生而不已。若日间不存得此心，夜间虽聚得些小，又不足以胜其旦昼之梏亡，少间这气都干耗了，便不足以存其仁义之心。如个船阁在干燥处，转动不得了。心如个宝珠，气如水。若水清则宝珠在那里也莹彻光明，若水浊则和那宝珠也昏浊了。"又曰："'夜气不足以存'，非如公说心不存与气不存，是此气不足以存其仁义之心。伊川云'夜气所存，良知良能也'，这'存'字是个保养护卫底意。"又曰："此段专是主仁义之心说，所以如'此岂山之性也哉'下，便接云'虽存乎人者，岂无仁义之心哉'。"又曰："此章不消论其他，紧要处只在'操则存'上。"僩。

○ 问："两日作工夫如何？"某答略如旧所对。先生曰："'夜气'章如何？"答以："萌蘗生上便见得无止息本初之理。若完全底人，此气无时不清明。却有一等日间营营梏亡了，至夜中静时犹可收拾。若于此更不清明，则是真禽兽也。"先生曰："今用何时气？"答云："总是一气。若就孟子所说，用平旦气。"先生曰："'夜气不足以存'，先儒解多未是。'不足以存'，不足以存此心耳，非谓存夜气也。此心虚明广大，却被他梏亡。日间梏亡既甚，则夜一霎时静亦不存，可见其都坏了。"<u>可学</u>。

○ <u>吴孟仁父</u>问"平旦之气"。先生曰："气清则能存固有之良心。如旦昼之所为，有以汩乱其气，则良心为之不存矣。然暮夜止息，稍不纷扰，则良心又复生长。譬如一井水，终日搅扰动便浑了那水，至夜稍歇则便有清水出矣。所谓'夜气不足以存'者，便是搅动得太甚，则虽有止息时，此水亦不能清矣。"<u>铢</u>。〔<u>㝢</u>录别出。〕

○ "平旦之气。"只是夜间息得许多时节，不与事物接，才惺来便有得这些自然清明之气，此心自恁地虚静。少间才与物接，依旧又汩没了。只管汩没多，虽夜间休息，是气亦不复存。所以有终身昏沉，展转流荡，危而不复者。<u>贺孙</u>。

○ "人心于应事时，只如那无事时方好。"又举孟子"夜气"一章云："气清则心清。'其日夜之所息'是指善心滋长处言之。人之善心虽已放失，然其日夜之间亦必有所滋长，又得夜气澄静以存养之，故平旦气清时，其好恶亦得其同然之理。则其'旦昼之所为，有梏亡之矣'，此言人才有此（义）〔善〕心便有不善底心来胜了，不容他那善底滋长耳。"又曰："今且看那平旦之气，自别。"<u>广</u>云："如童蒙诵书，到气昏时，虽读数百遍，愈更念不得。及到明早，又却自念得。此亦可见平旦之气之清也。"曰："此亦只就气上说，故孟子末后收归心上去。"曰："'操则存，舍则亡。'盖人心能操则常存，岂特夜半、平旦?"又云："恻隐、羞恶是已发处，人须是于未发时有工夫始得。"广。

○　因论夜气存养之说，曰："某尝见一种人汲汲营利求官职，不知是勾当甚事。后来思量孟子说：'所欲有甚于生者，所恶有甚于死者，非独贤者有是心也，人皆有之，贤者能勿丧耳。'他元来亦有此心，只是他自失了，今却别是一种心，所以不见义理。"文蔚云："他虽是如此，想羞恶之心亦须萌动，亦自见得不是，但不能胜利欲之心耳。"曰："只是如此济甚事? 今夜愧耻，明日便不做方是。若愧耻后又却依旧自做，何济于事!"文蔚。

○　"'牛山之木'，譬人之良心，句句相对，极分明。天地生生之理本自不息，惟旦昼之所为有所梏亡。然虽有所梏亡，而夜气之所息，平旦之气（息）〔自〕然有所生长，自此渐能存养则良心渐复。惟其于梏亡之余，虽略略生长得些（了）〔子〕，至日用间依旧汩于物欲，又依然坏了，则是'梏之反覆'。虽夜间休息，其气只恁地昏，亦不足以存此良心。故下面又说：'苟得其养，无物不长；苟失其养，无物不消。'见得虽梏亡之余，有以养之则仁义之心即存。缘是此心本不是外面取来，乃是与生俱生。下又说存养之要，举孔子之言'操则存，舍则亡'，见此良心，其存亡只在眇忽之间，才操便在这里，才舍便失去。若能知得常操之而勿放，则良心常存，夜之所息益有所养；夜之所养愈深，则旦昼之所为无非良心之发见矣。"又云："气与理本相依。旦昼之所为不害其理，则夜气之所养益厚；夜之所息既有助于理，则旦昼之所为益无不（常）〔当〕矣。日间梏亡者寡，则夜气自然清明虚静，至平旦亦然，至旦昼应事接物时亦莫不然。"贺孙。

○ 刘用之问"夜气"之说。曰："他大意只在'操则存，舍则亡'两句上。心一放时便是斧斤之戕、牛羊之牧，一收敛在此，便是日夜之息、雨露之润。他要人于旦昼时不为事物所汩。"文蔚。

○ 器之问："'平旦之气'，其初生甚微，如何道理能养得长?"曰："亦只逐日渐渐积累，工夫都在'旦昼之所为'。今日长得一分，夜气便养得一分。明日又长得一分，明夜又养得两分，便是两日事。日日积累，岁月既久，自是不可御。今若坏了一分，夜气渐薄，明日又坏，便坏成两分，渐渐消，只管无。故曰：'旦昼之所为，有梏亡之矣。梏之反覆，夜气不足以存。'到消得多，夜气益薄，虽息一夜，也存不得。又以爱惜钱物为喻，逐日省节，积累自多。"贺孙。〔寓录别出。〕

○ 器远问："'平旦之气'，缘气弱，易为事物所胜，如何?"曰："这也别无道理，只是渐渐生〔崖〕将去，自有力。这处只是志不果。"复说："第一义方如(违)〔这〕个，只有个进步崖将去底道理，这只是有这义。若于此不见得义，便说今日〔做〕不得且待来日，这事做不得且备员做些子，这都〔是〕第二、第三义。"贺孙。

○ 问："'平旦之气'少顷便为事物所夺，气禀之弱如何〔可〕以得存?"先生云："这个不容说，只是自去照顾，久后自惯，便自然别。"卓。

○ 问"夜气"。答曰："夜气静。人心每日梏于事物，斲丧戕贼，所余无几，唯夜气静，庶可以少存耳。至夜气之静而犹不足以存，则去禽兽不远，言人理都丧也。前辈皆无明说。某因将孟子反覆熟读，每一段三五十过，至此方看得出。后看程子却说：'夜气之所存者，良知良能也。'与臆见合。以此知观书不可苟，须熟读深思，道理自见。"大雅。

○ 景绍问"夜气"、"平旦之气"。曰："这一段，其所主却在心。某尝谓只有伊川说'夜气之所存者，良知也，良能也'，诸家解注惟此说为当。仁义之心，人所固有，但放而不知求，则天之所以与我者始有所汩没矣。是虽如此，然其日夜之所休息，〔至〕于平旦其气清明，不为利欲所昏，则本心好恶犹有与人相近处。至'其旦昼之所为，又有以梏亡之。梏之反覆'，则虽有这些夜气，亦不足以存养其良心。反覆只是循环。'夜气不足以存'，则虽有人之形，其实与禽兽不远。故下文复云'苟得其养，无物不（养）〔长〕；苟失其养，无物不消'，良心之消长只在得其养与失其养尔。'牛山之木尝美矣'，是喻人仁义之心。'郊于大国，斧斤伐之'，犹人之放其良心。'日夜之所息，雨露之所润，非无萌蘗之生'，便是'平旦之气，其好恶与人相近'处。旦昼之梏亡，则又所谓'牛羊又从而牧之'，虽芽蘗之萌，亦是戕贼无余矣。"道夫问："此莫是心为气所动否？"曰："然。"〔章末所问，疑有未尽。道夫。〕

○ 畅录夜气一章好。可学。

○ 问："'操则存'章，其注云'出〔入〕无定时，亦无定处'。既云操则常存，则疑若有一定之所矣。"曰："无定所。此四句但言本心神明不测，不存即亡，不出即入，本无定所。如今处处常要操存，安得有定所！某常说'操则存'、'克己复礼'、'敬以直内'等语，不须讲量，不须论辨，只去操存、克复便了。只今眼下便是用功处，何待拟议思量！与辨论是非、讲究道理不同，若此等处只下着头做便是，不待问人。"僴。

○ "操则存，舍则亡"，只是人能持此心则心在，若舍之便如去失了。求放心不是别有一物在外，旋去收拾回来。只是此心频要省察，才觉不在便收之尔。〔接先生他语："只操便存，只求便是不放。"〕如复卦所谓

"出入无疾"，出只是指外而言，入只是指内而言，皆不出乎一卦。孟子谓"出入无时"，心岂有出入？只要人操而存之耳。明道云"圣贤千言万语，只要人收已放之心"，释氏谓"一大藏教只是一个注脚"。所谓"圣贤千言万语"，亦只是一个注脚而已。谟。

○　砥问"操则存"。曰："心不是死物，须把做活看。不尔则释氏入定、坐禅。操存者，只是于应事接物之时，事事中理便是存。若处事不是当，便心不在。若只管兀然守在这里，蓦忽有事至于吾前，操底便散了，却是'舍则亡'也。"仲思问："于未应接之时如何？"曰："未应接之时只是戒谨恐惧而已。"又问："若戒谨恐惧，便是把持。"曰："也〔须〕是持。（不但）〔但不〕是（破）〔硬〕捉在这里，只要提教他醒便是操，不是块然自守。"履之。

○　"操存舍亡只在瞬息之间，不可不常常着精采也。"又曰："孟子'求放心'语已是宽，若'居处恭，执事敬'二语，更无余欠。"贺孙。

○　求放、操存皆兼动静而言，非块然默守之谓。道夫。

○　"操则存"须于难易间验之。若见易为力则真能操也；难则是别以一物，操之未真也。伯羽。

○　"操则存，舍则亡，出入无时，莫知其乡，惟心之谓与"，"为仁由己，而由人乎哉"，这个只在我，非他人所能与也。非礼勿视听言动，勿与不勿在我而已。今一个无状底人忽然有觉，曰："我做得无状了！"便是此心存处。孟子言"求其放心"，亦说得慢了。贺孙。

○　"操则存，舍则亡，出入无时，莫知其乡。"更不知去操舍上做工夫，只在出入上做工夫。<u>汤泳</u>。

○ <u>孟子</u>言操舍存亡，都不言所以操存求放之法，只操之、求之便是。<u>知言</u>问"以放心求心如何"，问得来好，他答不得，只举<u>齐王</u>见牛事。殊不知只觉（这）〔道〕我这心放了底便是心，何待见牛时方求得！<u>伯羽</u>。<u>彪居正</u>问："<u>五峰胡仁仲</u>曰'人之所以不仁者，以放其良心也'。以放心求心可乎？"答曰："<u>齐王</u>见牛而不忍杀，此良心之苗裔，因利欲之间而见者也。一有见焉，操而存之，存而养之，养而充之，以至于大，大而不已，与天同矣。此心在人，其发见之端不同，要在识之而已。"

○ "入"不是已放之心入来。<u>升卿</u>。

○ 因操舍而有存亡出入。<u>偁</u>。

○ <u>道夫</u>言："往尝与<u>子昂</u>论心无出入，只谓心大无外、固无出入。<u>道夫</u>因思心之所以存亡者，以放下与操之之故，非真有出入也。"曰："言有出入也是一个意思，言无出入也是一个意思。但今以夫子之言求之，他分明道'出入无时'。且看自家今汩汩没没在这里，非出入而何？惟其神明不测所以有出入，惟其能出入所以神明不测。"<u>道夫</u>。

○ 或问："'出入无时'非真有出入，只是以操舍言。"曰："出入便是存亡。操便存，舍便亡。"又曰："有人言（有）〔无〕出入，说得是好。某看来亦只是他偶然天资粹美，不曾大段流动走作，所以自不见得（无）〔有〕出入。要之，心是有出入。此亦只是可以施之于他一身，不可为众人言。众人是有出入，圣贤立教通为众言，不为一人言。"<u>贺孙</u>。

○ "'操则存，舍则亡。'程子以为操之之道惟在'敬以直内'而已，如今做工夫却只是这一事最紧要。这'主一无适'底道理却是一个大底，其他道理总包在里面，其他道理已具。所谓穷理亦止是自此推之，不是从外面去寻讨。一似有个大底物事，包得百来个小底物事，既存得这大底，其他小底只是逐一为他点过，看他如何模样、如何安顿。如今做工夫只是这个最紧要。若是闲时不能操而存之，这个道理自是间断，及临事方要穷理，从那里捉起！惟是平时常操得存，自然熟了，将这个去穷理，自是分明。事已，此心依前自在。"又云："虽是识得个大底都包得，然中间小底又须着逐一点掇过。"贺孙。

○ 问："范淳夫女读孟子，据伊川所说孟子，却是转语。"曰："是此女自见得如此。"可学。

○ 伯丰问范淳夫之女说心。先生云："此是此女资质美，心定后见得他心无出入，故如此说。孟子却说得大，为常人言之。"人杰。

○ 伯丰问："淳夫女子'虽不识孟子，却识心'，如何？"曰："试且看程子当初如何说？"及再问，方曰："人心自是有出入，然亦有资禀好底，自然纯粹。想此女子自觉得他个心常湛然无出入，故如此说。只是他一个如此。然孟子之说却大，乃是为天下人说。盖心是个走作底物。伊川之意只谓女子识心，却不是孟子所用夫子之言耳。"銖。

○ 范淳夫之女读孟子，谓："心岂有出入？"伊川闻之，曰："此女虽不识孟子，却能识心。"此一段说正要人看。孟子举孔子之言曰"出入无时，莫知其乡"，此别有说。伊川言（纯）〔淳〕夫女"却能识心"，心却易识，只是不识孟子之意。谟。去伪同。

生我所欲章

○ 问"舍生取义"。曰:"此不论物之轻重,只论义之所安耳。"
时举。

○ 上蔡谓:"义重于生则舍生取义,生重于义则舍义取生。"此说
不然。义无可舍之理,当死而死,义在于死;不当死而死,义在于不
死,无往而非义也。闳祖。

○ "义在于生则舍死而取生,义在于死则舍生而死。上蔡谓:'义
重于生则舍生而取义,生重于义则当舍义而取生。'既曰'义在于生',
又岂可言'舍义取生'乎?"蜚卿问:"生,人心;义,道心乎?"曰:
"欲生恶死,人心也;惟义所在,道心也。权轻重却又是义。明道云
'义无对',或曰'义与利对'。"道夫问:"若曰'义者利之和',则义依
旧无对。"曰:"正是恁地。"道夫。

仁人心也章

○ 问:"'仁,人心也;义,人路也',路是设譬喻,仁却是直指
人心否?"曰:"'路'字非譬喻。恐人难晓,故谓此为人之路,在所必
行尔。"谟。

○ 或问"仁,人心也;义,人路也"。答曰:"此犹人之行路尔。
心即人之有知识者,路即贤愚之所共由者。孟子恐人不识仁义,故以此
喻之。然极论要归只是心尔。若于此心常得其正则仁在其中,故自'舍

正路而不由，放其心而不知求'以下一（句）〔向〕说从心上去。"大雅。

○ 余景思问仁之与心。曰："'仁'字是虚，'心'字是实。如水之必有冷，'冷'字是虚，'水'字是实。心之于仁亦犹水之冷、火之热。学者须当于此心未发时加涵养之功，则所谓恻隐、羞恶、辞逊、是非发而必中。方其未发之时，此心之体寂然不动，无可分别，且只恁混沌养将去。若必察其所谓四者之端，则既思便是已发。"道夫。

○ （致）〔敬〕之问"仁，人心也"。答曰："仁是无形迹底物事，孟子恐人理会不得，便说道只人心便是。（知）〔却〕不是把仁来形容人心，乃是把人心来指示仁也。所谓'放其心而不知求'，盖存得此心便是仁，若此心放了，又更理会甚仁！今人之心静时昏、动时扰乱，便皆是放了。"〔时举。〕

○ "飞卿闻孟子说'求放心'从'仁，人心也'说将来。莫是收此心便是仁，存得此心可以存仁否？"曰："也只是存得此心可以存此仁。若只收此心，更无动用生意，又济得甚么！所以明道又云'自能寻向上去'。这是已得此心方可做去，不是道只块然守得这心便了。"问："放心还当将放了心（这）重新收来，还只存此心便是不放？"曰："〔看程先生所说，文义自是如此，意却不然。只存此心便是不放，〕不是将已纵出了底依旧收将转来。如'七日来复'，终不是已往之阳重新将来复生。旧底已自过去了，这里自然生出来。这一章意思最好，须将来日用之间常常体认看。这个初无形影，忽然而存，忽然而亡。'诚无为，几善恶'，通书说此一段尤好。'诚无为'只是常存得这个实理在这里，惟是（当）〔常〕存得实理在这里，方始见得〔几〕，（或）方始识得善恶。若此心放而不存，一向反覆颠错了，如何别认得善恶？以此知这道理虽然说得有许多头项，看得熟了都自相贯通。圣贤当初也不是有意说许多头项，只因事而言。"贺孙。

○ "放心"，不独是走作唤做放，才昏睡去也则是放。恪。

○ 触物而放去是出。在此安坐，不知不觉被他放去，也是出。故学先求放心。升卿。

○ 收放心只是收物欲之心。如理义之心即良心，切不须收。须就这上看教熟，见得天理人欲分明。从周。

○ "学问之道无他，求其放心而已。"不是学问之道只有求放心一事，乃是学问之道皆所以求放心。如圣贤一言一语都是道理。贺孙。

○ "文字极难理会。孟子要略内说放心处又未是。前夜方思量得出，学问之道皆所以求放心，不是学问只有求放心一事。程先生说得如此，自家自看不出。"问贺孙："晓得否？"答云："如程先生说'吾作字甚敬，只此便是学'，这也可以收放心，非是要字好也。"曰："然。如洒扫应对，博学、审问、慎思、明辨，皆所以求放心。"贺孙。

○ 问："程子说圣人千言万语云云，此下学上达工夫也。某切谓心若已放了恐未易收拾，不审其义如何？"曰："孟子谓'出入无时，莫知其乡'，心岂有出入！出只指外而言，入只指内而言，只是要人操而存之耳，非是如物之散失而后收之也。"晦夫。

○ "求放心"，明道曰："圣贤千言万语，只是教人将已放底心反复入身来。〔自能寻向上去，下学而上达。〕"〔池本下云："看下二句，必不至空守此心，无所用也。"〕伊川曰："心本善，流入于不善。"须是理会伊川此语。若不知心本善，只管去把定这个心教在里，只可静坐，或如释氏有体无用，应事接物不得。流入不善是失其本心，如"向（谓）〔为〕身死而不受，今为妻妾之奉为之"，若此类是失其本心。又如心有忿懥、恐惧、好乐、忧患，则不得其正。贺孙。按，他本"须是"以下四十六字作"乃放也。四端备于吾心，心有然后能广而充之，心放则颠冥莫觉"。又"不得其正"下有"心不在焉亦是放，二说未常相碍"几字。

○ 明道先生说"圣贤千言万语"〔云云〕，只是大概说如此。若"已放之心"，这个心已放去了，如何会收得转来！只是莫令此心逐物去，则此心便在这里。不是如一件物事放去了又收回来。且如浑水自流过去了，如何会收得转！后来自是新底水。周先生曰"诚心，复其不善之动而已"，只是不善之动消于外，则善便实于内。"操则存，舍则亡"，只是操则此心便存。孟子曰"人有鸡犬放则知求之，有放心而不知求"，可谓善喻。然鸡犬犹有放失求而不得者，若心则求着便在这里。只是知求则心便在此，未有求而不可得者。贺孙。

○ 明道云："圣贤千言万语，只是教人收已放底心反复入身来，自能寻向上去，下学而上达也。"伊川云："人心本善，流而为恶，乃放也。"初看亦自疑此两处。诸公道如何？须看得此两处自不相碍乃可。二先生之言本不相碍，只是一时语，体用未甚完备。大意以为此心无不善，止缘放了，苟才自知其已放则放底便断，心便在此。心之善如恻隐、羞恶、恭敬、是非之端，自然全得也。伊川所谓"人心本善"，便正与明道相合。惟明道语未明白，故或者错看，谓是收拾放心，遂如释氏守个空寂。不知其意谓收放心则存得善端，渐能广而充之，非如释氏徒守空寂，有体无用。且如一向纵他去与事物相靡相刃，则所谓恻隐、羞恶、恭敬、是非之善端，何缘存得？贺孙。

○ 上有"学问"二字在，不只是"求放心"便休。节。

○ 节问："孟子只说学问之道在求放心而已，不曾欲他为。"曰："上面煞有事在，注下说得分明，公但去看。"又曰："说得太紧切则便有病。孟子此说太紧切，便有病。"节。

○ 孟子言"求放心"。你今只理会这物事常常在时，私欲自无着处。且须持敬。祖道。

○ 黎季成问"放心"。曰："如'求其放心'、'主一之谓敬'之类，不待商量便合做起，若放迟霎时则失之。如辨明是非、经书有疑之类，则当商量。"盖卿。

○ 因说："'学问之道无他，求其放心而已。'旧看此只云但求其放心，心正则自定，近看尽有道理。须是看此心果如何，须是心中明尽万理方可，不然，只欲空守此心，如何用得！如平常一件事合放重，今乃放轻，此心不乐，放重则心乐。此可见此处乃与大学致知、格物、正心、诚意相表里。"某谓："若不于穷理上作工夫，遽谓心正，乃是告子不动心，如何守得？"曰："然。"又问："旧看'放心'一段，第一次看只是谓不过求放心而已。第二次看，切谓放心既求，尽当穷理。今闻此说，乃知前日第二说已是隔作两段。须是穷理而后〔求〕得放心，不是求放心而后穷理。"曰："然。"可学。

○ 鸡犬有时为人所杀，难寻。心才求便得，较易。节。

○ 放心只是知得便不放。如鸡犬之放，或有隔一宿求不得底，或有被人杀终身求不得底。如心，则才知是放，则此心便在这里。五峰有一段说得甚长，然说得不是。他说齐王见牛为求放心。如终身不见此牛，不成此心便常不见？只消说知其为放，而求之则不放矣。"而求之"三字亦剩了。从周。公晦同。

○ "求放心"，只觉道："我这心如何放了！"只此念才起，此言未出口时便在这里。不用拟议别去求之，但常省之而勿失耳。伯羽。

○ 问："人心才觉时便（住）〔在〕？""孟子说'求放心'，'求'字已是透了。"元秉。

○ 又曰："知得心放，此心便在这里，更何用求？适见道人题壁云'苦海无边，回头是岸'，说得极好。"〔端蒙。〕

○ "求放心"非以一心求一心，只求底便是已收之心。"操则存"非以一心操一心，只操底便是已存之心。心虽放千百里之远，只一收便在此，他本无去来也。伯羽。

○ 孟子言"人有鸡犬放则知求之，至于心放而不求"。某以为，鸡犬放则有未必可求者，惟是心才求则便在，未有求而不可得者。道夫。

○ 或问："求放心，愈求则愈昏乱，如何？"曰："即求者便是贤心也，知求则心在矣。今以已在之心复求心，即是有两心矣。虽曰譬之鸡犬，鸡犬却须寻求乃得。此心不待宛转寻求，即觉其失，觉处即心，何更求为？自此更求，自然愈失。此用力甚不多，但只要常知提惺尔。惺则自然光明，不假把捉。今言'操之则存'，又岂在用把捉！他亦只是欲常常惺觉，莫令放失便是。此事用力极不多，只是些子力尔。然功成后却应事接物，观书察理，事事赖他。如推车子，初推却用些力，车

1283

既行后，自家却赖他以行。"大雅。

○　学须先以求放心为本。致知是他去致，格物是他去格；正心是他去正，无忿懥等事；诚意是他自省悟，勿夹带虚伪；修身是他为之主，不使好恶有偏。伯羽。

○　大概人只要求个放心，日夕常照管令在。〔力量既〕充，自然应接从容。敬仲。

○　"学问之道无他，求其放心而已。"诸公为学且须于此着切用工夫。且学问固亦多端矣，而孟子直以为无他。盖身如一屋子，心如一家主。有此家主然后能洒扫门户，整顿事务。若是无主，则此屋不过一荒屋尔，实何用焉？且如中庸言学、问、思、辨四者甚切，然而放心不收则以何者而学、问、思、辨哉！此事甚要。诸公每日若有文字思量未透，即可存着此事。若无文字思量，即收敛此心，不容一物，乃是用功也。处谦。

○　"福州陈烈，少年读书不上，因见孟子'求放心'一段，遂闭门默坐半月，出来遂无书不读。亦是有力量人，但失之怪耳。"因曰："（令）〔今〕人有养生之具，一失之便知求之。心却是与我同生者，因甚失而不求？"或云："不知其失耳。"曰："今圣贤分明说向你，教你求又不求，何也？孟子于此段再三提起说，其谆谆之意岂为苟然哉？今初求须猛勇作力，如煎药，初用猛火，既沸之后，方用慢火养之，久之须自熟也。"大雅。

○　孟子曰"求其放心而已矣"。当于未放之前看如何，已放之后看如何，复得了又看是如何。作（二）〔三〕节看后自然习熟，此心不至于放。季札。赐同。

○ "求放心"，初用求，后来不用。所以病翁说"既复其初，无复之者"。文蔚。

○ 孟子说"放心"自是一段，连带正说"舍生取义"，故结云"是之谓失其本心"。可学。

人之于身也兼所爱章

○ "孟子文义自分晓，只是熟读，教他道理常在目前胸中流转始得。"又云："'饮食之人，无有失也，则口腹岂适为尺寸之肤哉！'此数句被恁地说得倒了，倒音"到"。也自难晓。意谓使饮食之人真个无所失，则口腹之养本无害。然人屑屑理会口腹，则必有所失无疑。是以当知养其大体，而口腹底他自会去讨吃，不到得饿了也。"贺孙。

钧是人也章

○ 从其大体。"耳目之官不思则蔽于物，心之官则思"，所以从其大体。泳。

○ 问"物交物"。曰："上个'物'字主外物言，下个'物'字主耳目言。孟子说得此一段好，要子细看。耳目谓之物者，以其不能思。心能思，所以谓之大体。"问："'官'字如何？"曰："官是主。心主思，故曰'先立乎其大者'。昔汪尚书见焦先生，问为学如何，焦先生只说一句'先立乎其大者'。"祖道。

○ 问："'耳目之官不思而蔽于物'，蔽是遮蔽否？"曰："然。"又问："如目之视色，从他去时便是为他所蔽。若能思，则视其所当视，不视其所不当视，则不为他所蔽矣。"曰："然。若不思，则耳目亦只是一物，故曰'物交物，则引之而已矣'。"<u>广</u>。

○ 耳目之官不能思，故蔽于物。耳目，一物也；外物，一物也。以外物而交乎耳目之物，自然是被他引去也。唯"心之官则思"，故"思则得之，不思则不得"，惟在人思不思之间耳。然此物乃天之与我者，所谓大者也。君子当于思处用工，能不妄思，是能"先立其大者"也，"立"字下得有力。夫然后耳目之官小者弗能夺也，是安得不为大人哉！<u>大雅</u>。

○ 且耳目亦物也，不能思而交于外物，只管引将去。心之官固是主于思，然须是思方得。若不思，却倒把不是做是，是底却做不是。心虽主于思，又须着思方得其所思。若不思，则邪思杂虑便顺他做去，却害事。<u>贺孙</u>。

○ "心之官则思"，固是元有此思。只恃其有此恁地，如何却不得，须是去思方得之，不思则不得也。此最要紧。下云"先立乎其大者"，即此思也。心元有思，须是人自主张起来。<u>贺孙</u>。

○ "此天之所以与我者"，古本"此"皆作"比"，<u>赵岐</u>注亦作"比方"。天之与我者则心为大，耳目为小，其义则一般。但<u>孟子</u>文恐不如此。"比"字不似"此"字较好。<u>广</u>。

○ "<u>孟子</u>说'先立乎其大者，则其小者弗能夺也'，此语最有力，且看他下一个'立'字。昔<u>汪尚书</u>问<u>焦先生</u>为学之道，<u>焦</u>只说一句曰

'先立乎其大者'。以此观之，他之学亦自有要。卓然竖起自心便是立，所谓'敬以直内'也。故孟子又说：'学问之道无他，求其放心而已矣。'求放心，非是心放出去又讨一个心去求他。如人睡着觉来，睡是他自睡，觉是他自觉，只是要常惺惺。"赵昌父云："学者只缘断续处多。"曰："只要学一个不断续。"<u>文蔚</u>。

○ "先立乎大者，则小者不能夺。"今忘前失后，心不主宰，被物引将去，致得胶扰，所以穷他理不得。<u>德明</u>。

○ 问："孟子解所载范浚<u>心铭</u>，不知范曾从谁学？"曰："不曾从人，但他自见得到，说得此件物事如此好。向见<u>吕伯恭</u>甚忽之，问：'须得取他铭则甚？'某曰：'但见他说得好，故取之。'曰：'似恁说话，人也多说得到。'某曰：'正为少见有人能说得如此者，此意盖有在也。'"<u>广</u>。

有天爵者章

○ 问"修其天爵而人爵从之"。曰："'从'不必作'听从'之'从'，只修天爵，人爵自从后面来，如'禄在其中矣'之意。修其天爵自有个得爵〔禄〕底道理，与邀求者气象大故相远。"<u>去伪</u>。

○ <u>黄先之</u>问尽心。曰："尽心是竭尽此心，今人做事那曾做得尽？只尽得四五分心便道了。若是尽心，只是一心为之，更无偏旁奇底心，如恶恶臭，如好好色，必定是如此。如云'尽心力为之'。"又问修天爵从之章。曰："那般处也自分晓，但要自家去自体认那个是内、那个是外，自家是向那边去，那边是是、那边是不是。须要实见得如此。"贺孙问:"古人尚修天爵以要人爵,今人皆废天爵以要人爵。"曰:"便是如此。"贺孙。

仁之胜不仁也章

○ "仁之胜不仁也,犹水胜火。"以理言之,则正之胜邪、天理之胜人欲甚易,而邪之胜正、人欲之胜天理若甚难。以事言之,则正之胜邪、天理之胜人欲甚难,而邪之胜正、人欲之胜天理而甚易。盖才是蹉失一两件事,便被邪来胜将去。若以正胜邪,则须是做得十分工夫方胜得他,然犹自恐相胜他未尽在。止如人身正气稍不足,邪便得以干之矣。僩。

五谷者种之美者章

○ 夫仁,亦在乎熟之而已矣。文蔚。

○ "苟为不熟,不如荑稗","君子之志于道也,不成章不达"。如今学者要紧也成得一个坯模定了,出治工夫却在人。只是成得一个坯模了,到做出治工夫却最难,正是天理人欲相胜之地。自家这里胜得一分,他那个便退一分;自家这里退了一分,他那个便进一分。如汉楚相持于成皋、荥阳,只争这些子。贺孙。

○ 一日,举孟子"五谷者,种之美者也,苟为不熟,不如荑稗",诲诸生曰:"和尚(闻)〔问〕话只是一言两句。稗,荑稗之熟者也。儒有明经者,通彻了,不用费辞,亦一言两句,义理便明白。否则却是'五谷不熟,不如荑稗'者也。"谟。

礼与食孰重章

○ "亲迎则不得妻，不亲迎则得妻"，如古者国有凶荒，则杀礼而多昏，周礼荒政十二条中亦有此法。盖贫穷不能备亲迎之礼，法许如此。_僴。

人皆可以为尧舜章

○ "尧舜之道，孝弟而已矣"，这只是对那不孝、不弟底说。孝弟便是尧舜之道，不孝、不弟便是桀纣。_僴。

○ 孟子道"人皆可以为尧舜"，何曾便道是尧舜更不假修为！且如银坑有矿，谓矿非银，不可；然必谓之银，不可。须用烹炼，然后成银。_椿。

○ "归而求之，有余师"，须是做工夫。若茫茫恁地，只是如此。如前夜说读书，正是要自理会。且如在这里如此读书，若归去也须如此读书。看孟子此一段发意如此大，却在疾行、徐行上面。要知工夫须是自理会，只在此，不是别人干预得底事。_{贺孙}。

鲁欲使慎子为将军章

○ 毅然问："孟子说齐鲁皆封百里，而先生向说齐鲁始封七百里者，何邪?"曰："此等处皆难考。如齐'东至于海，西至于河，南至于

穆陵，北至于无棣'，鲁跨许宋之境，皆不可谓非五七百里之阔。"淳
问："王制与孟子同，而周礼'诸公之地封疆方五百里，诸侯方四百里，
伯三百里，子二百里，男百里'。郑氏以王制为夏商制，谓夏商中国方
五千里，周公斥而大之，中国方七千里，所以不同。"曰："郑氏只文字
上说得好看，然甚不晓事情。且如百里之国，周人欲增到五百里，须并
四个百里国地方做得一国，其所并四国又当别裂地以封之。如此，则天
下诸侯东迁西移，改正宗庙社稷，皆为之骚动矣。若如此趱去，不数大
国便无地可容了，许多国何以处之？恐不其然。切意其初只方百里，后
来吞并，遂渐渐大。如'禹会诸侯于涂山，执玉帛者万国'，到周时只
有千八百国。自非吞并，如何不见许多国？武王时诸国地已大，武王亦
不奈何，只得就而封之。当时封许多功臣百姓之国，缘当初'灭国者五
十'，得许多空地可封，不然则周公、太公亦自无安顿处。若割取诸国
之地，则宁不谋反如汉晁错之时乎？然则孟子百里之说，亦只是大纲
如此说，不是实考得见古制。"淳。

○ "古者制国，土地亦广，非如孟子百里之说。如管仲责楚，说
齐地'东至于海，西至于河，南至穆陵，北至无棣'，土地尽阔。禹会
涂山，'执玉帛者万国'。后来更相吞噬，到周初只有千八百国，是不及
五分之一矣，想得（所）〔并〕来尽大。周封新国若只用百里之地介在
其间，岂不为大国所吞！亦缘是'诛纣伐奄，灭国者五十'，得许多土
地，方封许多人。"问："周礼所载诸公之国方五百里，诸侯之国方四百
里云云者，是否？"曰："看来怕是如此。孟子时去周初已六七百年，既
无载籍可考，见不得端的。如'五十而贡，七十而助'，此说自是难
行。"问："王制疏载周初封建只是百里，后来灭国渐广，方添封至数百
里。"曰："此说非是。诸国（公）〔分〕地先来定了，若后来旋添，便
须移动了几国徙去别处方得，岂不劳扰！"侗。

舜发于畎亩章

○ 问："自'舜发于畎亩之中'至'孙叔敖举于海'，明道谓'若要熟，也须从这里过'。人须从经困贫艰苦中做来，方坚牢。"曰："若不从这里过，也不识所以坚牢者，正缘不曾亲历了，不识。似一条路，须每日从上面往来，行得熟了，方认得许多险阻去处。若素不曾行，忽然一旦撞行将去，少间定堕坑落堑去也。"_僴。

○ 明道曰："自'舜发于畎亩之中'云云，若要熟，也须从这里过。"只是要事事经历过。_{贺孙}。

○ "动心忍性"者，动其仁义礼智之心，忍其声色臭味之性。_铢。

○ "困心衡虑，征色发声"，谓人之有过而能改者如此。"困心衡虑"者，〔心〕觉其有过微；"征色发声"者，其过形于外。_{人杰}。

教亦多术矣章

○ "予不屑之教诲也者"，赵氏曰："屑，洁也。"考孟子"不屑就"与"不屑不洁"之言，"屑"字皆当作"洁"字解。所谓"不屑之教诲者"，当谓不以其人为洁而教诲之。如"坐而言，不应，隐几而卧"之类。大抵解经不可便乱说，当观前后字义也。_{人杰}。

朱子语类卷第六十

孟子十

尽心上

尽其心者章

○ "尽其心者，知其性也"，"者"字不可不子细看。人能尽其心者由于知其性，知性却在先。<u>文蔚</u>。

○ <u>李</u>问"尽其心者，知其性也"。先生曰："此句文势与'得其民者，得其心也'相似。"<u>雉</u>。

○ 人（彼）〔往〕往说先尽其心而后知性，〔非也。〕心性本不可分，况其语脉是"尽其心者，知其性"。心只是包着这道理，尽知得其性（知）〔之〕道理便是尽其心者。只要理会尽心，不知如何地尽！<u>营</u>。

○ "尽其心者，知其性也。"所以能尽其心者，由先能知其性，知性则知天矣。知性知天则能尽其心矣，不知性不能以尽其心。"格物而后知至。"<u>道夫</u>。

○ 尽其心者由知其性也。先知得性之理，然后明得此心。知性犹格物，尽心犹知至。<u>德明</u>。

○ 知性者，物格也；尽心者，知至也。"物"字对"性"字，"知"字对"心"字。<u>芟</u>。

○ 知性然后能尽心，（知）〔先〕知然后能尽，未有先尽而后方能知者，盖先知得性之理然后见得尽。<u>芟</u>。

○ 王德修问"尽心然后知性"。先生答曰："以某观之，性情与心固是一理，然命之以心，却似包着这性情在里面。故孟氏语意却似说尽其心者，以其知性故也。此意<u>横渠</u>得之，故说'心统性情者也'，看得精。<u>邵尧夫</u>亦云：'性者，道之形体；心者，性之郭郭；身者，心之区宇；物者，身之舟车。'语极有理。"<u>大雅</u>云："<u>横渠</u>言'心御见闻，不弘于性'，则又是心小性大也。"曰："'御'字不可作'止'字与'当'（牢）〔字〕解。御有梏之意，云心梏于见闻则反不弘于性耳。"<u>大雅</u>。

○ 问："<u>横渠</u>谓：'心能尽性，"人能弘道"也；性不知检其心，"非道弘人"也。'如<u>孟子</u>集解中说：'尽其心者，知其性也。'先生谓：'尽其心者，必其能知性者也。知性是物格之事，尽心是知至之事。'如何？"曰："心与性只一般，知与尽不同，所谓知便是心了。"问："知是心之神明，似与四端所谓智不同？"曰："此'知'字又大。然<u>孔子</u>多说仁、智，如'元亨利贞'，元便是仁，贞便是智。四端，仁智最大。无贞则元无起处，无智则如何是仁？<u>易</u>曰'大明终始'，有终便有始。智之所以为大者，以其有知也。"<u>广</u>。

○ 说尽心，云："这里理会得，那事又理会不得，理会得东边又不理会得西边。只是从来不曾尽这心，但临事恁地胡乱做将去。此心本来无有些子不备，无有些子不该。须是尽识得许多道理，无些子窒碍，方是尽心。人人有个心，只是不曾使得他尽，只恁地苟简卤莽，便道是了。"贺孙。

○ 尽心以见言，尽性以养言。德明。

○ 贺孙问："蔡季通说'尽心'，谓'圣人此心才见得尽，则所行无有不尽。故程子曰"圣人无俟于力行"'。"曰："固是圣人有这般所在。然所以为圣人，也只说'好问，默而识之；好古，敏以求之'，那曾说知了便了！"又曰："尽心如明镜，无些子蔽翳。只看镜子若有些少照不见处，便是本身有些尘污。如今人做事有些子（偶）〔憎〕突窒碍，便只是自家见不尽。此心本来虚灵，万理具备，事事物物皆所当知。今人多是气质偏了，又为物欲所蔽，故昏而不能尽知，故圣贤所以贵于穷理。"又曰："万理虽具于吾心，还使教他知始得。今人有个心在这里，只是不曾使教他去知许多道理。少间遇事做得一边，又不知那一边，见得东，遗却西。少间只成私意，皆不能尽道理。尽得此心者洞然光明，事事物物无有不合道理。"又曰："学问之所以传不传者，亦是能尽心与不能尽心。"问："若曾子易箦之事，此时若不能正，也只是不尽得心。"曰："然。曾子既见得这道理，自然便改了。若不便改了，这心下便阙了些。当时季孙之赐，曾子如何失点检去上睡，是不是了？童子既说起，须着改始得。若不说，不及改也不妨，才说便着改。"贺孙。

○ 问："尽心莫是见得心体尽？或只是如尽性〔池录作"尽忠尽信"。〕之类否？"曰："皆是。"德明。

○ 过问："先生所解'尽其心者，知其性也'，正如云'得其民者，得其心也'话意同。"先生曰："固自分晓。寻此样子亦好。"后见信州教授林德久未甚信此说，过欲因以其易晓者譬之，如欲尽其为教授者，必知其职业乃能尽也。曰："'尽其心'，恰如教授在此方理会得每日职业，其理晓然，犹以无便未能及此。"过。

○ 问"尽心者知至也"。曰："知得到时必尽我这心去做。且如事君必要极于忠，为子必要极于孝，不是备礼如此。既知得到这处，若于心有些子未尽处便打不过，便不是。"贺孙。

○ 问："尽心只是知得尽，未说及行否？"曰："某初间亦把做只是知得尽，如大学'知至'一般，未说及行。后来子细看，如大学'诚意'字模样，是真个恁地尽。'如恶恶臭，如好好色'，知至亦须兼诚意乃尽。如知得七分，自家去做只着得五分心力，便是未尽。有时放缓又不做了。如知得十分真切，自家须着过二十分心力实去恁地做，便是尽。'尽其心者，知其性也'，知性，所以尽心。"淳。〔此段句意恐未真。〕

○ "某前以孟子'尽心'为如大学'知至'，今思之，恐当作'诚意'说。盖孟子当时特地说个'尽心'，然须用功。所谓尽心者，言心之所存更无一毫不尽，好善便'如好好色'，恶恶便'如恶恶臭'，彻底如此，没些虚伪不实。"童云："如所谓'尽心力而为'之'尽'否？"曰："然。"伯羽。

○ "尽心"、"知性"、"知天"，工夫在知性上。尽心只是诚意，知性却是穷理。心有未尽便有空阙，如十分只尽得七八分，便是空阙了二三分。须是"如恶恶臭，如好好色"，孝便极其孝，仁便极其仁。性即理，理即天。我既知得此理，则所谓尽心者自是不容已。如此说却不重叠，既能尽心知性则留中已是莹白净洁。却只要时时省察，恐有污坏，故终之以存养之事。谟。

○ 尽心者，发必自慊而无有外之心，即大学意诚之事也。〔道夫。〕

○ 敬之问"尽心"、"知性"。曰："性是吾心之实理，若不知得却尽个甚么？"又问"知其性则知天矣"。曰：〔倪录云："知天是知源头来处。"〕"'性'以赋于我之分而言，'天'以公共道理〔倪录作"公共之本原"。〕而言。天便脱模是一个大底人，人便是一个小底天，吾之仁、义、礼、智即是天之元、亨、利、贞，凡吾之所有者，皆自彼而来也。故知吾性则自然知天矣。"〔倪录此下云："又问'存心养性'。曰：'存得父子之心尽，方养得仁之性；存得君臣之心尽，方养得义之性。'"〕时举。南升同。

○ 曰："'尽心'如何尽得？不可尽者心之事，可尽者心之理。理既尽之后，谓如一物初不曾识，来到面前便识得此物。尽吾心之理，尽心之理便是'知性'、'知天'。"去伪。〔末二句恐误。〕

○ "尽心"谓事物之理皆知之而无不尽，"知性"谓知君臣、父子、兄弟、夫妇、朋友各循其理，"知天"则知此理之自然。尽己之性如在君臣则义、在父子则亲、在兄弟则爱之类，己无一之不尽。尽人之性如黎民时雍，各得其所。尽物之性如鸟兽草木咸若。如此则可以"赞天地之化育"，皆是实事，非私心之仿像也。人杰。

○ 或问存心。曰："存心只是知有此身。谓如对客，但知道我此身在此对客。"公晦。

○ 问存心。先生曰："非是活捉一物来存着。孔子云'居处恭，执事敬，与人忠'，便是存心之法。而今与人说话觉得不是便莫说，做事觉得不是便莫做，只此便是存心之法。"<u>赐</u>。

○ <u>孟子</u>说"存其心"虽是紧切，却似添事。盖圣人只为学者立下规矩，守得规矩定便心也自定。如言"居处恭，执事敬，与人忠"，人能如是存守，则心有不存者乎！今又说"存其心"，则与此为四矣。如此处要人理会。<u>升卿</u>。

○ <u>仲思</u>问"存心"、"养性"先后。曰："先存心而后养性。养性云者，养而勿失之谓。性不可言存。"

○ "存心养性，所以事天也。"曰："存之养之便是事，心性处便是天，故曰'所以事天也'。"<u>德明</u>。

○ 问"存心养性以事天"。曰："天教你'父子有亲'，你便用'父子有亲'；天教你'君臣有义'，你便用'君臣有义'。不然便是违天矣。古人语言下得字都不苟，如'存其心，养其性'，若作'养其心，存其性'便不得。"问："如何是'天者理之所从出'？"曰："天便是那太虚，但能尽心、知性，则天便不外是矣。性便有那天。"问："'四十而不惑，五十而知天命'，不惑谓知事物当然之理，知天命谓知事物之所以然，便是'知性'、'知天'之说否？"曰："然。他那里自看得个血脉相牵连，要自子细看得。<u>龟山</u>之说极好。<u>龟山</u>问学者曰：'人何故有恻隐之心？'学者曰：'出于自然。'<u>龟山</u>曰：'安得自然如此！若体究此理，知其所从来，则仁之道不远矣。'便是此说。"<u>僩</u>。

○ 尽心、知性、知天，此是致知；存心、养性、事天，此是力行。<u>泳</u>。

○ "知性"是知得性中物事。既知得，须尽知得方始是尽心。下面"存其心，养其性"方始是做工夫处。如大学说"物格而后知至"。物格者，物理之极处无不到，知性也；知至者，吾心之所知无不尽，尽心也。至于"知至而后意诚"，诚则"存其心，养其性"也。圣人说知必说行，不可胜数。泳。

○ 尽心、知性，以前看得"知"字放轻。今观之，却是"知"字重，"尽"字轻。知性则心尽矣，存养有行底意思。可学。

○ 问尽心、尽性。曰："尽心云者，知之至也；尽性云者，行之极也。尽心则知性、知天，以其知之已至也。若存心、养性，则是致其尽性之功也。"人杰。

○ 飞卿问："尽心、存心，尽莫是极至地位，存莫是初存得这心否？"曰："尽心也未说极至，只是凡事便须理会教十分周足，无少阙漏处，方是尽。存也非独是初工夫，初间固是操守存在这里，到存得熟后也只是存。这'存'字无终始，只在这里。"贺孙。

○ "夭寿不贰"，不以生死为吾心之悦戚也。人杰。

○ 问："'立命'是竖立得这天之所命，不以私意参杂倒了天之正命否？"曰："然。"问："'莫非命也'，此一句是总说气禀之命，与'天命谓性'之'命'同否？"曰："孟子之意未说到气禀，孟子自来不甚说气禀。看来此句只是说人物之生，吉凶祸福皆天所命，人但顺受其正。若桎梏而死与立乎岩墙之下而死，便是你自取，不干天事，未说到气禀在。"僴。

○ 既不以夭寿贰其心，又须修身以俟，方始立得这命。自家有百年在世，百年之中须事事教是当；自家有一日在世，一日之内也须教事事要是当始得。若既不以夭寿动其心，一向胡乱做，又不可。如今佛氏以绝灭为事，亦可谓之"夭寿不贰"，然"修身以俟"一段全不曾理会，可以做底事皆无头脑，无君无父，乱人之大伦。<u>贺孙</u>。

○ <u>敬之</u>问"夭寿不贰"章。曰："'贰'是不疑他。若一日未死，一日要是当；百年未死，百年要是当，这便是'立命'。'夭寿不贰'便是知性知天之力，'修身以俟'便是存心养性之功。〔'立命'一句更用通下章看。〕"问"莫非命也，顺受其正"。曰："前面事都见未得。若出门吉凶祸福皆不可知，但有正有不正。自家只（既）〔顺〕受他正底，自家身分无过，恁地死了，便是正命。若立岩墙之下与桎梏而死，便不是正命。〔或如<u>比干</u>剖心，又不可不谓之正命。〕"<u>直卿</u>因说："先生向时譬喻，如受差遣，三年满罢，便是君命之正；若岁月间以罪去，也是命，便不是正底命。"先生云："若自家无罪，或岁月间去，又不可不谓之正命。"<u>时举</u>因问："<u>孟子</u>之言命与今世俗之言命者正相反。<u>孟子</u>谓'知命者不立岩墙之下'，今人却道我命若未死，纵立岩墙之下也不到压杀。"曰："莫非命者，是活络在这里，看他如何来。若先说道我自有命，虽立岩墙之下也不妨，即是先指定一个命，如此便是纣说'我生不有命在天'相似也！"〔因举<u>横渠</u>"行同报异"与"气遇"等语："<u>伊川</u>却道他说遇处不是。"又曰："这一段文势直是紧，若精神钝底，真个赶他不上。如龙虎变化，直是捉搦他不住！"〕<u>时举</u>。<u>南升</u>同。

○ 问："'由气化有道之名'是自阴阳言?"曰："方见其有许多节次。"<u>可学</u>。

○ "<u>横渠</u>'合虚与气有性之名，合性与知觉有心之名'，如何?"

曰："虚只是说理。横渠之言大率有未莹处。有心则自有知觉,又何合性与知觉之有!"盖卿。

○ 问张子云"由太虚"云云。曰："本只是一个太虚,渐渐细分,说得密耳。且太虚便是这四者之总体,而不杂乎四者而言。'由气化有道之名',气化是那阴阳造化,寒暑昼夜、雨露霜雪、山川木石、金水火土,皆是只这个,便是那太虚,只是便杂却气化说。虽杂气化而实不离乎太虚,未说到人物各具当然之理处。"问："太虚便是太极图上面底圆圈,气化便是圆圈里阴静阳动否?"曰："然。"又曰："'合虚与气有性之名',有这气,道理便随在里面,无此气,则道理无安顿处。如水中月,须是有此水,方映得那天上月,若无此水,终无此月也。心之知觉又是那气之虚灵底,聪明视听、作为运用,皆是有这知觉方运用得这道理。所以横渠说:'"人能弘道"是心能尽性,"非道弘人"是性不知检心。'又邵子曰:'心者,性之郛郭。'此等语皆秦汉以下人道不到。"又问:"人与鸟兽固有知觉,但知觉有通塞,草木亦有知觉否?"曰:"亦有。如一盆花,得些水浇灌便敷荣,若摧抑他便枯悴。谓之无知觉,可乎?周茂叔窗前草不除去,云'与自家意思一般',便是有知觉。只是鸟兽底知觉不如人底,草木底知觉又不如鸟兽底。又如大黄吃着便会泻,附子吃着便会热,只是他知觉只从这一路去。"又问:"腐败之物亦有否?"曰:"亦有。如火烧成灰,将来泡汤吃,也煆苦。"因笑曰:"顷信州诸公正说草木无性,今夜又说草木无心矣。"僩。

○ 先生问:"'合虚与气而有性之名',如何看?"广云:"虚只是理,有是理斯有是气。"曰:"如何说'合'字?"广云:"恐是据人物而言。"曰:"有是物则有是理与气,故有性之名。若无是物,则不见理之所寓。'由太虚有天之名',只是据理而言。'由气化有道之名',由气之化各有生长消息底道理,故有道之名。既已成物,则物各有理,故曰

'合虚与气则有性之名'。"<u>广</u>。

　　○ "由太虚有天之名"，都是个自然底。"由气化有道之名"，是虚底物在实上见，无形底物因有形而见。所谓道者，如天道、地道、人道、父子之道、君臣之道是也。"合虚与气有性之名"，是自然中包得许多物事。<u>赐</u>。

　　○ "由太虚有天之名"，这全说理。"由气化有道之名"，这说着事物上。如"率性之谓道"，性只是理，率性方见得个道，这说着事物上。如君臣、父子之道，有那君臣、父子，方见这个道理。"合虚"字便说理，"合虚与气"，所以有人。<u>㮚</u>。

　　○ 问："知觉是气之阳明否？"曰："'由太虚有天之名，合虚与气有性之名'，是'天命之谓性'管此两句。'由气化有道之名'，是'率性之谓道'管此一句。'合性与知觉有心之名'，此又是'天命之谓性'这下管此一句。"<u>赐</u>。

　　○ 问："当无事时，虚明不昧，此是气。其中自然动处莫是性否？"曰："虚明不昧，此理具乎其中，无少亏欠。感物而动便是情。<u>横渠</u>说得好。'由太虚有天之名，由气化有道之名'，此是总说。'合虚与气有性之名，合性与知觉有心之名'，此是就人上说。"<u>赐</u>。

　　○ 问："气化何以谓之道？"曰："天地间岂有一物不由其道者？"问："合虚与气何以有性？"曰："此语详看亦得其意，然亦有未尽处。〔当〕言'虚即是性，气即是人'，以气之虚明则性寓于中，故'合虚与气有性之名'。虽说略尽，而终有二意。"<u>刘</u>问："如此则莫是性离于道邪？"曰："非此之谓。到这处则有是名，在人如何看，然岂有性离于道之理！"一之。

○ 伊川云"尽心然后知性"，此不然。"尽"字大，"知"字零星。〔饶录无此七字，却云"尽心者，以其知性"。〕若未知性便要尽心，则悬空无下手处。惟就知性上积累将去，自然尽心。正卿。

○ "尽心知性，不假存养，其惟圣人乎！佛本不假于存养，岂窃希圣人之事乎？"曰："尽、知、存、养，吾儒、释氏相似而不同。只是他所存、所养、所知、所尽处，道理皆不是。如吾儒尽心，只是尽君臣、父子等心，便见有是理。性即是理也。如释氏所谓尽心、知性，皆归于空虚。其所存养却是闭眉合眼，全不理会道理。"谟。去伪同。

○ "'尽其心者知其性'，伊川云：'心具天德。心有未尽处，便是天德未能尽。'切尝熟玩其言，意者在天为命，在人为性，性无形质而舍之于心。故一心之中天德具足，尽此心则知性知天矣。游氏以'心无余蕴'为尽心，谢氏以'扩充得去'为尽心，皆此意也。然横渠、范侍讲之说则又不然。范谓：'穷理者，孟子之所谓尽心也。'横渠曰：'大其心则能体天下之物。物有（不尽）〔未体〕则心为有外。'不知体物、穷理之说亦信然否？如下一段言'存心养性，所以事天也'，游氏言之详矣。其言曰：'"存其心"，闲邪以存其诚也；"养其性"，守静以复其本也。存养如此，则可以事天矣。'此言事天，亦伊川所谓奉顺之意，其说恐不出乎此。但不知存养之说，谓存此以养彼耶？亦既存本心，又当养其性耶？"答曰："诸家解说'尽心'二字，少有发明得'尽'字出来者。伊川最说得完全，然亦不曾子细（问）〔开〕说'尽'字。大抵'尽其心'只是穷尽其在心之理耳，穷得此又却不能穷得彼，便不可唤做尽心。范侍讲言穷理，却是言尽心以前底事。谢上蔡言充（广）〔扩〕得去，却言尽心以后事。若横渠'大其心则能体天下之物'之说，此只是言人心要广大耳，亦不知未能尽得此心之理，如何便能尽其心得？兼'大其心'亦做尽心说不得。<u>游氏</u>'守静以复其本'，此语有病。守静之说近于佛（名）〔老〕，吾圣人却无此说。其言'知天为智之尽，事天为仁之至'，此却说得好。事天只是奉顺之而已，非有他也。所谓存心、养性非二事，存心所以养性也。"谟。<u>去伪</u>，<u>人杰</u>同。

○　问<u>上蔡</u>尽心、知性。曰："说尽心不着。"<u>可学</u>。

○　问："先生尽心说曰'心者，天理在人之全体'，又曰'性者，天理之全体'，此何以别？"曰："分说时且恁地。若将心与性合作一处，须有别。"<u>淳</u>。

莫非命也章

○　"尽其道而死者"，顺理而吉者也；"桎梏死者"，逆理而凶者也。以非义而死者固所自取，是亦前定，盖其所禀之恶气有以致之也。<u>人杰</u>。

○　问："'桎梏死者，非正命也'，虽谓非正，然亦以命言。此乃自取，如何谓之命？"曰："亦是自作而天杀之，但非正命耳。使<u>文王</u>死于<u>羑里</u>、<u>孔子</u>死于<u>桓魋</u>，却是命。"<u>可学</u>。

○　<u>敬之</u>问"莫非命也"。曰："在天言之皆是正命。在人言之便有正有不正，如顺其道而死者是正命，桎梏死者便是不正之命。"问："有当然而或不然、不当然而或然者，如何？"曰："如<u>孔孟</u>老死不遇，须唤做不正之命始得。在<u>孔孟</u>言之亦是正命，然在天之命却自有差。"<u>恪</u>。

○ 问："'莫非命也'，命是指气言之否？"曰："然。若在我无以致之，则命之寿夭皆是合当如此者，如颜子之夭、伯牛之疾是也。"广。

○ 因问"惠迪吉，从逆凶"之意。曰："若是'惠迪吉，从逆凶'，自天观之也得其正命，自人得之也得其正命。若惠迪而不吉，则自天观之却是失其正命。如孔孟之圣贤而不见用于世，而圣贤亦莫不顺受其正，这是于圣贤分上已得其正命。若就天观之，彼以顺感而此以逆应，则是天自失其正命。"贺孙。

○ "莫非命也，顺受其正。"直卿云："如受得一邑之宰，教做三年，这是命。到做得一年被罪罢去，这也是命。"先生曰："亦有不以罪而枉被罢者，亦是命。有罪而被罢者非正命，无罪而被罢者是正命也。"贺孙。

○ 孟子说命，至"尽心"章方说得尽。庚。

万物皆备于我矣章

○ 黄先之问"万物皆备于我"。曰："如今人所以害事处，只是这私意难除，才有些私意隔着了，便只见许多般。"贺孙。

○ "万物皆备于我"，须反身而实有之，无亏无欠，方能快活。若反身而不诚，虽是本来自足之物，然物自物，何干我事！履孙。

○ 所谓"万物皆备于我"，在学者也知得此理是备于我，只是未能"反身而诚"。若勉强行恕，拗转这道理来，便是恕。所谓勉强者，犹未能恕，必待勉强而后能也。所谓恕者也只是去得私意尽了，这道理便真实备于我，无欠阙。僴。

○ 子武问"万物皆备于我"章。曰："这章是两截工夫。'反身而诚'，盖知之已至而自然循理，所以乐。'强恕而行'是知之未至，且恁地把捉勉强做去，少间到纯熟处便是仁。"木之。

○ 道夫问："'万物皆备于我'，下文既云'乐莫大焉'，何故复云'强恕'？"曰："四句二段皆是蒙上面一句。"问："'反身而诚，乐莫大焉'是大贤以上事，'强恕求仁'是学者身分上事否？"曰："然。"问："大贤以上是知与行俱到，大贤以下是知与行相资发否？"曰："然。"顷之，复曰："'反身而诚'只是个真知，真实知得，则滔滔行将去，见得万物与我为一，自然其乐无涯。所以伊川云'异日见卓尔有立于前，然后不知手之舞、足之蹈'，正此意也。"道夫。

○ 问："伊川说'万物皆备于我'，谓'物亦然，皆从这里出'者，如何？"曰："未须问此，枉用工夫，且于事上逐件看。凡接物遇事，见得一个是处，积习久自然贯通，便真个见得理一。禅者云'如桶底脱相似'，可谓大悟。到底不曾晓得，才遇事又却迷去。"德明。

○ 或问："明道说'学者须先识仁，仁者浑然与物同体。孟子言"万物皆备于我"，反身而诚则为大乐。若反身未诚，则犹是二物有对，又安得乐？订顽意思乃备言此体。'夫订顽一篇，正横渠作也，其说'万物皆备于我'一段，宜与明道意合。今观其说似不如此，其言曰：'"万物皆备于我"，言万事皆有素于我也。"反身而诚"，谓行无不慊于心，则"乐莫大焉"。'如明道之说，则物只是物，更不须作事字说，且与下文'求仁'之说意思贯串。横渠解'反身而诚'为行无不慊之义，又似来不得。不唯以物为事，如下文'强恕而行，求仁莫近焉'，如何通贯得为一意？"答曰："横渠之说亦好。'反身而诚'，实也。谓实有此理更无不慊处，则仰不愧，俯不怍，'乐莫大焉'。'强恕而行'即是推此理以及人也。我诚有此理，在人亦各有此理，能使人有此理亦如我焉，则近于仁矣。如明道这般说话极好，只是说得太广，学者难入。"谟。人杰、去伪同。

○ "万物皆备于我矣。反身而诚，乐莫大焉。"万物不是万物之迹，只是万物之理皆备于我。如万物莫不有君臣之义，自家这里也有；万物莫不有父子之亲，自家这里也有；万物莫不有兄弟之爱，自家这里也有；万物莫不有夫妇之别，自家这里也有。是这道理本来皆备于吾身，反之于吾身，于君臣必尽其义，于父子必尽其亲，于兄弟必尽其爱，于夫妇必尽其别。莫不各尽其当然之实理，而无一毫之不尽，则仰不愧，俯不怍，自然是快活。若是反之于身有些子未尽，有些子不实，则中心愧怍，不能以自安，如何得会乐？横渠曰："'万物皆备于我矣'，言万物皆素定于我也。行有不慊于心则馁矣，故'反身而诚，乐莫大焉'。"若不是实做工夫到这里，如何见得恁地？贺孙。

○ "万物皆备于我"，横渠一段将来说得甚实。所谓万事皆在我者，便只是君臣本来有义、父子本来有亲、夫妇本来有别之类，皆是本来在我者。若事君有不足于敬、事亲有不足于孝，以至夫妇无别、兄弟不友、朋友不信，便是我不能尽之。反身则是不诚，其苦有不可言者，安得所谓乐！若如今世人说，却是无实事。若如禅家之语，只虚空打个筋斗，却无着力处。銖。

○ 问："'乐莫大焉'，莫是见得'万物皆备于我'所以乐否？"曰："诚是实有此理。检点自家身命果无欠阙，事君真个忠，事父真个孝，仰不愧于天，俯不怍于人，其乐孰大于此！横渠谓'反身而诚'则不慊于心，此说极有理。"谟。去伪同。

○ 问"万物皆备于我"。曰："未当如此。须从'孟子见梁惠王'看起，却渐渐进步。如看论语，岂可只理会'吾道一以贯之'一句？须先自学而篇渐渐浸灌到纯熟处，其间义理却自然出。"季札。

○ "反身而诚"，孟子之意主于"诚"字，言反身而实有是理也。为父而实有慈，为子而实有孝，岂不快活？若反身不诚，是无此理，既无此理，但有恐惧而已，岂得乐哉！道夫。

○ 或问："'反身而诚'，是要就身上知得许多道理否？"曰："是这知见得最为要紧。"贺孙。

○ "反身而诚"，见得本具是理，而今亦不曾亏欠了它底。恪。

○ "反身而诚"则恕从这里流出，不用勉强。未到恁田地，须是勉强。此因林伯松问"强恕"说。淳。

○ 敬之说："强恕，只事事要广充教是当。虽是自家元未免有些病痛，今且着事事勉强做去。"曰："未至于'反身而诚，乐莫大焉'处，且逐事要推己及人，庶几心公理得。此处好更子细看。"贺孙。

○ 问"强恕而行"。曰："此是其人元不曾恕在，故当凡事勉强，推己及人。若'反身而诚'，则无待于勉强矣。"又问："莫须卓然立志方得？"曰："也不须如此，饥时便讨饭吃。〔夔孙录云："才见不恕时便须勉强，如饥便吃饭。"〕初头硬要做一饷，少时却只恁消杀了，到没意思。"元秉。

○ 强是勉强而行，恕是推己及物。强恕而行是要求至于诚。去伪。谟同。

○ "强恕而行，求仁莫近"，不可将"恕"字低看了。求仁莫近于恕，"恕"字甚紧。盖卿。

行之而不著焉章

○ "习矣而不察"，"习"字重，"察"字轻。可学。

○ 著，晓也；察，识也。方其行之而不晓其所当然，既习矣而犹不识其所以然。人杰。

○ "行之而不著焉"，行之而不明其当然也；"习矣而不察焉"，习之而不知其所以然也。祖道。

○ 方行之际则明其当然之理，是行之而著；既行之后则识其所以然，是习矣而察。初间是照管向前去，后来是回顾后面看所行之道理如何。如人吃饭，方吃时知得饭当吃，既吃后则知饭之饱如此。僩。

待文王而后兴章

○ "待文王而后兴者，凡民也。若夫豪杰之士，虽无文王犹兴。"豪杰质美，生下来便见这道理，何用费力？今人至于沉迷而不反，而圣人为之屡言之方始肯求，已是下愚了。况又不知求之，则终于为禽兽而已。盖人为万物之灵，自是与物异。若迷其灵而昏之，则是与禽兽何别！<u>大雅</u>。

霸者之民欢虞如也章

○　自"王者之民皞皞如也"而下〔至〕"岂曰小补之哉"，皆说王者功用如此。<u>人杰</u>。

○　又谓："'所过者化，所存者神'，'所过者化'只是身所经历处，如<u>舜</u>耕<u>历山</u>、陶<u>河滨</u>者是也，略略做这里过便自感化，不待久留，言其化之速也。"谦之云："'所存者神'，是心中要恁地便恁地否？"曰："是。'上下与天地同流，岂曰小补之哉'，〔小补〕只是逐片逐些子补缀；'上下与天地同流'，重新铸一番过相似。"<u>恪</u>。

○　问："<u>集注</u>云：'所存主处便神妙不测，所经历处皆化。'如此，即是民化之也，非所谓'大而化之'之'化'。"曰："作'大化'之'化'有病，则是过了者化物，未过时却凝滞于此。只是所经历处才沾着些便化也。雷一震而万物俱生动，霜一降而万物皆成实，无不化者。<u>书</u>曰'俾予从欲以治，四方风动'，亦是此意。'所存主处便神妙不测'，'立之斯立，道之斯行，绥之斯来，动之斯和'，莫知其所以然而然也。"问："'同流'是与天地同其神化否？"曰："此难言，各有一分<u>去声</u>。在里。"曰："是个参赞意否？"曰："亦不是参赞。"<u>德明</u>。

○　"所过者化，所存者神。"<u>伊川</u>解<u>革</u>卦，言"所过变化，事理炳著"。"所过"谓身所经历处也。<u>文蔚</u>。

　　○　存神、过化，程说甚精，正得孟子本意。"过"是身所经历处无不感动，如"黎民于变"便是（也）〔化〕。"存"是存主处，不是主宰，是存这事，这事便来应。二程看文字最精密，如中庸说，门人多不能晓其意。淳。

　　○　如"所过者化"，程子经历之（设）〔说〕甚好，盖不独是所居久处，只曾经涉处便皆化。"所存者神"，存是自家主意处，便不测亦是人见其如此。壁。

　　○　黄子功问："'所过者化，所存者神'，伊川说'过'是经历处。"答曰："只是过处人便化，更不待久。"问"所存者神"。曰："此才有所存彼便应，言感应之（远）〔速〕也，所以荀子云'仁人之兵，所过者化，所存者神'。只是'箪食壶浆以迎王师'处，便是神。"子功曰："如'舞干羽于两阶，七旬有苗格'，亦是此理。"曰："然。"文蔚。

　　○　问："伊川云'经历处则无不化'。不经历处如何？"曰："此言经历处便化，如在乡则一乡化，在天下则天下化。过者，言其感人之速如此，只被后来人说得太重了。'所存者神'，吾心之所存处便成就如神耳，如书云'从欲以治，四方风动'之意。化是人化也，神是事之成就如神也。"谟。去伪、人杰略同。

　　○　问："过化、存神有先后否？"曰："初无先后。便如横渠之说，亦无先后。"去伪。谟录同。

　　○　过化、存神，旧说所应之事过而不留，便能"所存者神"，神即神妙不测。故上蔡云："'所过者化'故'所存者神'，'所存者神'故'所过者化'。"乡里李竑才云："譬如一面镜，先来照者既去不见了，则后来者又可以照。若先底只在，则不复能照矣。"将做一事说，亦自好，但据孟子本文，则只是身所经历处便化，心所存主处便神，如"绥斯来，动斯和"。又荀子亦言"仁人之兵，所过者化，所存者神"，似是见成言语，如"金声玉振"之类，故孟子、荀子皆用之。荀卿非孟子，必不肯用其语也。公晦。

○ 问："寻常人说，皆云'所过者化'便能'所存者神'。"曰："他是就心说。据孟子意乃是就事说。"问："注引舜事，如何？"曰："舜在下，只得如此。及见用，则宾四门之属皆是化。圣人岂能家至户晓，盖在吾化中者皆是过。"问："'存神'与'过化'如何别？"曰："过化言所过即化，存神便有响应意思。"问："上蔡云：''所过者化'便'所存者神'，'所存者神'便'所过者化'。'"曰："此是就心说。事来不留于心便是存神，存神便能过化。横渠云'性性为能存神，物物为能过化'，亦是此说。"可学。

人之所不学而能者章

○ 至之问："'无他，达之天下也'，方为仁义。"曰："'亲亲，仁也；敬长，义也'，不待达之天下方始谓为仁义。'无他，达之天下'，只说达之天下，无别道理。"贺孙。

舜之居深山之中章

○ 道夫问："'舜闻善言见善行，若决江河，沛然而莫能御'，其未有所闻见时，气象如何？"曰："湛然而已。其理充塞具备，一有所触,便沛然而不可御。"问:"学者未有闻见之时,莫须用持守而不可放逸否?"曰:"才知持守,已自闻善言、见善行了。"<u>道夫</u>。

无为其所不为章

○ <u>敬之</u>问"无为其所不为,无欲其所不欲"。答曰:"人心至灵,其所不当为、不当欲之事,何尝不知。但初间自知了,到计较利害却自以为不妨,便自冒昧为之、欲之耳。今既知其所不当为、所不当欲者,便要来这里截断,断然不为、不欲,故曰'如此而已矣'。"<u>恪</u>。

人之有德慧术知章

○ 或问德慧、术知。曰:"德慧纯粹,术知聪明。须有朴实工夫方磨得出。"<u>履孙</u>。

广土众民章

○ <u>敬之</u>问:"'君子所性,虽大行不加焉,虽穷居不损焉。'君子但当自尽吾心之天理,虽达而在上,做出事业功名,亦只似云浮于太虚之中,于我何有哉?"曰:"'中天下而立,定四海之民',固是人所欲。与其处畎亩之中,孰若进而得行其道,使天下皆被其泽?要得出行其道者亦是人之所欲,但其用其舍,于我性分之内本不相关。进而大行,退而穷居,于我性分之内无所加损。"<u>贺孙</u>。

○ 敬之问"君子所性"。曰："此是说生来承受之性。'仁义礼智根于心'，便见得四端着在心上，相离不得。才有些子私意便划断了那根，便无生意。譬如木根，着在土上方会生，其色也睟然，都从那根上发出来。且'性'字从'心'，便见得先有这心，便有许多物在其中。"<u>悆</u>。

○ 淳问："'仁义礼智根于心'，何谓根?"曰："养得到、见得明，便自然生根，此是人功夫做来。"<u>淳</u>。

○ 又曰："虽是自家合下都有这个物，若有些子私欲夹杂在其中，便把好底和根都划去了。"<u>贺孙</u>。

孔子登东山而小鲁章

○ "'游于圣人之门者难为言。'学而不从这里，则所为虽善，要为好事，终是有不是处。"因言："旧见<u>刘子澄</u>作某处学记，其中有虽不能为向上事，亦可以做向下一等之意，大概是要退，如此便不得。"<u>人杰</u>。

○ <u>至</u>之问"<u>孔子登东山而小鲁</u>"一节。先生曰："此一章如诗之有比兴。比者，但比之以他物而不说其事如何；兴，则引物以发其意而终说破其事也。如'<u>孔子登东山而小鲁</u>'至'游于圣人之门者难为言'，此兴也。'观水有术，必观其澜'至'容光必照焉'，此比也。'流水之为物也'至'不成章不达'，此又是兴也。比者，如'鹤鸣于九皋'之类；兴者，如'他人有心，予忖度之'，上引'毚兔'、'柔木'之类是也。'流水之为物也，不盈科不行；君子之志于道也，不成章不达'，盖人之为学，须是务实，乃能有进。若这里工夫欠了分毫，定是要透过那里不得。"时举。

○ 问："'必观其澜'，是因其澜处便见其本耶？抑观其澜，知其有本了，又须穷其本之所自来？"曰："若论水之有原本，则观其流必知其有原。然流处便是那原本，更去那里别讨个本？只那澜便是那本了。若非本，何处有那流？若说观其澜又须观其本，则孟子何不曰'必观其本'？他说'观其澜'便是就澜处便见其本。"僩。

鸡鸣而起章

○ 用之问："舜'孳孳为善'，'未接物时，只主于敬便是为善'。以此观之，圣人之道不是默然无言。圣人之心'纯亦不已'，虽无事时也常有个主宰在这里。固不是放肆，亦不是如槁木死灰。"曰："这便也如夜来说'只是有操而已'一段。如今且须常存个诚敬做主，学问方有所归着。如有个屋舍了，零零碎碎方有顿处。不然，却似无家舍人，虽有千万之宝，亦无安顿处。今日放在东边草里，明日放在西边草里，终非己物。"贺孙。

○ 敬之问："'利与善之间也'，这个利非是有心于为利。只是见理不明，才差些便入那边去。"曰："然。才差向利边去，只见利之为美。"贺孙。

○ "利与善之间"，不是冷水便是热汤，无那中间温入声。吞入声。暖处也。僩。

○ "利善若只是利善，则易理会。今人所为处都是利，只管硬差排道是善。今人直是差处多。只一条大路；其余千差万别，皆是利路。"因举张子韶小说云云。贺孙。

○ "利与善之间。"若才有心要人知，要人道好，要以此求利禄，皆为利也。这个极多般样，虽所为皆善，但有一毫欣慕外物之心，便是利了。如一块洁白物事，上面只着一点黑，便不得为白矣。又如好底物事，如脑子之属，上面只着一点粪秽，便都坏了，不得为香矣。若是粪秽上面假饶着一堆脑麝，亦不济事。做善须是做到极尽处，方唤做善。侗。

杨子取为我章

○ 道夫问："杨墨固是皆不得中。至子莫又要安排寻讨个中执之。"曰："子莫见杨墨皆偏在一处，要就二者之中而执之，正是安排寻讨也。原其意思固好，只是见得不分明，依旧不是。且如'三过其门而不入'，在禹稷之时则可，在颜子则不可。'居陋巷'，在颜子之时则是中，在禹稷之时则非中矣。'居陋巷'则似杨氏，'三过其门而不入'则似墨氏。要之，禹稷似兼爱而非兼爱，颜子似为我而非为我。"道夫云："某常记先生云：'"中"，一名而函二义。这个"中"要与喜怒哀乐未发之"中"异，与中庸之"中"同。'"曰："然。"道夫。

尧舜性之也章

○ "尧舜性之也"，"性"字似"禀"字。"汤武身之也"，是将这道理做成这个浑身，将这浑身做出这道理。"五伯假之也。久假而不归，恶知其非有也"，旧时看此句甚费思量。有数样说，今所留（子）〔二〕说也自倒断不下。偘。

○ "汤武反之"，其反之虽同，然细看来武王终是疏略，成汤却孜孜向进。如其伐桀，所以称桀之罪只平说过，又放桀之后"惟有惭德"。武王数纣至于极其过恶，于此可见矣。人杰。

○ 或问："'仁，人心也。'若假借为之，焉能有诸己哉？而孟子却云五霸'久假而不归，乌知其非有'，何也？"曰："此最难说。前辈多有辨之者，然卒不得其说。'恶知'二字为五霸设也，如云五霸自不知也。五霸久假而不归，安知其亦非己有也。"去伪。议同。

○ 汤武固皆反之，但细观其书，汤反之工恐更精密。又如汤誓与牧誓数桀、纣之罪，词气亦不同。史记但书汤放桀而死，书武王则云遂斩纣头悬之白旗。又曰汤"有惭德"，如武王，恐亦未必有此意也。元秉。

○ 问："'久假不归，恶知其非有。'旧解（荀）〔多〕谓使其能久假而不归，乌知终非其有？"曰："诸家多如此说，遂引惹得司马温公、东坡来辟孟子。"问："假之之事，如责楚包茅不贡，与夫初归三命之类否？"曰："他从头都是，无一事不是。如齐桓尚自白直，恁地假将去，至晋文公做了千般跷欹，所以夫子有正、谲之论。博议说谲、正处甚好，但说得来连自家都不好了。"又曰："假之非利之之比。若要识得假与利，只看真与不真、切与不切。'如好好色，如恶恶臭'，正是利之之事也。"道夫云："'安仁'便是'性之'，'利仁'便是'反之'，'假之'之规模自与此别。"曰："不干涉。如'勉强而行'亦非此比。安、利、勉强皆是真切，但有熟不熟耳。"顷之，叹曰："天下事谁不恁地！且如汉祖三军缟素为义帝发丧，他何尝知所谓君臣之义所当然者！但受教三老，假此以为名目而济其欲尔。"问："如夫子称管仲'如其仁'，也是从'假'字上说来否？"曰："他只是言其有仁之功，未说到那'假'字上在。且如孺子入井，有一人取得出来，人且称其仁，亦未说到那'纳交、要誉、恶其声而然'。"道夫问："如此说，则'如'字如何解？"曰："此直深许其为仁耳。人多说是许其似仁而非仁，以文势观之，恐不恁地，只是许其仁耳。"道夫云："假之之事，真所谓'幽沉仁义'，非独为害当时，又且流毒后世。"曰："此孟子所以不道桓文而卑管晏也。且如兴灭继绝，诛残禁暴，怀诸侯而尊周室，百般好事他都做，只是无恻怛之诚心。他本欲他事之行，又恰有这题目入得，故不得不举行。"道夫云："此邵子所以有'功之首，罪之魁'之论。"曰："他合下便是恁地。"道夫。

士何事章

○ 王子垫问士尚志一段，中间反覆说"仁义"二字，都有意，须思量得。倜。

舜为天子章

○ 舜为天子，皋陶为士，瞽瞍杀人。此亦言舜之心耳，非谓必有是事也。文蔚。

○ 问："瞽瞍杀人，在皋陶则只知有法而不知有天子之父，在舜则只知有父而不知有天下。此只是圣贤之心坦然直截当事理，不要旁生枝节否？抑别有意耶？"曰："别亦无意，孟子只是言圣贤之心合下是如此，权制有未暇论，然到极不得已处，亦须变而通之。盖法者天下公共，在皋陶亦只得执之而已。若人心不许舜弃天下而去，则便是天也。皋陶亦安能违天？盖法与理便即是人心，亦须是合下有如此底心方能为是权制。今人于事合下无如此底心，其初便从权制去，则不可。"淳。

○ "桃应之问，孟子之对，杨氏有'议贵'之说，如何？"曰："使舜为天子，欲免瞽瞍，则生议贵之法矣。"人杰。

孟子自范之齐章

○ 问："孟子言'居移气，养移体'后，却只论居不论养，岂非居能移人之气，亦如养之能移人之体乎？"曰："有是居则有是养。居公卿则自有〔居〕公卿底奉养，居贫贱则自有居贫贱底奉养。言居则养在其中。"去伪。

形色天性章

○ 至之问"形色，天性也"。曰："有这形便自有这色，所以下文只说'践形'，盖色便在形里面。色，犹言容貌也。"时举问："'形'、'色'自是两字否？"曰："固是。"时举。

○ 问："'形色天性'，'色'字如何？"曰："'色'，只是有形便有色，如'动容周旋中礼'，则色自正。如祭祀则必有敬之色，临丧则必有哀之色，故下文只言'践形'。"蓥。

○ 形色上便有天性。视便有视之理，听便有听之理。<u>闳祖</u>。

○ <u>敬之</u>问"形色天性"。答曰："凡一嚬一笑、一语一默，无非天理。惟圣人为能尽之也。"<u>时举</u>。

○ "惟圣人可以践形。"非践履之谓，盖言圣人所为便踏着个形色之性耳。<u>道夫</u>。

○ "践形"，是有这个物事，脚实踏着，不阙了他个。有是形便有是理，尽得这个理，便是践得这个形。耳目本有这个聪明，若不尽其聪明时，即便是阙了这个形，不曾践得。<u>恪</u>。

○ "孟子'形色天性也'，却云唯圣人然后可以践形，而独不云色，何也？"曰："有此形则有此色，如鸟兽之形自有鸟兽颜色，草木之形自有草木颜色。言形则色在其中矣。"<u>谟。人杰</u>同。

○ 尽性，性有仁，须尽得仁；有义，须尽得义，无一些欠阙方是尽。践形，人有形，形必有性。耳，形也，必尽其聪然后能践耳之形；目，形也，必尽其明然后能践目之形。践形，如"践言"之"践"。<u>伊川</u>云"践形是充人之形"，尽性、践形只是一事。<u>闳祖</u>。

○ "形色天性也，圣人然后可以践形。"人之有形有色，无不各有自然之理，所谓天性也。惟圣人能尽其性，故即形即色，无非自然之理。所以人皆有是形，而必圣人然后可以践其形而无歉也。"践"如"践言"之"践"，<u>伊川</u>以为"充人之形"是也。<u>人杰</u>。

○ 飞卿问："既是圣人，如何却方可以践形？"曰："践如掩覆得过底模样，如伊川说充其形，已自是说得好了。形只是这形体，色如'临丧则有哀色，介胄则有不可犯之色'之类。天之生人，人之得于天，其具耳目口鼻者，莫不皆有此理。耳便必当无有不聪，目便必当无有不明，口便必能尽别天下之味，鼻便必能尽别天下之臭，圣人与常人都一般。惟众人有气禀之杂、物欲之累，虽同是耳也而不足于聪，虽同是目也而不足于明，虽同是口也而不足以别味，虽同是鼻也而不足以别臭。是虽有是形，惟其不足，故不能充践此形。惟圣人，耳则十分聪而无一毫之不聪，目则十分明而无一毫之不明，以至于口鼻莫不皆然。惟圣人如此，方可以践此形；惟众人如彼，自不可以践此形。"贺孙。

君子所以教者五章

○ 或问："'君子之所以教者'，诸先生说得如何？"曰："诸先生不曾说得分明。曾子学到孔子田地，故孔子与他说一贯之道，此所谓'知时雨化之者也'。时雨云者，不先不后，适当其时而已。成德，如颜渊、闵子骞者是也。达财，如冉有、季路是也。答问，如孟子与公孙丑、万章之徒是也。有私淑艾者，横渠谓'正己而物正'，非然也。此五者，一节轻似一节。'大人正己而物正'，大小大事，不应安排在答问之下。以某观之，此言为不曾亲圣人者设也。彼虽不曾承圣人之诲，私得于善治孔子之道者，亦足以发也，故又在答问之下。"去伪。

君子引而不发章

○ "引而不发。"引，引弓也；发，发矢也。跃如，如踊跃而出，犹言"活泼泼地"也。<u>人杰</u>。

○ 跃如，是道理活泼泼底发出在面前，如由中跃出。<u>升卿</u>。

○ "君子引而不发，跃如也。"须知得是引个甚么？是怎生地不发？又是甚么物事跃在面前？须是耸起这心与他看，教此心精一，无些子夹杂，方见得他那精微妙处。又曰："道理散在天下事物之间，圣贤也不是不说，然也全说不得，自是那妙处不容说。然虽不说，只才挑动那头了时，那个物事自跌落在面前。如张弓十分满而不发箭，虽不发箭，然已知得真个是中这物事了。须是精一其心，无些子他虑夹杂方看得出。"<u>佃</u>。

○ "'引而不发，跃如也'与'举一隅不以三隅反'同意否？"曰："这般有问答处尽好看，这见得恁地问便恁地答，最是酬酢处见意思，且自去看。"<u>贺孙</u>。

○ 或问："<u>范</u>谓：'君子之射，引而不发以待彀与的之相偶。心欲必中，故跃如也。'此说如何？"曰："范氏此说最好笑！岂有君子之射常引而不发者乎！只管引而不发，却成甚射也！'引而不发'之语，只缘上文说射，故有此语。此只是言君子之教人，但开其端以示人而已，其中自有个跃如底道理。学者须是识得这个道理，方知君子教人为甚忠。故下云'中道而立，能者从之'。"<u>从周</u>。<u>人杰</u>、<u>谟</u>同。

〔于不可已而已章〕

○ 〔"进锐退速"，其病正在意气方盛之时，已有易衰之势，不待

意气已衰之后，然后见其失也。〕

知者无不知也章

○ 问："'知者无不知也，当务之为急；仁者无不爱也，急亲贤之为务。'且如舜举皋陶，汤举伊尹，所谓亲贤者，乃治天下者不易之务。若当务之急，是随其时势之不同。尧之历象、治水，舜之举相、去凶，汤之伐夏、救民，皆所务之急者。"曰："也是如此。然当务之急，如所谓'劳心者治人，劳力者治于人'。尧舜之治天下，岂无所用其心？亦不用于耕耳。又如夫子言'务民之义'，应系所当为者，皆是也。"辅汉卿问："'不能三年之丧而缌小功之察，放饭流歠而问无齿决，是之谓不知务'，却止说智，不说仁？"曰："便是并与仁说。所谓'急亲贤之为务'，岂不为仁乎？"先生因是推言："学者亦有常务。如孟子论今乐古乐，则与民同乐乃乐之本，学者所当知也。若欲明其声音节奏，特乐之一事耳。又如修缉礼书，亦是学者之一事。学者须要穷其源本，放得大水下来，则如海潮之至，大船小船莫不浮泛（者）。〔若〕上面无水来，则大船小船都动不得。如讲学既能得其大者，则小小文义自是该通。若只于浅处用功，则必不免沉滞之患矣。"人杰。

○ "知者无不知也。"问："知在先否？"曰："也是如此，亦不（学）〔专〕如此。固是用知得审。若知不审，以贤为否，以否为贤，少间那仁上便安顿不着。"侗。

○ 正淳问："'急先务'一段何如？"曰："人人各有当务之急。'或劳心，或劳力，劳心者治人，劳力者治于人'，此各有所急也。'尧以不得舜为己忧，舜以不得禹、皋陶为己忧'，此圣人之所急也。'上好礼则民莫敢不敬，上好义则民莫敢不服，上好信则民莫敢不用情'，若学圃、学稼则是不急。今人读书中亦自有合着急处，若是稍慢处理会未得也且放过不妨，紧要处须着理会。"又问："'急亲贤也，急先务也'，治天下莫过于亲贤，知却随时因事为之，故不指言。如舜之举相、去凶，是舜之先务；禹之治水，是禹之先务，何如？"曰："大略是如此。下文云'此之谓不知务'，须是凡事都有轻重缓急。如眼下修缉礼书固是合理会，若只知有这个，都困了，也不得。又须知自有要紧处，乃是当务。又如孟子答'今之乐，犹古之乐'，这里且要得他与百姓同乐是紧急。若就这里便与理会今乐若古乐，便是不知务。"贺孙。〔人杰录别出。〕

尽心下

尽信书不如无书章

○ "血流漂杵"，孟子说"尽信书不如无书"者，只缘当时恁地战斗残戮，恐当时人以此为口实，故说此。然"血流漂杵"，看上文自说"前徒倒戈，攻其后以北"，"血流漂杵"不是武王杀他，乃纣之人自蹂践相杀。荀子云："所以杀之者，非周人也，商人也。"贺孙。

舜之饭糗茹草章

○ 或问："'二女果'，赵氏以'果'为'侍'，有所据否?"曰："某尝推究此。广韵从'女'从'果'者亦曰'侍也'。"去伪。

好名之人章

○ "好名之人能让千乘之国，苟非其人，箪食豆羹见于色"，盖能让千乘之国，惟贤人能之，然好名之人亦有时而能之。然若不是真个能让之人，则于小处不觉发见矣。盖好名之人本非真能让国也，徒出一时之慕名而勉强为之耳。然这边虽能让千乘之国，那边箪食豆羹必见于色。东坡所谓"人能碎千金之璧，而不能不失声于破釜"，正此意也。"苟非其人"，其人指真能让国者，非指好名之人也。<u>僩</u>。

○ <u>徐孟宝</u>问"好名之人能让千乘之国"。答曰："会得东坡说'能碎千金之璧，不能不失声于破釜'否？"<u>徐</u>云："如此，则'能让千乘之国'只是好名，至'箪食豆羹见于色'却是实情也。"曰："然。"<u>徐</u>云："如此说时，好名大故未是好事在。"曰："只<u>李守约</u>之祖<u>光祖</u>删定，曾如此说来。某尝把此一段对'向为身死而不受'一段为义。盖前段是好名之心胜，大处打得过，小处漏绽也；动于万钟者是小处遮掩得过，大处发露也。"<u>大雅</u>。

民为贵章

○ "'旱干水溢则变置社稷'，<u>伊川</u>云：'<u>勾龙</u>配食于社，<u>弃</u>配食于稷。始以其有功于水土，故祀之。今以其水旱，故易之。'夫<u>勾龙</u>与<u>弃</u>，诚有功于水土者也。后世祀之，不忘本尔。旱干水溢，数存乎天，以是变置，彼何罪焉？二神之功，万世所赖；旱干水溢，一时之灾。以一时之灾而遽忘万世之功，可乎？二神，天下之通祀者也。此国水旱，此国废之，讵能使他国之皆不祀耶？一国之不祀而他国祀之，犹无废也。<u>伊</u>

川乃如此言，果可尽信否？"曰："'变置社稷'，非谓易其人而祀之，如伊川之说也，盖言迁社稷坛场于他处耳。"谟。

仁也者人也章

○ 或问"仁者，人也"。曰："仁是仁，不可说。故以人为说者，是就人性上说。"㽦。

○ "仁者，人也。"人之所以为人者，以其有此而已。一心之间浑然天理，动容周旋，造次颠沛，不可违也。一违则私欲间乎其间，为不仁矣。虽曰二物，其实一理，盖仁即心也，不是心外别有仁也。椿。

○ "仁者，人也。合而言之，道也"，此是说此仁是人底道理，就人身上体认出来。又就人身上说，合而言之便是道也。畘。

○ "仁者，人也"，非是以人训仁。且如君臣之义，君臣便是人，义便是仁；尽君臣之义即是道，所谓"合而言之"者也。贺孙。

○ 或问："'仁者人也，合而言之，道也'，如何？"先生云："人之所以得名，以其仁也。言仁而不言人，则不见理之所寓；言人而不言仁，则人不过是一块血肉耳。必合而言之方见得道理出来。"因言："'仁'字最难形容，是个柔软有知觉、相酬接之意，此须是自去体认，'切问而近思，仁在其中矣'。"〔广。〕

○ 问："孟子曰'仁也者，人也'一章，先生谓外国本下更有'云云'者，何所据？"曰："向见尤延之说高丽本如此。"广。

○ 问："仁与道如何分别？"曰："道是统言，仁是一事。如'道路'之'道'，千枝百派皆有一路去。故中庸分道德曰父子、君臣以下为天下之达道，智仁勇为天下之达德。君有君之道，臣有臣之道。德便是个行道底。故为君主于仁，为臣主于敬。仁可唤做德，不可唤做道。"寓。

○ 淳问"仁也者，人也"。曰："此'仁'字不是别物，即是这人底道理。将这仁与人合便是道，程子谓此犹'率性之谓道'也。如中庸'仁者人也'是对'义者宜也'，意又不同。'人'字是以人身言之；'仁'字有生意，是言人之生道也。中庸说'仁'字又密，上言'修身以道，修道以仁'，便说'仁者人也'，是切己言之。孟子是统而言之。"徐问礼记"仁者右也，道者左也；仁者人也，道者义也"。曰："这般话理会作甚！"淳。

貉稽曰稽大不理于口章

○ 或问："孟子曰：'"忧心悄悄，愠于群小"，孔子也；"肆不殄厥愠，亦不陨厥问"，文王也。'夫'肆不殄厥愠，亦不陨厥问'，此大雅绵之八章所以言文王者如此，孟子以是称文王，无足怪者。若'忧心悄悄，愠于群小'，此则卫邶柏舟之诗也，何与孔子？而孟子以此称孔子，何也？"曰："此不必疑。如见毁于叔孙，几害于桓魋，皆'愠于群小'也。辞则卫诗，意似孔子之事，故孟子以此言孔子。至于绵诗'肆不殄厥愠'之语，注谓说文王。以诗考之，上文正说太王，下文岂得便言文王如此？意其间须有阙文。若以为太王事，则下文却有'虞芮质厥成'之语。某尝作诗解，至此亦曾有说。"谟。去伪同。

口之于味也章

○ 徐震问："'口之于味'以至'四肢之于安佚'，是性否？"曰："岂不是性？然以此求性不可，故'君子不谓性也'。"人杰。

○ 敬之问："'有命焉，君子不谓性也'，'有命焉'乃是圣人要人全其正性。"曰："不然。此分明说'君子不谓性'，这'性'字便不全是就理上说。夫口之欲食，目之欲色，耳之欲声，鼻之欲臭，四肢之欲安逸，如何自会恁地？这固是天理之自然。然理附于气，这许多却从血气躯壳上发出来。故君子不当以此为主，而以天命之理为主，都不把那个当事，但看这里合如何。'有命焉，有性焉'，此'命'字与'性'字是就理上说。'性也，君子不谓性也；命也，君子不谓命也'，此'性'字与'命'字是就气上说。"贺孙。

○ "仁之于父子，义之于君臣，礼之于宾主，智之于贤者，圣人之于天道，命也；有性焉，君子不谓命也。"此"命"字有两说，一以所禀言之，一以所值言之。集注之说是以所禀言。清而厚则仁之于父子也至，若瞽瞍之于舜，则薄于仁矣；义之于君臣也尽，若桀纣之于逢干，则薄于义矣。礼薄而至于宾主之失其欢，智薄而至于贤者之不能尽知其极。至于圣人之于天道，有"性之"、"反之"之不同。如尧舜之盛德固备于天道，若"禹入圣域而不优"，则亦其禀之有未纯处，是皆所谓命也。人杰。

○ 或问："'圣人之于天道'，文势与上文一否？"曰："与上文一。'尧舜性之'，则尽矣；'汤武身之'，则未也。"履孙。

○ "性也，有命焉，君子不谓性；命也，有性焉，君子不谓命"，是因甚有两样？<u>闳祖</u>。

○ "性也，有命焉"，"性"字兼气禀而言。"命也，有性焉"，此"性"字专言其理。<u>伯羽</u>。

○ "口之于味，性也，有命焉"，此"性"是气禀之性，"命"则是限制人心者。"仁之于父子，命也，有性焉"，此"命"是气禀有清浊，"性"则是道心者。<u>公晦</u>。

○ <u>直卿</u>云："孟子'论性命'章，两'性'字、两'命'字都不同。上面'性'字是人心，下面'性'字是道心。上面'命'字是气，论贫富贵贱；下面'命'字是理，论智愚贤不肖。"<u>正〔卿〕</u>。

○ 〔<u>尧卿</u>〕问："'君子不谓性命'章，前段说性是物欲之性，命是命分；后段说性是仁、义、礼、智之性，命是禀赋之命。似各不同。"曰："只是一般。此亦不难解，有甚么玄妙？只将自家身看便见。且如嗜刍豢而厌藜藿，是性如此，然刍豢分无可得，只得且吃藜藿。如父子有亲，有相爱底，亦有不相爱底，有相爱深底，亦有相爱浅底，此便是命。然在我有薄处便当勉强以至其厚，（然）在彼有薄处吾当致厚以感他厚。如瞽瞍之顽，舜便能使'烝烝乂，不格奸'。"<u>胡</u>问："瞽瞍之恶彰彰于天下后世，舜何以谓之'大孝'？"曰："公且自与他画策。瞽瞍顽嚣，天知地闻，舜如何掩得！且说今遇瞽瞍之父，公便要如何？"<u>安卿</u>。

○ 或问"命"字之义。曰："命谓天之付与，所谓天令之。所谓命有两般：有以气言者，厚薄清浊之不同也，如所谓'道之将行、将废，命也'、'君子不谓命'是也；有以理言者，天道流行，付与在人则为仁、义、礼、智之性，如所谓'五十而知天命'、'天命之谓性'是也。二者皆天所付与，故皆曰命。"又问："孟子谓'性也，有命焉'，此'性'所指谓何?"曰："此'性'字指气质而言，如'性相近'之类。此'命'字却合理与气而言，盖五者之欲固是人性，然有命分，既不可谓我性之所有而必求得之，又不可谓我分可以得而必极其欲。如贫贱不能如愿，此固分也；富贵之极可以无所不为，然亦有限制裁节，又当安之于理。如纣之酒池肉林，却是富贵之极而不知限节之意，若以其分言之固无不可为，但道理却恁地不得。今人只说得一边，不知合而言之，未尝不同也。'命也，有性焉'，此'命'字专指气而言，此'性'字却指理而言。如舜遇瞽瞍固是所遇气数，然舜惟尽事亲之道、期于底豫，此所谓尽性。大凡清浊厚薄之禀皆命也，所造之有浅有深，所遇之有应有不应，皆厚薄清浊之分不同。且如圣人之于天道，如尧舜则是性之，汤武则是身之，禹则'入圣域而不优'，此是合下所禀有清浊，而所造有浅深不同。如夫子之圣而不得位以行其道，文王之囚羑里，此是合下来所禀有厚薄，而所遇有应不应，但其命虽如此，又有性焉，故当尽性。大抵孟子此语是各就其所重言之，所以伸此而抑彼，如论语所说审富贵而安贫贱之意，盖张子所谓'养则（自）〔付〕命于天，道则责成于己'是也。"又曰："自要看得活。道理不是死底物，在人自着力也。"铢。

○　或问"君子不谓性命"。曰："论来'口之于味，目之于色，耳之于声，鼻之于臭，四肢之于安佚'，固是性，然亦便是合下赋予之命。'仁之于父子，义之于君臣，礼之于宾主，智之于贤者，圣人之于天道'，固是命，然亦便是各得其所受之理，便是性。孟子恐人只见得一边，故就其所主而言。舜禹相授受，只说'人心惟危，道心惟微'。论来只有一个心，那得有两样？只就他所主而言，那个便唤做'人心'，那个便唤做'道心'。人心如'口之于味，目之于色，耳之于声，鼻之于臭，四肢之于安佚'，若以为性所当然，一向惟意所欲，却不可。盖有命存焉，须着安于定分，不敢少过始得。道心如'仁之于父子，义之于君臣，礼之于宾主，智之于贤者，圣人之于天道'，若以为命已前定，任其如何更不尽心，却不可。盖有性存焉，须着尽此心，以求合乎理始得。"又曰："'口之于味，目之于色，耳之于声，鼻之于臭，四肢之于安佚'，这虽说道性，其实这已不是性之本原。惟性中有此理，故口必欲味，耳必欲声，目必欲色，鼻必欲臭，四支必欲安佚，自然发出如此。若本无此理，口自不欲味，耳自不欲声，目自不欲色，鼻自不欲臭，四支自不欲安佚。"贺孙。

○ "'君子不谓性命'一章，只要遏人欲、长天理。前章人以为性我所有，须要必得；后章人以为命则在天，多委之而不修。所以孟子到人说性处却曰'有命'，人说命处却曰'有性'。"或曰："先生尝言'前章要轻看，后章要重看'。"曰："固有此理，想曾言之。"谟。

○ 问："'智之于贤者，圣人之于天道'，集注尚存两说。"曰："两说皆通，前章又似周密。"问："贤者必智，何为却有浅深？天道必在圣人，何为却有厚薄？"曰："圣贤固有等差。如汤武之于尧舜，武王之于文王，便自可见。"谟。

○ 或问："孟子言'君子不谓性命'，伊川曰：'口、目、鼻、耳、四支之欲，性也。然有分焉，不可谓我须要得，是有命也。'又曰：'"仁之于父子"止"圣人之于天道"，谓之命者，以其禀受有厚薄故也。然其性善可学而尽，故谓之性与。'（天）〔夫〕人之分量固有厚薄，所以其口、目、耳、鼻、四支之欲不可以言性，伊川前说是矣。若夫仁、义、礼、智、天道，此天之所以命于人，所谓'本然之性'者是也。今曰命有厚薄，则是本然之性有两般也，岂其然乎？若曰伊川以厚薄言人气质禀受于阴阳五行者如此，孟子不应言命。若以气质厚薄（之）〔言〕命，则是天之降才为有殊矣。某又尝疑此一节如言仁则曰'仁之于父子'，如言义则曰'义之于君臣'，言礼、言智亦然。至言天道，则曰'圣人之于天道'，文势至是当少变邪，抑所以变者自有意邪？"曰："孟子言'降才'且如此说。若命则诚有两般，以由禀受有厚薄也，又不可谓禀受为非命也。大抵天命流行，物各有得，不谓之命不可也。命，如人有贫富贵贱，岂不是有厚薄？'知之于贤者'则有小大，'圣人之于天道'亦有尽不尽处。只如'尧舜性之'则是尽得天道，'汤武身之'则是于天道未能尽也。此固是命，然不可不求之于性。"人杰。

○ 问："'智之于贤者'，或云'吾既有智，则贤者必见知'，此说如何？"曰："如此解，以论势倒而不顺。须从横渠云'晏婴之智而不知仲尼，岂非命欤'。然此'命'字恐作两（段）〔般〕看，若作所禀之命，则是婴禀得智之浅者；若作命分之命，则晏子偶然蔽于此，遂不识夫子。此是作两般看。"赐。

○ 刘问："孟子'性也，有命焉，有性焉'，看得将性、命做两件。子思'天命之谓性'又合性命为一。如何？"曰："须随圣贤文意看。孟子所谓命是兼气禀而言，子思专以天所赋而言。"又问："易言'穷理尽性，以至于命'，如何？"先生不答。少顷，曰："不要如此看文字。游定夫初见伊川，问'阴阳不测之谓神'。伊川曰：'贤是疑了问？只拣难底问？'后来人便道游将难底问。大意要且将圣贤言语次第看，看得分晓，自然知得。伊川易传序云：'求言必自近。易于近者，非知言者也。'此伊川吃紧为人处。"寓。

○ 或问"圣人之于天道"一段，以示诸友。祖道曰："伯丰举钱文季之说，大概言命处只将（所为）〔为所〕禀之命，莫是偏了？"曰：
"此说亦是。如集注中举横渠说云，以晏子之贤而不识孔子，岂非命也？
已有此意了。如伯丰见识所立，亦甚难得。"祖道。

乐正子何人也章

○ "可欲之谓善。"可欲只是说这人可爱也。淳。

○ 善人只是浑全一个好人，都是"可欲"，更无些可嫌处。审如
是言，则"可欲"云者，惟已到善人地位者乃可当。学者必须于"善"
字上求用功处，但莫做可憎可恶便了。人杰。

○ 问"可欲之善"。曰："为君仁、为臣敬、为父慈、为子孝是
也。外是而求则非。"大雅。

○ 时举问："'可欲之谓善'，若作人去欲他，恐与'有诸己之谓
信'不相协。盖'有诸己'是说乐正子身上事，'可欲'却做人说，恐
未安。"曰："此便是他有可欲处人便欲之，岂不是渠身上事耶？与下句
非不相协。"时举。

○ 问"可欲之谓善，有诸己之谓信，充实之谓美"。曰："善人只
是个资质好底人，孔子所谓'不践迹，亦不入于室'者是也。是个都无
恶底人，亦不知得如何是善，只是自是个好人而已。'有诸己之谓信'
便是都知得了，实是如此做。此是就心上说，心里都理会得。'充实之
谓美'是就行上说，事事都行得尽，充满积实，美在其中而无待于外。
如公等说话，都是去外面旋讨个善来栽培放这里，都是有待于外。如

仁，我本有这仁却不曾知得，却去旋讨个仁来注解了方晓得这是仁，方
坚执之而不失。如义，我元有这义却不曾知得，却旋去讨个义来注解了
方晓得这是义，坚守之而勿失。这都是有待于外。无待于外底，他善都
在里面流出来，<u>韩文公</u>所谓'足乎己、无待于外之谓德'是也。有待于
外底，如<u>伊川</u>所谓'富人多宝，贫子（惜）〔借〕看'之喻是也。"又曰：
"'可欲之谓善'，如人有百万贯钱，世界他都不知得，只认有女使、有屋
住、有饭吃、有衣着而已。'有诸己之谓信'，则知得我有许多田地，有
许多步亩，有许多金银珠玉，是如何营运，是从那里来，尽知得了。"<u>侗</u>。

○ 古人用"圣"字有两样。"大而化之之谓圣"是一般。如"知
仁圣义"之"圣"又是一般，此只是通明亦谓之圣。<u>学蒙</u>。

○ 问"可欲之谓善"至"圣而不可知之谓神"。曰："善，浑全底
好人，无可恶之恶，有可喜可欲之善。'有诸己之谓信'，谓真个有此善。
若不有诸己则若存若亡，如此则不可谓之信。自此而下，虽一节深如一
节，却易理会。'充实'谓积累之，'光辉'谓发见于外。'化'则化其大
之之迹之谓圣，'圣而不可知'处便是神也。所以<u>明道</u>言'<u>仲尼</u>无迹，<u>颜
子</u>微有迹，<u>孟子</u>其迹著'。"或问颜子之微有迹处。答云："如'愿无伐
善，无施劳'皆是。若<u>孔子</u>有迹，只是人捉摸不着。"<u>去伪</u>。<u>谟</u>同。

○ "乐正子，二之中"，是知好善而未能有诸己，故有从<u>子敖</u>之
失。<u>人杰</u>。〔<u>璘</u>录云："'二之中，四之下'，未必皆实有诸己者，故不免有失
错处。"〕

○ "可欲之谓善。"人之所同爱而目为好人者，谓之善人。盖善者
人所同欲，恶者人所同恶。其为人也，有可欲而无可恶，则可谓之善人
也。<u>横渠</u>曰："志仁无恶之谓善，诚善于身之谓信。"<u>人杰</u>。

○ 问"可欲之谓善"。曰："横渠说，善人者志于仁而无恶。盖可欲底便是善，可恶底便是恶。若是好善又好恶，却如何得有诸己？此语脉尔，不必深求，只是指人说〔，只是说善人信人〕。"又问："如至'大而化之'，皆是指人否?"〔曰："皆是。"又问："只自善推去否?"〕曰："固是自善信推将去，然须是有个善方推得。譬如合一药，须先有真药材，然后和合罗碾得来成药。若是药材不具，虽百物罗碾，毕竟不是。"〔大凡诸人解义理只知求向上去，不肯平实放下去求。惟程子说得平实，然平实中其义自深远。如中庸中解"动则变，变则化"，只是就外面说。其他人解得太高。盖义理本平易，却被人求得深了。只如"明则诚矣，诚则明矣"，横渠皆说在里面。若用都收入里面，里面却没许多节次，安着不得。若要强安排，便须百端撰合，都没是处。〕銖。

○ 道理本平易，多被人说得深了。如"可欲之谓善，有诸己之谓信"，只是统善人信人。人杰。

○ 程子曰："乾，圣人之分也，可欲之善属焉；坤，贤人之分也，有诸己之信属焉。一个是自然，一个是做工夫积习而至。"又曰："善、信、美、大、圣、神，是六等人。'可欲之谓善'是说资禀好，'可欲'是别人以为可欲，'有诸己之谓信'是说学。"又曰："'直方大'，直方然后大。积习而至，然后能'不习无不利'。"闳祖。

○ "伊川云'"大而化之"只是理与己一'，横渠云'大成性之谓圣'，先生云'化其大之迹之谓圣'，三者恐是一意。"曰："然。"人杰。

○ 或问："'可欲之谓善。'伊川云'善与"元者善之长"同理'，又曰'善便有个元底意思'。横渠云'求仁必求于未恻隐之前，明善必明于可欲之际'。二先生言善皆是极本穷源之论，发明'善'字而已，至于'可欲'之义，则未有说也。近世学者多要于'可欲'上留意。有曰：'一性之真，其未发也，无思无为，难以欲言；无欲则无可无不可。及其感而遂通，则虽圣人，未免有欲；有欲则可不可形焉。可者，天理也；不可者，人欲也。可者欲之而不可者不欲，非善己乎？'不知此说是否？"曰："不须如此说。善人只是浑全一个好人，都可爱可欲，更无些憎嫌处。"问："审如是言，则'可欲'又自惟已到善人地位者乃可（常）〔当〕之。若学者可欲为善，当如何用工？"曰："'可欲'只是都无可憎恶处。学者必欲于'善'字上求用工处，但莫做可憎可恶事便了。"金录止此。问："'充实之谓美'，'充实而有光辉之谓大'。某窃谓充实云者，如信有是善而已。今乃充而实之，非美乎？易曰'美在其中，而畅于四肢'，此之谓也。'充实而有光辉'云者，和顺积于中，英华发于外。故此有所形见，彼有所观睹，非大乎？孟子曰'大人正己而物正'，此之谓也。横渠谓'充内形外之谓美，塞乎天地之间则有光辉之意'，不知此说然乎？"曰："横渠之言非是。"又问："'"大而化之之谓圣，圣而不可知之谓神"，非是圣上别有一般神人，但圣人有不可知处便是神也。'又以上竿弄瓶、习化其〔高〕为喻，则其说亦既明矣。但'大而化之之圣'此句各有一说，未知其意同否？伊川曰：'"大而化之"只是理与己一。其未化者，如人操尺度量物，用之尚不免有差。至于"化"，则己便是尺度，尺度便是己。'横渠云'大〔能〕成〔性〕谓之圣'，近又闻先生云'化其大之迹之谓圣'，窃尝玩味三者之言，恐是一意，不知是否？"先生曰："然。"谟。去伪同。

逃墨必归于杨章

○ 或问："孟子云'逃墨必归于杨，逃杨必归于儒'，盖谓墨氏不及杨氏远矣。韩子却云'孔墨必相为用'，如此，墨氏之学比之杨朱又在可取。"曰："昌黎之言有甚凭（样）〔据〕？且如原道一篇虽则大意好，终是疏，其引大学只到'诚意'处便住了。正如子由古史引孟子，自'在下位不获乎上'，只到'反诸身不诚'处便住。又如温公作通鉴，引孟子'立天下之正位，行天下之大道'，却去了'居天下之广居'，皆是掐却一个头。三事正相类也。"文蔚。

盆成括仕于齐章

○ 盆成括恃才妄作，谓不循理了，（便）〔硬〕要胡做。侗。

人皆有所不忍章

○ 道夫问："'人皆有所不忍，人皆有所不为'一章，前面双关说仁义，后面却专说义，如何？"曰："前一截是众人所共晓，到这后又较细密难晓，故详说之。"又问："莫有浅深否？"曰："后面也是说得渐渐较密。"道夫。

○ 〔叔器〕问"充无受尔汝之实"。曰："'恶不仁者，其为仁矣，不使不仁者加乎其身'，恶不仁而不能不使不仁加乎其身，便是不能'充无受尔汝之实'。"夔孙。

○ 问："'人能充无受尔汝之实，无所往而不为义也'，集注云：'实，诚也。人不肯受尔汝之实者，羞恶之诚心。'须是自治其身无不谨，然后无尔汝之称否？"曰："这些子注中解得不分晓。记得旧时解得好，却因后来改来改去，不分晓了。看来'实'字对'名'字说，不欲人以尔汝之称加诸我，是恶尔汝之名也。然反之于身而去其无可尔汝之行，是能充其无受尔汝之实也。若我身有未是处，则虽恶人以尔汝相称，亦自有所愧矣。"又问："'士未可以言而言，是以言饪之也；可以言而不言，是以不言饪之也'，'饪者，探取意'，犹言探试之'探'否？"曰："饪是钩致之意。如本不必说，自家却强说几句，要去动人，要去悦人，是'以言饪之也'。如合当与他说却不说，须故为要难，要使他来问我，'是以不言饪之也'。"又问："政使当言而言，苟有悦人之意，是亦穿窬之类否？"曰："固是。这穿窬之心便是那受尔汝之实。"又问："此章首言仁义，而后专言义者，何也？"曰："仁只是一路，不过只是个不忍之心，苟能充此心便了。义却（道）〔头〕项多。"又问："'人能充无穿窬之心'，是就至粗处说？'未可以言而言'与'可以言而不言'，是说入至细处否？"曰："然。'能充无受尔汝之实'处工夫却甚大了，到这田地时工夫大段周密了，所以说'无所往而不为义也'。使行己有一毫未尽，便不能'无受尔汝之实'矣。达者，推也，是展开去充填满也，填塞教满。"又曰："此段最好看。"<u>僩</u>。

言近而指远章

○ 时可问："'君子之言也，不下带而道存焉。''不下带'或作心说。"曰："所谓心者，是指个潜天潜地底说，还只是中间一块肉底是？若作心说，恐未是。"<u>时举</u>。

尧舜性者也章

○ "尧舜性者也"，注云"无意而安行，性也"。"性"下合添"之者"二字。僩。

○ 圣人是人与法为一，己与天为一。学者是人未与法为一，己未
与天为一，固须"行法以俟命"也。道夫。

说大人则藐之章

○ 敬之问"说大人则藐之"章。答曰："这为世上有人把大人许
多崇高富贵当事，有言不敢出口，故孟子云尔。集注说自分明。论语说
'畏大人'，此却说'藐大人'。大人固当畏，而所谓'藐'者乃不是藐
他，只是藐他许多'堂高数仞，榱题数尺'之类。"贺孙。

养心莫善于寡欲章

○ "养心莫善于寡欲"，注云"多而不节，未有不失其本心者"。
"多"字对"寡"字说，才要多些子便是欲。僩。

○ 敬之问："'养心莫善于寡欲'，养心也只是中虚。"曰："固是。
若眼前事事要时这心便一齐（是）〔走〕出了。未是说无，只减少便可
渐存得此心。若事事贪，要这个又要那个，未必便说到邪僻不好底物
事，只是眼前底事，才多欲便将本心都纷杂了。且如秀才要读书，要读
这一件又要读那一件，又要学写字又要学作诗，这心一齐都出外去。所
以伊川教人，直是都不去他〔处〕用其心，也不要人学写字，也不要人
学作文章。这不是僻，道理是合如此。人只有一个心，如何分做许多
去！若只管去闲处用了心，到得合用处，于这本来底都不得力。且看从

古作为文章之士可以传之不朽者，今看来那个唤做知道？也是元初心下只趋向那边，都走做外去了。只是要得寡欲存这心，最是难。以<u>汤武</u>圣人，<u>孟子</u>犹说'<u>汤武</u>反之也'。反，复也，反复得这本心。如'不迩声色，不殖货利'，只为要存此心。观<u>旅獒</u>之书，一个犬，受了有甚大事？而反覆切谏。以此见欲之可畏，无小大，皆不可忽。"_{贺孙。}

○　<u>敬之</u>问"寡欲"。曰："未说到事，只是才有意在上面便是欲，便是动自家心。<u>东坡</u>云'君子可以寓意于物，不可以留意于物'，这说得不是，才说寓意便不得。人好写字，见壁间有碑轴便须要看别是非；好画，见挂画轴便须要识美恶。这都是欲，这皆足以为心病。某前日病中闲坐无可看，偶中堂挂几轴画，才开眼便要看，心下便走出来在那上。因思与其将心在他上，何似闲着眼坐得此心宁静？"<u>子善</u>问："如夏葛冬裘，渴饮饥食，此理所当然。才是葛必欲精细，食必求饱美，这便是欲。"曰："<u>孟子</u>说'寡欲'，如今且要得寡渐至于无。"_{贺孙。}

曾晳嗜羊枣章

○　羊枣只是北边小枣，如羊矢大者。〔<u>义刚</u>。〕

孔子在陈章

○　<u>飞卿</u>问："<u>孔子</u>在陈，何故只思狂士，不说狷者？"曰："狷底已自不济事，狂底却有个躯壳可以鞭策。'斐'只是自有文采，诗云'有斐君子'、'萋兮斐兮'。'成章'是自有个次第，自成个模样。"_{贺孙}问："集注谓'文理成就而著见'，是只就他意趣自成个模样处说？"又云："'志大而略于细'，是就他志高远而欠实做工夫说，是如此否？"
曰："然。狷者只是自守得些便道是了，所谓'言必信，行必果'者是
也。"<u>贺孙</u>。

○ 狂者，知之过；狷者，行之过。<u>偭</u>。

○ 问"乡原"之义。曰："'原'字与'愿'字同义。以其务为谨
愿，不欲忤俗以取容，专务徇俗，欲使人无所非刺。既不肯做狂，又不
肯做狷，一心只要得人说好，更不理会自己所见所得与夫理之是非。彼
狂者嘐嘐然以古人为志，虽行之未至，而所知亦甚远矣。狷者便只是有
志力行，不为不善。二者皆能不顾流俗污世之是非，虽是不得中道，却
都自是为己，不为他人。彼乡原便反非笑之，曰'何以是嘐嘐也？言不
顾行，行不顾言，则言古之人'，此是乡原笑狂者也。'行何为踽踽凉
凉？生斯世也，为斯世也，善斯可矣'，此是乡原笑狷者也。彼其实所
向则是'阉然媚于世'而已。孔子以他心一向外驰，更不反己，故以为
德之贼。而<u>孟子</u>又以为不可与入<u>尧舜</u>之道。"又问："孔门狂者如<u>琴张</u>、
<u>曾皙</u>辈是也。如<u>子路</u>、<u>子夏</u>辈，亦可谓之狷者乎？"曰："孔门亦有狂不
成狂、狷不成狷如<u>冉求</u>之类是也。至于<u>曾皙</u>，诚狂者也，只争一撮地便
流为<u>庄周</u>之徒。"<u>大雅</u>。

○ 问："集义'反经'之说如何？"曰："经便是大经，君臣、父
子、夫妇、兄弟、朋友五者。若便集义，且先复此大经，天下事未有出
此五者，其间却煞有曲折。如<u>大学</u>亦先指此五者为言，使大纲既正，则
其他节目皆可举，若不先此大纲，则其他细碎工夫如何做！谓如造屋，
先有柱脚，然后窗牖有安顿处。"〔<u>僩</u>。〕

○ <u>李</u>问"乡原德之贼"。曰："最是<u>孟子</u>说得数句好，'生斯世也，

为斯（性）〔民〕也，善斯可矣'，此是乡原本情。"雉。

○ 敬之问："'经正则庶民兴'，这个'经正'还当只是躬行，亦及政事否？"曰："这个不通分做两件说。如尧舜虽是端拱无为，只政事（使）〔便〕从这里做出，那曾恁地便了！有禹汤之德便有禹汤之业，有伊周之德便有伊周之业。终不如万石君不言而躬行，凡事一切不理会！有一家便当理会一家之事，有一国便当理会一国之事。"又曰："孟子当杨墨塞道，其害非细。孟子若不明白说破，只理会躬行，教他自化，如何得化！"贺孙问："此即大学'明德''新民'之至否？"曰："然。新民必本于明德，而明德所以为新民也。"贺孙。

尧舜至于汤章

○ 问"然而无有乎尔，则亦无有乎尔"。曰："惟三山林少颖向某说得最好，'若禹皋陶则见而知之，汤则闻而知之'，盖曰若非前面见而知得，后之人亦何闻而知之也。孟子去孔子之世如此其未远，近圣人之居如此其近，然而已无有见而知之者，则五百岁之后，又岂复有闻而知之者乎！"去伪。谟、人杰同。